RICH ARK

致富方舟

RICH

ARK

致富方舟

RICH ARK

致富方舟

RICH ARK

致富方舟

股票作手回憶錄

獨家圖解
股市最小阻力路徑

一代交易巨擘傑西・李佛摩的警世真傳，
投資人必讀的操盤聖經

Reminiscences
of
a Stock Operator

愛德溫・勒斐佛 —— 著
Edwin Lefèvre
丁聖元 —— 譯

方舟文化

獻給
傑西・勞瑞斯頓・李佛摩

導讀

一個好的時代故事，伴你走過投資的無限賽局

菲想資本—菲比斯

您好，我是菲比斯，一個還算有些知名度的臺灣市場投資者與交易員。

謝謝方舟文化這次來信邀稿讓我有機會在工作忙碌之餘於休假之時重讀了這百年經典鉅作，新版加上了當時的行情圖，讓我較十年前懵懵懂懂的閱讀時，更能對當時的時空環境與背景有所體悟。

賴瑞·李文斯頓也就是傑西·李佛摩的化身，《股票作手回憶錄》這本書相當於他前半生的自傳，「歷史總是一再的重複」，百年前的紐約就算搬到現在臺灣的場合，除了通膨讓數字看起來不那麼嚇人外，關於認股權、股權增資與替大股東操盤造市掩護賣出等各色手法依舊不退流行，活靈活現的在我們面前。臺灣市場有個特色，就是上市櫃公司的資訊不論營收財報與股權變化，都相當公開透明，只要用心，你都能在市面上的軟體或回測觀察到大股東的進出與關鍵地緣券商對市場的影響。

李佛摩是個積極的交易員，「不下注不知輸贏」更是書中多次提及的核心理念，李佛摩的成功源自於經驗與正確的看法，而他的失敗則源自於過度下注與不佳的風控與配置。「破產是最好的老師」，李佛摩如是說，但是除了記取失敗教訓以外，同時也代表著他美化了他的做法導致自己數次破產這回事——

如果可以不破產，為何要讓自己破產呢？——這是李佛摩傳奇背後的風控失衡。

第三次破產，李佛摩聽信他人意見買入棉花，並一路增加看錯的作多棉花部位，違背自身「有獲利才加倉」的紀律。錯信是一件事，過高槓桿則是另一回事！書中後段提到，為了出貨而製造流動性，這也說明李佛摩重倉下單已下到面臨流動性風險與政策風險。書末的李佛摩年表中可以看到他一九三四年最後一次破產——距離一九二九年獲利一億美元的頂峰之後僅僅五年——風控的缺陷讓他由世界的頂峰迅速墜入深淵，最終以自殺結束傳奇的一生。在這背後，美國《證券法》於一九三三年的改革，以及一九三四年的《證券交易法》改革，想必也重重踹了這位傳奇交易人一腳。一九一七年重倉做多咖啡但政商關係薄弱下導致戰時穩定物價的政策風險，該次經驗雖沒有傷及筋骨，然而最後一次破產似乎也說明了李佛摩沒有得到足夠的教訓，這讓我想到二〇二〇年的負油價事件，芝加哥交易所的油價可以為負的臨時說明，在幾天後成真，這再再說明了政策風險之重要。

筆者雖然在業界有些知名度，但是在績效背後的真正獨到之處則是穩定度，我自詡為保守型投資者，我根據流動性與自身風控來限制單項商品的可下單上限額，在金融商品較百年前發展得更多更廣的狀況下，橫向擴展種類，在電腦的協助下，管理部位也較百年前有效率而迅速得多，不求一口吃成胖子而是在「投資是無限賽局」的基礎下，用時間逐步換成相對穩定的報酬。而跨越時間不變的則是求知的態度、人性與市場，李佛摩早期擔任行情抄寫員給了他大量閱讀市場報價與資訊的機會，證券相關工作經驗是許多世界知名投資者的共通點，藉由供給與需求發想研判產業的前景並實踐，藉由買賣掛單了解市場股票的買賣供需（這在需要證券交易稅的臺灣有著更高的成本），並視市場的瘋狂程度來感受牛市是否告終，「肥羊們總是指望天上掉下餡餅，人性的貪婪與無處不在的繁榮刺激了人們賭博的天性，企求輕鬆賺錢的人們最終不可避免地要為追求這種特權而付出代價。無數事實決定性地證明，這種特權在喧囂的紅塵中根本不可能找到。」百年前李佛摩的敘述，也為百年後二〇二一、二二年的虛擬貨幣與ＮＦＴ進程與現況，做了最好的說明！

《股票作手回憶錄》除了是個好的時代故事，更重要的是它也是個好的交易心理與檢討報告研讀資料，讀者可以試著把李佛摩自述犯的錯記錄下來，也把他沒述及而我補充在上的內容做成重點精要並作為投資不可犯之金科玉律，在投資的路上多加思考。

本書是本多年後重讀還能有所領悟的經典，在您閱讀完本書並繼續交易之路兩三年後，請將此書從書櫃上拿下再次閱讀，也許在經歷市場淬鍊後對其篇章會有更深刻的感受，祈本書對你有所助益。

譯者前言

《股票作手回憶錄》是一部精彩紛呈的人物傳記。傑西．勞瑞斯頓．李佛摩（Jesse Lauriston Livermore，一八七七－一九四〇）是一位百年難得一遇的交易與投資天才。本書記述了他的人生、夢想、事業和財富故事，由他本人娓娓道來，讀來生動鮮活、親切可信，令人身臨其境。他的一生以交易為業，百折不撓地追求事業的成功，又憑交易賺錢享受著奢華的生活。他的交易範圍包括股票和大宗商品，交易和投資是他的全部人生基礎。

人怕出名豬怕壯。當市場下跌時，別有用心的經紀公司、報紙往往聲稱是李佛摩做空打壓市場，拿他做擋箭牌；當市場上漲時，媒體和同行往往又打著他做多的招牌，企圖誘惑更多人入場接盤。為了洗刷自己背負的誤解或別人的栽贓，李佛摩接受記者採訪，坦誠回憶往事。本書就是由這一系列採訪文章編輯而成。接受採訪時，他大約四十五、六歲（一九二二－一九二三），正是事業興旺、思想成熟、年富力強的好時候。

傑西從十四歲開始由股票經紀行營業部的小夥計做起。他有數學天分，又有好的悟性，沒用多久，就對行情演變的模式有了認識，並機緣巧合地開始運用自己辨識的行情模式獨立交易。

他的交易是從對賭行（或譯空桶店、空中交易所）開始的，那時他的盈利曾高達一萬美元，以當時的幣值來看，這無疑是一筆鉅款。但是，後來輸輸贏贏，對賭行對他這種客戶給予了諸多「特殊照顧」，二十一歲時，他只好帶著剩下的兩千五百美元闖蕩華爾街。

從走進華爾街的那一刻起，他便開始了第一次低迷彷徨的階段。因為他慣熟短線炒作，但是在華爾街的真實經紀行裡，交易指令必須傳遞到交易所場內成交，而達成的執行價往往和下達指令時的行情相差較大，經過不到一年時間的試水，他便鎩羽而歸。

隨後，他（二十二歲）向經紀行老闆賒欠了五百美元，到聖路易斯的對賭行尋找機會。他那一套交易手法恰恰是對賭行的剋星，沒過多久，他就帶著兩千五百美元二次返回華爾街。

一九〇一年五月九日，前一天他帳戶上的財富曾達到了五萬美元，然而好景不長，到了當天晚上，他就一文不名了。

一九〇一年初秋，二十四歲，他第二次黯然離開華爾街，混跡於故鄉的對賭行和冒牌經紀行裡。一年之後，也就是一九〇二年，他積攢了足夠的資本，開著自己的小汽車，第三次重返華爾街。

他這一次的好運持續得比較久，並於一九〇七年十月二十四日（三十歲）成為當之無愧的股市之王，掙得了人生第一筆一百萬美元。

一九〇八年，三十一歲，由於違背了自己的交易準則，聽信棉花專家珀西．湯瑪斯（Percy Thomas）的建議，結果棉花交易變得不可收拾，讓自己再度陷入困境。這一次，他經歷了多年的苦苦掙扎，直至一九一四年宣告破產，才算從一百多萬美元的債務中脫身。

一九一五年，三十七歲，他成功地把握住了天賜良機，從很小的五百股信用額度開始，第四次崛起。到了這個時候，他已遭受了多次破產，經受了市場的嚴厲懲戒，終於百煉成鋼。在之後的七、八年（一九一五－一九二二，大致到接受採訪的時候）中，他對市場的領悟、趨勢研判、交易手段與資金管理日臻化境，上升到了一個全新的高度。

* * *

《股票作手回憶錄》是一本經典的市場技術分析參考書。儘管早在一八九六年道瓊指數就已經問世，但在李佛摩的時代，道氏理論[1]尚未成形，還只是零散地分布在若干篇《華爾街日報》社論中的一些思路。要知道，道氏理論並不是從實驗室裡發明出來的，而是查爾斯・道作為敏感盡責的報業人士對諸如李佛摩這樣的案例觀察總結出來的，是道和李佛摩這樣的市場參與者交流互動的共同產物。

李佛摩本人具備傑出的數學天分，天生對數字敏感，他接觸股市不久，就從紙帶行情數字的跳動中發現了某些典型的形態，並嘗試按照這些數字序列預判股票價格下一步的變動。他在對賭行的成功幾乎完全建立在對行情數字序列的個人經驗和認識上，這大體上屬於價格形態分析的範疇。後來，對賭行的淺池子已經藏不下這條巨龍，他移師紐約正規經紀行做交易，卻被執行價格的偏差深深困擾。最終，他

1 編注：Dow Theory，源自《華爾街日報》創始人查爾斯・道（Charles Dow）的股市觀察、並經後人發展而來的市場理論，也是最早的技術分析理論。

領悟到市場是按照最小阻力路線演變的，這就是趨勢；總體市場的大趨勢決定個股趨勢，真正的利潤來自總體市場趨勢，而不是個別股票的短線波動。只有當他領悟出這一點之後，他才從豪賭客躍升為職業交易家。

李佛摩的個人領悟生動精彩地揭示了技術分析的本質——千千萬萬交易者的經驗總結和昇華。他摸索前行的過程，就是技術分析理念昇華的過程，而其交易上的成功，就建立在他對技術分析本質的領悟和嚴格服從的基礎之上。

他的故事把我們帶到了市場技術分析的源頭，那裡一切都是那麼清新，甚至有些粗野，鮮活、生動、熱氣騰騰，充滿生命力。從實踐中來，到實踐中去，就是市場技術分析的初衷和功能定位。技術分析是活學問，是動手的學問，要眼到、心到，還得手到。

在技術分析領域，趨勢是核心概念，而行為要領就是服從紀律。透過本書，技術分析信奉者可以正本清源，認識技術分析的起源、發展，切實體驗到趨勢的重要性，把趨勢永遠放在技術分析的核心地位。

＊　＊　＊

《股票作手回憶錄》是價值無限的交易心理訓練大綱。要成為一名成功的交易員，學習技巧只是一方面，認識自我、引導自我、控制自我則是另一方面，甚至是更為主要的方面。

「我再次賠個精光，被掃地出門，不僅如此，我覺得自己再也不能贏得這個遊戲，於是深感厭倦，竟至於打算洗手不幹，離開紐約去其他什麼地方另謀飯碗。」一九〇一年初秋，這位不世出的交易天才在這次打擊之下，對自己產生了深深的懷疑——這是何等的內心掙扎？

二十一年後（一九二二年），當事人已經歷多次起落，在交易上終於達到了爐火純青的境界。於是，他平靜地總結：「投機者的主要敵人，總是潛藏在他的內部自挖牆腳。不可能把『希望』從人類的天性中割除，也不可能把『恐懼』從人類的天性中割除。在投機時，如果市場對你不利，每一天你都希望這是最後一天，盲目聽從希望的擺布，不接受最初的損失，到頭來，虧損反而變本加厲。」

李佛摩的每一次跌落，都迫使他對市場再認識、對錯誤再認識、對自我再認識，並找到行之有效的解決方案，否則他就不可能超越自我，不可能東山再起。「我不希望第二次重複同一個錯誤。我們只有從自己所犯的錯誤中汲取教訓，將它轉化為將來的獲利，才能原諒自己的錯誤。」

由此可見，學習市場技術分析就是學習交易，難的主要不是技術分析方法和技巧，難的主要是控制自己的心理干擾。

交易者的成長之路，是認清自我、超越自我的道路。誠實地面對市場、誠實地面對自我，是先決條件。本書如實交代了當事人在跌宕起伏的交易生涯中曲折前行的心路歷程，對我們每一位市場參與者來說都是價值巨大的心理訓練大綱。

＊　＊　＊

本書根據一九二三年出版的原著原貌翻譯。那段歷史風雲變幻，距今已有百年。值得慶幸的是，原作者用一支生花妙筆，繪聲繪色地記述了當時的情景，因此，讀者不必對那段歷史有太多瞭解，就能充分領略當事人所面臨的社會環境、生活形態、市場演變、交易中的成功和失敗，特別是當事人內心經歷的嘗試、挫折、困惑、領悟；這種再嘗試、再挫折、再困惑、再領悟的曲折上升過程，令讀者感同身受。時代不同了，但人性千古不變；具體事件不同了，行情依最小阻力路線演變的趨勢特徵卻不會改變。由此不難理解，為什麼這本經典著作跨越了時代、跨越了地域，被全世界一代又一代的市場參與者珍惜若至寶、求問若師友、奉持若鏡鑑。

原書每章僅標數字序號，本書按照華文讀者的習慣增補了章名，力求為本章內容點睛。譯者補充了本書注腳、歷史行情圖，在附錄中整理了李佛摩的年表，以及李佛摩關於股票交易的若干要領；在簡要地注解歷史事件、交易慣例等事項時，特別注重時間要素。歷史事件和當事人的回憶共同編織成一條時間經線，把所有回憶貫串起來。並搜集了道瓊工業平均指數從一九〇〇年一月二日至一九九九年十二月三十一日每日收市價的行情資料，按照時間順序，大概每兩年繪製一張行情圖，將其插入文中，讀者可以把文章中的時間、當事人的述說、行情演變過程加以對照，更具體、準確地理解當事人所面臨的處境、思想變化、交易行為抉擇、盈虧後果以及當事人對後果的處置。不僅如此，當事人遭遇的幾個重大歷史事件特別值得研究，因此，譯者為它們單獨繪製了細節圖表，在基本圖表序列之外做了進一步的充實。

除了上述注明的圖表、注解和書後的附錄之外，本書譯文完全保留原著風貌。

＊ ＊ ＊

作者愛德溫・勒斐佛（Edwin Lefèvre，一八七一－一九四三）是美國的著名記者、作家和政治家，其主要著作都是關於華爾街的。

勒斐佛曾是華爾街的一位經紀商。他共有八本著作，其中的《股票作手回憶錄》被美國金融界絕大多數人視為必讀的經典書。該書內容原本是作者於一九二二至一九二三年間，發表在《星期六晚郵報》（*The Saturday Evening Post*）上一系列的十二篇文章。

該書首次出版於一九二三年，此後幾乎年年重印。如今，第一版書的轉手價格已超過一千美元一本。作者為我們做出了傑出的貢獻，值得我們衷心感謝。

＊ ＊ ＊

每天早晨洗臉後，我們都要照照鏡子。臉上乾淨不乾淨關係到自己是否講究衛生，對他人是是否禮貌。

然而，更重要的是，我們需要在正確的時候採用正確的方式做正確的事情。行為是否正確，那可不只是關係到禮不禮貌、衛不衛生的問題，而是關係到事業的成敗、利益的得失，乃至生命的存亡。

諷刺的是，臉有鏡子照，而更重要的行為卻難以找到鏡子來照一照。我們的本意並不想搞砸，但不知道多少悲劇的原因，正在於我們找不到鏡子來糾正失當的行為！人生沒有排練，每一次都是第一次，每一次過後都不能重來。由此可見，為我們的行為找到一面好鏡子，時常借鑑，差不多就等於找到了事業成功的訣竅。

交易者行為的正確與否直接關係到財產的得失。在本書中，李佛摩一再強調，盈利是交易者正確行為的回報，虧損則是錯誤行為的必然結果。市場對錯誤行為的懲罰來得極快、極狠。對交易者來說，追求交易行為的正確性無疑是頭等大事，因此，借鑑其他交易者的經歷、借鑑他人的成敗具有非常重要的意義。我們可以取他人之長、避他人之短，從他人身上發掘交易行為正確和錯誤的本質，而不必事事自己重來一遍。

李佛摩說：「華爾街上沒有新鮮事，人性不變，市場也不變。」和其他任何行當一樣，成功的交易者必須具備某些共同的基本特徵，譬如揮灑自如的草書，所有書法家在揮灑自如之前，都必須打下橫平豎直的楷書功底。對交易者來說，其核心能力就在於能認清市場趨勢，立即採取必要行動，力求始終站在市場正確的一邊；如果未能站在正確的一邊，則必須立即止損糾正。認清大勢並立即據此行動的能力就是所有成功交易者的基本特徵。李佛摩四起四落的經歷，幾乎涵蓋了交易者各種成和敗的主要特點，所有交易者都可以從李佛摩的經歷中照出自己的影子，他的故事值得每一位交易者仔細體味、對照。

此外，交易者是幸運的，因為市場是交易者的一面絕不走形的好鏡子。不論交易者採取何種行動，買、賣還是等待，市場都會立即給他一個交代，讓他立即得知自己行為的後果，迫使他反觀、反思自己的行為。

＊　＊　＊

交易，首先是財富的得失，而財富總是生活鬧劇的中心主題。財富本是生活的工具，不幸的是，在現實世界中，拜金主義者們常常讓財富喧賓奪主，搶占了生活方式、生活內容的位置，於是財富成為生活方式，財富成為生活內容。更有甚者，有時心甘情願地、有時迫不得已地把財富當成了生活的目的。於是，便有世俗之人，或被迫或自願地對財富頂禮膜拜；順理成章，那些擁有財富的人也沾染了「仙氣」，成為崇拜對象。

李佛摩曾經是華爾街的交易之王，特別是他的成就完全來自個人的探索，他自中學畢業後白手起家，自始至終在市場實踐中摸爬滾打，跌倒了自己爬起來，長期不懈地對自己成功的經驗和失敗的教訓反覆思考和積累，經過實踐的摸索和檢驗，最終領悟到交易成功的真諦，因此，他的身上有更多吸引我們的光環。

不用說李佛摩這樣的大家，在現實生活中，每位交易者都會在身邊偶爾碰到成功的交易者，他們或者成功於一個時期，或者長期保持良好的業績。當我們看到這些成功交易者的時候，很容易被財富的光環所吸引，我們分不清到底是他們擁有的財富讓我們驚歎、敬畏，還是這些當事人獲取財富的本領更加令我們驚歎、敬畏。

須知，他們的財富再多，也不會分給你一分錢，因此，他們的財富本身對你並無意義，崇拜財富就錯過了重點。如果他們的財富來自交易，恰恰證明他們的交易行為是正確的，因此他們的交易行為就是我們應當借鑑的。反過來，如果我們碰到失敗的交易者，也用不著賠他一分錢，因此他們的損失本身對你也毫無意義，你無須對他有絲毫鄙夷。如果他們的損失來自交易，這恰恰證明他們的交易行為是不正確的，因此他們的交易行為就是我們應當摒棄的。

交易者的財富得失是他交易的結果，完全屬於他，不屬於你，崇拜和鄙視皆無意義。但是，他的交易行為往往體現出典型人性的某一方面，恰恰在人性上，你和他很可能只是五十步和一百步的區別。規避自身的人性弱點，追求正確的交易行為，是所有交易者的必備修養，因此，借鑑他的交易行為意義重大。

當我們自己投身交易後，帳面盈利時就會患得患失，害怕煮熟的鴨子飛了；帳面虧損時則會單相思，一心希望市場回到對自己有利的方向。細細品味交易過程中的人生五味，其根本之處，不正反映了我們對財富難以「拿得起、放得下」的糾結心態嗎？我們之所以對其他交易者產生崇拜或鄙夷的心理，根源不也正是這種糾結心態嗎？

* * *

一九四〇年十一月，李佛摩開槍自殺，他在遺書中寫道：「我的一生是個失敗。」此時距離他交易生涯的巔峰——一九二九年股市大崩盤，他做空獲利超過一億美元——不過十餘年。

有一種演義的說法：「一九四〇年十一月，一個大雪紛飛的日子，房東又來找李佛摩逼討房租。他喝下僅剩的半瓶威士忌，從寓所溜了出來。他在大街上徘徊著，望著大街上往來穿梭的豪華汽車，望著商店櫥窗裡琳琅滿目的商品，望著街邊伸手乞討的乞丐，長歎一口氣：『該死的！這世界弱肉強食，它永遠只屬於富人。』」這段記述很生動，也很容易吸引讀者，但其準確性令人懷疑。

當我們普通人面對這樣一位交易天才時，必須清醒地意識到，要準確認識他，並不是一件容易的事情，我們對他的認識、對他的行為的理解更多還是我們自己的，不是他的。交易者必須放下自我、從外部出發，真正認清由外部的他人組成的市場，才能站在市場正確的一邊，我們之所以在市場交易中遭遇挫折，正因為我們往往從自我出發、從內部出發，難以準確地認識他人。

李佛摩天性沉默，而他所從事的事業也並不傾向於大張旗鼓地宣傳。他之所以願意接受愛德溫——一位有過經紀商經歷的資深財經記者——的深入訪談，實有不得已的苦衷。他交易的巨大成功，加上他獨來獨往的風格，在人群中引起了很大的誤解。一些經紀商和財經媒體為了取悅客戶，經常不惜添油加醋、栽贓陷害，使他頗為流言蜚語所苦。為了還自己一個清白，最好的策略便是如實介紹自己的成長歷程和曲折的交易過程，把真實的自己呈現給大家。於是，我們很幸運，得到了這部經典之作。

如果要勉強分析李佛摩失敗的原因，如下幾點或許值得參考。但願我們不是繼續誤會他。

首先，市場是不可戰勝的。每個人相對於市場，如同每個人相對於太陽，不管誰死了，太陽都將繼續照耀。歸根結底，每個市場參與者都只是市場的一分子，都必須依賴市場獲取盈利。市場參與者對市場心存敬畏和感激，才是正確的、合適的情操。市場參與者夢想戰勝市場，就像夢想自己揪著自己的頭髮上升一樣。

其次，李佛摩也是人，不管他有多高的境界、多大的才能，終究會犯錯，他所違背的，甚至就是他自己從小摸索、領悟的根本原則。即便是交易天才，也不能違背市場交易的基本原則。敬業、守紀是市場參與者的根本立足點。

最後，借鑑中醫關於健康的觀點，身體健康既不是健美比賽奪冠，也不是體育競賽獲勝，而是自然平衡。人生必須是平衡的，交易是人生的一部分，與其他方面應當維持平衡。沒有平衡的人生，就沒有持久成功的交易事業。李佛摩對美女、美酒不加節制，最終喪失了早年嚴格自律的作息規律、生活態度。他的家庭悲劇是他人生失衡的標誌，也可能是他自殺的原因之一。

* * *

投資交易應當服從趨勢，市場參與者應當選擇市場技術分析，而不是基本分析。以單個分子來看，它符合牛頓定律，可以按照公式計算其方向、速度等。但是，氣體由巨大數量的分子組成，它們彙聚成為氣體的整體之後，便無法應用牛頓定律，只能以統計學來研究。顯然，個體和整體是兩個不同的層面，服從不同層面的規律。

企業個體應該按照基本分析和價值規律來老老實實地創造價值。然而，創造價值和價值判斷是兩個概念。區別就在於，除了極少數壟斷行業之外，企業必須進入市場，而市場由眾多企業個體組成，眾多企業一刻不停地相互競爭，市場按照統計規律評價企業的價值。換言之，企業價值不能由企業自己說了算，也不能由單個企業來確定，而是必須從市場整體的角度來觀察，透過市場行情來評估。

市場技術分析者順應市場的統計規律、服從大勢，同樣是在為市場創造價值，其價值的大小用交易盈虧來確定，交易盈虧是檢驗投資交易的唯一標準。但是要注意，不是盈利越多越「正確」，而是收益與風險一體兩面，必須被同時納入考慮範圍：承擔力所能及的風險，獲得相稱的、可持續的回報。

普通人透過努力可以創造價值，透過社會和市場檢驗價值，進而得到社會的認可和回報。我們能夠按照創新、勤奮、持之以恆、更貼近需求等一般指導原則，來努力創造價值。然而，我們沒有能力決定我們所貢獻的價值到底有多少。唯有市場透過統計規律可以動態決定我們貢獻價值的相對大小。因此，「只問耕耘，不問收穫」、「謀事在人，成事在天」都是具有深刻智慧的至理名言。

＊＊＊

翻譯這本書的時候，我被一代交易巨擘四起四落的命運深深地牽引著。書譯完了，李佛摩的身影漸漸遠去，感歎之餘，驀然察覺自己的歲月也一天一天流逝。

市場技術分析主要在市場趨勢上下功夫。本質上，時間驅動著市場趨勢，只不過這裡的時間不是簡單的日出而作、日落而息，而是市場自身的漲跌規律。我們都是一根繩子上的螞蚱，不論老的、中的、少的，甚至所有的草木、動物乃至病毒，與我們都是一根繩子上的螞蚱。那根繩子，就是時間。

這根繩子既不是獨股的絲線，也不是一環扣一環的鏈條，而是由數不清的細股小綹彙編在一起的粗麻繩。一位西方歷史學家寫道，歷史不是一因一果地單鏈條演進的，而是同時有多條因果鏈相互交織起來，多個原因同時引發多個結果。（是不是不像一根鏈條，而像一碗麵條？）

莊子的寓言故事更精彩：螳螂捕蟬，異鵲在後，莊子拿彈弓瞄異鵲，守園人卻趕來驅逐莊子。園子、蟬、螳螂、異鵲、莊子、守園人便是一根繩子上的螞蚱[2]。

試推論：

❶時間是萬事萬物生存的終極成本；

❷時間牽引著各種變化，各種變化都可以用時間節點來代表，因此，捕捉變化就是捕捉時機，也就是擇時；

❸時間將萬物彙聚為一個整體，成為一根繩子上的螞蚱，「天地與我並生，而萬物與我為一」（《莊子．齊物論》）。

概言之，這根繩子就是大勢，我們都在趨勢中。

李佛摩交易生涯的風雲變幻自不待言，即使每日發生在我們身邊的交易者的成敗得失，也總是充滿了魅力。相比現實之豐富、鮮活，任何語言都免不了挂一漏萬、黯然失色。雖然如此，由於現實太過於豐富，當我們身臨其境時，反而容易迷失在繁雜的細節之中，可能抓不住重點、抓不住主題。

本書來自生活，高於生活，揭示本質，直達人心。

十多年前，倪敏先生誠懇建議我翻譯本書，為我搜集資料，提供了可貴的幫助，衷心感謝！丁立儂女士繪製了行情紙帶機示意圖，為本書增色，一併致謝！

丁聖元

二〇一〇年七月十八日初稿，二〇二一年七月三十日修改

2 莊周遊乎雕陵之樊，睹一異鵲自南方來者，翼廣七尺，目大運寸，感周之顙，而集於栗林。莊周曰：「此何鳥哉？翼殷不逝，目大不睹！」蹇裳躩步，執彈而留之。睹一蟬，方得美蔭而忘其身，螳螂執翳而搏之，見得而忘其形；異鵲從而利之，見利而忘其真。莊周怵然曰：「噫！物固相累，二類相召也！」捐彈而反走，虞人逐而誶之。（《莊子．山木》）

目次／CONTENTS

圖表索引

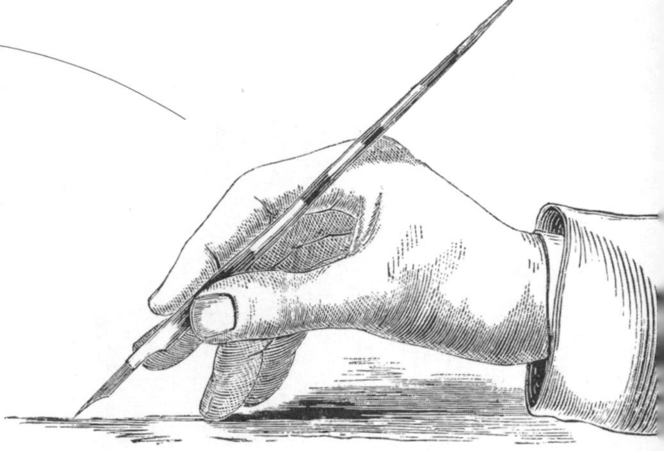

CHAPTER 01

行情紙帶悟模式，對賭行裡試牛刀

中學一畢業，我就出來打工了，在一家股票經紀行的營業部幹活，往黑板上抄寫各種動態行情。我向來長於數字，心算特別拿手。上學的時候，我曾經一年學完三年的數學課程。當時，作為行情「書童」，我天天在營業廳的大黑板上抄寫最新行情資料。一旦有客戶大聲讀出最新價格，無論讀得多快，我都能一個不落。我會把數字記得牢牢的，從不出紕漏。

營業部裡雇了很多夥計，一來二去，我便交上了朋友。不過，我工作太忙，從上午十點到下午三點，只要開市，我就得手腳一刻不停，難得有空和他們聊天。當然了，開市的時候忙，我倒不在乎。

開市時雖然手腳不能停下來，但腦子卻可以仔細琢磨手上抄寫的這些數字。在我眼中，這些數字並不代表股票的價錢，多少美元一股什麼的。這些就是數字。當然，數字也有意思，它們永遠變來變去。恰恰是數字的跳動，才是我感興趣的。為什麼數字會變化？我不知道，也不關心。那時，我並不深究。我只算旁觀，看著它們變來變去。那便是我操心的一切了——週一到週五每天五小時，週六兩小時，手上的數字總是變來變去。

當初正是這段因緣，激起我對價格行為的興趣。我對數字記得很牢。要是它們今天上漲或下跌了，我能真切地記得之前一天它是如何變化的。我的心算特長讓我在處理這些數字的時候遊刃有餘。

我注意到，在行情上漲或下跌時，股票價格往往表現出某些特定的「習慣」——如果可以這樣描述的話。我看到了種種重複發生的現象，沒完沒了、一再重現，似乎可以從中提取一些範例，作為未來行情的信號。雖然當時我只有十四歲，但是心中已經積累了成百上千的行情實例。有了這個底子，我便開始有意識地檢驗它們的準確性，也就是把股票今天的走法和歷史對照比較。這樣過了沒多久，我便開始往前看，嘗試預期今後的價格變動。正如前面交代的，這麼做的唯一嚮導，就是它們的歷史表現。我的腦子裡有一本隨時更新的「賽馬預測表」。我期望股票價格按照一定的形態或順序變化，力圖把握價格變化的時機。我想你明白我在說什麼。

舉例來說，我可以從行情看出，在什麼地方買進要比賣出更有利一點。股票市場恰似戰場，報價機的行情紙帶便是你的望遠鏡。十回中大約有七八回，這一套都是行之有效的。

行情紙帶機

那時候只有電話、電報，沒有現在的電子設備。當時的股票行情透過專用的電報機來接收，電報機上安裝了一條一兩公分寬的長紙捲，行情訊息到來後，電報機在紙帶上按時間順序列印字母縮寫的股票代碼和最新成交價格。於是，長長的紙帶上打出來一段一段的代碼和最新價格。一天會積累很長的紙帶。電報機就像一座擺鐘一樣，被罩在圓柱狀的玻璃罩子裡，紙帶從罩子下方的開口處不斷被

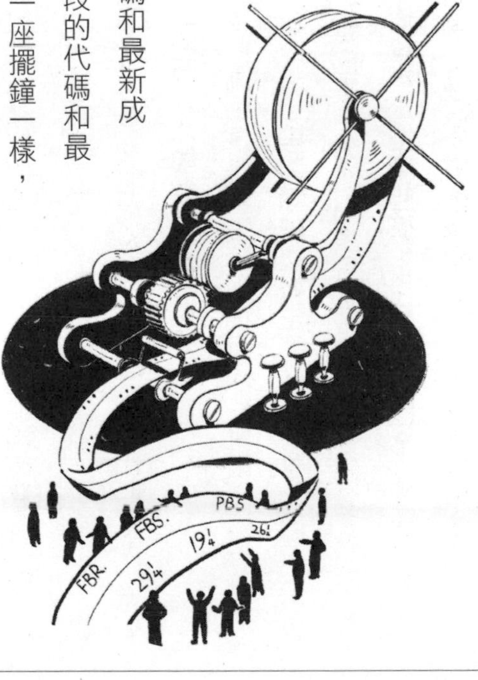

吐出來。

紙帶上的代碼和行情都是普通字級大小，可供人就近閱讀，但人多了不能同時看清。因此，需要有人大聲讀出紙帶上的行情，另有人用大字寫到黑板上，供大家觀看行情。

這樣的專用電報機被稱為行情紙帶機或報價機，英文名稱為「Ticker」。現代西方人也不知這是何物，需要用上述關鍵字查搜尋引擎上的圖片才能看到它的形狀。

報價紙帶上提供的是行情按照時間進度的資料流，是流水帳。受技術條件所限，這份流水帳實際上是一行到底，所有的報價品種混合在一起，排著隊依次報告。是「串聯」的，不是「並聯」的。在閱讀行情紙帶時，交易者首先要把數字分門別類，將其還原到各個股票（品種）的名下；然後，再憑記憶把各個股票的行情資料流接續起來，得到每個股票行情資料波動的印象。顯然，觀察資料流既需要良好的記憶，也需要對數據敏感，需要持續付出注意力和精力，才能分清並記住行情變化的細節和過程。

大體上，現代的「分時圖」就是根據成交資料流繪製的連接線，圖形和數據是相通的。即使在現代，有些極短線交易者還是更喜歡採用成交資料流，而不是圖形，他們的做法仍有李佛摩的風采。報告成交資料流的器材的英文名為「Ticker」，所以行情紙帶被稱為「Ticker Tape」。

從早年的經歷中，我還學到了另外的一課，華爾街沒有新鮮事。投機乃人類天性，就像山丘一般古老，華爾街不可能有什麼新鮮的。在股票市場上，不論今天發生了多麼令人難以置信的事情，都必定前有古人、後有來者。我從不忘記這一點。我尋思，自己的看家本領其實就是力圖牢記股市行情變化的方式而已，也就是記住「習慣」性的行情變化過去曾經在何時發生、以何種方式發生。事實上，正因為我牢記股市的變化方式，才能從自己的市場經歷中得到啟發，並將其轉化為投資收益。

我對自己這套把戲著了魔，對所有行情活躍的股票都忍不住要小試牛刀，急切地預期它們的上漲或下跌，因此總是隨身帶著一個小本子。我在小本子上記下自己的觀察。本子上記錄的並不是紙上模擬交易，許多人採用紙上模擬交易來訓練投資技巧——獲利巨萬不會讓你荷包滿滿（當然你也就不可能驕傲自滿），虧損巨萬也不會讓你一文不名。我的本子不同。小本上記的是事前我對最可能出現的價格變化所做的判斷，緊接其後的，是預期正確的結果和預期錯誤的結果。主要用意是確認我的觀察是否足夠精準，也就是說，要驗證當初的預期是否正確。

假定我已經仔細研究了某個活躍股票當日變化的全部細節，得出結論，它現在的表現一如既往，符合即將向下突破八到十個點[3]之前的一貫表現，因此這是個前兆。假定這是週一，我就在小本子上簡要地記錄股票名稱及其週一的價位，同時，根據我對它的類似歷史表現的記憶，再記下預計它在週二和週三的價格變化。

[3] 一點＝一美元。當時股票的面額一般為一百美元，雖然作者說的一點是一美元，而不是一個百分點的價格變化，但是大致上相當於一％的價格變化。

應有的表現。週二週三之後，我再查看行情紙帶，核對它的實際演變過程。

這便是我對紙帶上的訊息發生興趣的緣起。價格波動首先和我腦海裡行情上升或下降的前兆聯繫在一起。當然，價格波動總有原因，然而，紙帶從不關心原因。紙帶也不做任何解釋。我十四歲的時候已經學會不從紙帶上找原因了，現在四十多歲了，還是不從紙帶上找原因。某個股票今天行情如此這般的原因，也許在兩三天內都不清楚，或者在若干星期之內都不清楚，甚或在幾個月內都不清楚。然而，這些原因究竟與你何干？你憑紙帶做買賣，是在當下、此刻交易——而不是將來。原因可以放一放，以後再追查。但是，你必須立刻行動，不然就會被市場拋棄。一次又一次，我看到這一幕不斷重演。你可能記得，有一天霍洛管道（Hollow Tube）下降了三個點，而當天大盤是劇烈上漲的。這是事實。下星期一，你看到報導，董事會通過了（不如預期的）分紅方案。這就是原因。他們知道自己下一步要幹什麼，哪怕他們不賣出，至少也不會買進。如果沒有任何內部人買進，那麼，這股票沒有什麼理由不向下突破。

言歸正傳，我用小記錄本摘錄行情大約有六個月。每天幹完活，我不是馬上離開辦公室回家，而是複查紙帶，記下我需要的數字，研究當天的行情變化，不停地搜尋重複出現的行為範例——我在學習閱讀行情紙帶，雖然當時並不清楚自己幹的是這個。

一天中午我正在吃午飯，公司裡的一個小夥計——他比我年長一點——來找我，悄悄問我有沒有帶錢。

「問這幹什麼？」我說。

「嘿，」他答道，「我得到了一點柏林頓（Burlington）的好消息，呱呱叫的。要是能找到人和我一道，我打算玩它一把。」

「你說『玩一把』是什麼意思？」我問。在我眼中，只有客戶才玩股票、炒消息，他們都是一班腰纏萬貫的有錢人。因為要花數百、上千美元才能踏進營業部的門檻玩這個，那簡直如同擁有自己的私人馬車，還雇了一位穿戴光鮮的馬車夫。

「你要多少？」

「我就這意思，玩它一把！」他說，「你帶了多少錢？」

「嗯，我可以交易五股，五美元下注。」

「那你打算怎麼做呢？」

「我打算用這些錢當保證金，到對賭行[4]全部買進柏林頓，他們讓買多少就買多少。」他說，「這事兒篤定的，就像白撿錢一樣，一會兒我們的本錢就能翻倍。」

「且住！」我一邊對他說，一邊掏出我的小筆記本——「賽馬預測表」。

我對本錢翻倍並不感興趣，但是對他說柏林頓即將上漲倒是很好奇。如果他說的是真的，我的筆記本就應該有記錄顯示出來。我查了查，果真！根據我的記錄，柏林頓的表現恰恰符合以往它在上漲之前通常的走勢。這輩子我還從來沒有買過或賣過任何東西，之前也從來沒有和哪個小夥計一起賭過。不過，

4 對賭行的英文名稱為「bucket shop」，原意是「水桶攤子」。酒吧裡的客人享用完啤酒後，杯子裡可能剩下一點。水桶攤子把零散的剩啤酒搜集到一個水桶裡，城裡的窮人們聚集在水桶攤子上喝這些剩啤酒。後來，人們漸漸用這個詞來形容和客戶對賭股票和大宗商品期貨的地下經紀商。他們只向客戶收取微不足道的保證金，但不把客戶的單子真正下到交易所場內，而是和客戶對賭，加上高昂的手續費，只需市場小小的波動，對賭行就能把客戶的保證金掃光。

我當時一門心思想的都是，這正是一個大好機會，可以實際檢驗我下的苦功以及這種業餘愛好的準確性。如果我的「賽馬預測表」實際上不起作用，那麼即使看起來天花亂墜，也不會有任何人真買帳。於是，我傾囊而出。他帶著我倆湊集的本錢趕到鄰近的一家對賭行，買了一些柏林頓。兩天后，我們賣出變現，我獲利三．一二美元。

開了這個頭之後，我便獨自在那家對賭行下注買賣了。我都在午飯時去下單，買進或賣出——對我來說，買進還是賣出從來都沒有不一樣的感覺。我玩的是一套規則，而不是喜歡哪個股票，或是要兌現什麼看法。價格數字的算術，是我所知的一切。事實上，我這一套在對賭行裡玩起來如魚得水，因為交易者在這裡所做的一切，就是賭報價機紙帶上列印出來的市場波動。

沒用多久，我從對賭行拿出來的錢就比我在股票經紀公司營業部的差事掙到的報酬多得多了。於是，我不幹行情「書童」了。我的親友紛紛勸阻，但是當他們看到我賺的錢時，就沒話說了。我只是個男孩，而且營業部小夥計的薪水不足掛齒。我的副業確實幹得非常出色。

當我十五歲的時候，我賺足了有生以來第一個一千美元。我在母親面前攤開這些錢——都是這幾個月從對賭行裡掙來的，平時帶回家的不算。媽媽的臉色很難看。她叫我把錢存進銀行，別放在手邊，以免受誘惑學壞。她說，她這輩子從沒聽說哪個孩子白手起家，十五歲就有這麼多錢的。她都不敢相信這些錢是真的。她憂心忡忡，常常覺得不踏實。不過，我倒沒有多想什麼，繼續用行動證明我的數字推理是正確的。這正是樂趣的全部來源——憑頭腦獲得正確的成果。如果用十股來檢驗我的判斷，結果證明是正確的，那麼用一百股來交易的話，結果便是十倍的正確。更多的錢意味著更多的保證金，對我來說這就是錢多的全部意義，重點是證明我更正確。這需要更多的勇氣？不！用不著！假定我僅有十美元，但是統統拿出來冒險；再假定我有兩百萬美元，只拿一百萬美元冒險，另一百萬存起來保底，兩相比較，拿出十美元可比拿出一百萬美元勇敢得多了。

不管怎麼說，十五歲的時候，我已經靠股票市場活得有滋有味了。我是在小號對賭行裡起家的，那裡要是有人一次交易二十股的話，就會被人懷疑是不是約翰·W·蓋茨[5]喬裝改扮，或者是J·P·摩根微服私訪。那時候，對賭行對客戶一般是來者不拒的。他們用不著挑選客戶，他們有的是法子把客戶洗劫一空，甚至即使客戶押對了也難以倖免。這個行當的利潤極其肥厚。如果對賭行守規矩——我的意思是如果對賭行直來直去、不做手腳的話——紙帶上的價格波動便足以讓他們空手套白狼。一股的保證金僅需一個點的四分之三[6]，用不著多大的反向波動，就足以吞沒客戶的保證金了。而且，如果客戶賴帳，他就再沒有機會重來了，對賭行不會讓他再做的。

沒人跟我的風，我對自己的買賣祕而不宣。無論如何，這是一樁單槍匹馬的買賣。這是我自己的腦袋，對不對？價格要麼按照我憑「賽馬預測表」所做的判斷繼續演變，這時候用不著哪位朋友或合夥人來幫忙；要麼走另一條路，這時候也沒有哪位好心的朋友能夠幫我擋住它。我看不出來有什麼必要把我

5 編注：John W. Gates，綽號「賭一百萬」，美國鍍金時代（一八七〇－一九九〇）的實業家與知名賭徒，曾憑銷售鐵絲網發家致富。

6 即七十五美分。

的買賣告訴任何人。當然，我也與人交朋友，但是我的生意從來如此——總是單槍匹馬。這便是我始終在市場上獨來獨往的原因。

實際上，因為我總是贏他們，沒過多久，對賭行便開始對我翻白眼了。我走進一家對賭行，到櫃檯排出保證金，但他們視而不見，就是不收。他們告訴我：「這兒沒你什麼事兒。」從這時候起，他們開始叫我「豪賭小子」（Boy Plunger）。我只好打一槍換一個地方，從這家店換到那家店。後來竟然到了這種程度——我不得不隱姓埋名，每到一店還得從小筆交易開始，一筆十五股或二十股。有時候，當他們起疑心的時候，我開頭還得故意輸錢，然後再連本帶利撈一票。自然，用不了多久，他們就能察覺我讓他們太破費了，於是把我連人帶買賣一鍋端，要我另謀高就，別耽誤他們老闆掙錢。

有一次，我在一家大對賭行交易了幾個月後，他們要趕我走，這回我拿定主意，臨走要多贏他們一點。這家對賭行在全城開了許多分店，賓館大堂、鄰近小鎮都有。我走進一家開在賓館大堂的營業部，先問了經理幾個問題，然後開始交易。但是就在我按照自己的獨特方式在一隻活躍股票上下注時，他接到了總部打來的電話，查問誰在下單。經理告訴我，上頭正在打聽我，我便告訴他我叫愛德華．羅賓遜，從劍橋來。他給頭頭回電話，報告這個好消息。然而，電話那一頭還要知道我長什麼樣。當經理告訴我這句話的時候，我對他說，告訴他我又矮又胖，黑頭髮，大絡腮鬍！但這位經理卻如實描述了我的相貌，他聽著聽著，臉變得通紅，然後掛上電話，叫我快滾。

「他們對你說什麼了？」我小心翼翼地問他。

「他們說：『你這該死的白痴，難道沒告訴你別和賴瑞．李文斯頓（Larry Livingstone）做交易嗎？

你竟然故意放水，讓他捲走了我們七百美元！』」他沒告訴我他們還對他說了些什麼。

我又一家接一家試了其他分店，但是現在他們都知道我了，哪一家分店都不敢認我的錢。甚至連我進去看一眼報價的時候，裡頭的夥計都會冷嘲熱諷。我輪流到各家分店，希望每家分店隔好長時間才見到我一次，看看這樣能不能混過去讓我交易。但這也沒用。

最後，就剩一家對賭行我從沒登門了，這是其中生意最大，也是最肥的一家——大都會股票經紀公司。

大都會屬於大哥大級別，生意好極了，在新英格蘭每個靠製造業過活的城鎮都開了分店。他們倒是願意接我的單子，幾個月來，我買進賣出，有盈有虧。但是最終看來，他們和其他對賭行也沒什麼兩樣。他們沒有直來直去地拒絕我的單子，不像那些小對賭行的行徑。噢，這倒不是因為他們更講究公平遊戲，而是他們知道，要是因為哪個傢伙碰巧有本事賺點小錢就不接他的單子的話，這事兒一傳開，恐怕於他們的名聲大有不便。但是，他們的陰招比小對賭行好不到哪兒去。他們強制我繳納三個點的保證金，這還不夠，他們起初強迫我付半個點的交易費用，後來漲到一個點，最後竟漲到一個半點。叫你跳舞，先把你五花大綁！他們怎麼幹的？簡單極了。假設鋼鐵股份（Steel）當前賣出價九〇美元，你買進。那麼通常你的成交單上會這樣寫著：「九〇又八分之一（90-1/8）[7]買進十股鋼鐵。」如果你繳納一個點的保

[7] 當時股票的最小報價單位是一個點的八分之一，即〇．一二五美元，股價變動按照八分之一的倍數跳動，小於一個點的零頭部分用分數八分之一、四分之一、八分之三、二分之一、八分之五、四分之三、八分之七來表示。原書不用小數點而用「-」來連接股票價格的整數美元部分與零頭部分，讀作「又」。「-」前面的數字表示整美元數，後面的數字表示零頭。例如，「90-1/4」表示股票價格為「九〇又四分之一美元」。

證金，那麼一旦價格跌破八十九又四分之一，你就自動賠光出局。對賭行不要求客戶追加保證金，也不叫客戶痛苦地選擇認賠賣出（好歹會留下一點錢）。

然而，大都會向我徵收的交易費就像在拳擊賽中陰損地打人小腹。也就是說，如果我買進的時候行情在九〇美元，那麼他們給我的成交單不是通常的「九〇又八分之一買進鋼鐵」，而是特製的，上面寫著「九一又八分之一買進鋼鐵」。機關在於，即使我買進後股票上漲了一又四分之一點，如果這時候賣出平倉的話，我還是賠錢的。另一方面，他們強制我在開倉時必須繳納三個點的保證金，這麼一來，同樣多的錢，可交易的股數卻減少了三分之二。儘管如此，這家對賭行卻是唯一願意接我單子的，我不得不接受他們的苛刻條件，否則就得洗手不幹。

當然了，我既有贏的時候，也有輸的時候，不過盈虧相抵總體是獲利的。無論如何，大都會綁在我身上的鎖鏈足以壓垮任何人了，然而，他們還嫌不夠，不肯就此罷手，他們還設法使詐，但他們沒有騙到我。多虧我有直覺，才倖免中招。

前面曾經說過，大都會是我最後一條路。它是新英格蘭最有實力的對賭行，很有錢，通常不限制交易數量。我覺得，我是他們成交量最大的個人客戶，也就是說，我是最穩定的、每天都交易的客戶。他們的營業場所裝修精緻，安裝了我曾見過的最大的報價板，提供最完整的行情。它占滿營業大廳一整面牆，你所能想像到的每個品種都有報價。我是說其中包括紐約股票交易所和波士頓股票交易所上市的股票，還有棉花、小麥、糧食、金屬——總之包括在紐約、芝加哥、波士頓和利物浦上市交易的每個品種。

你知道對賭行是怎麼和客戶交易的。你把錢付給一位櫃員，告訴他你要買進或賣出什麼品種。他查一查報價機紙帶，或者看一看報價板，從那兒得到報價——當然是最新的報價。他還在成交單上注上交易時間，這麼一來，看起來幾乎像正規經紀商的成交報告，讀起來大體上如以下字樣：他們已經為你買進或賣出了多少股某某股票，成交價某某，成交時間為某日某時某分，以及他們從你這裡收取了某某金額。當你打算了結交易時，你走到櫃檯前——同一位櫃員或是另一位櫃員，按這家對賭行的規矩辦——告訴他你要平倉。於是，他找到最新的報價，或者如果這個股票不活躍，他便等到紙帶上出現該股票的下一個報價。他把這個價格和時間寫在成交單上，簽字表示批准，再把成交單交給你，然後你就可以憑成交單到出納那裡結算，拿到應付給你的款項。當然，如果市場變化對你不利，並且超過了你的保證金設定的限度，那麼你的交易便自動了結，你的成交單會變成廢紙一張。

小型對賭行允許人們最少可以交易五股的小筆單子，成交單是一張小條子，買進和賣出分為不同的顏色。有時候，比如在群情沸騰的牛市高潮，對賭行可能會慘遭重創，因為所有客戶都是多頭，碰巧他們又都賭對了。這時候，在你開頭寸時，對賭行可能既扣掉你開頭寸的佣金，又提前扣掉你平頭寸的佣金。舉例來說，假定你在二〇美元的價位買進某股票，成交單可能寫著二〇又四分之一。現在，你只有四分之三點的向下空間來賭市場上漲了。

大都會算是新英格蘭對賭行裡的頭把交椅，顧客成千上萬。我感覺，在這成千上萬的客戶之中，只有我是他們唯一害怕的。不論是生吞活剝的高額手續費，還是蠻不講理的三個點的保證金，都不能難倒我。只要他們接單，我便不停地買進、賣出，多多益善。有時候，我的頭寸限額可達五千股。

嗨，該來的遲早要來，事情終於發生了，且聽我道來。那一天，我賣空了三千五百股糖業（Sugar）。

我手上有七張粉紅色的成交單，每張單子五百股。大都會的成交單是一張大紙，預先留下空白，好添上額外追加的保證金。當然了，對賭行從不會找你追加保證金。保證金越少，客戶的迴旋餘地越小，對他們越有利，因為他們的利潤就來自你被洗掉的保證金。在較小的對賭行，如果你打算給自己的頭寸多放一些保證金，他們會另寫一張交易單給你，這麼一來，他們就可以再收一次手續費，新增加一個點的保證金只能給你增加四分之三點向下的餘地，因為當你賣出時，他們還要把新增的保證金算做新交易，再收一次平倉的手續費。

回到正題，我記得當天我的保證金已經上升到超過一萬美元了。

當我第一次積攢到一萬美元現金的時候，僅有二十歲。想必你已經聽說我媽媽了。你可能會覺得，帶著一萬美元現鈔到處跑的，除了約翰．D．洛克斐勒（John D. Rockefeller）恐怕找不到第二個人了。她老是叮囑我，要知足，快罷手去幹點正經營生。我費盡唇舌，總算讓她相信我不是賭博，而是靠數字推理來掙錢的。但是，在她心目中，一萬美元的數目實在太大，而我心中所想的，完全是如何用它贏得更多保證金。

我賣空三千五百股糖業的成交價是一〇五又四分之一。同交易室還有另一位老兄，亨利．威廉斯，他賣空了兩千五百股。我平常總坐在報價機旁邊，替行情「書童」大聲讀報價。該股票的價格表現和我預期的一致。起先快速下跌了幾個點，現在稍息一下，喘口氣，醞釀下一波下跌。市場普遍走得相當疲軟，看起來順風順水、大有希望。就在這時，突然之間我不喜歡糖業當時猶豫徘徊的樣子了。我開始感覺不自在起來。我琢磨，該退場了。那時，它的賣出價是一〇三——這是當天的最低價，然而，我非但沒有感到更有信心，反而更有點六神無主的感覺。我知道，一定在什麼地方有什麼不對勁了，不過我並不確切瞭解到底哪裡有毛病。如果即將有事臨頭，卻不知道是什麼來頭，那就不可能做好防備了。既然如此，最好還是「三十六計走為上」吧。

你知道，我並不盲目行事。我從不喜歡盲目行事，從不，甚至還在孩提的時候，我要做一件事，就必須先弄明白做這事的道理。但是這一回，我卻找不出什麼明確的理由，雖然找不出明確理由，偏偏就是心裡不踏實，人都快受不了了。我大聲招呼我認識的一位仁兄，戴夫・懷曼，對他說：「戴夫，你坐我這兒，我要你幫我做點事兒。你在喊糖業的下一個報價之前，稍等一會兒，行嗎？」

他說好的。我起身，讓他坐在我的位置上──報價機邊上，由他來替行情「書童」讀報價。我從口袋裡拿出那七張糖業成交單，走到櫃檯前。這個櫃檯的櫃員負責平倉交易、填寫成交訊息。不過，我真的不知道為什麼應該撤離市場，所以我就站在那兒，斜倚著櫃檯邊，不讓櫃員看見我手上拿著的單子。不一會兒，我聽到一臺電報設備「嗙嗒嗙嗒」起來，看見湯姆・伯納姆，那位櫃員，很快轉過頭、聽著。這時候，我感覺到有什麼鬼把戲就要出籠了，斷然決定不再等待了。就在這時，坐在報價機邊的戴夫・懷曼開始喊：「糖──」，說時遲，那時快，我把單子閃電般拍在櫃檯上，拍在櫃員面前，扯開嗓子：「軋平糖業！」──搶在戴夫喊完糖業報價之前。就這樣，按照行規，對賭行自然必須按照上一個最近的報價軋平我的糖業。結果，戴夫喊出來的，還是一〇三。

根據我的「祕方」，糖業這時候應該已經跌破一〇三了。看來有什麼地方不對頭。我預感身旁可能有陷阱。電報機現在不管不顧，發了瘋似地一個勁「嗙嗙」，我注意到湯姆・伯納姆，那位櫃員，沒簽我的單子，它們還在原來我拍下的地方，他不眨眼地聽著啀嗒聲，好像正等什麼。於是，我朝他大喊：「嘿，湯姆，你究竟等什麼？快把單子填上——一〇三！動作快一點！」

房間裡所有人都聽到了喊聲，開始朝這邊張望，相互打聽出了什麼事。你瞧，雖然大都會還沒賴過帳，可是誰敢打包票呢，擠兌對賭行就像擠兌銀行，一點火星就著。只要有一位客戶犯了疑心，很快就會傳染其他客戶。就這樣，儘管湯姆臉拉得老長，但還是走近幾步，在我的七張單子上簽下「於一〇三平倉」，衝我拽過來。沒錯，他臉色鐵青。

喏，從湯姆的櫃檯到出納員待的「籠子」，距離不超過三公尺。我正走向出納那裡取錢，但是我人還沒到，戴夫．懷曼就在報價機旁激動地大嚷：「天哪！糖業，一〇八！」然而，這一招來得太晚了，我只是笑笑，對湯姆喊著說：「剛才不是這樣的，對吧，老兄？」

當然，這是人為操縱的。亨利．威廉斯和我加在一起，共計賣空了六千股糖業。這家對賭行拿了我和亨利的保證金，營業廳裡或許還有其他人也賣空了不少糖業，可能總共有八千股到一萬股糖業的保證金。假設他們在糖業上總共拿到了兩萬美元的保證金。這筆金額已經大得足以驅使店家在紐約股票交易所的市場上玩點手腳，好把我們洗掉。在那個年頭，每當對賭行發現自己在某個股票上積累了太多的多頭賭客，他們慣用的伎倆就是找幾家股票經紀行，聯手洗盤，打壓這個股票的價格，使它下跌到足以清洗所有做多該股票的客戶。對賭行付出的代價很少超過幾百股的幾個點的，而他們賺到的卻是成千上萬美元。

這就是大都會的行徑，就為了捉住我和亨利．威廉斯，以及其他做空糖業的人。他們在紐約的股票經紀人把糖業的價格打高到一〇八。自然，它立即又跌回起點，但是亨利和許多其他客戶就這樣被洗劫了。但凡出現了無法解釋的急遽下跌、隨後市場又立即返回的情況，當時的報紙經常稱之為「對賭行偷襲」（bucket-shop drive）。

最好笑的是，就在大都會的人企圖坑騙我這事之後不到十天，一位紐約的炒家從他們那裡捲走了七萬多美元。這位先生在他得意的年頭，曾在市場上相當有影響。他是紐約股票交易所的會員，在一八九六年的「布萊恩恐慌」（Bryan panic）[8]中做空，出了大名。不過，他總是和股票交易所的規則對著幹，因為規則妨礙了他拿其他會員的利益做代價的一些手腳。有一天，他終於想出一條妙計，要是從本地對賭行的不義之財中分一杯羹，那就既不得罪交易所，也不會引起警務機關的不滿。在我上面提到的故事中，他派出三十五個弟兄冒充對賭行客戶。他們去了本地對賭行的主要營業廳和最大的分店。在約定的那一天的指定鐘點，他的弟兄們全都敞開了買進約定的那檔股票，店裡讓買多少就買多少。他指示他們當股價達到約定的獲利時便偷偷地賣出平倉。他的手法當然是先在他的圈子裡散布關於這個股票利多的小道消息，然後他自己到交易所場內，不斷抬高股價，場內交易員也跟著推波助瀾，因為他們覺得他是一把好手。為這事，他精心挑選了合適的股票，因此沒費多大勁就把股價推高了三到四個點。這時，他派到對賭行裡的弟兄們按照預先的計畫乘機賣出變現。

8 編注：一八九六年美國總統大選，民主黨候選人威廉．布萊恩（William J. Bryan）主張將當時金本位制的貨幣政策改為金銀雙本位制，以解決黃金供應不足所帶來的通貨緊縮問題，從而引起投資市場的劇烈動盪，故稱。

有位老兄告訴我，這位幕後主使一次就淨賺了七萬美元——刨去弟兄們的開銷和報酬。他把這套把戲耍遍了全國，挨個教訓了紐約、波士頓、費城、芝加哥、辛辛那提和聖路易斯較大的對賭行。他最中意的股票之一是西聯電報（Western Union），因為這樣的股票半活躍不活躍，很容易推高幾個點，或者打壓幾個點。他的人馬在約定的價位買進，有兩點的利潤就拋掉，然後再反手做空，再獲得三個點或更多的利潤。順便提一句，前兩天我在報紙上看到，這人已經去世了，死的時候很窮，默默無聞。要是他死在一八九六年，他的死訊會在紐約每一家報紙的頭版至少占上一欄。現在只在第五版有兩行字。

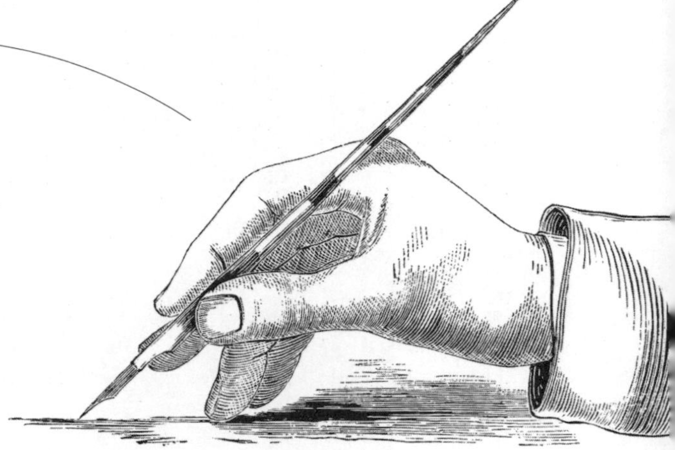

CHAPTER 02

首戰紐約遭挫敗，重回對賭籌本錢

我發覺，大都會股票經紀公司起先打算軟刀子殺人——強制我繳納三個點的保證金和一個半點的交易手續費。這一套沒成功，他們連下三濫的手段都使出來了。後來，他們多方暗示，天塌下來，也不做我的生意了。就在這期間，我很快拿定主意，到紐約去，在紐約股票交易所會員的總部做交易。我不想到任何一家波士頓分公司去，因為報價必須透過電報傳遞到紐約，我希望盡可能接近行情源頭。我在二十一歲那年來到紐約，隨身帶著全部家當——兩千五百美元。

我曾告訴你，當我二十歲的時候已經有一萬美元了，我做糖業那筆交易時保證金超過一萬美元。然而，我並不總是獲利。我的交易計畫足夠可靠，而且獲利的時候多過賠錢的時候。要是我始終遵守它，那麼十次中可能達到七次交易結果是正確的。事實上，如果我在開倉之前確信自己是對的，最終總能獲利。真正打敗我的，是自己的定力不夠，不能始終貫徹自己的技術要領，也就是說，僅當看到市場前兆確實對交易有利時，才入市交易。天下萬物皆有定時，我卻不知道這一點。恰恰正是這一點，令華爾街如此之多的英雄好漢折戟沉沙，儘管他們已遠遠超越了絕大多數平庸之輩。一般的傻瓜犯起傻來，會不分時間和場合蠻幹；華爾街的傻瓜呢，則是不分時間，總覺得非做交易不可。沒人能夠天天找到充分理由，天天買進或賣出股票；或者說，沒人有足夠的知識天天交易，天天都能按照明智的交易方式買賣。

本人是一個明證。每次如果本著經驗的指引來閱讀行情紙帶，就能掙錢；但是一旦平白犯傻，就注定賠錢。我也不例外，不是嗎？一走進交易廳，巨大的行情板一眨不眨地瞪著我的臉，報價機在耳畔催促般地吱吱響個不停，身邊人來人往、買來賣去，眼睜睜看著手上的單子變成鈔票或化作廢紙。這麼一來，我自然就讓追求刺激的渴望取代了理性的判斷。在對賭行裡，保證金太少，你不可能有長線打算，因為你太容易也常常太快被洗掉了。不顧實際市場狀況，只顧不停地買賣，是導致華爾街許多交易者虧損的罪魁禍首，甚至專業交易者也逃不過這個陷阱，他們覺得每天都得帶一點錢回家，就像拿工資的尋常上班族那樣。請記住，當時我還是個毛頭小夥，我並不知道自己後來會得到什麼樣的大教訓。十五年後，儘管我對某個股票已經十分看好，但正是這份大教訓使我繼續耐心等待了兩個星期之久，眼看著它上漲了三十個點之後，才認為是保險的買進時機。當時我已經破產了，正力圖東山再起，承受不起絲毫的魯莽和草率。背水一戰，只能贏，不能輸，於是只有耐心等待。那是一九一五年，說來話長，後面合適的地方再談吧。言歸正傳，多年來我在對賭行裡對他們迎頭痛擊，但是最終還是讓他們奪走了我的大部分收益。

不僅如此，當這一切發生的時候，我明明瞪著眼睛看著！而且，在我的交易生涯中，這種經歷可不是只有一次。股票交易者自己身上便藏著許多敵人，他不得不戰勝所有這些敵人，要是做不到，就得付出高昂的代價。不管怎麼說，我帶著兩千五百美元來到了紐約。這裡找不到一家持久營業的對賭行，股票交易所和警察局攜手管得很嚴，開一家關一家。此外，我打算找到一個不限制頭寸的地方，有多少本金就可以做多少交易。我那時還沒有多少本金，不過我預期自己的本金不會總這麼微薄。初來乍到，最主要的考慮是找一個好地方，再也不用擔心交易不公平。於是，我來到一家紐約股票交易所的經紀行，它在我老家開了分店，我認識那店裡的幾位職員。現在說起來，這家經紀行早已歇業了。我在這家經紀行待的時間不長，我不喜歡其中一位合夥人，後來便轉到A．R．富勒頓公司（A. R. Fullerton & Co.）。肯定有人對他們說過我的早期經歷，因為我過去不久，他們就統統叫我「交易神童」（the Boy Trader）。

我的樣子看上去總顯得比實際年齡更年輕。這一點在一定程度上對我不利，不過反過來，也迫使我更努力地獨立奮鬥，因為那麼多人試圖利用我的年輕來占我的便宜。對賭行那些傢伙看到我只是乳臭未乾的少年，總覺得我不過是傻人有傻福，這就是我經常贏他們的唯一原因。

唉，不到六個月，我就破產了。我的交易相當活躍，小有「贏家」的名氣。我猜測，我的交易佣金累積起來總額恐怕不小。我的帳戶上曾經有一定數額的累積盈利，但是，最終還是輸了。雖然在交易時我很小心，但注定最終是虧損的。讓我來告訴你原因：正是由於我在對賭行裡的非凡成功！

以我的方式交易，只能在對賭行裡贏得這場遊戲，因為我賭的是市場波動。我的紙帶閱讀術只適用於對賭行的交易方式。當我買進的時候，價格就在那兒，寫在行情板上，擺在我眼前。甚至在下單之前，我就已經確切地知道我要為股票付出多少價錢。與此同時，我也總能在一瞬間賣出。我能成功地搶帽子（Scalp），因為我可以像閃電一樣完成交易。幸運的時候，我可以繼續跟進；不利的時候，可以在一秒鐘內止損。舉例來說，有時候，我有把握某檔股票肯定要上漲或下跌至少一個點。好，我用不著從魚頭吃到魚尾，可以支付一個點的保證金，本金飛快翻倍；或者，也可以只掙半個點，見好就收。每天交易一兩百股，到了月底，進帳不錯，對吧？

當然，這一套實際上是行不通的，即使對賭行有足夠資源來承受一系列大額穩定的虧損，他們也不願意這麼做。他們不願意哪個客戶總是贏他們的錢，那滋味實在太糟糕。

無論如何，在對賭行裡行之有效的交易套路，在富勒頓的營業廳裡卻不起作用。在這裡，我真正買進或賣出股票。紙帶上糖業的價格或許是一〇五，我能看出它即將出現三個點的下跌。實際上，就在報價機在紙帶上列印出一〇五的那一刻，在交易所場內真實的成交價可能已經是一〇四或一〇三了。等到我賣出一千股的交易指令傳遞到富勒頓公司場內出市代表手中真正執行的時候，成交價可能還更低。我一直無法得知我賣出一千股的成交價到底在什麼位置，必須等到那位出市代表的成交回報傳回來。同樣一筆交易，在對賭行肯定已經掙到三千美元了，而在交易所的經紀行或許一分錢也掙不到。當然，這是比較極端的例子，不過事情的本質並無二致，就我的交易套路來說，在富勒頓的營業廳，紙帶告訴我的總是過時的歷史，而我當時並沒有認識到這一點。

雪上加霜的是，如果我的指令大到一定程度，我自己的賣出可能進一步壓低價格。在對賭行，我用不著考慮我自己的指令引起的衝擊效應。之所以在紐約吃敗仗，是因為這裡完全是另一種玩法。導致我虧損的原因並不在於現在我做的是合法交易，而在於我在操作過程中其實是一知半解。人們誇我擅長閱讀行情紙帶。然而，即使我閱讀紙帶像高手一樣，也不能倖免於虧損。要是我親自到場內交易，當一名場內交易員，也許結果會好得多。如果置身於場內交易者群體中，現實狀況就在眼前，我也許就能讓自己的交易體系適應它了。當然，這個系統也不是無懈可擊，舉例來說，如果按照我現在的交易規模來操作，這樣的系統同樣還是會讓我失敗的，原因在於我的交易對市場價格帶來的衝擊效應。

長話短說，我當時並不懂得股票投機交易的真諦，只瞭解其中一個部分，雖然這是相當重要的部分，對我來說，任何時候這部分都是極有價值的。話說回來，如果憑我所知道的一切尚且不能獲利，那麼，場外那些更缺乏經驗的市場參與者能有多大的勝算呢？或者更準確地說，他們有多大的可能性賺錢呢？

沒用多久，我就意識到，我的交易方法有什麼地方不對勁，但就是不明白問題到底出在哪裡。有的時候，我的系統運行得很漂亮，突然之間，一記耳光接著一記耳光劈頭打過來。記得吧，我當時只有二十二歲，並不是因為我固執己見，不願意反省究竟自己錯在何處，而是因為那個年紀的人對任何事都是懵懵懂懂。

營業廳裡的人對我很友善。因為他們關於保證金的規定，我不能盡情下單，但是老富勒頓和公司裡的其他人待我太好了，經過六個月的活躍交易，我不僅損失了當初帶來的所有本錢，還有在那兒掙到的所有利潤，甚至還欠了公司幾百美元。

看看我，一個毛頭小子，以前從來沒出過遠門，現在徹底破產了。但是我知道，我自己並沒有什麼地方應當受責備，問題完全出在我的交易套路上。不知道我的意思是不是說清楚了，的確，我從來不對股票市場發脾氣。我從不與行情紙帶爭辯。埋怨市場無濟於事。

我太渴望恢復交易了，一分鐘也沒耽誤，就跑去找老富勒頓，對他說：「嗨，A．R，借我五百美元，好不好？」

「要錢幹什麼？」他問。

「我得弄些錢。」

「要錢幹什麼？」他再次問道。

「當然是做保證金了。」我說。

「五百美元？」他說著，皺起眉頭，「你知道，他們要你維持一〇%的保證金，這意味著做一百股要交一千美元。我給你一個信用額度，豈不好多了……」

「不。」我回道，「我不想要這裡的信用額度，我已經欠公司一筆錢了，我的打算是，請你借我五百元，我就可以拿到外面去掙一筆，再回來。」

「那你打算怎麼幹呢？」老富勒頓問。

「我要找一家對賭行，到那兒交易。」我告訴他。

「在這兒交易吧。」他說。

「不，」我回道，「在這間營業部裡我還沒有取勝的把握，但是，我有把握從對賭行裡贏出錢來，我懂那兒的玩法。我有些心得，已經知道在這裡我有什麼地方做得不對了。」

他給了錢，我離開了營業部——就在這兒，這位昔日人稱對賭行剋星的男孩賠得精光。我不能回家鄉，因為那裡的對賭行不接我的生意。紐約也不用考慮，當時紐約一家對賭行也沒有。他們告訴我，十九世紀九〇年代的百老街（Broad Street）和新街（New Street）曾經到處都是這路貨色。但是現在我的生意用得著的時候，偏偏一家都沒有了。於是，我想了想，決定去聖路易斯。我聽說那兒有兩家對賭行的生意做得很大，遍及整個中西部。他們的利潤一定很豐厚。他們在幾十個城鎮都有分號。實際上人家告訴我，東部地區沒有哪一家對賭行在生意規模上能夠和他們相提並論。他們在光天化日之下營業，連最體面的人都在他們那裡交易，不帶絲毫疑慮。有個傢伙甚至告訴我，其中一家對賭行的老闆是某地商貿促進會的副主席，不過不可能是聖路易斯的。不管怎麼說，這就是我要去的地方，指望帶去五百美元，帶回更大的一筆錢，好放到富勒頓公司（紐約股票交易所的會員）的營業廳充當保證金。

到達聖路易斯後，我先到旅館洗了把臉，便上街尋找對賭行。一家是J．G．多蘭公司（J. G. Dolan

Company），另一家是H．S．泰勒（H. S. Teller & Co.）公司。我知道能贏他們。我打算採用絕對保險的玩法——小心又保守。我唯一擔心的是，怕有人認出我，暴露行蹤，因為全國各地的對賭行都聽說過「交易神童」。他們像賭場，時刻留意有關賭博高手的流言蜚語。

多蘭公司比泰勒公司的距離更近，我決定先去多蘭公司。但願他們讓我做幾天交易，再叫我走人另謀高就。我走進去，裡面空間巨大，至少有好幾百人在那兒盯著報價板。我很開心，因為在這麼擁擠的人群中，我比較不容易引起注意。我站在那兒，觀察報價板，從頭到尾審視一遍，直到挑出合適的股票做頭一把。

我環視四周，看到了窗口邊的接單員，人們就是在那兒壓下本錢，拿到成交單。他正看著我，於是我走過去，問道：「你們這兒可以交易棉花和小麥嗎？」

「是的，小朋友。」他答道。

「那我也可以買股票嗎？」

「要是你有錢，就可以買。」他回道。

「噢，我有錢，沒問題。」我說著，像是吹牛充闊的少年。

「你有錢，是嗎？」他說著，面帶微笑。

「一百美元能買多少股票？」我問道，故作不快狀。

「一百股，要是你拿得出一百美元。」

「我有一百美元。對，有兩百美元呢！」我回他。

「哦，好傢伙！」他說。

「你給我買兩百股。」我不客氣地說。

「兩百股什麼？」他問道，嚴肅起來了。生意歸生意。

我再次看了看行情板，好像要好好猜猜，然後告訴他，「兩百股奧馬哈（Omaha）。」

「好的！」他說。他收下錢，點好數，簽好成交單。

「你叫什麼名字？」他問我。

我回道：「賀瑞斯．肯特。」

他把成交單遞給我，我走到一邊，坐在顧客群中，等著這捲錢變多。我快進快出，這一天交易了好幾次。第二天故技重施。兩天，我賺了兩千八百美元，當時還指望他們讓我把這一星期做完。以我當時賺錢的速度，一星期下來大概成績不壞。然後，再到另一家店去，要是在那裡也能同樣走運的話，就能帶一大疊鈔票回紐約，好好施展一番。

第三天早晨，我扮著一副羞澀模樣，走到窗口前，要買進五百股B. R. T.（布魯克林捷運公司）。那位櫃員對我說：「嗨，肯特先生，我們老闆想見你。」

我知道把戲被戳穿了，但還不死心：「他為什麼要見我？」

「我不清楚。」

「到哪兒找他？」

「在他的個人辦公室，朝那邊走。」他指著一扇門。

我走進去，多蘭正坐在他的辦公桌前，他轉過身來，對我說：「請坐，李文斯頓。」他指著一張椅子。最後一線希望破滅了，我不知道他是怎麼看破我的，或許是從旅館登記簿上。

「找我有何貴幹？」我問他。

「聽著，年輕人。我對你沒有任何惡意，明白？一點兒都沒有，明白吧？」

「是，我也沒看出來。」我說。

他從轉椅上站起身來，這傢伙身材魁梧。他對我說：「來，過這邊來，李文斯頓，好嗎？」他走向門邊，打開門，然後手指著大廳裡的顧客們。

「看見這些人了嗎？」他問道。

「看見什麼？」

「這幫子人。好好看看他們，年輕人。這裡有三百號這樣的傢伙！三百號肥羊！他們養活我和我一家人，明白嗎？三百號肥羊！然後你來了，你兩天時間弄到的，比我從這三百號肥羊身上兩個星期掙到的都多。這不是生意經，年輕人——不是我的生意經！我對你沒有任何惡意，你就拿著你已經弄到手的好了，但是你別再弄了，這裡一分錢也不再給你！」

「為什麼，我——」

「到此為止。前天我看著你走進來，第一眼就不喜歡你的樣子。老實說，一點兒也不喜歡。我一眼就看出你是裝呆賣傻的老千。我把那頭蠢驢叫進來。」他指著那位闖禍的店員，「問他你做什麼了，他告訴我之後，我跟他說：『我不喜歡那傢伙的樣子，他是裝呆賣傻的老千！』那頭蠢驢對我說：『我才不信他是老千呢，老闆！他叫賀瑞斯．肯特，毛頭小子故意充大人而已，他沒問題！』唉，我就隨他去了，這該死的讓我破了兩千八百美元的財。我不怨你，我的孩子，但是這錢箱子對你是鎖上了。」

「聽我——」我剛開了個頭。

「你聽著，李文斯頓，」他搶道，「我四處打聽，對你再清楚不過了。我包攬肥羊們的賭博來掙錢，你不屬於這裡。我這人講義氣，已經從這裡刮走的你拿走好了。但是，現在我已經知道你的底細，不能再讓你挖牆腳，那樣我就成肥羊了。你走你的陽關道吧，年輕人！」

我帶著兩千八百美元的利潤離開了多蘭的場子。泰勒公司的地方就在同一個街區。我已經弄清楚，泰勒非常富有，他還開辦了許多撞球房。我打定主意到他的對賭行去。我琢磨著，到底是小小地開始，慢慢炒到一千股呢，還是一開始就來大的好，說不定我只能在那裡做一天交易。當他們輸錢的時候，很快就會學乖，我確實想買進一千股B.R.T.。我有把握從這檔股票上拿到四到五個點的利潤。但如果他們起了疑心，或者如果太多客戶做多這檔股票，或許他們碰都不讓我碰。我想或許起初還是化整為零，從小筆開始為妙。

這裡的交易廳沒有多蘭公司的大，但裝修更講究。顯然，這裡的客戶群體來自更富有的階層。這對我再合適不過了，我決定買進一千股B.R.T.。於是，我走到對應的窗口前，對店員說：「我打算買進一些B.R.T.。最多可以買多少？」

「上不封頂，」那位櫃員說，「想買多少就買多少——只要你有錢。」

「買進一千五百股。」我說著，從口袋裡掏出一捲鈔票，那位櫃員開始填單。

就在這時，我看到一位紅髮男子從櫃檯邊一把推開那位店員。他向前傾身，對我說：「嗨，李文斯頓，你還是回多蘭那兒去吧，我們不想和你做生意。」

「等我拿走我的成交單，」我說，「我剛剛買進了一點兒B. R. T.。」

「什麼單子你也別想拿。」他說。這時，其他店員都圍在他後面，看著我。「再也別來這兒交易，我們不做你的生意，懂了嗎？」

無論是發火，還是企圖講理，都沒什麼意義，於是我返回旅館，結了帳，登上第一趟列車回到紐約。世道艱難。我本想掙回一點現金重新開始，但是泰勒竟然一次都不讓我交易。

回到紐約後，我還了富勒頓五百美元，憑在聖路易斯掙的錢又開始交易。我的手氣時好時壞，不過，總的來說比盈虧打平好一點。畢竟，我用不著改弦更張，唯一需要領會的是，要做好股票投機的行當，除了來富勒頓營業廳交易之前已經學會的之外，還要掌握其他本領。就像字謎愛好者一樣，他們喜歡在報紙週末副刊上填寫縱橫字謎，不填出來絕不甘休。我呢，當然渴望為我的市場拼圖找到解答。我本以為在對賭行已經找到了全部答案，但是，我錯了。

大約在我回紐約後幾個月，富勒頓的辦公室來了一位老古怪。他和富勒頓相熟。有人說，他們倆曾經共同擁有一群賽馬。很容易看出來，他曾經有過光彩的日子。我被介紹給老麥戴維（McDevitt）。他正向大夥說起一夥西部賽馬場騙子，他們剛剛在聖路易斯得手了一把。「這群騙子團夥的頭頭，」他說，「是一家撞球室的老闆，名叫泰勒。」

「哪個泰勒？」我問他。

「那個泰勒，H．S．泰勒。」

「我認識這傢伙。」我說。

「他不是好東西。」麥戴維說。

「豈止，簡直壞透了，」我說，「我還有一筆小帳要和他算一算。」

「怎麼個算法？」

「教訓這夥惡棍的唯一辦法是從他們的荷包入手。現在在聖路易斯還沒辦法碰他，但是總有一天會的。」我把自己的委屈也告訴了老麥戴維。

「嗯，」老麥戴維說，「他想盡法子在紐約設點，但是做不到，只好在霍博肯（Hoboken）[9]開張了一家。我聽人說，那裡不限交易數額，生意火爆至極，資金多到直布羅陀巨巖和那兒比起來，不過是矮腳雞身上的跳蚤。」

「這是個什麼所在？」我以為他說的是撞球室。

「對賭行。」老麥戴維說。

「你確信已經開張了嗎？」

「是，我已經聽到好幾個人對我說起這家店了。」

「這些都是聽說而已，」我說，「能不能麻煩你親自確認一下它是否在營業，還要查明他們最多讓

9 編注：屬紐約都會區的一部分，與曼哈頓隔哈德遜河相望。

客戶交易多少？」

「好吧，小傢伙，」老麥戴維說，「明天我親自跑一趟，再回來跟你說。」

他跑了一趟，確認泰勒的買賣已經做得很大了，而且只要有單子就吃。這天是星期五，這一週市場一直在上漲——這話說的是二十年前，請記住——可以肯定，星期六公布的銀行報告必定顯示銀行超額準備金大幅下降。通常這是很好的藉口，交易商大戶必定會利用這樣的機會突然襲擊，力圖透過震倉把那些脆弱的保證金交易帳戶洗出去。當天最後半小時的交易，市場將一如既往地明顯回落，特別是那些公眾參與最積極的活躍股票。那些股票，當然也正是泰勒的客戶們做多倉位最重的股票，他的對賭行自然樂於見到有人在這些股票上做空的單子。再沒有比這種情況更理想的了，可以同時從正反兩個方向捉弄這些肥羊，而且沒什麼比這更容易——只需一個點的保證金。

那個星期六的早晨，我趕到霍博肯，來到泰勒的對賭行。他們裝修了一間巨大的客戶大廳，有豪華的報價板、一大群店員，還有一位穿著灰色制服的警衛，裡面大約有二十五名客戶。

我找到經理，和他聊起來。他問我，有什麼可以為我效勞的，我告訴他，沒什麼事。他說，用不著在股票上掙這點雞零狗碎的錢，而且或許還得一天接一天等待；在賽馬場上掙錢多得多，在那兒憑的是運氣，而且可以隨便把所有鈔票都賭上，只用幾分鐘，就可以贏幾千美元。接下來，他開始介紹股票市場的賭法如何更安全，他們這裡某些客戶如何掙了大錢。聽他說的話，你一定會認為，這是一間正規經紀行，真正替你在交易所買進和賣出股票，並且，下手一定要狠、要大，這樣才能賺個盆滿缽滿。他一定以為我可能正打算去哪個撞球室賭一把，他要先下手為強，在其他人盤剝我之前，先從我的鈔票捲裡切下一大塊，所以他勸我趕緊入市，因為星期六股票市場在十二點鐘就收盤了。他說，這麼一來我還有一整個下午好去幹其他勾當。或許我確實能揣著更大一捲鈔票到跑馬場去——如果我選的股票對路的話。

我顯露出不怎麼相信的樣子，他呢，便不停地嘮叨。我看著鐘錶，十一點十五分，我說：「好吧。」然後開始給他一些賣出各種股票的指令。我拿出兩千美元的鈔票，他很高興地收下。他告訴我，他感覺我一定會掙一大筆，希望我經常光顧。

後來的情況果然如我所料。交易大戶猛砸那些他們認為有可能觸發最多賣出止損指令的股票，果不其然，股票價格跳水。最後五分鐘，通常交易商們要買入平倉，引起行情上漲，在這之前我平回了頭寸。

我總共賺到了五千一百美元。我走過去兌現。

「我真高興自己入市了。」我一邊對那位經理說，一邊遞給他我的成交單。

「嗨，」他對我說，「我付不了你那麼多，沒想到會有這麼大的行情，星期一上午我給你把錢準備好，絕不食言。」

「好吧。不過，你先把你現有的錢付給我。」我說。

「你得讓我先兌付那些散戶，」他說，「我先把你的保證金還給你，然後剩下多少給你多少。先等我兌付完其他成交單。」於是，我在一旁等著，讓他先兌付其他贏家。哦，我知道我的錢是安全的，此地的生意這麼好，泰勒不可能在這兒爽約的。而且，即使他食言，除了拿走當時所有他剩下的錢以外，我還有什麼更好的辦法呢？我拿回了自己的兩千美元本金，另外還有八百美元盈利，這是營業廳裡剩下的所有錢了。我對他說，星期一上午一定到場。他發誓，到時候一定備好錢等著我。

星期一我到達霍博肯的時候比十二點稍早一點。我看到一個傢伙正在和經理說話，那天當泰勒叫我滾回多蘭那邊去的時候，我曾在聖路易斯的營業廳見過他。我立即明白，經理已經打電報給他的總部，於是他們派人來調查這件事了。騙子信不過任何人。

「我來結算我的餘款。」我對那位經理說。

「就是這人？」聖路易斯來的老兄問道。

「是的。」經理回道，從衣袋裡掏出一疊黃色鈔票[10]。

「且慢！」聖路易斯來的傢伙對他說，然後轉過身對著我，「嗨，李文斯頓，難道我們沒告訴你我們不做你的生意嗎？」

「先把錢還我。」我對經理說，他遞過兩張千元的、四張五百元的和三張百元的鈔票。

「你說什麼？」我對聖路易斯的傢伙說。

「我們告訴過你，不讓你在我們的地方交易。」

「對了，」我說，「這就是我來的原因。」

「嗨，再別來了，滾得遠遠的！」他氣急敗壞地吼道。穿灰色制服的警衛走了過來，貌似漫不經心。聖路易斯的傢伙對經理晃著拳頭，喊著：「你應該更曉事一點，你這個可憐的白痴，不應當讓這傢伙鑽你的空子。他是李文斯頓，我們跟你打過招呼的。」

「聽著，你，」我對聖路易斯來的老兄說，「這裡不是聖路易斯，你不能隨便取消任何成交單，就像你的主子對付貝爾法斯特男孩（Belfast Boy）那樣。」

「你給我離這營業廳遠遠的！你不能在這裡交易！」他咆哮道。

「要是我不可以交易，其他人也不行，」我回道，「你這一套在這裡吃不開。」

這下子，聖路易斯來的傢伙立即軟了腔調。

「聽我說，老弟，」他說，滿臉煩惱的可憐相，「幫幫忙，講點道理！你知道，天天發生這樣的事，我們承擔不起。要是那老東西聽說是你的話，肯定氣到爆炸。發發慈悲吧，李文斯頓。」

「我適可而止。」我保證道。

「講講道理，好不好？看在老天的份上，離得遠遠的！給我們一點機會，讓我們開門順利點吧，我們剛到這裡，好不好？」

「下次我來，再也不想見到你這副盛氣凌人的架勢。」我說完走開，留下他連珠炮似地訓斥那位經理。我已經從他們手中贏了一些錢，報了在聖路易斯他們公然毀約的一箭之仇。再捲入什麼爭執，或者讓他們關門，也沒有什麼道理。我回到富勒頓的辦公室，告訴老麥戴維事情的經過。接著，我跟他說，如果他願意的話，我想請他替我去泰勒的營業廳裡，二十股、三十股一筆開始交易，讓他們慢慢熟悉他。等到哪一刻我看準好機會可以賺一票，就打電話給他，一把撲進去。

我交給老麥戴維一千美元，他動身去了霍博肯，開始依計而行，之後逐漸成了他們的常客。後來一

10 編注：Yellow backs，美國發行於一八六三—一九三三之間的一種紙幣，正式名稱為 Gold Certificate（金元券），有實際的黃金儲備支撐。

天，我覺得很有把握，看出市場馬上就要向下突破，於是悄悄給老麥戴維傳了話，盡他們允許的最大額度賣出。那一天，我淨賺了兩千八百美元，不算付給老麥戴維的提成和其他開銷。我疑心麥戴維另外給他自己做了一點老鼠倉[11]。這事之後不到一個月，泰勒關閉了他的霍博肯分部。於是，警方開始忙活起來。雖然我只在那兒交易了兩次，但是這家店並沒掙到錢。我們正好碰上瘋狂的牛市，股票價格很少回落，甚至不足以把一個點的保證金洗出去，當然，所有的客戶都是多頭，一邊持續獲利，一邊繼續加倉。全國數不清的對賭行一家接一家地倒閉。

他們的遊戲規則從此改變了。相比在一家正規經紀行裡交易，在老式對賭行裡交易，交易者擁有某些決定性的優勢。舉例來說，當保證金到達耗竭點的時候，你的交易會自動終結，這是最佳的止損形式。你的損失不會超出你已經支付的數額，也不會出現低劣的交易指令執行結果，等等。紐約的對賭行對他們的顧客從來不像我聽說的西部對賭行那樣慷慨大方。在這裡，他們慣於限制客戶潛在的盈利空間，對特定的熱門股票只允許兩個點的盈利。糖業、田納西煤鐵（Tennessee Coal and Iron）都屬於受限之列。哪怕這些股票在十分鐘之內波動了十個點，你每張成交單也只能獲利兩個點。他們認為，如果不這樣設限，客戶的贏面就太大了，因為他損失的時候只有一美元，獲利的時候則有十美元。不僅如此，在某些情況下，所有的對賭行，包括其中最大的，都會拒絕接受某些股票的交易指令。一九〇〇年，大選日的前一天，麥金利[12]勝出已是無庸置疑的事，紐約沒有一家對賭行允許客戶買進股票。麥金利的選舉賠率為三比一。如果星期一買進股票，你就準備好了，可以獲利三個到六個點甚至更多。你也可以賭布萊恩獲勝，買進股票也有把握獲利。但是那天對賭行拒絕接單。

如果不是對賭行拒絕我下單，我可能永遠都不會停止在那裡交易。要是那樣，我就永遠沒有機會瞭解股票投機生意還包括其他很多內容，遠不止於僅僅在幾個點的小波動上弄潮。

11 編注：指經理人利用客戶資金拉抬股價，協助自己進行套利的行為。

12 編注：William McKinley，第二十八、二十九屆美國總統，共和黨人，兩次大選皆以其經濟政策（包括提高關稅、支持金本位制等）贏得選民支持。一九〇一年於任內遇刺身亡。

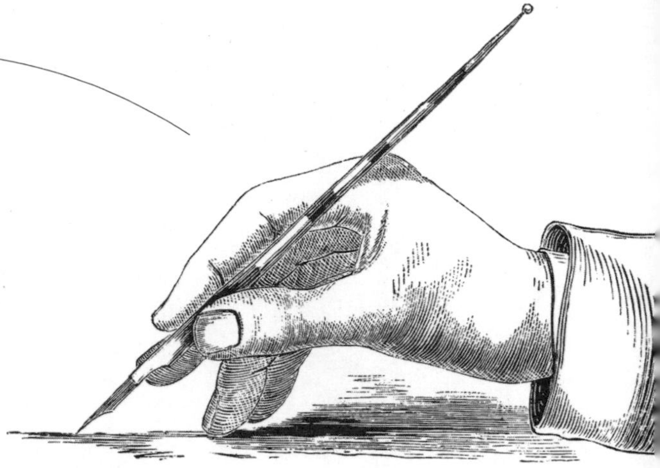

CHAPTER 03

行情紙帶拖後腿，五萬美元得復失

人要花很長時間才能從自己的錯誤中學到所有應得的教訓。人們說，凡事皆有兩面。然而，股票市場只有一面，既不是多頭的一面，也不是空頭的一面，而是只有正確的一面。我花了很長時間才把這項基本原則牢牢地扎根在腦子裡，比掌握股票投機生意的其他絕大多數技術內容花費的時間多得多了。

我聽說有的人自娛自樂，利用股票市場做模擬交易，用想像的美元來證明自己多麼正確。有時候，這些虛擬賭徒會獲利千百萬。按照這種方式，你很容易成為一名「豪賭客」。這讓我想起一則老故事。

有人準備第二天和人決鬥，他的助手問他：「你的槍法怎麼樣？」

「噢，」決鬥者答道，「我能在二十步開外射斷葡萄酒杯的細柄。」看上去挺謙虛。

「不錯，」助手不為所動，「但是，如果那個葡萄酒杯正舉著一把上膛的手槍瞄著你的心臟，你還能射中杯柄嗎？」

對我來說，必須用我的錢來支撐我的觀點。虧損一再地教導我，除非已經確信在前進過程中不會被迫後退，否則乾脆不能前進。但是，如果不能前進，我根本就不會動作。我這麼說，意思並不是當你犯錯的時候不去止損。完全應當。無論如何，說這些並不是要弄得你遲疑不決。我這一輩子都在犯錯，但是對我來說，虧損從來都不僅僅意味著損失，更重要的是其中教訓。如果那樣（虧損只是金錢損失）的話，我今天也不會在這兒了。我始終清楚知道，我還有機會，我不會重犯同樣的錯誤，我相信自己。

如果打算在這一行謀生，你必須相信自己，相信自己的判斷。這就是我從不聽信內幕消息的緣故。如果股票是因為某人的內幕消息而買，那麼這些股票同樣得靠那人的內幕消息來賣，這樣我就得依賴他。到了差不多該賣出的時候，假如那人外出度假，該怎麼辦呢？不，先生，沒人能靠旁人告訴他怎麼做來賺大錢。根據自己的親身經歷，我領悟到，靠別人提供一條或一連串內幕消息掙到的錢，絕不可能超過自己獨立判斷掙到的錢。我花了五年的時間，才學會足夠高明地從事這個行當，在我正確的時候，我的策略足以讓我掙到大錢。

我沒有太多峰迴路轉的經歷，或許讓你失望了。我的意思是，現在回頭來看，我學會投機生意的過程談不上驚心動魄。我曾經幾度破產，當然，破產的滋味絕不好受。不過，我賠錢的情形和其他在華爾街賠錢的人沒什麼兩樣。投機，是一樁艱苦而充滿磨難的行當，投機者必須始終全身心投入其中，不然，很快便會一敗塗地、無工可務了。

我需要做的其實很簡單，早就應該從在富勒頓公司最初所受的挫折和反覆失敗之中領悟到：我應該換一個角度來看待投機生意。但是，當時除了在對賭行學到的那些東西之外，我不知道這項比賽還包括其他很多方面。當時，我自以為已經有把握贏得這項比賽了，可是，事實上我只不過贏得了對賭行。當然，在對賭行裡磨練出來的紙帶研讀能力以及對數字序列的記憶能力對我具有極高的價值。對這兩項，我得心應手。作為一名交易者，我之所以在出道初期便能取得成功，這兩項至關緊要。至於有沒有頭腦和學問，反倒沒什麼關係，因為我的頭腦未經訓練，知識也處在驚人貧乏的程度。我接受的是市場教育，在實戰中學會實戰。當市場教訓我的時候，棒子打下來從不留情。

我還記得第一天到達紐約的情形。我曾經告訴你，對賭行拒絕接我的單子，這迫使我去找一家正規的經紀行。我在十四歲得到第一份工作的那間營業部裡曾經認識一位小同事，他當時正在哈定兄弟公司（Harding Brothers）工作，這家公司是紐約股票交易所的會員。我是那天早晨到達紐約的，當天下午一點鐘，我已經在這家公司開了戶，準備開始交易了。

前面沒向你解釋，我在經紀行裡的交易方式和在對賭行裡完全一樣——對我來說這是自然而然的，也就是力圖對市場波動下注，捕捉小幅度但有把握的價格波動。沒人向我指出這兩種地方的本質區別，或者糾正我的做法。倘若有人告訴我原來的方法在這裡不起作用，至少我會先試一試，親手驗證一下；當我犯錯的時候，唯一讓我確信自己犯了錯的，是賠錢。反過來說，僅當賺錢的時候，我才是正確的。這就是投機生意。

那些日子，人們曾經享受過一段生機勃勃的時光，當時市場也十分活躍，這種環境總會使人更輕鬆。我馬上如魚得水，有我熟悉的老報價板，它就在眼前；人們交談的是我十五歲之前就已經學會了的東西，就在耳邊；那裡也有一個男孩忙著和我第一份工作一模一樣的活計；那些客戶——還是那群老臉色，有的盯著報價板，有的站在報價機旁大聲讀最新報價，有的相互交談行情；設備還是我熟悉的那套設備，看上去完全一樣；氛圍還是我熟悉的氛圍，它自從當年我從柏林頓掙到股票市場的第一筆錢——三．一二美元以來便一直包圍著我。同樣的報價機，同樣的交易者，想必還是同樣的玩法。還記得嗎？當時我只有二十二歲。我料想，或者自以為對這場遊戲已經無所不知了，怎麼可能有另外的想法呢？

我觀察著報價板，看到了在我看來有利可圖的動向。股價表現對路，我在八十四美元買進了一百股。半個小時之內，在八十五美元賣出平倉。然後，又看到了我喜歡的情形，於是如法炮製，在極短的時間內，我獲取了四分之三點的淨收益。開局不錯，不是嗎？

請看仔細：我作為正規股票交易所經紀行的客戶是第一天交易，而且當時僅剩下兩個小時的交易時間，但我來回買賣了一千一百股，進進出出，忙得不亦樂乎。不僅如此，我當天操作的淨業績正好虧損一千一百美元。也就是說，當我第一天試水後，近一半本錢已經灰飛煙滅了。請注意，其中一些交易還是獲利的，然而，這一天我總共虧損一千一百美元。

這並沒有讓我感到不安，因為我看不出自己的交易方法有什麼地方不對。另外，我的動作也都足夠合理，如果還是在老地方大都會對賭行交易，當天的結果肯定是獲利的。報價機不正常，我損失掉的一千一百美元清楚地告訴我。不過，只要報價機恢復正常，就沒什麼值得擔憂的。唉，二十二歲年輕人的無知真是一個致命的缺陷。

過了些日子，我心裡也開始犯嘀咕：「不能再這樣交易下去了，報價機不像往常那樣幫忙！」然而，我就這樣由它去，並沒有真正追究到底。日復一日老一套，交易結果有時好點，有時孬點，就這樣，直到最後賠得精光。我去找老富勒頓，請他借給我五百美元。後來，我從聖路易斯回來，前面對你說過，帶著我從那裡的對賭行贏出來的錢——對賭行裡的把戲我總是能贏。

回來後，我加倍小心，有一段時間業績改善了一些。只要手頭比較寬裕，我就開始過得比較講究。結交新朋友，享受好時光。記得嗎？那時我還不到二十三歲，孤身在紐約，口袋裡裝著幾元來得容易的錢，心頭懷著一點頗為自許的信念——快要弄明白這臺新報價機了。

我開始為交易指令在交易所場內的執行偏差預留空間，行動更加謹慎。但是，我還是死抱報價機不放，也就是說，我對投機生意的基本原則還是一無所知；而對這些基本原則一無所知，就不可能發現交易方法中的真正漏洞。

我們迎來了一九〇一年的大繁榮，我掙了很大一筆錢——我是說對一個男孩而言（圖3.1）。你還記得那段時光吧？整個國家經歷了一場史無前例的大繁榮。我們不僅迎來了工業大整合、資本大併購的年代，其規模也接連打破歷史紀錄；公眾一波接一波狂熱地湧入股市。我聽說，在之前的紅火時期，華爾街曾經號稱日成交量最高可達二十五萬股，按照面值計算，相當於一天之內有價值兩千五百萬美元的證券易手。但在一九〇一年，最高日成交量達到了三百萬股。每個人都在掙錢。「鋼鐵幫」進城了，這夥百萬富翁大撒金錢，像醉酒的水手一樣滿不在乎。唯一能讓他們滿足的遊戲是股票市場。我們在華爾街頭一回見到了名頭最響的一些大亨，如張口閉口「和你賭一百萬」的約翰・蓋茨，還有他的朋友們，約翰・A・德雷克（John A. Drake）、勞耶爾・史密斯（Loyal Smith）等。里德

圖 3.1 ● 為了幫助讀者瞭解李佛摩那個時代的市場背景，譯者增補了本書的所有圖表。本圖是道瓊工業指數日收市價曲線（1900 年 1 月 3 日—1901 年 12 月 31 日）。1900 年大概是李佛摩 22 歲的這一年，也是他第一次在紐約的正規經紀行裡賠光所有錢的一年。從本圖來看，道指當年大部分時間從接近 70 點逐漸下降到 55 點以下，10 月後快速上升到 70 點附近。1901 年上半年承接 1900 年最後一季度的快速上漲勢頭，行情繼續上升，整個行情最大漲幅超過 50%。1901 年下半年市場明顯回落，初秋時，李佛摩第二次賠光（24 歲），並重返老家。

（Daniel G. Reid）、李茲（William B. Leeds）、摩爾（William H. Moore）一夥剛賣掉鋼鐵行業的一部分持股，轉而在公開市場吃進龐大的岩島集團（Rock Island System）的股票，並成為其實際控制人。還有施瓦布（Charles M. Schwab）、弗里克（Henry C. Frick）、菲普斯（Henry Phipps Jr.）和「匹茲堡幫」（Pittsburgh Coterie）。不用說，也有許多人在這一次大洗牌中虧掉了，但是他們也曾經風光一時，堪稱大炒家。你可以買進、賣出市面上所有的股票。基恩（James R. Keene）炒買炒賣美國鋼鐵，把它忽悠成熱門股。經紀行能夠在幾分鐘內幫你賣出十萬股，多美妙的日子！還有一些交易者大舉獲利的傳奇故事。另外，當時賣出股票無須繳稅！是啊，好日子似乎看不到頭。

自然，每過一陣子，總有很多大喊前途不妙的唱反調的聲音，那些掌心裡長毛的老經驗認為，除了他們自己以外，世上每個人都瘋了。然而，除了他們以外，每個人都在掙錢。我當然知道，市場上漲終歸有極限，不管是哪檔股票，見什麼買什麼的瘋狂搶購遲早有到頭的一天，因此我轉而看空。但是，每次做空，每次都賠錢，如果不是每次都跑得很快的話，恐怕虧損還要多得多。我希望捕獲跳水行情，不過，手法還算小心謹慎——買進做多的時候獲利，賣出做空的時候再一點點虧掉，結果在這場大繁榮中我的總體獲利並不那麼多——如果你根據我慣常的大筆成交量來推想的話。雖然當時我還是個小夥子，但是已經慣於大手筆交易了。

有一檔股票我沒有賣空，北太平洋鐵路（Northern Pacific）。我的紙帶閱讀技巧得心應手，我認為絕大多數股票的推升過程已經陷入停頓狀態，但是從「小北太」的表現來看，它還有望進一步走高。現在我們都知道了，當時不論普通股還是優先股，庫恩—洛布—哈里曼集團（Kuhn-Loeb-Harriman combination）都在穩步吸納。不顧交易室裡所有人的勸阻，我做多了一千股北太平洋鐵路的普通股。當它上漲到一一〇美元左右的時候，我有三十個點的盈利，於是我賣出拿回利潤。就這一筆，使我在經紀行帳戶上的餘額接近五萬美元。到那時為止，這是我有能力積累到的最高金額。對一個小夥子來說，幹得還不賴，要知道幾個月之前，就在同一間交易室，我曾經虧得一分不剩。

你應該還記得，當時哈里曼集團通知摩根和希爾（James J. Hill），他們有意加入柏林頓—大北方—北太平洋鐵路集團（Burlington-Great Northern-Northern Pacific combination）的董事會，於是，摩根的人起先指示基恩買進五萬股北太平洋鐵路的股票，以確保牢牢掌握控股權。我已聽說，基恩叫羅伯特・培根（Robert Bacon）把買入指令改為十五萬股，銀行的人照辦了。不管怎樣，反正基恩派出他的一位經紀人艾迪・諾頓（Eddie Norton），進入北太平洋集團，而他買進了十萬股。這之後又有另一個買入指令，我想是買進了五萬股。於是，這場著名的主力大戰開始了。一九〇一年五月八日收市後，滿世界都知道一場金融巨頭間的火拼正在上演。在這個國度，還從未出現如此規模的金融巨人相互對決的先例。鐵路大王哈里曼（Edward H. Harriman）對陣金融鉅子摩根，一股無堅不摧的力量，撞上一座穩如泰山的磐石。

一九〇一年五月九日，第二天早晨，我手中有五萬美元現金，一股股票都沒有（圖3.2）。我先前曾告訴你，一段時間以來，我已經非常看空了，現在機會終於來了。我知道將會發生怎樣的一幕，先是一場可怕的跳水，可以撿到一些不錯的便宜貨，然後市場很可能快速回升，當初買進便宜貨的人，現在坐享大把利潤。用不著福爾摩斯，也能盤算清楚。我們將迎來一次機會，捕獲一個來回，不僅是大把利潤，而且是手到擒來的利潤。

之後發生的每件事都如我所料。我完全正確——然而，結果是我賠得一文不剩！我之所以被清掃出局，是因為某件不尋常之事。如果世界上從沒有不尋常之事，那麼人和人之間就不會有什麼區別，生活也就沒有任何樂趣可言了。這場遊戲就會成為簡單的加加減減，並且將我們的行當變成慢條斯理的記帳員比賽。正是投機中的競猜，促進了我們的思考能力。想一想，為了猜對，我們不得不做大量功課。

正如預期，市場已經白熱化。成交量極其巨大，行情振盪幅度創歷史紀錄。我發出了很多市價賣出指令。就在看到開盤價的那一刻，我幾乎瘋了，市場大跳水的情形太可怕了。我的經紀人忙得不可開交。他們的專業能力和勤勉盡責的態度不亞於任何人，然而，在他們完成我的交易指令時，股票價格已經崩跌二十點以上了。紙帶機遠遠落後於實際市場行情，最新報告來得太慢，因為數量驚人的交易業務蜂擁而來。我下單賣出的股票，紙帶報告的價格比如為一百美元，他們幫我賣出的成交

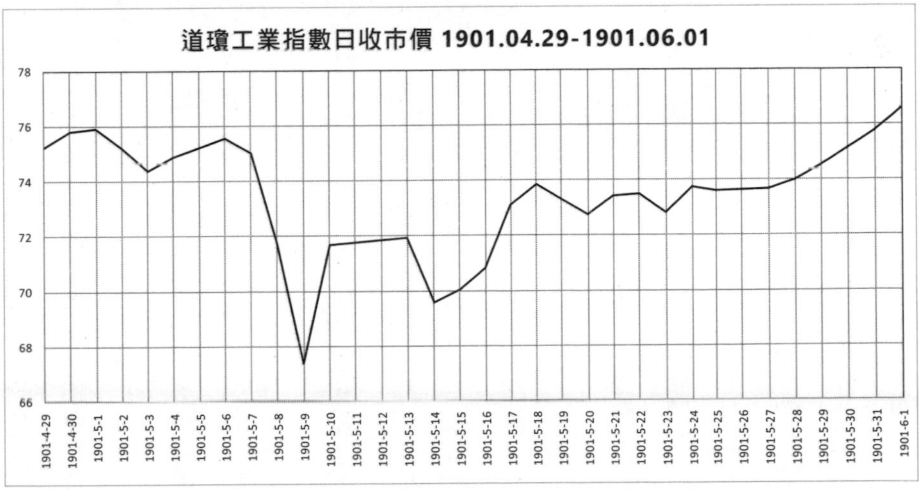

圖 3.2 請注意 1901 年 5 月發生的劇烈動盪，5 月 9 日之前，李佛摩資產已達 5 萬美元，他正確地預期了市場震盪，卻由於指令執行結果與他的預想背道而馳而在一日之間賠光所有資金。

價格則是八〇美元，相比前一個晚上的收盤價總共下跌了三十或四十點，當我發現這一點的時候，我才看出，我的單子賣出成交的地方似乎正是我本計劃撿便宜貨的地方。市場下跌終有盡頭，不會一直跌穿地球掉到另一端去。於是，我立即決定平回空頭頭寸，轉而做多。

我的經紀人買進了，但不是在我轉身空翻多的價位買進的，而是按照他們的出市代表接到我指令時交易所場內的當時市價來買進的。他們的成交價比我預估的平均高十五點。一天之內虧損三十五點，絕非任何人所能承受。

報價機落後實際市場如此之多，斷送了我的交易。我已經習慣於把紙帶機當成自己最親密的夥伴，因為我總是憑它來下注。然而，這一次紙帶機欺騙了我。紙帶機列印出來的數字和實際價格天差地別，這毀了我。我之前的失敗根源這一次變本加厲，換句話說，致敗因素完全相同，效果則雪上加霜。看來再明顯不過，僅僅閱讀紙帶、不考慮經紀行執行指令的情況是不行的，到了這步田地我才尋思，為什麼沒有早一點看出自己的毛病並及時補救呢？

實際上，我的所作所為比看不到自己的毛病還糟糕，我不停地交易、進進出出，不管單子執行的情況。你看，我從來沒有採用限價交易指令。我總是覺得必須趕緊抓住市場機會。我力圖打敗的是市場，而不是儘量捕獲適當的價格。當覺得應當賣出時，我就賣出；當認為股票要上漲時，我就買進。我總算能夠堅守投機的基本原則了，這一點救了我。在一家正規的證券經紀行，倘若簡單地採取限價指令的方式交易，就能把我在對賭行裡的老辦法移植過來，效率雖低，但依然可行。然而那樣的話，我就永遠沒有機會學到股票投機的真經，而是偏安於一隅，總是根據自己有限經驗所掌握的穩賺方式來博取利潤了。

在報價機拖後腿的情況下，每當我設法限定交易價格以避免市價指令的不利時，往往會發現市場已經捨我遠去。這種情況一再發生，我只好不再無謂地掙扎。我不知道該怎麼說才能讓你明白，我是如何經過多年的摸爬滾打才最終認識到，我的事業成敗取決於即將發生的大行情，而不是猜中隨後到來的幾個報價，換句話說，應該做的是大趨勢，而不是快進快出賭小波動。

經歷了五月九日的不幸遭遇後（圖3.2），我又不得不為生計打拚了。雖然我調整了交易方法，但它依然有缺陷。如果不是有些時候還能獲利的話，也許反倒能促使我更快獲得市場智慧。然而，我掙的錢已足以讓我活得滋潤。我喜歡結交朋友，享受快樂時光。那年夏天，我在紐澤西海岸避暑，儼然躋身於其他數百位華爾街發達人士之中。我的盈利其實不太充足，不能既彌補交易虧損，又負擔生活開支。

我沒有固執己見繼續按照過去的老一套交易。不過，我還沒有能力把當時遇到的問題向自己交代清楚，如此一來，自然毫無解決的希望。我在這個話題上花費如此之多的口舌，目的是要強調，一個人不得不經歷什麼樣的艱難坎坷，才能最終達到真正交易獲利的境界。面對大陣勢，我的老式鳥銃和氣槍子彈當然比不上大火力連發步槍。

這年初秋，我再次賠個精光、被掃地出門，不僅如此，我覺得自己再也不能贏得這個遊戲了，於是深感厭倦，以至於打算洗手不幹，離開紐約到其他什麼地方另找飯碗。自十四歲起，我就開始交易。還是個十五歲的孩子時，我就已經掙到了有生以來的第一個一千美元，二十一歲之前，就已經掙到了第一個一萬美元。我曾經不止一次掙到又賠掉一萬美元的賭本。在紐約，我曾獲利數千美元，又賠掉了這些錢。我曾把盈利積累到五萬美元，然後兩天之內又都賠光。除了交易之外，我不諳其他生意，別無長技。經過幾年的闖蕩，我又重新回到了起點。不，更糟糕，因為我已經染上了一些陋習，習慣於大手大腳的生活方式，我在這方面倒是如魚得水，不像交易那樣總是出問題，這讓我備感困惑。

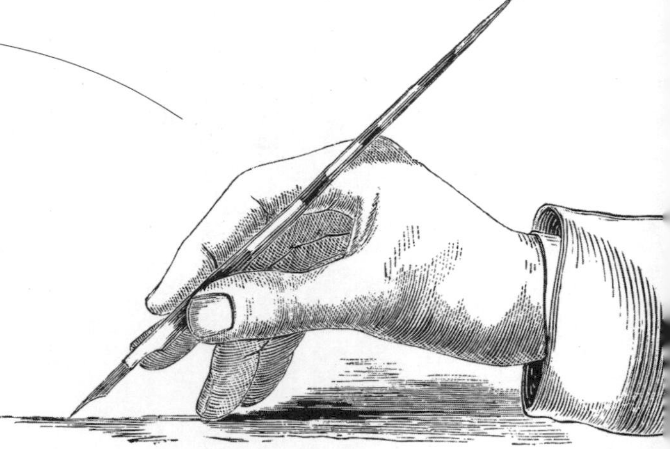

CHAPTER 04

回老家「療傷」反省，冒牌行再謀本金

就這樣，我回了老家。但是，就在到家的那一刻，我知道自己這輩子只有一個追求：籌集本金再回華爾街。那裡是天下唯一可以讓我大手筆交易的地方。總有一天，我的交易路子會走對，到那時候就需要這樣的用武之地。如果你追求的目標恰如其分，並且因為你是正確的，那麼你所需要的一切都會朝你走來。

當時我並不抱太大希望。不過當然了，我力圖再打入對賭行。對賭行已經變少了，其中一些是陌生人開辦的。那些還記得我的，一定不會給我機會，我要試試自己從紐約鎩羽而歸後還稱不稱得上是一名交易員。我已經向他們如實介紹了自己的遭遇，不論在家鄉曾經掙了多少，都在紐約虧得精光；對他們來說，如果允許我到他們店裡交易，沒有任何理由認為現在的我不是一位好主顧啊。然而，他們就是不答應。那些新開的對賭行也靠不住。它們的老闆認為一位紳士即使覺得自己有把握，最多也就應該買進二十股，不能再多了。

我需要錢。規模大點的對賭行正大把大把地從常客身上刮錢。我找來一位朋友，請他替我到一家對賭行交易。我就像閒逛似地走進去，漫不經心地看看。然後，央求接單櫃員接我的一筆小單子，哪怕只有五十股也行啊。他自然說「不」。我和這位朋友約定了一些暗號，這麼一來，他就可以在我向他示意的時候買進或賣出我知會他的品種。不過，這也只能掙一點零花錢而已。不久，營業廳開始抱怨我朋友下的單子。終於有一天，當他打算賣出一百股聖保羅（St. Paul）時，他們拒絕了他。

後來我們才知道，有一位客戶看見我倆在外面交談，就到裡面通風報信。當我的朋友進去找下單員賣出那一百股聖保羅的時候，那傢伙對他說：

「我們不接聖保羅的任何賣單，不接你的。」

「為什麼，怎麼回事，喬？」我的朋友問道。

「不為什麼，就這樣。」喬答道。

「是不是錢不對？仔細看看，都在這兒。」我的朋友遞過一百美元——我的一百美元——都是十美元一張的票子。他盡力顯得義憤填膺，而我則似乎漠不關心，但是其他大多數客戶都圍到了爭執雙方的周圍，平時如果營業廳裡有人說話聲音大起來，或者如果店方和任何客戶之間出現了細微的摩擦跡象，他們總是這樣關心。他們渴望打聽明白事情經過、是非曲直，目的是弄清楚對賭行的償付能力有沒有問題。

店員喬，大概是什麼助理經理的職位，從他的「籠子」裡走出來，走近我的朋友，瞪著他，然後瞪著我。

「笑話，」他一字一頓，「天大的笑話，要是你的朋友李文斯頓不在這兒晃蕩，你從來什麼都不做。你就坐著，看報價板，一看半天，不聲不響。但是他一進來，你突然之間換了個人，就忙起來了。也許你是為自己交易的，但是再也不要來我們營業廳了，我們不上當，是李文斯頓在背後指使你。」

好了，我的食宿費就這麼斷了來源。但是除去花銷，我已經淨掙了好幾百美元，正琢磨著怎樣把這筆錢用得更好，以便最終掙到足夠多的錢重返紐約。我現在的心情比以往任何時候都更急切。我覺得，下一次可以幹得更好。我現在有時間平靜地反省過去的一些愚蠢做法。你看，站得遠一點來觀察，反而更有利於看清全貌。當務之急是籌集一筆新本金。

一天，我正在一家飯店大堂和幾位熟人聊天，他們都是業績相當穩定的交易員。每個人都在談論股票市場。我對大家說，沒人能夠贏得這場遊戲，因為從經紀商那裡得到的執行價糟透了，特別是像我這樣總是用市價指令交易。

一位仁兄開腔了，問我到底說的是哪幾家經紀行。

我說：「全美最好的那幾家。」他問到底是哪一家。我能看出，他根本不相信我曾經在第一流的經紀行交易過。

我回道：「我的意思是任何一家紐約股票交易所的會員。不是因為他們是騙子，或者粗心大意，而是因為當你發出交易指令以市價買入時，你沒法知道股票成交的實際成本到底是多少，直到從經紀行拿到成交回報之後才能知道。市場上一到兩個點的小波動多於十到十五個點的大波動。但是因為執行的問題，場外交易者不可能捕捉到小幅上漲或下跌。要是對賭行讓我大筆交易的話，隨便星期幾，我寧願在對賭行交易。」

對我說話的人以前我從沒有遇到過，他名叫羅伯茲。看起來，他非常友善。他把我拉到一邊，問我有沒有在其他交易所交易過，我說沒有。他說，他認識一些經紀行，是棉花交易所、農產品交易所以及其他較小的股票交易所的會員。這些經紀行兢兢業業，對執行客戶指令特別在意。他透露，他們和紐約股票交易所最大的以及最精明的經紀行都有很深的交往，透過他們個人特別的影響力，以及保證每個月都能達到成千上萬股的生意，他們能夠獲得比普通客戶好很多的服務。

「他們真的很關照小客戶，」他說，「他們的特長是做外地生意，他們對待一筆十股的買賣和一筆一千股的買賣同樣盡心盡力。他們很專業，很誠實。」

「好。不過，如果他們要付給股票交易所經紀行常規的八分之一美元佣金，他們從哪兒掙錢呢？」

「對的，他們照例是應付八分之一美元佣金。不過，你知道！」他對我擠擠眼。

「是，」我說，「但是，股票交易所會員公司最不願意做的就是削減佣金。交易所的頭頭寧可會員犯謀殺罪、縱火罪、重婚罪，也不願意對圈外人的交易佣金減讓一分一毫。股票交易所的生存，完全仰仗會員們嚴守這條規則。」

他一定看出我曾經和股票交易所的人聊過，接著說道：「聽著！每過一陣子，在這些虛偽的經紀行中總會有那麼一家因為違背規則而被吊銷執照一年，不是嗎？返還佣金的路子數不勝數，沒人能告發的。」可能他從我臉上看出不相信的神色，於是繼續道：「在某些業務類別上，我們——我的意思是，那些電報經紀公司——除了八分之一美元佣金外，還要收取三十二分之一美元的額外費用。在這一點上，他們很好說話。他們從不真正收取這項額外費用，除非在很特別的情況下，比如客戶的帳戶交易很不活躍。你知道，對他們來說，額外收費其實划不來。他們做這種買賣可不是吃飽了撐的，只為身體健康沒事找事。」

這時候我全明白了，他是在為某些冒牌的經紀行兜攬生意。

「你知道這類經紀行哪家靠得住嗎？」我問他。

「我知道美國最大的一家經紀行，」他說，「我自己就在那兒交易，他們在美國和加拿大的七十八個城市設有分部，他們的業務規模大極了。如果他們不是一絲不苟地誠實經營，不可能年復一年把生意做得這麼好，對吧？」

「肯定不行，」我表示同意，「他們提供紐約股票交易所的那些股票嗎？」

「那當然，而且還包括場外的、美國或歐洲其他任何交易所的。他們還交易小麥、棉花，要什麼有什麼。他們到處安排市場訊息員，是所有交易所的會員，要麼以公開身分，要麼以祕密身分。」

現在我都明白了，不過我想，最好還是逗他繼續說下去。

「這樣啊，」我說，「不過，客戶指令總得交給某個人來替他執行吧，說那麼多也改不了這個事實。市場怎樣變化，或者報價機上的價格和場內實際價格偏差多少，沒人敢打包票。客戶在這兒從報價機上看到報價，再發出指令、透過電報傳到紐約，寶貴的時間就這麼溜走了。或許最好我還是回紐約，在正規經紀公司虧也虧得甘心。」

「我不知道虧錢是怎麼回事，我們的客戶沒有這種習慣。他們都掙了錢，我們關照他們。」

「你們的客戶？」

「噢，我在公司裡也有股份，要是能把生意介紹給他們，我一定會盡力的，因為他們一向誠實待我，在他們那兒我也著實賺了不少錢。如果你樂意，我可以把你介紹給他們的經理。」

「這家公司叫什麼名字？」我問他。

他告訴了我。我以前聽說過這家公司，他們在所有報紙上發遍了廣告，大肆宣揚客戶聽從他們的熱門股票內部訊息都賺了大錢。這是該公司最大的特色。他們可不是一般的對賭行，而是對賭行中的騙子，他們截留客戶的單子和客戶對賭，卻打著經紀行的幌子，透過精心的偽裝讓滿世界都相信他們是正規經紀商，從事的是合法買賣。這一家是這類公司中資歷最老的。

一九二二年（李佛摩接受採訪的那一年），許多同類「經紀商」倒閉了。這家算是這類經紀商的鼻祖。這一行通行的門道和伎倆大同小異，不過，敲詐公眾的具體花招倒是與時俱進，因為老把戲實在太濫，所以有些細節已經改變了。

這夥人慣常的手法是，廣泛散布買進或賣出某個股票的內幕消息——這幾百封電報建議立即買進這檔股票，那幾百封電報建議立即賣出同一檔股票，和老式賽馬內幕消息的騙局如出一轍。這時候，買進和賣出的交易單就發出來了。舉例來說，這家公司可能會透過一家正規的股票交易所經紀公司買進和賣出一千股，獲得一份正規的成交報告。要是哪位客戶心生懷疑，不客氣地質疑他們截留客戶指令的話，他們就拿出這份報告來堵他的嘴。

他們還慣常在營業部組織代理投資的集合資產管理池，作為一項大恩惠，允許客戶以書面方式授權他們代理投資，用客戶的錢，在客戶名下，根據他們認為最合適的方式交易。這麼一來，當客戶的錢沒了蹤影之後，即使是最執著的客戶也得不到任何合法的賠償。他們會做多一檔股票——在帳面上，把客戶的錢放到這個集合資產管理池裡，然後，他們施展對賭行的老伎倆，打壓股價，把幾百位客戶的微薄保證金洗劫一空。他們不放過任何對象，家庭主婦、學校老師和老年人是他們最中意的犧牲品。

「我對所有經紀商都厭煩透了，」我告訴這位黃牛，「我得好好想清楚。」說完我轉身便走，免得他再囉唆。

我找人打聽了這家公司，瞭解到他們有幾百個客戶，雖然關於他們也有通常的種種傳聞，但沒有發現任何一例客戶賺了錢卻從他們那裡拿不到錢的事件。難就難在不容易找到哪位客戶確實曾經在他們的營業部賺過錢，不過，我還真找著了。那一陣子，看起來行情對他們很有利，這意味著如果其中某一筆交易對他們不利的話，他們可能不會因小失大地賴帳。當然，絕大多數此類公司最終都以倒閉收場。每過一陣子，就會出現一陣騙子經紀行的倒閉潮，就像早先一家銀行破產後人們爭先恐後地擠兌其他銀行一樣。話說回來，也有很多騙子經紀行的老闆一直安然混到退休。

好，關於那位黃牛先生的公司，到此為止沒有發現令人戒懼的跡象，除了他們始終一貫地追名逐利，以及並不總那麼誠實之外。他們專長於欺騙那些企圖一夕致富的肥羊。但是，他們總是要求客戶事先簽好書面委託書，讓客戶「授權」他們捲走客戶的錢財。

我遇到一位仁兄，他告訴我，有一天他親眼看見他們發出六百封電報建議客戶買進一檔股票，同時，他們發出另外六百封電報給其他客戶，強烈建議賣出同一檔股票。

「是，我知道這種把戲。」我對告訴我這個故事的那位仁兄說。

「對，」他說，「但這還沒完，第二天他們給同一批人再發電報，建議他們手上不論有什麼一律軋平，然後買進或賣出另一檔股票。我問一位高級合夥人，當時他正在營業部，『為什麼你們這麼幹？開頭的部分我還能理解。你們的客戶有一部分有段時間必定在帳面上是獲利的，儘管他們和其他客戶一樣最終會虧損。但是，你們現在又給他們發這樣的電報，豈不是把所有人的命都害了，到底搞什麼名堂呢？』」

「哦，」他說，「無論如何，客戶注定是要賠錢的，不論他們買什麼、以什麼方式買、在哪兒買或者什麼時候買。他們賠光了，客戶也就沒了。反正都一樣，所以我們最好是能刮多少就刮多少，刮完後，再找下一批肥羊。」

好了，我坦白承認，自己並不在意這家公司的商業道德。我曾告訴你，我對泰勒公司耿耿於懷，最終從他們那裡討回公道後才解了氣。不過，我對這家公司並沒有這樣的感受。也許他們確實是騙子，也許他們並沒有人們說的那麼黑。我壓根兒沒打算讓他們替我做任何交易，也沒打算聽從他們的內幕消息，也不會聽信他們的謊言。我唯一的心願是儘快籌集一筆本金回紐約，在正規營業部裡大展身手，在那兒你既不擔心什麼時候員警突然上門查抄店面——員警會查抄對賭行，也不會看到郵政管理當局從天而降凍結你的資金，然後要是你走運的話，一年半載之後每一美元能要回八分錢。

無論如何，我下定決心要看看這家公司和那些你可能稱之為合法的經紀商相比，到底能提供哪些交易上的優勢。我沒有多少錢可以充當保證金，而截留客戶指令的公司在這方面自然寬鬆得多，因此在他們的營業部只要幾百美元就能玩得很帶勁了。

我來到他們的地方，找經理談了談。當他弄明白我是交易老手，曾經在紐約股票交易所的經紀公司擁有過正式戶頭，並且虧掉了每一分錢之後，才不再拍胸脯吹牛，說如果我讓他們替我操作的話，保證一分鐘替我掙一百萬美元。他估摸我是一隻無可救藥的肥羊，屬於對報價機上癮的類型，屢賭屢輸、屢輸屢賭，因此為經紀商提供了穩定的收入來源，不論是截留客戶指令的冒牌經紀商，還是滿足於賺取佣金的老實經紀商。

我只對經理說，我所求的無非是指令得到合理的執行，因為我總是採用市價指令交易，不願意看到成交回報的價格和報價機顯示的價格相差半個點甚至一個點。

他信誓旦旦，答應盡一切努力，一定讓我滿意。他們盼著和我做生意，要讓我見識見識真正的高級經紀商是什麼樣的，他們雇用了本行最優秀的人才。事實上，他們正是以執行交易指令的傑出才能而著稱的。如果報價機上的價格和成交回報的價格有任何差異的話，一定總是對客戶有利的，雖然他們並不保證這一點。如果我在這裡開戶，可以按照電報發來的價格買進和賣出，他們對其出市代表信心十足。

自然，這就意味著我可以隨心所欲地在他們這兒交易，就像在對賭行一樣，也就是說，他們願意讓我按照當時的最新報價交易。我不想顯得過分熱切，於是搖搖頭，告訴他當天暫時不打算開戶，不過會給他回話的。他強烈地勸說我立即開始，說現在行情不錯，正好可以賺錢。對他們來說，行情的確挺好——市場沉悶，上下微幅拉鋸（圖4.1）。這正是好時候，先勸說客戶交易他們提供「內幕消息」的股票，再驅使股價急劇波動一下子，把客戶洗光。好不容易，我才脫身。

我給他留下了名字和地址。從這一天開始，一封又一封預付郵資的電報和信函不斷發來，敦促我趕緊買進

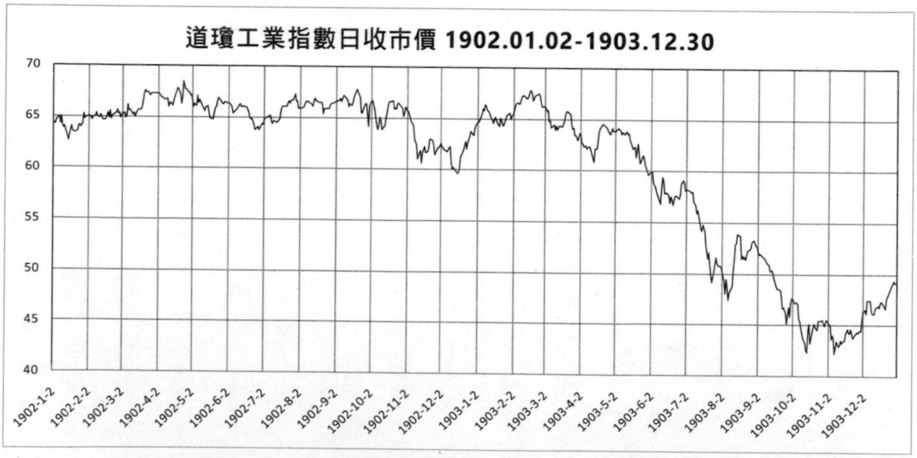

圖 4.1 ● 李佛摩回家後攢出一筆資金重返冒牌經紀行交易，這段時間大致從 1901 年初秋到 1902 年底，他二十四五歲。期間道瓊指數始終維持在 65 點上下窄幅波動，就像被水泡爛了一般。從 1902 年 11 月開始，市場波動增大，1903 年市場是明顯的下降趨勢，最大跌幅超過 1/3。這大致對應著李佛摩開車第三次重返紐約的旅程。

這支或那檔股票，聲稱他們得知某合夥的主力正在策動一輪五十點的上漲行情。

我忙著四處走動，儘量走訪其他同類型的冒牌經紀行。我覺得，如果確實能夠從他們攥牢的掌心裡拿出自己的盈利，那麼，到這些冒牌經紀行交易，幾乎是籌集一大筆本金的唯一途徑了。

我瞭解到，有三家公司可以開戶，於是我在三家都開了戶。我租用了一間小辦公室，架起電報線直連三家冒牌經紀行。

我從小筆交易開始，以免一開頭就把他們嚇跑。我在總體上是盈利的，沒多久他們就告訴我，他們覺得，客戶既然架起了直連電報線，做生意就該像模像樣的。他們可不待見小打小鬧的娘娘腔。他們打的算盤是，客戶做得越多、虧得越多，就會越快被洗光，他們便掙得越多。他們確實有幾分道理，要知道，這些人對付的都是一般客戶，一般客戶絕不會在財務上活得長久。客戶破產了，就不能再交易了，結果乾淨俐落。受了損失卻尚未破產的客戶往往到處抱怨、指桑罵槐，甚至這樣那樣和他們找碴，對生意不利。

當地也有一家與紐約合作方直接連線的正規經紀公司，其合作方是紐約股票交易所的會員，在這一家我也開了戶頭。我裝了一臺報價機，開始保守地交易。正如我先前告訴你的，很像在對賭行交易一樣，只是節奏稍微慢一點。

這樣的玩法，我是能贏的。的確，我贏了。雖然達不到百發百中的精妙境界，但是總體上是盈利的，而且一週復一週地獲利。我又活得很滋潤了，不過現在總要把一部分盈利另存起來，這是我打算帶回華爾街的本金，要積攢。我又連了兩條電報線到其他兩家冒牌經紀行，現在，總共有五條直連電報線路連接冒牌經紀行——當然，另外還有一條是連接正規經紀行的。

有時候，交易計畫會出錯，我選中的股票表現不符合價格變化模式，而是背道而馳，沒有按照應有的方式變動。不過，這種情況並不會帶來重創——之所以不會，是因為我的保證金微不足道。我和經紀商們處得還可以。他們的帳目和交易紀錄並不總和我的一致，出現偏差的時候無一例外都是對我不利的。奇妙的巧合？不，並非巧合！然而，我據理力爭，最終總能按照我的方式算帳。他們始終心存僥倖，希望把我從他們手中掙到的錢再拿回去。我感覺，他們以為我的盈利不過是一筆臨時貸款。

他們毫無公平交易精神，幹這一行的不會滿足於收固定比例的佣金，他們真是不擇手段、連矇帶騙。因為肥羊們在股票市場賭博時總是賠錢，他們算不上真正的投機者。可能你會覺得，這些傢伙幹的這一行，雖然不合法，或許還算情有可原。實際上，不是這樣的。「在客戶中間一買一賣吃差價，一分耕耘一分收穫」，本是悠久而正當的生意真經，但是這幫人好像從沒聽到過這句話，並不滿足於和客戶直截了當地對賭。

好幾次，他們要出老花招，力圖欺騙我。有幾次因為我一時疏忽，他們得逞了。他們總是乘我的盤子小於通常規模的時候出老千。我指責他們交易不公平或者手段太卑劣，但他們不認帳，結果是我回來繼續如常交易。和騙子做交易也有好處，儘管你在現場捉住他讓他下不了臺，但是只要繼續和他做生意，他就不介意了。對他來說，這種事情無所謂，他樂意屈就配合。多麼「寬宏大量」！

採取欺騙手段妨礙我正常籌集本金，是可忍孰不可忍。所以我打定主意，決心給他們一點顏色瞧瞧。我選擇了一檔股票，它曾經是投機熱門，現在已經歸於沉寂，就像被水泡爛了一般（圖4.1）。如果我選擇一隻從來沒有活躍過的股票，那麼有可能引起他們的疑心。我給五家冒牌經紀行都發出了買進這檔股票的指令。當他們收到指令後，就等紙帶機上的下一個報價；這時候，我透過股票交易所的經紀行發出指令以市價賣出一百股，催促他們儘快完成。哎呀，當這筆賣出指令傳到交易所場內的時候，你可以想像當時的情景，一向交易冷清的冷門股，某家和外地連線的經紀行突然下指令趕緊賣出。自然，有人買到了便宜貨。但是，這筆交易會印在報價機紙帶上，其價格就是那五份買入指令上我要付給五家冒牌經紀行的價格。加總起來，我淨做多該股票四百股，成本是一個較低的價格。和交易所連線的經紀公司問我聽到什麼風聲了，我回覆說「有一點內幕消息」。就在收市前，我給正規經紀行發指令，立即買回一百股，不要有任何耽擱。無論如何，我並不打算做空。我不在乎以什麼價格成交。於是，經紀行給紐約打電報傳達指令，立即買進一百股，結果其行情猛然上升。當然，我也給那五家發出賣出指令，軋平那五家「經紀行」截留的五百股。整個過程天衣無縫。

他們還是執迷不悟繼續耍花招，於是我如法炮製，也繼續來了好幾回。我不敢按照他們應得的程度來懲罰他們，很少超過一百股、一兩個點的限度。雖然如此，對我的小金庫依然不無小補，我正在為了重回華爾街冒險而積攢本錢。有時候，我也會變變花樣，賣空某個股票，但不過量。每次出擊，我都能淨賺六百到八百美元，這我就知足了。

有一天，這絕活玩得太漂亮，股票價格走得太遠，竟達到十個點之多，完全出乎意料。我沒想到會有這等事。無巧不成書，我在其中一家冒牌經紀行那裡有兩百股，而不是通常的一百股，不過在另外四家則每家只有一百股。對他們來說，這事好得太離譜了。他們像小狗般唉唉叫了起來，開始在和我往來的電報裡說三道四。於是，我去拜訪經理，就是那位起初急於邀我開戶的仁兄，後來每當我捉住他正企圖算計我的時候他總是「寬宏大量」。以他所處的位置而言，他的話實在是虛張聲勢。

「那檔股票的行情是假的，我不會給你該死的一美分！」他咒罵道。

「你們接我單子買進的時候，不是假行情。既然那時你讓我進場，好吧，現在就得讓我出場。要是你們公平交易，就不能這樣耍賴，對吧？」

「不，我能！」他咆哮著，「我可以證明有人搞鬼、操縱股價。」

「誰？」

「你心裡有數！」

「到底誰搞鬼？」我質問。

「確定無疑，是你同夥搞的名堂。」他說。

我告訴他：「你很清楚，我從來都是獨來獨往，此地每個人都知道這一點，甚至從我剛開始做股票交易的時候起，大家就知道了。現在，我好意勸你：趕緊叫人拿錢來，我不想把事鬧大，照我說的辦就好。」

「我不付，有人使詐。」他嚎叫。

我已厭煩跟他軟磨硬泡。直接了當地告訴他：「付錢給我，就在這裡，就是現在。」

好了，他又鬧了一陣子，嚷嚷著我是騙子，但是最終還是不情願地掏出錢來。其他幾家倒沒有這麼吵吵鬧鬧的。有一家的經理認真研究了我炒作的那些不活躍的股票，當他接到我的指令時，真的進場替我買進，同時也為自己買進了一點，所以他也賺了些錢。這幫傢伙不在乎客戶會不會告他們欺詐，因為他們一般都會事先採取法律技巧編一張網保護自己。但他們怕我害他們被查封設備——我沒法凍結他們在銀行的資金，因為他們很小心，不會讓任何資金冒一丁點兒這種風險。如果世人知道他們做生意相當刻薄精明，這沒什麼大不了；但是，如果世人知道他們使詐耍賴，那對他們可是致命打擊。客戶在經紀商那兒賠錢，實在不是什麼稀罕事。然而，要是客戶掙了錢卻拿不到手，卻是犯了天條，在投機者眼裡這是最不可饒恕的。

我從所有經紀商那兒都拿回了盈利，但是那次十個點的跳升成了絕唱，這段以其人之道還治其人之身的快樂消遣就此告終。他們常用這種小伎倆算計成百上千的可憐客戶，「天天打雁，今天被雁啄了眼」，怎能不嚴加防範呢？於是，我回到常規的交易方式。不過，市場狀況並不總適合我的交易套路，換句話說，他們願意接受的交易規模有限，弄得我綁手綁腳，不能痛下殺手，一下子大賺一筆。

不知不覺，這樣的交易生涯已經一年有餘，期間我使出渾身解數，儘量在這些電報經紀公司交易掙錢。我的小日子過得極滋潤，買了一輛汽車，放開手腳花錢。我需要積攢一筆本金，不過與此同時，也得過日子。如果頭寸正確，掙的錢就花不完，總能存起來一些。如果頭寸做錯了，就掙不到錢，也沒錢可花。之前曾說過，我已經積攢了相當大的一筆本金，而且在這五家騙子經紀行也沒那麼多錢可賺了，因此，我決定重返紐約。

我有自己的汽車，便邀請一位朋友同赴紐約，他也是做交易的。他接受了邀請，我們動身了，途中在紐哈芬[13]停下來吃晚飯。我們在飯店裡遇到了一位做交易的老相識，幾個人聊了起來。他告訴我們，本

13 編注：New Haven，美國康乃狄克州的沿海大城，是耶魯大學的所在地。

地有一家對賭行，有電報連線，生意做得很紅火。

離開飯店後，我們繼續向紐約趕路。不過，我開車經過那條街，打算看一眼那家對賭行外面什麼樣子。我們找到了地方，抗不住誘惑，就停下車，走進去看一看。裡面算不上十分奢華，但是老夥計報價板就掛在那兒，還有那群客戶也不陌生，好戲正在開演。

經理是個小夥子，看上去好像當過演員，或者政客、演說家，給我們留下了極深的印象。他說「早上好」的樣子，活像他曾經花了十年時間每天用顯微鏡搜尋，終於發現早晨的好處，現在正式宣布這個大發現，連同藍天、太陽還有他們公司的硬幣點數盒，都在其列。他看到我們從跑車款的汽車上下來，而且兩人都很年輕、大大咧咧——我覺得自己那時看起來不到二十歲——自然推斷我們是耶魯大學的學生。我沒有告訴他我們不是。他根本不給我們說話的機會，一個人滔滔不絕。「很高興見到你們，願意舒服地小坐一下嗎？股票市場，我們馬上會看到，今日早晨仁慈地上漲；實際上，市場喧囂紅火，正是有意幫助各位增加一點大學生活的零花錢，當然了，聰明大學生的零花錢從來都不夠花。不過，此時此刻，借助好心的報價機，只要一小筆初始投入，就能得到幾千美元的回報。股票市場渴望給你們機會，這筆零花錢誰都花不完。」

好，既然這位開對賭行的「好人」如此熱切，如果不領情照辦，豈不太辜負盛情了？於是我告訴他，恭敬不如從命，聽說許多人都在股票市場掙了大錢。

我開始交易，非常保守，但隨著盈利的擴大，逐步增加頭寸。我的朋友亦步亦趨。

我們當天在紐哈芬過夜，第二天早晨九點五十五分的時候，又來到這間好客的對賭行。那位演說家很高興看到我倆，感覺今天該是他的機會了。然而，當天我淨賺的錢，只差幾塊錢就到一千五百美元。第三天早晨，我們又順便拜訪那位偉大的演說家，遞給他賣出五百股糖業的單子，他遲疑片刻，終於還是接受了——一聲不吭！該股票下跌了一點，我平倉了結，把成交單交給他。正好五百美元的利潤，還有我當初五百美元的保證金。他從保險櫃裡取出二十張五十美元面額的鈔票，點了三遍，每一遍都很慢，然後轉身到我面前又點了起來。看起來，他指頭上的汗水好像是膠水，那些鈔票就像黏在他手上了，不過，他最終還是把錢遞給了我。他兩臂交叉抱在胸前，咬著下唇，一直咬著，兩眼直直，瞪著我身後窗戶的高處。

我對他說，打算賣出兩百股鋼鐵。他一動不動，充耳不聞。我又說了一遍，同時把股票數量增加到三百股。他回過頭，我等著聽他的長篇大論。但是，他只是看著我。然後，咂咂嘴，咽了一下口水，似乎終於做好了正式開講的準備，批駁反對黨五十年來數不勝數的貪官汙吏以及罄竹難書的政治暴行。

他衝著我手上的黃色鈔票搖搖手，說：「把那東西拿開！」

「拿開什麼？」我說，不太明白他要趕走什麼。

「你們要去哪兒，大學生？」他的聲音令人難忘。

「紐約。」我告訴他。

「很好，」他說著，點著頭，點了差不多二十次，「太好了。離開這裡就對了，因為我現在總算認清你們兩個的貨色了——兩個學生？哼，我知道，你們不是，我知道，你們是什麼人。哼！哼！哼！」

「是這樣嗎？」我非常禮貌地說。

「對。你們兩個——」他停頓了一下，然後撕掉一本正經的假面具，嗥叫起來，「你們兩個是全美利堅合眾國最大的鯊魚！學生？啊！還大學一年級新生呢！啊！」

我們留下他自說自話。或許，對那些錢他並不至於如此心疼。沒有哪個職業賭徒會這樣。這都是遊戲本身注定的，而且總有時來運轉的一天。他覺得我們愚弄了他，這一點最傷他的自尊心。

就這樣，我第三次重返華爾街，捲土重來。當然，我一直不斷研究，力求找出我的交易體系的問題到底出在何處，正是這個問題導致我在富勒頓營業部的敗績。當我掙到第一個一萬美元的時候，我二十歲，後來又賠掉了。不過，我清楚為什麼賠錢，也清楚怎樣賠的錢——因為不顧市場狀況始終不停交易；因為沒有按照自己的系統交易，我的系統基於扎實研究和實踐經驗，但當時進場純粹是賭博。我主觀地期盼獲利，而不是知道根據一定模式交易便應該獲利。差不多二十二歲時，我曾把本金累積到五萬美元，但在那一年的五月九日損失一空。不過，我完全清楚為什麼賠錢，怎樣賠的錢。因為紙帶報價機落後於市場，並且在這個可怕的日子，市場波動空前慘烈。然而，我不清楚為什麼我從聖路易斯回來以後或者在五月九日大恐慌之後還會虧損。我分析出來幾點——我認為，我已經在自己的做法中發現了缺陷，針對這些缺陷也有一些補救措施。不過，還需要透過實踐來檢驗。

讓你喪失已經擁有的一切，使你刻骨銘心地記得在投資交易中絕不可做什麼——還有哪一招比得上這樣的教育效果呢？要知道，當你學會絕不可做什麼才不會賠錢的時候，才是你開始學習應該做什麼才能獲利的時候。明白嗎？就是這樣，你才開始學習！

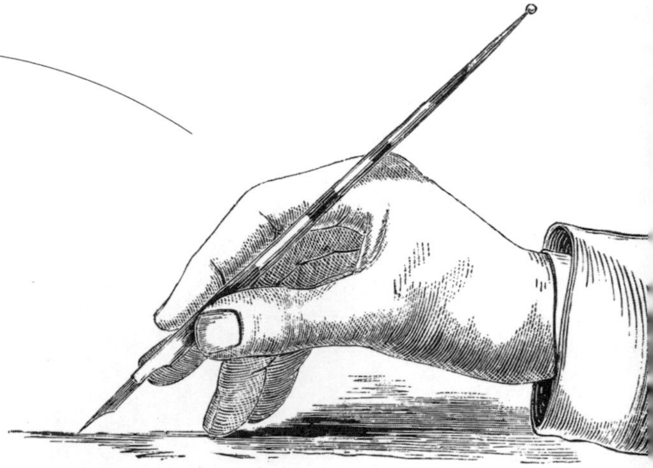

CHAPTER 05

梅開三度華爾街，水滴石穿悟大勢

有些投機者專門透過報價紙帶來偵察行情——人們常常稱他們為「紙帶蟲子」——要是水準不濟的話，他們往往只會做多或只會做空，這就出毛病了。我猜想，這個毛病和其他毛病出現的機會不相上下。行為偏執，意味著行動僵化，因此會付出高昂的代價。歸根結底，雖然投機的行當要求遵循嚴格的基本行為規則，但是，投機的行當並不純粹是數學或者一套固定規則。拿我自己為例，我在閱讀紙帶的過程中也加進了某些東西，而不單單是數學。其中包括我稱之為股票習性的內容，我認為股票具備一定的行為特徵，未來到底它會不會按照你觀察到的前兆來變化，受股票習性的影響。如果某個股票行為不對路，就不要碰它。因為，既然不能準確瞭解何處不對，就不能分辨它到底要走哪條路。不能查清事實，便不能判斷。沒有判斷，就沒有利潤。

關注股票習性，研究它的歷史表現，其實是老生常談。當我剛到紐約的時候，在一家經紀行營業廳，有一位法國佬經常談起他的圖表。起初，我以為他是一位怪人，因為公司的人拿他沒脾氣。後來我發覺，他是一位很有說服力、很能打動人的說客。他說，數學是唯一不撒謊的，因為數學天生不會撒謊。透過他繪製的曲線，他能夠預測市場運動。他還能分析曲線，從中揭示，比如說，為什麼基恩在其操作艾奇遜優先股（Atchison Preferred）牛市行情時的做法是正確的，這是個著名的案例；為什麼後來他在與人合夥操作南太平洋鐵路（Southern Pacific）行情時出了問題。前前後後，曾經這位或那位職業交易者都嘗試過法國人的體系——不過，他們後來都走了回頭路，重新啟用自己原來不科學的老一套，靠老一套謀生。他們說，自己那一套能臨場隨機應變，使用起來更順手。我聽說，法國人聲稱，基恩承認他的圖表百分之百準確，但是如果用在活躍市場上，這種方法太慢了。

後來，有一家營業廳繪製了每天的價格圖表[14]。在圖表上，股票數月內的價格變化一目了然。客戶在打聽到某個股票「不科學」的祕密利多消息之後，透過比較個股的行情曲線和一般市場的行情曲線，再牢記一定的規則，就可能分辨它是不是具備相當的上漲可能性。他們把這些圖表視為與內幕消息起互補作用的資訊來源。如今，許多佣金經紀行都提供交易圖表。它們都是由專業統計機構製作的，不僅包括股票行情，也包括大宗商品行情。

應該說，圖表對會讀圖表的人當然有幫助，或者更恰當地說，對能夠消化圖表資訊的人有幫助。然而，普通的圖表閱讀者容易以偏概全，以為谷、峰、主要運動和次要運動等就是股票投機的全部。如果你按照這樣的邏輯盲目自信而魯莽地行動，那就注定要破產。有一位極出色的人才，的確是一位訓練有素的數學家，他曾是一家顯赫的股票交易所經紀公司的合夥人。他畢業於一家著名的理工學院。他非常認真細緻地研究了眾多市場的價格行為，包括股票、債券、穀物、棉花、貨幣等，以此為基礎設計了各

14 報價紙帶上提供的是行情按照時間進度的資料流。在閱讀行情紙帶時，交易者首先需要把數字分門別類，還原到各個股票的名下；其次，再憑記憶把各個股票的資料流接續起來，得到每個股票行情變化的數據波動。顯然，觀察資料流既需要良好的記憶，也需要對數據敏感，需要持續付出注意力和精力才能明瞭行情變化的細節和過程。
一九〇三年前後，有證券營業部開始嘗試發布日行情圖。大約根據每日收市價製作折線圖。圖表更直觀，減輕了交易者的負擔。道瓊指數在一八九六年前推出，是三十個成分股每日收市價的算術平均值，透過簡單計算而得。至今，道瓊指數還保持了這種傳統。從指數到圖表，這是市場技術分析工具的進步。
今天，雖然圖表豐富多樣、更新快捷，有助於減輕交易者負擔，但是對短線日內交易者來說，跟蹤行情資料流依然不失為效率最高的做法之一。在外匯等市場，做市商透過喇叭不停地廣播報價，也有異曲同工之妙。

類圖表。他回溯了很多年的歷史資料，追蹤了市場之間的相關性以及市場的季節性變化——噢，每個方面都研究到了。他採用自己的圖表從事股票交易多年。他所做的，其實是利用了某種平均方法的優勢，極為高明。據人們所說，他以前經常盈利，直到第一次世界大戰打破了所有市場先例為止。我聽說，他本人和那些追隨他的大客戶蒙受了千百萬美元的巨大損失之後，才最終罷手。然而，如果市場大勢看漲，那麼即便是一場世界大戰，也不能阻止牛市行情；或者如果大勢看跌，同樣也沒什麼事情能阻止熊市行情。想盈利，判別大勢才是你需要瞭解的一切。

這不是有意跑題，而是每當想起自己在華爾街開頭那幾年的挫折，我就忍不住要再強調一次。我現在瞭解當初自己的無知是什麼，自己當年因為無知而犯了許多錯誤，之所以要一再強調，是因為這類錯誤恰恰正是一般股票投機者一犯再犯、經年難改的。

好了，我第三次重返華爾街，再次試圖擊敗市場，在正規股票交易所經紀行交易，手法相當活躍。我沒有指望自己的業績和在對賭行時一樣漂亮，不過，我認為用不了多久自己就會比以前長進得多，因為現在我已經有能力支配大得多的頭寸。並且，我這時候已經看出來，自己的主要缺陷在於未能掌握股票賭博和投機的重大區別。話說回來，借助我閱讀報價紙帶的七年寶貴經驗，還有對這個行當的一點天賦，折騰的結果雖然談不上掙了大錢，但確實獲得了很高的回報率。和往常一樣，有時贏、有時輸，但是總體是盈利的。當然，掙得越多，花得也就越多。對絕大多數人來說，都是這樣的做法。不，不一定只有掙快錢、掙容易錢的人是這樣，對每一個人來說都可能是這樣，只要不是天生的守財奴。某些人，比如老羅素．塞奇[15]，掙錢的本能和藏錢的本能都很發達，所以，當他死的時候富得流油，但這種活法有什麼光彩的呢？

每天從早晨十點到下午三點，我專心致志，沉浸在擊敗股票市場的遊戲中；下午三點之後，我同樣一心一意，陶醉在優遊歡樂的生活遊戲中。請不要誤會。我絕不讓享樂影響交易。當我虧損的時候，只是因為做錯了，而不是因為生活放蕩散逸而影響到交易。我從來沒有發生過精神渙散或身體麻木的情況，從來沒有因此損害交易。我承擔不起任何可能導致身體和精神不適的意外事件。即使現在，我也通常在晚上十點之前就寢。年輕的時候，我從不玩得太晚，因為若睡眠不足，我便不能精力充沛地投入交易。因為總體業績盈大於虧，所以我認為沒有必要省吃儉用、放棄生活中的美好享受。市場總能供我所需。我逐漸重拾信心，信心來自我對交易的職業化、不帶感情色彩的態度，因為這就是我的謀生手段。

我的交易方法的第一個變化和時間因素有關。不能像在對賭行一樣，等到事態明朗而確有把握之後出擊，去捕獲一到兩個點的微小波動。要在富勒頓的營業廳裡捕獲市場運動，動手就必須提早很多。換句話說，我不得不研判即將出現的行情，預期股票價格變動。這聽起來平常得很，簡單得可笑，但是，你明白我到底在說什麼。這標誌著我對待這一行當態度的根本轉變，這一點對我具有超乎尋常的重大意義。市場一點一滴地教誨我，博取小幅波動與預期必將發生的上漲行情和下跌行情之間具有本質區別，賭博和投機之間具有本質區別。

15 編注：Russell Sage（一八一六－一九〇六），美國金融家，年輕時從雜貨店夥計做起，後成為鐵道與電報大亨，並在股市期權交易中獲利。去世時的財產估計有七千萬美元。

在研究市場時，我不得不回溯一個小時以上的歷史行情。這樣的研究方法，即使是在世上最大的對賭行裡，我也不可能學會。我逐漸培養起對交易報告、鐵路公司盈利、金融統計資料和商貿統計資料的興趣。當然，我依然喜歡大手筆交易，他們都叫我「豪賭小子」。不過，我也喜歡上了研究市場運動。凡是可以讓交易更明智的方法，我來者不拒、從不厭倦。為了解決某個問題，我們首先必須弄清楚它究竟是什麼問題。當自認為已經找到解決方案時，我還必須用事實證明解決方案是正確的。我知道，唯有一條途徑可以證明自己正確不正確，那就是用自己的真金白銀。

現在看，我進步的速度似乎太慢了。然而，我覺得，當時我的學習過程已經發揮了自己的全部潛能，要知道，整個過程是處在總體盈利狀態之下的。如果當時經常處於虧損狀態，或許更有利於激發我全身心地投入學習和研究。我肯定能夠發現更多的自身缺陷。不過，話說回來，虧損到底有什麼好處呢？如果我虧損更多的話，就沒錢來實際檢驗自己的交易方法是不是真正得到改進了。

透過研究在富勒頓公司盈利的交易紀錄，我發現，雖然對市場的預期經常是百分之百正確，也就是說，我對市場形勢和普遍趨勢的診斷是正確的，但是，我並沒有掙到自己的「正確」判斷本身應當獲得的那麼多盈利。為什麼沒做到呢？

即使是從盈利不徹底的交易案例中，我也可以學到和失敗的案例一樣多的東西。

舉例來說，在牛市行情開始的時候，我就已經看多了，並且說到做到，已經買入股票做多。之後，果然出現一輪上升行情，如當初我清晰地預料的那樣。到此為止，一切順利。然而，接下來我是怎麼做的呢？唉，我聽從老成持重的忠告，有意克制「年輕人的輕浮毛躁」。我決意要做得明智一些，謹慎保守一點。大家都清楚，按照這個路子的辦法是，先賣出平倉，入袋為安，等市場回落的時候再買回來。我就是這麼做的，或者更準確地說，這正是我力圖做到的，因為我慣常的做法是入袋為安，再等市場回落。事與願違的是，回回都等不來市場回落。就這樣，在我「保守」的口袋裡僅僅安穩收穫了四個點的利潤，卻眼睜睜地看著股票絕塵而去，繼續上漲十個點有餘，而我坐在一旁束手無策。他們說，獲利平倉絕不會讓你變窮。是的，不會變窮。但是，在牛市行情下，只拿到四個點利潤，也絕不會讓你變富。

在本該掙到兩萬美元的時候，只掙到了兩千美元，這就是所謂保守策略帶給我的結果。大約就在這個時期，我注意到，在本該掙到大錢的地方，我實際上只掙回了其中如此之小的比例。於是，我有了另一項發現：肥羊們的行事方式和他們的經驗深淺有關，經驗深淺決定了方式的差異。

初涉交易的羊羔一無所知，每個人，甚至包括他自己在內，都明白這一點。但是，再高一個層次的投機者，或者說第二階段的投機者，往往自以為十分在行，而且要讓別人覺得他懂得很多。他是有經驗的肥羊，他可是做了功課的——不是研究市場本身，而是打聽到了更高階段的某些肥羊評論市場的隻言片語。第二階段的肥羊懂得一些避免金錢損失的辦法，這些辦法尚不為第一階段的新手所知。正是這種半瓶子醋，而不是前面那些百分百的羊羔，真正為佣金經紀行提供了每一天的收入來源，一年三百六十五天。平均來看，他能在市場上挺上三年半的時間；相比之下，初到華爾街一試身手的羊羔，通常只能熬過一個賽季——三個星期到三十個星期不等。當然了，這些半瓶子醋的肥羊張嘴就是金光閃閃的交易格言，或者交易行業的各種金科玉律。從老經驗們金口玉牙裡掉出來的所有禁忌戒條，他們都記得滾瓜爛熟——除了最主要的一條：絕不能當肥羊。

這些半瓶子醋是那種自以為經驗豐富的人，因為他們喜歡在股價下跌時買進，所以總在等待市場下跌。他們根據市場從頂部下跌了多少點數來計算自己占到了多大的便宜。在大牛市行情裡，新入市的普通羊羔對清規戒律和市場成例一無所知，盲目地期望市場上漲，盲目地買進。此時，他掙到的錢最多——直到市場出現某種正常的回檔，行情劇烈下跌，一把掃光他的利潤。遺憾的是，我當時自以為明智的做法，正是半瓶子醋貌似小心翼翼的做法，實際上只是其他人的老生常談而已。當時，我知道必須改變在對賭行養成的習慣，我以為這麼做就是改變習慣，可以糾正自己的問題，因為這可是客戶群裡的老師傅們時常掛在嘴邊的金科玉律。

絕大多數交易者——人們稱他們為「客戶」——都是相似的。你會發現，其中極少有人能老實承認華爾街不欠他們分文。在富勒頓公司的人，當然也是常見的客戶群，各種層次、各種階段的齊備！喔，倒是有一位老兄和別人不一樣。頭一件，他確實年長得多。第二件，他從不主動向旁人提供交易建議，也從不吹噓自己的盈利經歷。他是一位傾聽高手，專心致志地聽人說話。他似乎不大熱衷於內幕消息，也就是說，從來不問說話的人聽說了什麼或知道了什麼。不過，如果有人主動給他提供消息，他總是禮貌有加地感謝來者。有時候，他會再次感謝消息提供者——當那個消息被證明為真的時候。另一方面，如果消息未被證實，他也從不抱怨，因此，沒人知道他當初是採納了那條消息，還是當作了耳邊風。他是交易廳裡的一個傳奇，這老傢伙很富有，能夠動用相當大的頭寸。然而，從佣金上說，他並沒有給這家公司貢獻多少，至少別人很難注意得到。他的名字叫帕特里奇（Partridge）[16]，不過，人們背後給他起的諢名叫「火雞」（Turkey），因為他胸膛寬厚，而且習慣把下巴擱在胸口，大搖大擺地在各間辦公室走來走去。

那些客戶統統渴望有人推一把，迫使自己行動，這樣一來，失敗的話就可以把錯都推到別人頭上了，他們的習慣是有事便找老帕特里奇商量，告訴他某位圈內人士的朋友的朋友建議他們操作某檔股票。他們告訴他，聽到這消息後自己還什麼都沒做呢，想先聽他說說該怎麼做。但是，不論他們聽到的是建議買進還是賣出的消息，這老先生的回覆總是同一句話。

那位客戶講完故事、訴說了自己的困惑之後，會接著問他：「您認為我該怎麼辦？」

這時，這「老火雞」把腦袋歪向一邊，帶著慈父般的微笑注視著那位交易同行，終於語重心長地開了口：「你知道，這是牛市！」

一次又一次，我總是聽他說：「噢，這是牛市，你知道！」好像他正在贈給你一份價值連城的護身符，而且用價值一百萬美元的意外事故保險單包裹得嚴嚴實實。當然，那時我並不懂他的意思。

有一天，一位名叫埃爾默・哈伍德（Elmer Harwood）的傢伙衝進營業廳，匆匆忙忙寫好一張指令，交給店員。隨即他又趕到帕特里奇先生身邊，後者正彬彬有禮地聽約翰・范寧（John Fanning）絮叨他那個老故事，說當時約翰湊巧聽說基恩給他的一家經紀行下的指令，於是跟風買進，但是約翰只買了一百股，而且只掙了微不足道的三個點，當然了，就在約翰賣出之後，那股票三天上漲了二十四點。約翰向帕特里奇先生傾訴這件傷心事，至少已經是第四回了，但是這老火雞臉上堆滿同情的微笑，就像頭一回

16 編注：意為鷓鴣、竹雞，一種於群居於林地的小型鳥類。

聽說一樣。

好，埃爾默找著這位老先生，和約翰・范寧招呼也不打一個，急匆匆通報老火雞：「帕特里奇先生，我剛剛出掉所有的克萊美斯汽車（Climax Motors）。我的人說，市場肯定要回檔，將來能用更便宜的價格買回來，所以你最好也這麼辦吧。我是說，如果你還沒賣掉的話。」

埃爾默滿腹狐疑地看著「老火雞」，當初是他把第一手的買進消息傳遞給這個人的。業餘的，或者說義務奉送的消息提供者，總認為得著他消息的人欠了他天大的人情，甚至他在還不知道消息到底靈不靈的時候就是這感覺。

「是呀，哈伍德先生，我還拿著哪，當然了！」「老火雞」感激地說。埃爾默還惦記著這位老人，多好的人啊。

「好，是時候了，現在賣掉，入袋為安，下次跌下來的時候再進。」埃爾默說，好像他剛剛給老人開了一張存款單。埃爾默從受益人的臉上沒看到激動感恩的神色，於是繼續道，「我剛剛賣掉手上的每一張股票！」

從他的聲音和神態來看，保守估計，你也會覺得他至少是一萬股的大手筆。

然而，帕特里奇先生面帶難色地搖搖頭，低聲嘟囔：「不！不！我做不來！」

「為什麼？」埃爾默叫出聲來。

「做不來就是做不來！」帕特里奇先生說，他顯出一副極為難的樣子。

「難道不是我給你消息買進的嗎？」

「是您，哈伍德先生，我對您非常感激。真的，打心裡感激，先生。但是——」

「打住！聽我說！難道這股票沒有在十天裡連漲七個點嗎？難道沒有嗎？」

「的確，我對您感恩戴德，我親愛的兄弟。但是，我不考慮賣掉這股票。」

「你不能？」埃爾默反問，臉上開始顯出疑惑的神色。絕大多數消息提供者同時也會賣力打探消息。

「是的，我不能。」

「為什麼不能？」埃爾默往前湊得更近。

「為什麼？這是牛市啊！」「老火雞」說這話的神氣，好像剛剛交代了洋洋灑灑的詳盡解答。

「那是啊，」埃爾默說，他看上去因為失望而有些氣惱，「是牛市，我跟你一樣清楚。但是，你最好先把你那些股票賣了，回落的時候再買回來。這樣，就好降低持股成本了。」

「我親愛的兄弟，」老帕特里奇說著，顯得十分痛苦，「要是把股票賣了，也就丟掉了自己的頭寸，那樣的話，我哪兒還有飯碗呢？」

埃爾默．哈伍德兩手甩得高高的，搖著腦袋，走到我這邊，尋求我的同情：「是不是莫名其妙？」他對我做耳語狀，可聲調卻高得像在臺上表演，「你說！」

我沒吱聲。於是，他繼續道：「我告訴他看好克萊美斯汽車的消息。他買了五百股。現在已經有了七個點的利潤了，我建議他先出掉，行情回檔的時候再買回來，其實早該回檔了。我剛才告訴他，你聽他說什麼？他說要是他賣了，就要丟飯碗。這話怎麼說的？」

「求您原諒，哈伍德先生。我說的不是丟飯碗，」「老火雞」插嘴道，「是丟掉我的頭寸。等您和我一樣老了，就會經歷跟我一樣多的繁榮和恐慌的輪回，到那時候就會知道，沒人承擔得起失去頭寸的後果，就算約翰・洛克斐勒也不行。先生，我希望這股票回落，您能用低得多的價錢再買回籌碼。但是我自己的能力僅限於根據自己多年的經驗來交易。為得到這些經驗，我已經付出大價錢了，我不想再付第二次學費。不管說什麼，我對您的感激篤篤定定，就像存在銀行裡的錢一樣。這是牛市，你知道。」說完，他踱著方步走開了，留下滿臉茫然的埃爾默。

帕特里奇老先生的話對我當時沒有多大影響，當開始琢磨自己數不清的「撿了芝麻丟了西瓜」的敗招時，我才如夢方醒——我對大盤的判斷那麼準，本應賺到大筆利潤，然而每每只抓住其中一小部分。對這個問題研究得越多，我就越能清晰地認識到這位老人多麼有智慧（圖5.1）。顯然，他年輕的時候曾經遭遇同樣的挫折，由此清楚地認識到自身的人性弱點。因此，他再也不允許自己受到這樣的誘惑。多年的經驗教導他，一方面，這樣的誘惑難以抵擋；另一方面，事後總是證明，這樣的誘惑代價沉重，就像我已經付出的一樣。

老帕特里奇之所以再三告誡其他客戶：「噢，你知道，這是牛市！」本意乃是告誡他們，大錢不是從哪一次或哪幾次行情起伏中產生的，而是從主要趨勢中產生的，就是說，大錢不在於閱讀行情紙帶，而在於全面估量總體市場及其趨勢。當我終於認識到這一點的時候，我覺得，我在交易上所受到的教育前進了一大步。

這裡請讓我強調一點。我已經在華爾街摸爬滾打多年，贏過千百萬美元，也虧過千百萬美元，我的忠告是：我之所以掙大錢，從來不是憑著進進出出，而始終是憑藉耐心堅守。明白嗎？憑我的耐心堅守。

正確判斷市場方向，其實沒有什麼奧妙可言。你總是發現很多人在牛市早期便已經看多，在熊市早期便已經看空。我認識許多人，他們都有能力精準把握時機並正確行動，早在行情有潛力造就巨額利潤時，便開始買進或賣出。然而，他們的經歷總是和我同出一轍，也就是說，他們也沒有從中實現真正算數的利潤。既能夠正確判斷，又能夠耐心堅守，這樣的人鳳毛麟角。我發現，這才是最難學會的內容。但是，作為一名股票作手，只有牢牢掌握這一點，才能賺大錢。對一名交易者來說，在真正學會交易後贏得百萬美元，比他在懵裡懵懂的日子掙幾百美元還容易。「會者不難，難者不會」，千真萬確。

原因就在於，有的人看市場也許一目了然，但是當市場正在花時間逐步醞釀他預料必然出現的行情時，他卻沒有耐心或者信心動搖。如此之多的華爾街才俊，根本不屬於肥羊的層次，甚至也不屬於第三個等級，竟然不能倖免於虧損，這一點正是其根源所在。不是市場打

圖 5.1 ● 經過 1902 年的平淡和 1903 年的下降趨勢後，華爾街終於迎來了 1904 年和 1905 年波瀾壯闊的大牛市，最大漲幅超過 100%。請記住老帕特里奇語重心長的教誨：「噢，你知道，這是牛市！」正是在這輪牛市行情中，26、27 歲的李佛摩終於領悟到大勢的重要性，雖然他的資產並沒有很快增長。

敗了他們，是他們自己打敗了自己。他們雖然有腦子，卻不能持之以恆。「老火雞」如是操作，並如是告誡同行，是完全正確的。他不僅有勇氣把自己確信的判斷付諸行動，更有明智的耐心堅持到底。

不理會市場大幅運動，一門心思搶進搶出，是我的一項致命錯誤。沒有人能夠捕獲所有的波動。在牛市行情中，只能買進並持有，直到你確信牛市已經接近尾聲。要做到這一點，就必須研究總體市場狀況，這既不是內幕消息，也不是影響個別股票的特殊因素。然後，忘掉你所有的股票，忘掉，才能保住盈利！耐心等待，直到你看到——或者如果你願意這麼說的話，直到你認為你看到——市場方向逆轉，即總體市場狀況開始反向。你不得不施展全部的才華和遠見才有可能做到這一點，否則，我的忠告就成了廢話，像是教你「低買高賣」，一錢不值。最有益的一點——任何人都能學會，是不再企圖抓住行情最後的八分之一美元——或者行情最初的八分之一美元。這兩個八分之一美元，是世上最昂貴的八分之一美元。它們令股票交易者付出的代價加起來何止千百萬美元，足以修建一條橫跨美洲大陸的高速公路。

認真研究自己在富勒頓營業廳的交易記錄，我還有另一個發現：在我懵裡懵懂的程度減輕之後，我的操作變得很少發生虧損。如此一來，我便養成了開倉就是大筆交易的習慣。同時，也增強了我對自己判斷力的信心，這一方面有利於排除他人建議對我的干擾，另一方面，即使自己偶爾沉不住氣，也不至於干擾交易。在這個行當裡，如果對自己的判斷缺乏信心，就走不了多遠。這些就是我學到的全部內容——研判總體市場狀況，按大勢建立頭寸，並堅持到底。我能堅守，沒有絲毫急躁。我能眼睜睜看著市場回檔而不動搖，心裡明白這只是暫時現象。我曾經在賣空十萬股的過程中預計市場可能大幅回升，我已經預計到——並且是正確地預計到——如此規模的回升，在我看來，這幾乎是不可避免的，甚至對行情是有益的，而這對我的帳面利潤將造成一百萬美元的增減。儘管如此，我仍堅守立場，眼看著自己的帳面利潤被席捲而去，卻從不曾動一點這樣的念頭：先平回空頭，等市場上漲時再賣空。我明白，如果這麼做，就會喪失頭寸，而只有我的頭寸才能給我機會，帶來一網打盡的希望。唯有大行情，才能造就大利潤。

頗費時日，我才學到了這些。之所以如此慢，是因為我是從錯誤中學習的，從犯錯誤到認識錯誤總是花費時日，而從認識錯誤到切實糾正錯誤的時間成本更是有過之而無不及。話分兩頭，在這期間，我的小日子過得相當舒適，人年輕，交易盈利又不無小補。我的大部分盈利在某種程度上還是得自閱讀行情紙帶的技巧，因為當時的市場環境相當適合我的操作風格。虧損已經沒有當年初闖紐約時那麼頻繁了，也沒有那麼令人氣憤了。想一想，我曾經在不到兩年的時間內破產了三次，那可沒什麼光彩的。當然，我曾經對你說過，破產是一種極為有效的當頭棒喝。

我的本金增長得並不是很快，因為我始終盡我所能讓自己活得滋潤。我並不克制自己，擁有我這個年紀和口味的年輕人都想擁有許多物質享受，包括自己的汽車。我覺得，既然錢都是從市場上掙來的，生活過得馬馬虎虎不講究，也沒什麼道理。要知道，報價機只在星期天和節假日才停擺。每當我發現自己虧損的原因，查出為什麼犯錯的時候，「資產」便會有所增長，我在自己的清單裡，就會添加一條新的戒律。那麼，如何把這些日益增長的資產變現呢？最美妙的辦法便是不限制生活開銷。自然，我既享受過好玩的時光，也有過一些不那麼愉快的體驗，不過，要是我對你囉唆這些細節，可就沒完沒了了。事實上，能夠在我腦子裡立刻浮現出來的那些經歷，都是明確有益於提升交易技能的，都是增長才幹的——實質上，就是幫助我更清楚地認識自己的！

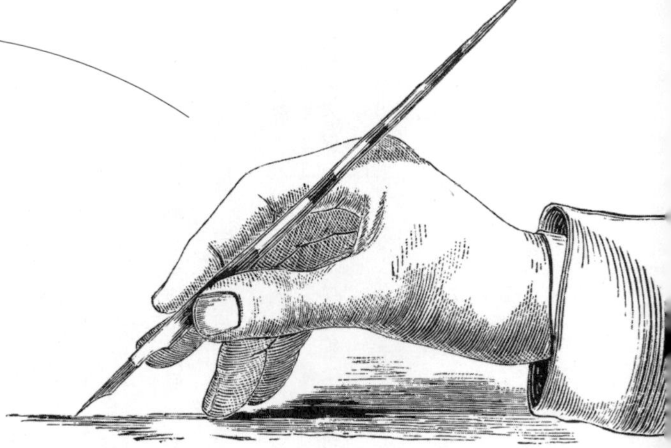

CHAPTER 06

自信直覺如天助，聽信他人對改錯

一九〇六年春天（圖6.1），我在亞特蘭大市休短假。當時手上沒有股票，我滿腦子想的都是換個環境，好好休息一下。順便說一句，我已經回到了我在紐約的第一家經紀行，哈定兄弟公司，我的帳戶一直相當活躍。我的盤子有三千到四千股，並沒有當初我在大都會對賭行的盤子大，那時我才二十歲出頭。但是其中有區別，對賭行收一個點的保證金便完事，經紀行收取保證金後，真實地在紐約股票交易所為我的帳戶買進或賣出股票。

也許你還記得我前面講過的那個故事，當時我在大都會對賭行賣空三千五百股糖業，直覺告訴我有什麼地方不對勁，最好了結交易。好，我經常有那種奇妙的感覺。一般說來，有這種感覺時我都照辦。但是有時候，我會對這種感覺不屑一顧，告訴自己，要是照一時的盲目衝動來逆轉頭寸的話簡直荒唐。我曾經把這種感覺歸結為某種神經緊張狀態，比如抽了太多雪茄，或者睡眠不足，或者精神不振，諸如此類。但凡我說服自己放棄這種突如其來的念頭，寧可靜觀其變時，結果總要吃後

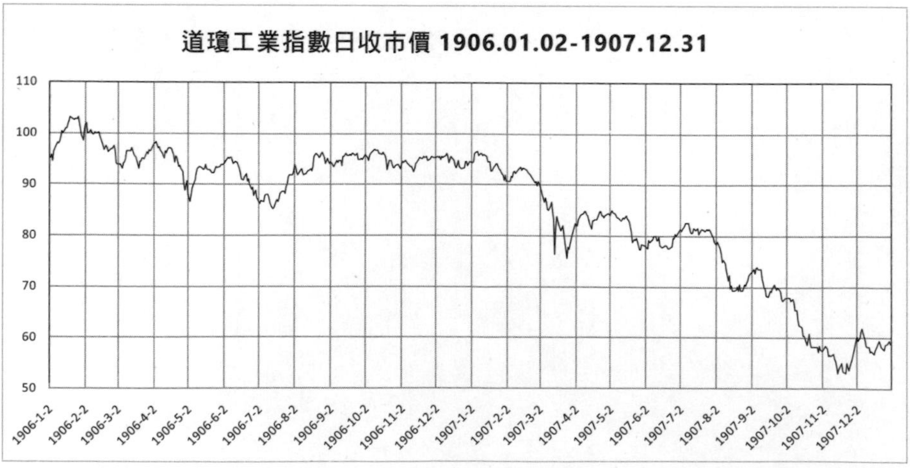

圖 6.1 ● 1906 年 1 月延續了前兩年的牛市行情，市場再創新高，但從 1 月底開始逐波走低，下半年回升後，又進入了漫長的窄幅橫向整理過程。市場從 1907 年 1 月開始大幅下降。這段時間李佛摩 27、28 歲。

悔藥。大約有十來次，我沒有按照這種感覺賣出，第二天市場強勢，甚至還有所上漲，於是我暗暗慶幸，要是當初聽憑盲目衝動賣出的話，那該多蠢啊。然而，接下來的一天市場急跌，跌得相當難看。一定是什麼地方或有什麼東西出岔子了，如果當初不那麼執著於理智和邏輯，我早已全身而退了。看來，產生這種感覺的原因顯然不是生理的，而是心理的。

我只想給你說說其中一個例子，這件事令人難忘。事情發生的時候，我正在亞特蘭大市休短假，那是一九〇六年春季。我是和一位朋友一道去的，他也是哈定兄弟公司的客戶。當時我對市場怎麼都提不起興致，乾脆放手好好輕鬆一下。我總能拋開交易盡情娛樂，當然，如果市場格外活躍並且我已經建立了相當重的倉位，那是例外。我還記得，當時是牛市。總體商業前景看好，股票市場走勢雖然較平穩，但是基調強勁，所有跡象都表明市場將進一步走高。

這天早晨，我們用過早餐後，把紐約所有早晨的報紙翻了個遍，在海邊賣「呆」也賣膩了——看海鷗啄起蛤蜊，飛到十公尺高的地方丟下來，在堅硬的溼沙地上摔開殼，用來當早點——於是，朋友和我起身到海邊小道上散步。在白天，這算是我們最刺激的活動了。

時辰還沒到中午，我們慢慢走著打發時間，呼吸著帶鹹味的空氣。哈定兄弟公司在海邊小道旁開了一個營業部，我們習慣於每天上午順道拐進去，看看開市的情況。主要是習慣使然，並沒有其他想法，因為當時我手上什麼都沒有。

我們發現，市場堅挺、交易活躍。我的朋友相當看多，已經持有中等程度的倉位，他的買入價比現價低幾個點。他開始對我發表高論，認為應該持有股票，市場還有很大的上漲餘地，這多麼顯而易見、多麼明智云云。我有一搭沒一搭地聽著，懶得勞神琢磨對還是不對。我瀏覽著報價板，注意到某些變化——絕大多數股票都上漲，但是聯合太平洋鐵路（Union Pacific）卻是例外。我當時便覺得應該賣空它。我說不出更清楚的想法，就是感覺應該賣空它。我自問為什麼會有這種感覺，卻又找不到做空聯合太平洋鐵路的任何理由。

我死盯著報價板上那個最新報價，直到眼前一片空白，再也沒有任何數字、任何報價板，也沒有其他任何東西。腦子裡只剩下一個念頭，我要賣空聯合太平洋鐵路，但就是找不出這麼做的緣由。

我當時看起來肯定很古怪，因為我那位朋友正站在我身旁，他突然用胳膊肘捅捅我，問：「嗨，你怎麼了？」

「不知道。」我回道。

「要去睡會兒嗎？」他說。

「不，」我說，「我不想睡，我想要賣空那檔股票。」我清楚，照直覺辦總能賺錢。

我走到一張桌邊，桌子上有一些空白指令單。我朋友跟著我。我填好按市價賣出一千股聯合太平洋鐵路的單子，遞給經理。當我填寫單子並交給他的時候，他滿臉笑容。但是，當他看到單子時，笑容一下子消失了，他看著我。

「寫得對嗎？」他問我。不過，我沒說話，只是看著他，於是他趕緊過去把單子交給操作員。

「你幹什麼？」我朋友問。

「賣空它。」我回答。

「賣什麼？」他對我喊。他本來還看多的，怎麼我就看空了呢？一定有哪裡不對勁。

「一千股聯合太平洋。」我說。

「為什麼？」他追問，十分激動。

我搖搖頭，意思是沒什麼原因。不過，他一定猜測我得到了什麼內幕消息，因為他拽著我的胳膊，把我拉出門外，進到門廳裡，遠離其他客戶和東張西望的閒人的耳目。

「你聽到什麼風聲了？」他問我。

他滿臉興奮。聯合太平洋鐵路是他最偏愛的股票之一，他看好它，因為它的盈利和前景都不錯。但是，他願意接受看空的二手內幕消息。

「沒有！」我說。

「你沒聽說？」他很懷疑，滿臉不相信。

「我真沒聽說什麼。」

「那你究竟為什麼賣空呢？」

「我不曉得。」我告訴他。我說的是大實話。

「噢，得了吧，賴瑞。」他說。

他知道，我的習慣是盤算清楚才交易。我現在賣空一千股聯合太平洋鐵路，肯定有很好的理由才會賣空這麼多股，特別是當下行情很堅挺。

「我真不知道，」我重複道，「我只是感覺要出事。」

「出什麼事？」

「我不知道，我也說不出什麼理由，我知道的就是感覺一定要賣出這檔股票，我還得讓他們再賣一千股。」

我走回營業部，給他們發出賣空第二筆一千股的指令。如果我第一筆放空一千股是正確的，那就該再追加一點。

「到底可能出什麼事？」我朋友堅持道，他拿不定主意要不要跟風。要是我告訴他我聽說聯合太平洋鐵路要跌，他大概會問都不問我從哪聽說，或者有什麼道理，就已經跟著賣出了。「到底可能出什麼事？」他又問。

「可能發生的事千千萬萬。但是，我說不準到底要出什麼事。我沒法給你交代任何理由，又不會算命打卦。」我告訴他。

「那你發瘋了，」他說，「簡直瘋了，一點頭緒沒有、一點理由沒有就賣空，你不清楚自己為什麼要賣出它？」

「我不清楚自己為什麼要賣它，我只知道我的確想要賣出，」我說，「我就是想要，和渴望其他東西的時候一樣。」這渴望如此強烈，於是我又賣了一千股。

我的朋友實在受不了了。他抓住我的胳膊說：「嘿！快走，離開這兒，免得你有多少賣多少。」

我已經如願以償，賣足了自己期望的數量，所以隨他拉著，也沒等第二筆和第三筆一千股交易的回報單。即使有最好的賣出理由，賣了這麼多股票，這陣胸臆宣洩也算得上酣暢淋漓了。沒有任何看空的理由，特別是整個市場如此看多，視野所及，沒有任何東西可以讓任何人產生一丁點看空的念頭，看來，賣空這麼多實在太過分了。然而我記得，以往當我產生了同樣強烈的賣空渴望時，如果沒有照辦，後來總是追悔莫及。

這些故事之中有些我曾經講給朋友聽，有些朋友告訴我，這不是憑空猜測，而是潛意識，是創造性思維的傑作。這種意識正是藝術家創作靈感的源泉，他們自己並沒有意識到靈感是怎麼來的。在我身上，或許是一種積累的效果，很多微不足道的零散事物積累在一起卻很有力量。可能正是我朋友不明智的看多心態激起了我的逆向心理，我之所以選中聯合太平洋鐵路，是因為它太受追捧了。我沒法說清楚到底什麼原因或動機引發了我的直覺。我唯一清楚的是，當我走出哈定兄弟公司亞特蘭大市分部的時候，我在上漲行情下賣空了三千股聯合太平洋鐵路，心中卻沒什麼不安。

我想知道最後兩筆一千股的賣單他們給我做的成交價是多少。於是午飯後，我們信步走到營業部。我欣慰地看到總體市場堅挺，聯合太平洋鐵路也走高了些。

「我看你完了。」我朋友說。不難看出，他很慶幸自己一點兒都沒跟著賣。

第二天，總體市場繼續上漲了一些，除了朋友愉快的話語之外，我沒有聽到任何動靜。不過，我還是信心十足地感覺自己賣空是正確的，而當感覺自己是正確的時候，我從不會失去耐心。憑什麼不耐心呢？那天下午，聯合太平洋鐵路的股價停止爬升，在當天接近收市的時候開始下跌。很快，它便跌到了比我賣空三千股的平均成交價低一個點的位置。我覺得自己站在正確的一方，比之前更有把握，既然如此，自然要再賣出更多股票。於是，到收市的時候，我追加賣出了另外兩千股。

就這樣，我憑著直覺，放空了五千股聯合太平洋鐵路。這個數字是我在哈定兄弟公司的保證金允許賣空的最大限額。人雖然還在度假，但這筆股票空頭數目實在太大了，於是我放棄休假，當夜趕回紐約。究竟要發生什麼？找不到蛛絲馬跡，我想最好還是親臨現場隨時待命吧。如果不得不行動，在現場更便捷。

再後一天，我們聽到舊金山大地震的新聞（圖6.2），這是一場可怕的災難。不過，市場開盤時僅僅下跌了幾個點而已。多頭的力量還在起作用，公眾從來不會自己獨立地對新聞做出反應。你看，從來如此。舉例來說，如果牛市基礎扎實，不管報紙怎麼報導當時存在人為操縱，某些新聞事件總是難以產生它們在華爾街處於熊市時發揮的那種效果。一切取決於市場當時所處的心理狀態。在這個例子裡，華爾街沒有評估災難的破壞程度，因為它還不想那樣去做。就在這天收市之前，價格又漲回來了。

我正做空五千股。大棒已經打下來了，但我的股票

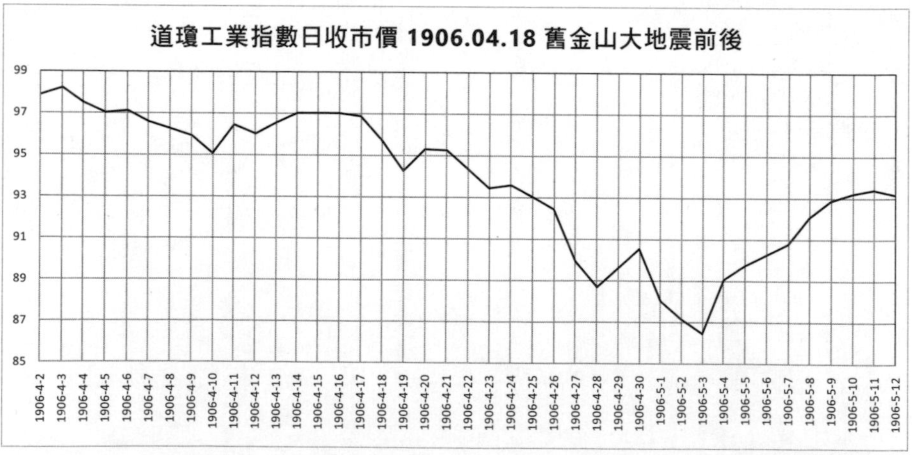

圖 6.2 ● 1906 年 4 月 16 日，李佛摩對聯合太平洋鐵路產生了強烈的看空的感覺，賣空 3000 股；17 日再賣空 2000 股，總共賣空 5000 股；4 月 18 日淩晨，舊金山發生大地震，地震引發的大火使舊金山瀕臨毀滅。事後從圖 6.1 看，1906 年 1 月已經是前兩年大牛市的向下轉捩點，只是 4 月市場表面上似乎依然停留在之前大牛市的看多氛圍之中。

卻沒受影響。我的直覺頂呱呱，但是我的銀行戶頭卻沒有進帳，甚至連紙上利潤也沒有。和我一道去亞特蘭大、看著我賣空聯合太平洋鐵路的那位朋友為自己高興、為我憂心。

他告訴我：「那真是個了不起的直覺，小夥子。但是你說說，當所有的頭腦和金錢都站在多頭一邊的時候，對著幹有什麼用呢？他們肯定勝出。」

「給點時間。」我說。我意指行情，我不想平倉，因為我知道地震引起的損失極為慘重，聯合太平洋鐵路公司將是首當其衝的受損者之一。不過，看到華爾街對此視而不見，簡直氣死人。

「哼，給他們時間，你的皮就要和其他熊皮一起拿去太陽底下鋪平曬乾啦。」他言之鑿鑿。

「你說該怎麼做？」我問他，「聯合太平洋鐵路公司和其他鐵路公司正蒙受千百萬美元的損失，這是買進的時候嗎？等他們支付了所有損失之後，哪兒來的錢分紅呢？你能指望的最好結果也就是，或許麻煩沒有報紙渲染的那麼嚴重。但是，這是買進主要受災鐵路公司股票的理由嗎？你倒說說看。」

我朋友聽後只來了這麼一句：「是啊，聽起來挺對。但是我告訴你，市場不同意你的看法，行情紙帶不撒謊，對吧？」

「它也不總是馬上就能講清事實。」我說。

「聽著，就在黑色星期五之前不久，有人曾經和吉姆・菲斯克[17]交談，列舉了十條理由，說明為什

[17] 編注：James Fisk Jr.（一八三五－一八七二），十九世紀美國「強盜男爵」（當時對賺錢不擇手段之商人的蔑稱）之一。他於一八六九年與傑伊・古爾德（Jay Gould）合作，企圖利用政商關係壟斷黃金市場，導致金價暴漲並於同年九月二十四星期五後暴跌。

麼黃金應當望不到頭地下跌。他的話把自己弄得神魂顛倒，最後他告訴菲斯克，打算賣它幾百萬。菲斯克只是盯著他，對他說：『只管賣！幹吧！賣空，別忘了請我參加你的葬禮。』」

「是，」我說，「如果那夥計果真賣空，你看他能通吃多少利潤！賣一點聯合太平洋吧，你自己。」

「不，我不！我只會見風使舵，這樣才能把生意做好。」

接下來那天，更翔實的災情報告見報了，市場開始滑落，但是即使到這時候，下跌過程仍然沒有理當出現的那麼猛烈。我看出，太陽底下已經沒有任何東西能夠擋住一場重大下挫，因此我雙倍加倉，再賣出五千股。哦，到了這個時候，在大多數人眼中事態已經清楚了，所以我的經紀商樂得讓我加倉。並不是他們輕率，或者是我輕率，我對市場的估量也並非莽撞。再往後一天，市場的確開始動作。報應來了，有帳照算。我自然當仁不讓，把自己的運氣發揮到了相稱的地步。我又一次加倉，再賣出一萬股。捨此之外，別無選擇。

當時沒有其他任何念頭，我一心想著自己是正確的——百分百正確——這正是天賜良機。就看我如何施展，才能充分利用這次機會了。我越賣越多，做這麼大盤子的空頭，用不著多大幅度的行情回升，便足以被掃光所有帳面利潤，甚至本金都可能不保，我有沒有想過這些呢？我不清楚當時到底想過還是沒想過，不過，即使想了，也沒有造成多大的思想負擔。我並非隨意孤注一擲。其實我的做法很保守。地震已經發生了，難道還能有人把它收回去嗎？他們不可能把坍塌的建築一夜之間重建如初，不可能免費不花錢，不可能無中生有，對吧？在地震後的頭幾個小時，即使拿來世上所有的錢也幫不了多少忙，對吧？

我不是盲目賭博，我不是一頭瘋狂的熊，我沒有因為一時順手而忘乎所以。舊金山幾乎從地圖上被抹去了，但是我並沒有荒謬地以為整個國家都會變成一片廢墟。不，我很清醒！我並不預期會出現恐慌。好，次日，我軋平所有頭寸，掙了二十五萬美元。截止到那個時候，這是我的最大獲利。掙這麼多錢，不過在數日之間。華爾街在最初一兩天沒理會地震。也許他們會告訴你，這是因為關於地震的第一批報導不太令人擔心，但是我認為，這是因為必須花費如此長的時間才能改變公眾對證券市場的看法，甚至絕大多數職業交易者都是反應遲鈍、目光短淺的。

我沒法給你解釋清楚，不論從科學的角度，還是從玩笑的角度。我要告訴你的是，我做了什麼，為什麼這麼做，以及結果是什麼。我對自己的直覺神祕不神祕並不怎麼在意，倒是很在意從中獲得了二十五萬美元。這意味著，一旦時機成熟，我便可以動用比以往任何時候都要大得多的頭寸。

當年夏天，我來到薩拉托加溫泉區。本意是度假，不過，也留意市場。首先，我並不至於累到懶得琢磨市場的程度。其次，我認識的每一位到那兒度假的人，要麼正對市場興趣濃厚，要麼曾經對市場興趣濃厚。自然，我們的話題繞不開它。我早已注意到，在人們的言論和實際交易行為之間，存在著相當大的差別。有些傢伙和你談到市場時，會顯得非常輕率，讓你想起那些魯莽的打工仔，竟敢像呵斥野狗似地訓斥壞脾氣的老闆。

哈定兄弟公司在薩拉托加開了一間營業部。他們的許多客戶都來這兒了。不過，我猜測，他們開這間分店真正圖的是廣告效應。在度假勝地開分店，簡直就是在黃金地段立起一塊看板。我習慣於順道在店裡逗留一會兒，間雜地坐在一群客戶中間。經理人很好，是從紐約總部派來的，到這裡就是要為新朋舊友提供一點熱情的便利，要是有可能，也順帶兜攬一些生意。這裡可是打探明牌的好地方——各種小道消息門類齊全，賽馬的、股市的——也是服務員們撈小費[18]的好地方。營業部的人知道我沒有頭寸，因此，經理也就免了過來咬我耳朵，嘀咕什麼剛從紐約總部聽到的祕密。他一般會徑直遞過電報，說「這是他們剛發的」，諸如此類。

當然，我對市場密切關注。對我來說，觀察報價板和判讀市場信號是一回事。我注意到，我的「好朋友」，聯合太平洋鐵路，看起來要上漲。這股票的價格已經比較高了，不過，從它的表現來看，似乎有人正在搜集籌碼。我對它觀察了好幾天，沒有動手。越觀察便越確信，這檔股票背後有人進進出出，總體上是淨買入，而且這人來頭不小，不僅在銀行帳戶上有大把鈔票，而且裡裡外外頭緒清爽，吸籌手法非常聰明。

一旦看準了，我便當仁不讓，開始買進，買進價格大約是一六〇。它保持橫向波動，於是我也不斷買進，每次五百股。我買得越多，它就變得越強，但沒有急漲的情況，感覺非常舒服。根據從報價紙帶讀到的訊息，我看不出有任何問題會使這股票不能再漲上一大截。

突然，那位經理找到我，說他們從紐約收到一封電報——他們和紐約之間當然安裝了電報專線——詢問我此刻在不在營業部，當他們回覆「是」時，對方立即發來第二封電報——「讓他別走，告訴他哈定先生要和他通話」。

我告訴他我等著，然後又買進了五百股聯合太平洋鐵路。我想像不出哈定有什麼話要對我說，我覺得肯定和生意沒什麼關係，就我買的數量來看，我的保證金遠遠足夠。很快，那位經理便來找我，告訴我艾德・哈定（Ed Harding）[19]先生打長途電話找我。

「哈囉，艾德！」我說。

他卻回道：「你到底怎麼回事？你瘋了嗎？」

「是你瘋了吧？」我說。

「你在幹什麼？」他問。

「你這什麼意思？」

「買那麼些股票。」

「怎麼啦，我的保證金有問題嗎？」

「這不是保證金的事，買它簡直就是當肥羊。」

「我不明白你的意思。」

「為什麼你要買進那麼多聯合太平洋鐵路？」

「它正在漲啊。」我說。

「漲，漲個鬼！你知不知道那些局內人都把股票倒給你了？你是那兒最容易被人盯上的靶子。把錢

18 編注：此處原文 tips，一語雙關，既指小道消息、明牌，也有小費之意。

19 編注：此處為化名，人物原型是愛德華・赫頓（Edward Francis Hutton），其所創辦的股票經紀公司 EF Hutton 曾是全美最大的股票經紀公司之一。

輸在賭馬上，都比輸這兒強，別讓他們拿你當冤大頭。」

「沒人拿我當冤大頭，」我告訴他，「我沒對任何人說過一個字。」

但是他反駁道：「你一頭扎進這檔股票，可別指望每一次都有那麼好的運氣，發生奇跡把你救出來。趁現在還有機會，趕緊罷手吧。」他說，「在這個價位做多這檔股票，簡直是罪孽——那些惡棍正成噸成噸往外拋哪。」

「可是紙帶顯示他們還在買進呀。」我堅持道。

「賴瑞，看到你的單子進來的時候，我心臟病都要犯了。看在老天的份上，別當肥羊了。趕緊出！立刻，它隨時可能崩盤，言盡於此，我盡到我的責任了。再見！」隨即，他掛了電話。

艾德．哈定是個很精明的傢伙，異乎尋常地消息靈通，也是一位靠得住的朋友，和客戶又沒有利害關係，誠心誠意幫忙。更重要的是，我知道以他的身分正適合眼觀六路、耳聽八方。我之所以買進聯合太平洋鐵路，全部依據都來自我自己多年研究股票行為的積累，來自我對其特定徵兆的認識，多年經驗告訴我，這些徵兆通常伴隨著可觀的上漲過程。我不知道自己到底怎麼回事，但是我覺得我一定得出了如下結論，雖然閱讀紙帶的技能告訴我，這檔股票正在被吸納，但那正是局內人精心偽裝的結果，他們故意讓紙帶講述著虛假的故事。也可能我是被艾德．哈定的一片好心打動了——他煞費苦心地保護我，以免鑄成他確信無疑的巨大錯誤。無論是他的精明智慧，還是他的良苦用心，都無可置疑。到底由於什麼原因驅使我決定聽從他的忠告，真是不清楚，但當時我確實聽從了，確實。

於是，我賣出了所有的聯合太平洋鐵路股票。既然做多是不明智的，如果不做空，當然同樣是不明智的。於是，當我出清所有的股票多頭之後，又做空了四千股。我賣出的絕大部分股票在一六二附近成交。

第二天，聯合太平洋鐵路公司的董事會宣布以一〇%的股息率派發紅利。起先，華爾街沒人相信。這個紅利過於豐厚，很像是被逼入絕境的市場操縱者施展的最後一個脫身之計。所有的報紙都尖銳而激烈地批評那些董事。然而，雖然華爾街的精英們遲疑不決，市場卻已經開了鍋。聯合太平洋鐵路成了領頭羊，以巨大的成交量創出了歷史新高。有些場內交易者一個小時之內就能發一筆大財，我後來曾經聽說，有一位相當遲鈍的場內專家弄錯了交易方向，竟然稀裡糊塗掙了三十五萬美元。第二個星期，他賣掉了交易所席位，成了一位農場主紳士。

當然，在聽到宣布派發史無前例的一〇%股息率的那一刻，我當即意識到，這是我應得的報應，因為我背棄了親身經驗的指引，聽從了小道消息。我把自己的清醒判斷丟到一旁，選擇了一位朋友的懷疑，就因為他沒有利害關係，並且通常是個明白人。

一看到聯合太平洋鐵路創出破歷史紀錄的新高，我就對自己說：「這股票空不得。」

我在世上所有的一切都存放在哈定兄弟公司的營業廳，作為交易保證金。不過，這些錢既不會讓我感覺輕鬆一些，也沒有讓我麻痺大意。事情明擺著，我曾經準確地解讀報價紙帶，但是竟然愚不可及，讓艾德·哈定動搖了自己的決心。責怪他人沒有意義，也浪費不起一丁點時間，覆水難收。於是，我下指令軋平空頭頭寸。我發單子按市價買進四千股聯合太平洋鐵路，發出指令的時候，價格在一六五上下。按照這個價位，我虧損三個點。結果，在經紀人替我買進的股票之中，有的執行價格達到了一七二到一七四。拿到對帳單後，我發現，艾德·哈定用心良苦的干預讓我付出了四萬美元的代價。對沒有勇氣堅持自己信念的人來說，這代價不高，這一課學費低廉！

報價紙帶顯示價格將進一步走高，我沒有因為上述挫折而自怨自艾。這是一輪非比尋常的行情，行情的導演者找不到任何先例來比照。當然，這一回，我做了自認為應該做的。一發出買入四千股了結空頭的第一個指令，我馬上決定按照行情紙帶的指引來追逐利潤，於是立即開立多頭，我買進了四千股，持股過夜，第二天早晨平倉了結。我不僅彌補了原先損失的四萬美元，而且另外獲利了一萬五千美元。要是艾德・哈定不曾拼老命地「挽救」我，這一次我已經大殺四方了。不過，他也做了一件大好事，這段插曲是個教訓。我堅信，正是這一課，讓我學習交易的過程終於道行圓滿。

說這些話，並不是指透過這一課，我才學到了不應該聽從他人的明牌，應該堅持自己的主見；而是指，透過這一課，我獲得了完全的自信，終於有能力擺脫老一套交易方法。薩拉托加的這次經歷，是我最後一次隨手交易，最後一次即興發揮式地交易。從此以後，洗心革面，我的交易著眼於基本市場狀況，不再汲汲於單檔股票。在硬碰硬的投機課堂裡，我把自己提升了一級，升這一級可謂耗費時日、艱難曲折。

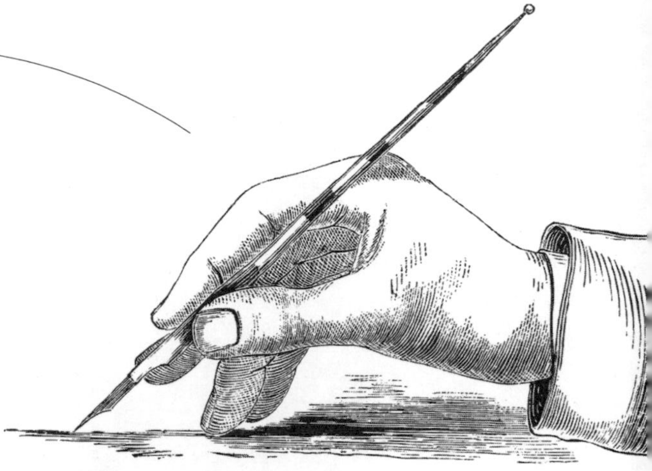

CHAPTER 07

順勢操作先試探，步步爲營漸建倉

對於公開表態看多還是看空，我從不猶豫。但是，我不會告訴別人買進或賣出哪一檔股票。在熊市行情中，所有的股票都走低；在牛市行情中，所有的股票都走高。當然，這不是說，在戰爭引起的空頭行情中，軍火類股票不會走高。我是從一般意義上說的。可是，普通人不要別人告訴他到底是牛市還是熊市。很簡單，他就要你告訴他買進或賣出哪檔股票。他一心盼著不勞而獲，不願意親自動手，甚至懶得動一動腦子。讓他從地上撿錢，要他數一數，他都嫌太麻煩。

噢，我倒不是那麼懶，不過，我覺得琢磨個股比推敲總體市場更輕鬆，所以過去總是從個股的波動入手，而不是從總體市場運動著眼。只見樹木，不見森林。這一套不改，就沒有前途，因此，我痛改前非。

要掌握股票交易的基本要領，似乎並非易事。我常常說，在處於上升狀態的市場中買進，是最舒服的股票買入方法。請注意，關鍵在於不要一門心思想著買得盡可能便宜，或者賣得盡可能高，而是一定要買在或賣在正確的時機。當我看空、做空某檔股票時，每次賣出的價格都必須比前一次賣出的價格更低。當我買進的時候，情況正相反。我必須按照步步上漲的方式買進，而不是按照步步下降的方式買入。

舉例來說，假定我正在買進某檔股票，在一一〇買進了兩千股。如果買進之後，股價上漲到一一一，那麼至少表明，我的操作暫時是正確的，因為現在該股票已經漲了一個點，頭寸表現為帳面獲利。好，因為我是正確的，所以我再度進場，又買進了兩千股。如果市場仍然處在上漲狀態，我會再買進第三筆兩千股。假設股價已經上漲到了一一四。到此時為止，買入這麼多已經夠了。現在，我已經具備了一定的底倉鋪墊，下一步就從這筆頭寸開始。我有六千股的多頭，平均成交價為一一一又四分之三，當前股票價格為一一四。這會兒，我暫時不打算再買進。我一邊觀察，一邊等待時機。我推測，在上升過程的某個階段，市場可能會出現回落。我希望看一看，回落之後，市場到底如何對待這輪行情。或許市場回落到我第三筆買進的價位。假定市場在走高之後跌回到一一二又四分之一，然後再度上漲。好，就在市場漲回一一三又四分之三的時候，我立刻下指令買進四千股——自然是按市價方式。好，如果我得到這四千股的成交價為一一三又四分之三，那麼我會認為是什麼地方有問題了，於是我發出一份測試指令，也就是說，我要賣出一千股，看看市場有什麼反應。但是，如果當初我在一一三又四分之三發出的買進四千股的指令中，有兩千股成交價為一一四，五百股的成交價為一一四又二分之一，餘下的股票越買價格越高，最後五百股的成交價為一一五又二分之一，那麼，我知道我是正確的。正是這四千股成交的細節，告訴我在這個時點買入這檔股票到底是否正確。當然，上述做法的前提是，假定我已經認真仔細地研究了總體市場狀況，並且大盤看漲。我從不希望買進股票的價格太低廉，或者太容易買到手。

記得別人跟我講過一則S・V・懷特執事（Deacon S. V. White）的故事，他曾是華爾街最了不起的股票作手之一。他是一位很雅致的老人，練達睿智、行動果敢。從我聽到的情況來看，他在那個時代曾經有過一番了不起的作為。

曾經有一段時光，糖業股份是最活躍的股票之一，其行情經常出現「焰火表演」。H・O・哈夫邁耶（H. O. Havemeyer）時任糖業股份董事長，風頭正勁。我從老一輩零散的聊天中拼出的情況是，哈夫邁耶和他的死黨們坐擁大把現金，再加上他們詭計多端，足以隨心所欲、翻雲覆雨地操縱其控制的股票。他們告訴我，在這檔股票上曾經被哈夫邁耶魚肉的中小交易商的人數可能非常龐大，超過了其他任何內幕交易者的紀錄，也超過了發生在其他任何一檔股票上的紀錄。通常，場內交易商更有可能破壞內幕交易者操縱市場的陰謀，而不是推波助瀾。

一天，有位認識懷特執事的男士急匆匆闖進營業部，滿臉興奮之色，對執事說：「執事，你叫我一聽到什麼貨真價實的消息就趕快來通報，要是採納了我的消息，會提攜我也做上幾百股。」他停下來喘口氣，看看對方點不點頭。

執事先生一邊打量他，一邊暗暗思忖著，然後說：「我不記得是不是答應過你，不過，如果消息能派上用場，我願意付錢。」

「好，我現在就有消息告訴你。」

「哦，那好啊。」執事說。語氣如此溫和，那線人聽得大受鼓舞，回道：「是，先生，執事大人。」然後，他湊上前，為了不讓旁人聽到，小聲嘀咕道：「H．O．哈夫邁耶正在吃進糖業。」

「是嗎？」執事相當平靜地詢問。

執事的疑問讓那位線人有點不快，於是他加重語氣，說：「是的，先生。有多少，買多少，執事。」

「我的朋友，你的確有把握嗎？」老懷特又追問一句。

「執事，這是板上釘釘的實情，我確定。那幫內幕交易團夥正在四處伸手，吃進他們摸得著的每張股票。這事肯定和稅務方面有關，看來他們要在普通股上痛下殺手，它會超越優先股。這意味著，頭一把，必定先漲三十點再說。」

「你真是這麼想的？」老懷特略低頭，越過眼鏡上緣看著他。這是一副老式的銀絲眼鏡，他戴著它看行情紙帶。

「我真這麼想？不，我什麼也沒想，我是知道這事。絕對沒錯！嗨，執事，哈夫邁耶和他的同夥正在吃進糖業，他們現在就在買，絕對是來者不善，沒有四十點的賺頭，他們決不甘休。市場隨時可能像脫韁的野馬一樣，不等他們買滿倉位就一飛沖天，要是這樣，我也不會吃驚。現在這檔股票剩餘的在經紀公司的營業部之間倒來倒去的數目已經比一個月之前少多了。」

「他正買進糖業，嗯？」執事心不在焉地哼道。

「買進糖業？嘿，他拼命買哪，快得來不及自己動手填寫價格。」

「這樣啊？」執事回了句，就這幾個字。

但是，那位內幕消息提供者這一回真急了，他說：「是，先——生！我這消息如假包換。嘿，絕對第一手。」

「是嗎？」

「是，這消息應當值整整一百股了，你用還是不用？」

「噢，是的，我要用的。」

「什麼時候？」明牌客懷疑道。

「馬上。」隨即，執事喊道，「法蘭克！」這是他那位精明透頂的經紀人的名字，當時他正在隔壁房間。

「來了，先生。」法蘭克說。

「我要你替我跑一趟交易所，賣出一萬股糖業。」

「賣出？」線人驚呼，從他聲音中透出的痛苦如此尖利，法蘭克剛開始一路小跑，之後又忍不住停下腳。

「哎呀，是的。」執事和藹地說。

「但我告訴你哈夫邁耶正在買進！」

「我知道你是這麼說的，我的朋友。」執事心平氣和地回身吩咐經紀人，「趕緊，法蘭克！」

經紀人衝出去執行指令，可憐的明牌客臉憋得通紅。

「我到你這兒，」他火冒三丈，「告訴你我有史以來最貨真價實的消息。我急急忙忙地送信給你，一心以為你是我的朋友，而且為人公道。我指望你能用它辦事——」

「我正在用它辦事。」執事用平靜的聲音打斷了他。

「但我告訴你的是哈夫邁耶那幫傢伙正在吃進！」

「沒錯。我聽你是這麼說的。」

「買進！買進！我說買進！」明牌客尖著嗓子叫道。

「是，買進！我確實聽你這麼說的。」執事向他保證，同時站在報價機旁，眼睛盯著紙帶。

「可是，你在賣它。」

「是，賣了一萬股。」執事點點頭，「當然是賣出。」

他停住話頭，全神貫注地察看著紙帶，明牌客也走近身，看看執事在看什麼，他知道那位老人老謀深算。就在他從執事肩頭上張望的時候，一位職員走進來，手拿一張單子，顯然，這是法蘭克發來的交易回報單。執事幾乎瞥都沒瞥一眼單子。他已經從紙帶上看到了自己單子執行的情況。

這讓他吩咐那位職員：「叫他再賣一萬股糖業。」

「執事，我向你發誓，他們真的在買進那股票！」

「是哈夫邁耶先生親口對你說的嗎？」執事輕聲問道。

「當然不是！他從來不向任何人透露半個字。就算只要眨眨眼就能幫他最好的朋友掙上一分錢，他都不樂意。但是，我知道這事千真萬確。」

「不要著急上火，我的朋友。」執事舉起一隻手。他正看著紙帶。明牌客語調苦澀：「早知道你會和我以為的反著來，我寧願不浪費你我的時間。但是等你買回那些股票、虧得一塌糊塗的時候，我不會開心的。我為你感到惋惜，執事。有話直說！如果你不介意，我要到別處去，按我的訊息另謀出路了。」

「我正在按你的訊息行動。我覺得，我對市場總算略知一二。或許趕不上你和你的朋友哈夫邁耶，不過，我的確知道一點。我正在做的，是我多年經驗告訴我的，根據你告訴我的訊息，只有這麼做才是明智的。如果哪位在華爾街摸爬滾打的時間和我一樣長，就會對為他感到惋惜的人心懷感激。冷靜，冷靜，我的朋友。」

那位仁兄兩眼直瞪執事，不明所以。不過，他對這位執事的判斷力和勇氣懷有極高敬意。

很快，那位職員又回來了，遞給執事一張回報單，執事看著單子，吩咐：「現在叫他買進三萬股糖業，三萬股。」

職員腳不沾地地走了，明牌客一邊嘟嘟囔囔，一邊瞪著這位老狐狸。

「我的朋友，」執事好心解釋道，「當你說親眼看到的時候，我不懷疑你告訴我的是實情。但是，即使我聽說是哈夫邁耶親口告訴你的，也還是要像剛才那樣辦。唯有一個辦法可以查實有沒有人正在買進那個股票，正如你說哈夫邁耶和他的狐朋狗友正在買進的那樣，就是照我剛才做的那樣試一試。第一筆一萬股相當容易脫手，這還不足以得出結論。但是，第二筆一萬股也被市場吸進去了，而且行情上漲沒有停步。市場吃進這兩萬股的樣子向我證明，的確有人願意照單全收。就此刻來說，到底是哪路神仙在買進並沒有什麼關係。所以，我軋平空頭頭寸，再買進一萬股做多，我認為，到目前為止你的訊息貨真價實。」

「貨真價實到什麼程度呢？」明牌客問。

「你在這間營業部有五百股，按那一萬股的平均成交價計算成本。」執事說，「日安，我的朋友。下次冷靜點。」

「哎，執事，」明牌客不好意思了，「當你賣掉股票時，可不可以請你替我也賣掉？我明白，我那點三腳貓功夫遠沒有自以為的那麼高明。」

故事講完了，這就是為什麼我從來不願意低價買進股票。當然，我總是力圖有效地買進，也就是按照市場最有利於我選擇的這一邊來交易。等到應當賣出股票的時候，很顯然，除非有人想買這些股票，否則我賣不出去。

如果操作的盤子大，就必須把下面這些話始終牢記心間。

首先，研究總體市場；然後，審慎謀劃交易策略；最後，按部就班地付諸實施。假定一個人動用了相當大的頭寸，並且積累了一大筆利潤——帳面的。好，這位先生不可能隨便按照自己的意願賣出。不能指望市場吸收五萬股就像吸收一百股那麼輕巧。他必須耐心等待，直到市場行情有胃口接納這麼大筆股票的時候。當時機成熟時，他判斷市場購買力已經具備了，這是先決條件。當機會到來的時候，我們就必須抓住它。一般說來，他必須隨時做好準備，等待這一刻的到來。他不得不在能夠賣出的時候賣出，而不是在他想要賣出的時候賣出。為了拿捏分寸，他既必須觀察，也必須試探。當然，賣出時，要識別市場何時有能力消受一大筆股票，畢竟沒什麼大不了。話說回來，剛開始建倉的時候，一上來便滿倉操作是不明智的，除非確信市場條件完全合適。請記住，股票永遠不會因為價格太高而不可買進，或者因為價格太低而不可賣出。然而，在第一筆交易之後，除非第一筆交易有利潤，否則不可以做第二筆。等待並觀察，這正是你的紙帶閱讀技巧派用場的時候——幫你抉擇合適的時機來行動。良好的開端是成功的一半，交易成敗在很大程度上取決於精準選擇合適的時機來開始行動。這一點的重要性，我是在多年交易經歷後才認識到的。為了領悟這一點，我付出了千千萬萬美元的代價。

別誤會，我並不是叫你只認逐步加碼一條路。當然，透過逐步加碼，可以掙大錢，不加碼，就掙不到這麼多錢。我要說的是：我認為，如果把投機看作嚴肅的生意的話，即使最大投資限額只有五百股股票，也不應該一筆滿倉買進。如果只想賭一賭運氣，那我只有一個建議：別玩這個！

假定一個人買進了第一筆一百股，但馬上出現了虧損，為什麼還要雪上加霜，再買進更多股票呢？他應該立即看出來，做錯了，至少暫時錯了。

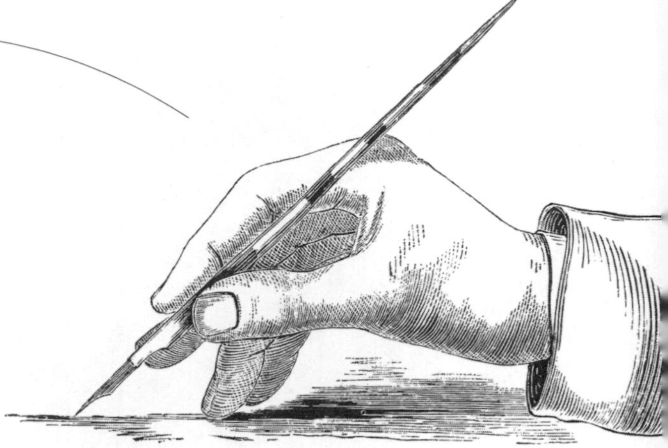

CHAPTER 08

今是昨非識大局，
操之過急悟時機

一九〇六年夏天在薩拉托加關於聯合太平洋鐵路股票交易的遭遇，令我對內幕消息和他人的評論更加敬而遠之。也就是說，他人的觀點、推測和猜疑，無論出自交情深厚的朋友，還是精明強幹的大能人，一概敬謝不敏。事實，而非自負，已經向我證明，我有能力比其他絕大多數人更精準地閱讀行情紙帶。不僅如此，我的條件也比哈定兄弟公司的其他普通客戶寬裕得多，因為我完全免受各種戴著有色眼鏡的盤算或推測的影響。對我來說，做空不再比做多有吸引力，反過來也一樣。我的唯一要點是：擇善固執，絕不允許自己站在市場錯誤的一邊。

甚至還是少年的時候，我就總是獨自觀察事實、獨自刨根究底、獨自領會意義。唯有經過這條道路，我才能真正認清事物的本質。如果是別人教我從中領悟什麼道理，我反而做不到。那些事實本來就是屬於我的事實，對嗎？要是我信奉什麼，你可以肯定，那只是因為我不得不信。我之所以做多股票，是因為我對市場狀況的研究迫使我不得不看多。你看看，很多人徒有精明的虛名，之所以看多，是因為他們已經持有了股票。我絕不允許手上已有的頭寸，或者先入為主的成見，綁架自己的思考。我再三強調自己從不和行情紙帶爭論，這就是其中的緣故。因為市場意外地甚或毫無道理地對你不利，你便對市場生氣，那就像得了肺炎的時候對肺生氣一樣荒唐。

在經歷了一個逐步摸索的過程之後，我才最終認識到股票投機事業的全貌。其中除了閱讀行情紙帶之外，還有極為豐富的其他內涵。老帕特里奇認為，在牛市行情下，必須始終保持看多的立場，這一點具有生死攸關的重要性。毫無疑問，正是他的執著促使我一心撲在壓倒一切的頭等大事上——確定當前的市場大勢。於是，我由此開始領悟到，大錢，必然也只能來自大規模行情。無論最初可能有什麼原因激發了市場，大規模行情之所以能夠持續，既不是因為有人聯手操縱，也不是因為金融家的陰謀詭計，終究是由市場的基礎條件所決定的，這是鐵的事實。無論誰來干擾阻礙，大規模行情都將不可避免地按照其基本的推動力量所決定的幅度、速度和持續時間來展開。

經歷了薩拉托加一役，有一點更清楚了，或許應該說我自己想得更成熟了：既然整個市場的股票都按照大潮流的方向運動，那麼，像我過去那樣自以為是地研究行情日常的漲跌波動，或者研究這檔股票、那檔股票的個別表現，就沒那麼必要了。同時，以大規模行情為出發點，在交易時並沒有不便，我甚至可以買進或者賣出交易所清單裡的所有股票。單獨一檔股票流動性受限，如果賣空的數量超過了總股本的一定比例，那是很危險的。當然，具體數額取決於該股票的持有情況，比如誰持有、以什麼方式持有、成本價如何等。另一方面，如果交易代表全市場的股票組合，即使賣出一百萬股，也不可能出現軋空的風險。從前，空頭不得不留意防範市場操縱和軋空陷阱，內幕交易者充分利用空頭們杯弓蛇影的心理狀態，每隔一段時間便能從他們身上榨取一筆巨款。

顯然，正確的做法是：在牛市行情中看多，在熊市行情中看空。這聽起來有點傻，不是嗎？然而，只有牢牢地掌握了這條基本原則，我才學會了如何將其付諸行動，只有如此行動才符合市場演變的大概率。我是花了很長時間才最終學會遵守上述原則來交易的。不過，為自己說一句公道話，也要提醒你，其實直到這時候，我都沒有充足的本金來按照這樣的方式做交易。要是交易限額足夠大，那麼大幅行情當然意味著大額利潤；而要有足夠大的交易限額，就必須在經紀商的帳戶上擁有一大筆本金。

我總是不得不，或者自以為不得不，每天從股票市場掙出當天的麵包和奶油。這種錯覺干擾了積累本金的努力。本金多了，才可以採用獲利更豐的長線方法。當然，長線方法來得慢，短期成本顯得比較高，和炒作小幅波動的手法比起來，不那麼立竿見影。

不過，現在不僅我對自己的信心增強了不少，經紀商也對我刮目相看，不再把我看成偶爾走運的「豪賭小子」了。過去他們從我身上大把大把地賺佣金，但是現在我很有希望成為他們的明星客戶，如此一來，我對他們的價值就超越了簡單的交易量。真能賺錢的客戶對任何經紀公司來說都是一筆財富。

我的眼中不再只見行情紙帶，而是要見市場全豹。從這一刻起，我便不再削尖腦袋只顧追求某檔股票的日常波動了。從此之後，我簡直是脫胎換骨，採用全新的角度來看待市場。我從關注一個報價接著一個報價的歧途，回歸到執行上述基本原則的正道，從日常波動回歸到市場基本趨勢。

當然，我曾經在很長一段時間內每天照例吸食市場「麻醉劑」——財經媒體。所有交易者概莫能外。實際上其中大多數內容只是閒言碎語，有部分甚至存心誤導，剩下的則純屬作者的個人意見。也是有聲譽良好的每週評論，不過，當它們談及市場基礎狀況的時候，也不能令我完全解渴。一般說來，金融媒體編輯的角度和我的角度不同。整理事實並根據事實得出結論，對他們來說，談不上生死攸關，對我來說則是。不僅如此，在考慮時間因素方面，他們和我之間也存在一道鴻溝。對我來說，分析過去一週的市場行情，遠不如預測即將到來的幾週走勢更有意義。

多年來，在我身上同時存在三方面弱點：缺乏經驗、年輕識淺、本金不足。於是，我不幸淪為三重弊病交織的受害者。但是，現在我終於體會到茅塞頓開的喜悅。對市場的態度今是而昨非，也悟出了企圖在紐約掙大錢卻屢遭敗績的原因。現在，我既有足夠的資源也有足夠的經驗和信心。然而，我太急於嘗試新發現的這把鑰匙，以至於沒有注意到大門上還掛著另一把大鎖——時機！操之過急，這樣的大意再自然不過了。我不得不照例支付學費，承受每一次挫折和錘鍊，來換取每一次進步。

我研究了一九〇六年的形勢，認為資金前景特別嚴峻。世上很多物質財富已遭損毀。遲早，每個人都會感受到緊縮的壓力，人人自顧不暇，難以幫助他人。打個比方，如果把一棟價值一萬美元的住宅折騰為價值八千美元的一車廂賽馬，那意味著日子每況愈下。然而，我們這次所面臨的，遠不止是一般性的艱難時期。這一次，是房子遭了火災，完全毀滅了；是火車失事，一車廂賽馬所剩無幾了。這次是布爾戰爭（Boer War），老百姓累千巨萬地供給遠在南非、不事生產的士兵們，老百姓的血汗錢在大炮的縷縷青煙中化為灰燼。和歷史上類似的案例一樣，這對遠在英國本土的投資者沒有任何益處。這次像舊金山大地震和隨後的大火災一樣，也類似於其他自然災害，其影響席捲了每個人——製造商、農場主、商人、勞工和百萬富翁們。因此，鐵路公司必定遭受重創。我思量，已經沒有任何東西能夠挽狂瀾於既倒。事已至此，那就只有一個選擇了——賣空股票！

前面曾經告訴你，我注意到，一旦我下定決心選擇某一方向交易，在最初嘗試性建倉後，往往馬上便能出現帳面利潤。不過，這一次我決定一筆傾囊賣出。我們正進入如假包換的熊市行情，既然對此已經不存疑問，我便確信應該奪得自入行以來最大的一筆戰果。

起先，市場下挫；然後，再度回升。一點點逐漸拉回，最後穩步上升。我的帳面利潤消失了，浮動虧損逐步增加。一天，據行情來看，沒有哪頭熊能夠大難不死、有機會活到將來回憶這次如假包換的熊市了。我膽怯了，軋平頭寸。還算僥倖，要是沒平倉，最後剩下的錢恐怕不夠買一張明信片的。我這頭熊已經九死一生、體無完膚，但是好歹留下了一條性命。留得青山在，不怕沒柴燒。

又犯了錯誤。那麼，到底錯在哪兒呢？在熊市裡看空，這是明智之舉。賣空股票，這也得當。但是，我操之過急，賣得太快了。犯錯的代價不貲。頭寸是對的，但做法是錯的。不管怎麼說，每過一天，市場距離無可避免的崩潰就近一天。於是，我繼續等待，上漲勢頭開始放緩，進而陷入停滯，我便盡我可惜已經縮水的保證金的最大限度，讓他們替我賣出股票。這一次，我是正確的，準確地說，是下一天一整天是正確的，因為再下一天，又是一輪上漲。市場又咬了我一大塊肉，真是痛徹骨髓！於是，我研讀紙帶，平倉止損，再等待。在這個過程中，我後來再一次賣出——再一次，市場先是很有希望地下跌，卻再一次毫不客氣地上漲。

看來市場存心和我過不去，盡其最大能事要把我打回原形，讓我滾回對賭行，重拾那種簡單的交易方式。這是我頭一次按照事先盤算好的明確方案、以總體市場趨勢為根據、不局限於一兩檔股票的方式操作。我覺得，堅持到底就必定能贏。實際上，當時我還沒有形成系統的下單方法，不然我會在下降行情中逐步建立空頭頭寸，上次曾經給你解釋過這種辦法。要是那樣做的話，我也不至於損失這麼多保證金。我也許會同樣地犯錯，但不會損失如此慘重。你看，我已經掌握了各方面的相關事實，但是尚未學會把它們融會貫通。由於我的觀察達不到全面、透徹，結果對大勢的正確判斷非但沒有給我幫忙，反而拖了後腿。

我已經發現，深入剖析自己的錯誤，總能從中獲益。就這樣，我終於體會到，在熊市行情中持有空頭頭寸確實沒錯，但是不論什麼時候，都應該先研讀行情紙帶，抉擇恰當的入市時機。如果有一個良好開端，就不會看到本已產生盈利的頭寸遭到嚴重威脅；在堅持到底的過程中，也就不會經受太多困擾。

當然，如今我對自己觀察市場的精確性更加自信，並且其中既不摻雜一廂情願，也不摻雜個人癖好。同時，也有更多的手段來確認我觀察到的事實，可以從各種角度來檢驗我的觀點的正確性。遺憾的是，一九〇六年接連出現的回升行情嚴重削弱了我的保證金（圖6.1）。

當時我不到二十七歲，從事這個行業已經有十二年了。但是，這是我生平第一次根據自己預期的尚未到來的市場危機來做交易，我透過望遠鏡觀察到這場危機的到來。從觀察到遠處象徵著暴風雨的滾滾烏雲的第一瞥，到市場真正開始大幅下挫並為我帶來利潤，這之間的時間跨度顯然太大了，遠遠超過了我當初的預計，我不禁懷疑自己到底是否確實看到了曾經自認明白無誤地觀察到的那些景象。當時我已經看到許多警告信號，比如，短期貸款利率驚人飆升。不過，有些大金融家還在發表樂觀的看法——至少他們對報紙是這麼說的，而股票市場一波又一波的上漲行情似乎證明那些悲觀的看法不過是杞人憂天的謬論。那麼，我看空的立場是根本錯誤的呢，還是只因過早賣空而暫時錯誤的呢？

我斷定只是動手太早的緣故，但是實在控制不了自己賣空的衝動。後來，市場開始下挫。機會來了，我傾全力拋空。然而，之後市場再次回升，達到了相當高的位置。

這次我被掃地出門。

就這樣——我是正確的，卻破產了！

我告訴你，這事不同尋常。事情的經過是這樣的：我朝前看，看到了一大堆美元堆在路邊。在這一大堆美元上插著一塊牌子，牌子上大大寫著「任您自便」。旁邊停著一輛大車，大車兩側寫著「勞倫斯．李文斯頓貨運公司」字樣。我手上提著一把嶄新的鐵鍬。視野所及，看不到其他人，因此在這場「掘金大賽」中沒有競爭對手，這是領先他人一步看到這個美元堆的一大好處。或許有人也看到了這堆美元，但他們此刻沒看，他們可能正忙著看棒球比賽，或正忙著開車兜風，或者正忙著看房子，並且打算用我盯著的這堆錢來付款買房。這是我頭一回看到前頭堆著大錢，自然要趕緊衝上去。然而，就在我碰到這堆錢之前，我的好運轉向了，我摔了個跟頭。那堆錢還在，但我的鐵鍬不見了，大車也沒了蹤影。欲速則不達！我太急於求成，太急於證明自己看到的是真金白銀，不是海市蜃樓。我看到了，而且心裡很清楚自己看到了。我一門心思只想著我的好眼力即將帶來的回報，以至於從來沒有想一想自己和那堆美元之間還有多遠的距離。我本該一路走過去，而不是一頭撲上去。

這就是實際發生的情況。我沒有耐心判斷當時到底是不是正確的入市時機，便猛地扎進空頭一邊。此時此刻，本應發揮自己閱讀紙帶的長處，但我卻沒有。就這樣，我又學到了一個教訓，在熊市行情剛剛開始的時候，即使看空是完全正確的，最好也不要立即大筆賣出，一定要等到不存在引擎回火的風險後再行動。

這麼多年來，我在哈定兄弟公司的營業廳已經交易了千千萬萬股，更重要的是，這家經紀公司對我有信心，我和公司的關係極為融洽。我覺得，他們相信，過不了多久，市場一定會再次證明我是正確的。他們知道我習慣於窮追猛打，只需一筆啟動資金，我便不僅能扳回所有損失，還能有所獲利。他們已經從我的交易中賺了很多佣金，將來還會賺得更多。因此，只要我的信用保持可靠，在這裡從頭開始交易就一點問題也沒有。

接連挨了這麼多記板子，終於迫使我不再像當初那樣過度自信，或許應該說是，減少了當初的粗心大意，因為我當然清楚自己離徹底完蛋只有一步之遙了。我竭盡所能地仔細觀察並耐心等待。唉，在當初跳進市場之前早該這麼做了。現在這麼做並不是亡羊補牢，而是不得不慎之又慎，下一次嘗試必須確有把握。一個人如果不犯錯誤，用不了一個月，就能擁有整個世界。反過來，如果他不能從自己的錯誤中汲取經驗教訓，遲早會破產而變得一文不名。

好了，先生，一個晴朗的早晨，當我來到城裡的時候，又一次感到自信滿滿了。這一次沒有任何疑問，我在所有報紙的金融版上都讀到了同一則廣告，而這正是我要的信號，當初入市的時候，問題正在於沒有明智地等待這樣的信號。北太平洋鐵路和大北方鐵路（Great Northern）兩家同時宣布增發股票。為了持股人的便利，認購股票的款項可用分期付款的方式支付。這樣的體貼在華爾街還是頭一回聽說。我立即意識到，這顯然不是什麼好兆頭。

多年來，大北方鐵路的優先股一直有一個利多題材，屢試不爽。公司每次宣告增發股票，都意味著又要切開一個甜瓜分給優先股股東們，因為這些幸運的股票持有人有權按照發行價格買入增發的股票。這些認購權很有價值，因為股票的市場價格總是高於發行價格。然而，現在貨幣市場銀根如此之緊，以至於美國最有實力的投資銀行家們對優先股持有人有沒有能力一下子拿出這麼多現金來兌現上述差價，感到沒把握。大北方鐵路優先股當時的股價大約為三三〇美元！

我一趕到營業廳便對艾德·哈定說：「現在是賣出的時候了，我本該等到現在才動手的，只要看一眼那則廣告，你就全明白了，你不看看嗎？」

他已經讀過那則廣告了。我向他講了自己對銀行家們讓步分期付款的看法，但是他不太認同大崩潰已經高懸在我們頭頂。他認為最好還是等一等再動手大筆賣空，理由是，市場已經習慣於大幅回升了，等一等再動手，賣出的價格或許低一點，但是操作也更安全。

「艾德，」我對他說，「這場崩跌醞釀的時間越久，發生的時候就會越劇烈。那則廣告簡直是銀行家們簽字畫押的自白書。他們擔心的，恰恰是我期待的。這是我們應該登上做空大船的信號，該等的都等到了，如果有一千萬美元，我此時此刻就會把每分錢都押上去。」

我不得不繼續軟磨硬泡。那則廣告令人吃驚，理性的人只能從中得出唯一的結論，但是艾德覺得還不滿意。雖然對我來說，這已經足夠了，但是對營業廳裡的大多數人來說都還不夠。我賣出了一點點，可惜賣得太少了。

幾天之後，聖保羅鐵路非常好心地出來宣布它也計劃再融資，要麼是股票，要麼是債券，我記不清了。不過，是什麼並不要緊，要緊的是，我看到廣告的第一眼就注意到，它再融資的支付日安排在早幾天已經宣布的大北方鐵路和北太平洋鐵路增發股票的繳款日之前。明擺著的，這就像拿著擴音喇叭四處吆喝，聲威赫赫的老聖保羅鐵路正使盡渾身解數搶占另兩家鐵路公司的上風，因為華爾街上已經沒有多少流動資金了。聖保羅鐵路聘用的投資銀行家們顯然相當擔心市場的資金不夠三家公司同時再融資，於是先下手為強，他們可不想玩什麼「你先來，親愛的兄弟」！如果資金已經如此吃緊——我可以打賭，銀行家們一清二楚——那麼下一步是什麼呢？鐵路公司們為爭搶資金打破了頭，可是市場上沒錢。結果會是什麼？

賣了它們！當然要賣！公眾眼裡只盯著眼前這一週的股票行情，對此幾乎毫無覺察。明智的股票作手看到的是這一年的行情，可以注意到很多細節。外行看熱鬧，內行看門道，這就是差別。

對我來說，所有的疑慮和躊躇一掃而光，從這一刻起，我下定決心。就在這一天早晨，我按照從此之後我始終恪守不渝的原則真正打響了我的第一場戰役。我把自己的想法和立場告訴了哈定，他不反對我在三三〇美元左右賣出大北方鐵路優先股，以及其他高價股票。我從早先犯下的巨大錯誤中受益匪淺，採取了更明智的賣出方式。

轉眼之間，我的名聲和資金狀況便東山再起。在經紀公司的營業廳裡謀生，這也算一個好處，無論獲利來自偶然還是並非偶然。不過，這一次正確操作，絕對來自冷靜和清醒的思考，既不是來自一時的靈感，也不是來自高明的行情紙帶閱讀技巧，而是認真分析影響總體股票市場的基本因素的結果。我不是在猜測，而是在預期市場不可避免的未來動向。我賣空股票，並不需要任何勇氣的支撐。除了股票價格走低之外，我看不到其他的可能性，因此不得不照此行事，不是嗎？捨此還能怎麼辦呢？

所有股票都像稀泥般疲軟。不久，市場有些回升，於是人們跑來警告我，下跌行情已經觸底了。那幫大鱷知道空頭的敞口數量極為龐大，決意震盪洗盤，要把老熊們的膽汁都擠出來。如此一來，就能讓看空者們吐回千百萬美元的利潤。這種事必定會發生，因為那幫大鱷不會有絲毫心慈手軟。我總是溫言感謝那些不請自來的善意顧問。我甚至從不和他們爭辯，因為那樣一來，他們就會覺得我不知好歹，不懂得心存感激。

那位曾經和我一道光顧亞特蘭大城的朋友正備受煎熬。他能理解我當時的直覺，那一次不久之後就發生了大地震。他不能不相信直覺的魔力，因為我就是明智地服從了自己盲目的直覺，賣出聯合太平洋鐵路而獲得了二十五萬美元的巨額利潤。他甚至說，那一次是天意以某種神祕的方式對我起了作用，驅使我賣出股票，當時他自己是多頭。而且他也能理解我在薩拉托加的第二次關於聯合太平洋鐵路的交易，他能理解只涉及單獨一檔股票的任何交易，因為他相信在單檔股票上，內部消息早已預先排定了股票行情變動，漲也罷、跌也罷。但是，預言所有的股票必定下跌，這下子可真把他惹毛了。這樣的消息究竟能對什麼人有任何好處呢？在這種情況下，到底該怎麼辦才好呢？

我回想起老帕特里奇最喜歡的那句口頭禪——「噢，這是牛市，你知道的」，他說這話的意思，好像只要你足夠明智，那麼這句話就是再真實不過的內幕消息，而事實也的確如此。有一點令人非常好奇，市場已經崩跌了十五到二十點，人們蒙受了巨大的損失，但是依然抱著頭寸不放，三個點的回升便足以勾起人們的希望，讓大家堅信下跌行情已經見底，接下來行情就要完全恢復了。

一天，我的朋友來找我，他問我：「你平倉了嗎？」

「為什麼平倉？」我說。

「理由充足到家了。」

「什麼理由呢？」

「為了掙錢嘛。股票已經觸底回升了，跌多少還得漲多少。難道不是嗎？」

「是呀，」我回道，「首先沉到底，然後再浮上來，可是不會馬上便浮上來。股市必定要死氣沉沉一些日子。現在還不到那些死屍浮上來的時候，它們甚至還沒死透呢。」

一位老前輩聽到了我倆的對話。他是那種總是觸景生情、緬懷往事的老頭。他說，威廉・R・崔佛斯（William R. Travers）是個空頭，有一次遇到一位看多的朋友。他們交流了對市場的看法。那位朋友對他說：「崔佛斯先生，你的看空念頭怎麼這麼僵硬呢？」崔佛斯當即回道：「對！像屍——屍首那樣死——死硬！」下面這事只有崔佛斯幹得出來。他來到一家上市公司的辦公室，要求查閱公司帳簿。公司職員問他：「您持有本公司的股票嗎？」崔佛斯回答：「應——應該說——說我有！我賣——賣空了二——二——二十萬股——股票！」

好，回升勢頭越來越虛弱。我乘勝追擊，傾囊賣出。每當我賣出幾千股大北方鐵路優先股的時候，股票價格便下挫幾個點。我也在其他地方探索薄弱環節，賣空一些股票。所有股票都低頭屈服，但有一隻例外，令人印象深刻，那就是雷丁公司（Reading）。

其他所有股票都像坐了滑梯，但是雷丁公司的股票價格巍然不動，就像直布羅陀巨巖一樣穩固。每個人都說這檔股票被主力控盤了。從它的表現來看，肯定是這麼回事。他們總是告訴我，賣空雷丁公司簡直是自殺。營業廳裡現在也有人和我一樣看空其他所有股票。然而，但凡有人提到賣空雷丁公司，他們就會尖叫「救命」。我賣空了一些雷丁，並且毫不動搖。與此同時，我自然更喜歡尋找、攻擊薄弱點，而不是進攻那些防守上更頑強的堡壘。憑我閱讀紙帶的技巧，在其他股票上更容易獲取利潤。

關於哄抬雷丁公司的那夥人，我的耳朵已經聽出繭子了。這夥人實力極雄厚。根據我的朋友們透露的情形，他們起初在低位持有大量股票，因此他們的平均成本實際上低於當前主要價位。不僅如此，該團夥的主要成員與為他們重倉持有雷丁股份提供融資的各家銀行關係很深。只要股票價格維持在高位，他們與銀行家朋友的交情就是牢靠的、不可動搖的。有一位團夥成員的帳面利潤超過了三百萬美元。這樣一來，即使市場有什麼風吹草動，他們也不會傷筋動骨。無怪乎這檔股票價格堅挺，藐視空頭們的挑戰。每過一陣子，場內交易商就會查查這檔股票的價格，咂咂嘴，賣出一千到兩千股試試它的動靜。可是，一張跟風賣出的單子都沒有，於是他們軋平頭寸，再找其他更容易下手的地方。每次我看這檔股票的時候，都會繼續賣出一小部分——數量剛夠用來說服自己，表示我確實遵守了自己新的交易規則，不再只操作自己偏好的股票。

如果是往常，雷丁公司行情堅挺或許已經騙我中計了。行情紙帶老在說：「別動它！」然而，我的理智要求我採取不同的做法。我預期的是普遍性崩跌，所有的股票概莫能外，無論背後有沒有操作的團夥。

我從來都是單打獨鬥的，在對賭行最初開始交易生涯的時候，就是這樣，從此終身保持不變。這是我的頭腦施展才能的方式。我必須憑藉自己的雙眼觀察、獨自深思熟慮。但是，我可以告訴你，在市場開始朝我預期的方向運動後，有生以來我第一次感覺到自己有並肩作戰的同盟軍，並且是世上最強大、最可靠的同盟軍——基本形勢。它們正竭盡全力來幫助我。或許有時候為了動員後備力量會稍稍延遲片刻，但是它們是值得信賴的，只要我沒有過於不耐心。我不是憑自己閱讀紙帶的本事或者自己的直覺和機會對抗。在一系列市場事件的背後，存在著不可抗拒的內在邏輯，正是其幫助我獲利。

關鍵是要選擇正確的一邊，即有能力判斷哪邊是正確的，並採取相應的行動。基本形勢，我那真正可靠的盟友，命令市場「下跌」，而雷丁公司拒絕服從命令，這冒犯了我們。其他所有股票紛紛低頭服軟，而雷丁依然堅挺如初，我開始感到惱怒。現在它成了所有股票中最佳的賣空對象，因為它還沒有下跌。哄抬團夥持有太多股票，隨著銀根緊縮進一步加劇，他們將無力繼續持有。遲早有一天，銀行家們的這夥狐朋狗友，會落得和沒銀行家朋友的人眾沒什麼兩樣的下場。到時候，這檔股票必定逃不掉和其他股票一樣的命運。如果雷丁不下跌，則我的推理是錯誤的；如果我的推理是錯誤的，則事實就是錯誤的；如果事實是錯誤的，則內在邏輯就是錯誤的。

我尋思，該股票的價格之所以能夠堅持，是因為華爾街害怕賣空它。於是有一天，我給兩家經紀商同時發出一份指令，分別賣空四千股。

你真該在場親眼看看那支被控盤的股票、那支被說成誰賣空誰就是自殺的股票，當賣空指令爭相襲來時，它如斷線的風箏般一頭栽下。於是，我讓他們再賣幾千股。當我開始賣空的時候，股票價格是一一一美元。幾分鐘之內，我便在九十二美元的價位軋平了全部空頭頭寸。

在這之後，我度過了一段精彩的時光，一九〇七年二月間，我全部清倉（圖6.1、圖9.1）。大北方鐵路優先股已經下跌了六十或七十點，其他股票下跌的比例也不相上下。我已經獲利不菲了，之所以清倉，是因為我盤算市場下跌的幅度已經實現了近期前景。我預期，即將出現相當幅度的反彈，但還不至於看好到入市做多的程度。我還不打算完全放棄自己的立場。短期之內，市場可能不適合我介入交易。我之所以賠掉從對賭行掙到的第一筆一萬美元，就是因為不分場合，一味地進進出出，不看市場條件是否合適。我不會重蹈當年的覆轍。另外，別忘了，就在不久前，我曾經破產過，因為過早地預期這場崩跌的到來，在時機成熟之前過早賣出。現在既然已經擁有了巨額利潤，我希望變現，以便更真切地感受到我始終站在正確的一邊。回升行情曾經令我破產，我不想再讓下一次回升把我一掃而光。於是，我沒有繼續堅持，而是甩手去了佛羅里達。我熱愛釣魚，也需要休整一番，在那兒可以一舉兩得。此外，在華爾街和棕櫚灘[20]之間，經紀商也安裝了直連電報線。

[20] 編注：Palm Beach，位於美國佛羅里達州，邁阿密北方小鎮，是知名的富豪聚居地與渡假勝地。

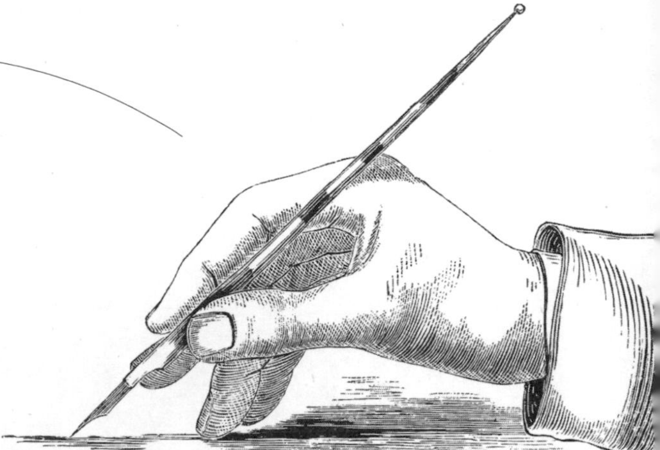

CHAPTER 09

緊縮銀根釀恐慌，修成正果當股王

我乘船沿著佛羅里達海岸巡遊。釣魚的日子過得飛快，釣餌都用完了，身心放鬆。這段日子很美好。一天在棕櫚灘外邊，有些朋友乘快艇來到船上，其中一位隨身帶著一份報紙。我有些日子沒看報了，也提不起興趣看。但當我掃了一眼朋友帶到遊艇上的那份報紙後，我看到市場已經經歷了一輪大幅回升，幅度有十個點或更多。

我告訴朋友們，打算和他們一起上岸。市場不時形成溫和的回升行情是合理的。然而，熊市還沒有結束，要麼是華爾街，要麼是愚蠢的大眾，要麼是那些絕望的多頭，他們不顧緊縮的貨幣環境，親自上陣或者唆使他人把價格推升到了合理範圍之外。在我看來，這太過分了。我必須觀察一下市場。我還不清楚自己下一步會不會有所動作。但是，我很清楚現在迫切需要看到報價板。

我的經紀商，哈定兄弟公司，在棕櫚灘設有一個分部。走進去後，我發現很多相熟的老夥計都在這裡。其中大多數人的調子都是看多的。他們是那種憑紙帶交易的類型，喜歡快進快出。這類交易者不願意費心向前看得太遠，因為他們的交易方式不需要。我曾告訴你，我是怎麼在紐約的營業廳成為頗有名氣的「豪賭小子」的。當然，人們總是對某人的獲利和交易手筆誇大其詞。營業部裡那群夥計已經聽說我在紐約做空狠狠賺了一票，現在他們預期我會再次一頭扎進空頭一邊。他們的想法是，回升行情還將持續相當長的時間，不過，他們寧願認為對多頭進行反擊是我的責任。

我這一趟來佛羅里達是釣魚之旅。我已經經受了相當緊張的交易壓力，需要享受一個假期。但是，當我看到反彈行情把價格推高到這種地步的時候，便感覺不再需要度假了。當我上岸的時候，本來沒有考慮下一步該做什麼。但是，現在我知道必須賣空股票了。我是正確的，必須透過我習以為常的途徑，也是唯一的途徑，實際證明這一點——用金錢說話。賣出總體市場性的股票組合可能是合適的、理性的、有利可圖的，甚至可以說是愛國的。

我從報價板上第一眼看到的是阿納康達公司（Anaconda），它的股票價格正處在跨越三百美元的邊緣。它已經經歷了突飛猛進般的回升過程，顯然它的背後藏著一夥咄咄逼人的多頭群體。我有一個由來已久的交易訣竅，當檔股票的價格第一次超越一百、兩百或三百美元整數大關之後，它不會停留在這些整數附近，而要繼續上升較大的幅度。因此，如果在它剛剛穿越上述界線時立即買進，幾乎肯定能看到利潤。膽小的人不喜歡在股票創歷史新高的時候買入。但是，我對這類價格運動的歷史案例的觀察指引著我。

阿納康達公司只是一支低四分位的股票，也就是說，該股票的面值僅有二十五美元。這個股票需要四百股才相當於通常面值為一百美元的一百股其他股票。我估計，它突破三百美元之後，就應該繼續上漲，轉眼之間便可能觸及三四〇美元。

請記住，我是看空的，不過我也是一個憑行情紙帶交易的人。我瞭解阿納康達，如果它果真按照我所預料的走法，變化會很快。不管什麼，只要來得快，總是對我胃口。我已經學會要有耐性，還要堅持到底，不過，我天生偏好快速變化，而阿納康達公司肯定不是慢性子。之所以當它超越三百美元時買進它，我是受到了內心欲望的驅使，那就是，驗證自己的觀察，這種欲望在我身上總是十分強烈。

此時此刻，紙帶說買進力量強於賣出力量，因此，市場普遍性的上漲態勢或許會再延續一段。審慎的做法是等一等再賣空。不過，等待的同時也不妨順手掙一點酬勞。從阿納康達公司上快速搶進三十個點的利潤，差不多就能實現這個心願了。對整個市場看空，單單對一檔股票看多！於是，我買進了三萬兩千股阿納康達——相當於八千股整數面值的股票。有點兒孤注一擲，但是我確信自己的理論，而且我料想這筆交易的利潤有助於增加我的保證金，更有利於下一步做空。

第二天，因為北方暴風雪或者其他類似的原因，電報線斷了。我在哈定兄弟公司的營業部等待進一步的消息。人群中不時發出牢騷，什麼想法都有，交易商們做不成交易的時候就是這樣。後來我們得到了一個報價，一整天就得著這一個——阿納康達，二九二。

有位夥計和我在一起，他是我在紐約遇到的一位經紀商。他知道我做多了八千股整數面值的股票，並且我猜他也給自己買了一些，因為當我們得到那個報價的時候，他肯定眼前一黑。他搞不清此刻這檔股票是又跌去了十個點呢，還是停住不動了。從阿納康達漲上來的樣子看，要是它一下子跌掉二十點也沒什麼不尋常的。不過，我對他說：「別擔心，約翰，明天就好了。」我真是這麼感覺的，但是他看著我，搖了搖頭。他覺得他自己更明白，他就是這樣的人。於是，我大笑作罷，繼續在營業部裡等著，說不定還會有一些報價滴漏過來。然而沒有，先生。那一個是我們當天的唯一收穫：阿納康達，二九二。這意味著我的帳面虧損接近十萬美元。我想來個快的，好吧，快的來了。

下一天，電報線路恢復，如常收到最新報價了。阿納康達開市於二九八，之後上升到三〇二又四分之三，但是很快，它的上漲勢頭就被慢慢消磨掉了。同時，市場上其他股票表現得也不像還有進一步上漲餘地的樣子。我打定主意，如果阿納康達跌回三〇一，就必須斷定它的整個這輪行情都是假象。如果它的上漲行情合理，價格應該已經一鼓作氣達到三一〇了。如果它不漲反跌，就意味著我觀察到的那些範例辜負了我，我現在是錯誤的。當一個人犯錯的時候，唯一該做的就是停止繼續犯錯、重回正確的一邊。因為預期三十到四十點的上漲，我買進了八千股整股。這不是我第一次犯錯，也不會是最後一次。

果不其然，阿納康達跌回到三〇一。就在市場觸及這個數字的那一刻，我悄悄溜到電報員旁邊——他們和紐約營業廳之間有直連電報——對他說：「賣出我所有的阿納康達，八千股整股。」我壓低嗓門，不打算讓任何人知道我在幹什麼。

他抬起頭看著我，幾乎嚇呆了。然而我點點頭：「全賣掉！」

「沒問題，李文斯頓先生，您的意思不是市價方式吧？」他一副即將因某個粗心經紀商的拙劣指令而要使自己賠上好幾百萬的樣子。不過，我簡短地吩咐他：「賣出！別多問！」

營業部裡有兩個布萊克家族（Black）的小夥子，吉姆（詹姆斯）和奧利（奧利弗），他倆聽見了電報員和我之間的對話。他們都是大交易商，從芝加哥來，曾是那兒小麥市場有名的大炒家，現在他們在紐約股票交易所大手筆交易。哥倆很富有，揮金如土。

當我離開電報員走回報價板前的座位時，奧利弗．布萊克對我微笑著點點頭。

「你會後悔的，賴瑞。」他說。

我停住腳步，問：「你是什麼意思？」

「明天你會把它再買回來的。」

「把什麼買回來？」我說。除了那個電報員，我對誰都沒說過。

「阿納康達，」他說，「你會付三二〇美元的價錢。這次的做法可不怎麼高明，賴瑞。」他再次微笑起來。

「什麼不高明？」我做出一副茫然的神色。

「按市價賣出你的八千股阿納康達，而且你還一再堅持。」奧利弗・布萊克說。

我知道他應該是非常聰明的，而且總能憑內幕消息交易。但是，他怎麼能這麼清楚我的單子呢？我搞不明白，因為我確信營業部沒有出賣我。

「奧利，你怎麼知道這些的？」我向他打聽。

他大笑，然後告訴我：「我從查理・克拉澤（那位電報員）那兒知道的。」

「但是他根本沒有離開過座位呀。」我納悶道。

「我聽不到你和他的耳語，」他咯咯笑著，「但是我聽到了他發給紐約營業廳的電報上的每個字。好幾年前我學會了發電報，當時我的一份電報被弄錯了一個地方，結果和他們大吵一場。從那之後每當要像你剛才那樣辦事的時候——向電報員口授交易指令的時候，我一定要確保電報員發出的電報和我的口授一字不差。我知道他的電報發出的內容，但是你會後悔賣出阿納康達的，它要漲到五百美元。」

「這趟可不成，奧利。」我回道。

他瞪著我，對我說：「你口氣不小嘛。」

「不是我，是紙帶。」我說。那裡沒有報價機，因此沒有行情紙帶，但是他知道我指什麼。

「我聽說過那些夥計，」他說，「他們盯著紙帶，眼裡看到的卻不是價格，而是一張股票到站、出站的鐵路時刻表。不過，最後他們都被關到牆上裝了軟墊的精神病院房間裡了，這樣才不會傷著自己。」

我一句也沒回他，因為就在這時，營業部的小夥計送來了成交報告。他們在二九九又四分之三賣出了五千股。我知道這裡的報價稍稍落後於市場。當我向電報員發出賣出指令的時候，棕櫚灘營業部報價板上的價格是三〇一。就在此時此刻，我有很確定的感覺，在紐約股票交易所場內，該股票的實際交易價格一定更低，要是有人提議以二九六的價格從我手中接過這些股票，我巴不得一口答應，而且開心得要死。剛剛發生的事情說明，我從來不以限價方式交易是對的。假定我把賣出價格限定在三〇〇，結果怎樣呢？那就絕不可能脫手了。不，先生！當你想離場的時候，一定要乾脆俐落地離場。

現在，我的股票成本價差不多在三〇〇。他們在二九九又四分之三又脫手了五百股——我指的當然是整股。下一筆是一千股，在二九九又八分之五賣出。然後，一百股，二九九又二分之一；兩百股，二九九又八分之三；兩百股，二九九又四分之一。最後剩下的股票在二九八又四分之三脫手。哈定兄弟公司最聰明的場內交易員足足花了十五分鐘才能脫手最後那一百股。他們不想把口子撕得太大。

在接到最後那筆股票賣出成交回報的那一刻，我開始做這趟上岸真正想做的事情了，那就是，賣空股票。此乃不得不為。市場肆無忌憚地回升，現在正乞求我來賣空。但是人們的興頭剛來，重新拾起了看多的話頭。然而，市場演變的軌跡告訴我，回升行情已經走到頭了，現在賣空是安全的，這一目了然。

下一天，阿納康達開盤價低於二九六。奧利弗・布萊克滿心期待它進一步上漲，一大早就來到營業部，希望親眼看到該股票跨越三二〇。我不知道他做多了多少股，或者一股沒有也說不定。不過，當他看到開盤價的時候，沒有笑出來；當天股價進一步走低，他也沒有笑；後來，我們在棕櫚灘得到的最新報告說，該股票根本沒有市場，他還是沒笑。

1907 年：股市恐慌

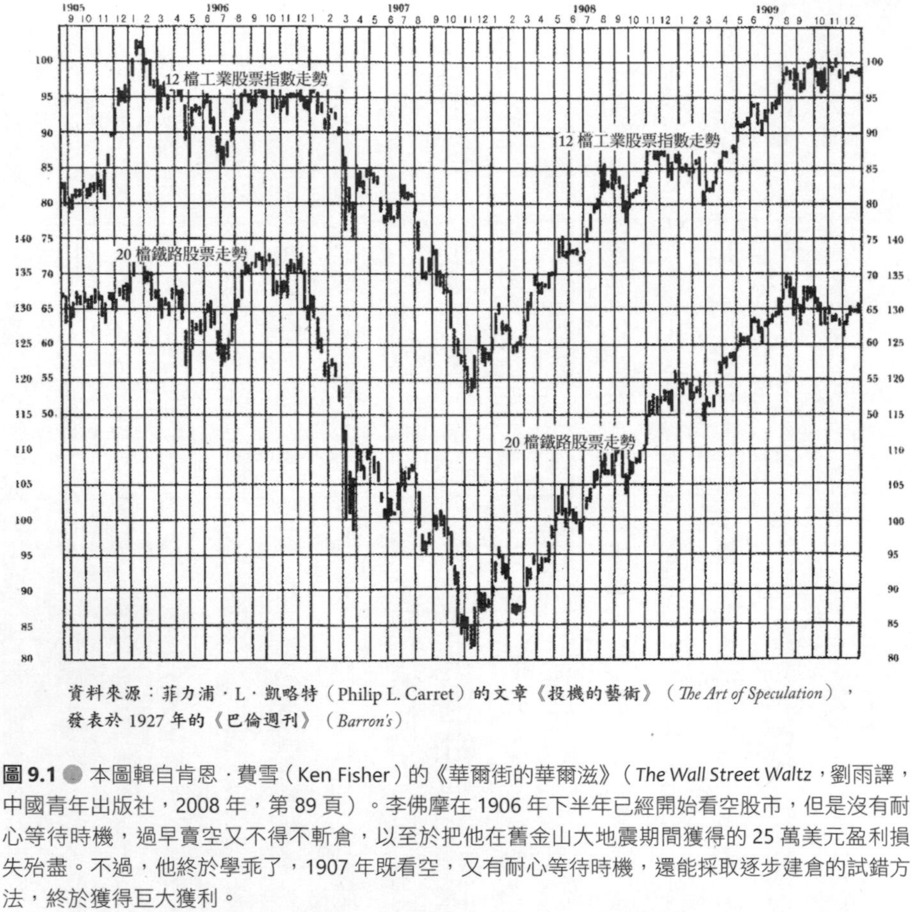

資料來源：菲力浦．L．凱略特（Philip L. Carret）的文章《投機的藝術》（*The Art of Speculation*），發表於 1927 年的《巴倫週刊》（*Barron's*）

圖 9.1 ● 本圖輯自肯恩．費雪（Ken Fisher）的《華爾街的華爾滋》（*The Wall Street Waltz*，劉雨譯，中國青年出版社，2008 年，第 89 頁）。李佛摩在 1906 年下半年已經開始看空股市，但是沒有耐心等待時機，過早賣空又不得不斬倉，以至於把他在舊金山大地震期間獲得的 25 萬美元盈利損失殆盡。不過，他終於學乖了，1907 年既看空，又有耐心等待時機，還能採取逐步建倉的試錯方法，終於獲得巨大獲利。

到了這個份上，無論你多麼挑剔，所需的驗證信號都已經足夠了。我的帳面利潤每小時都在增長，不斷告訴我，我是正確的。理所當然，我賣出更多股票，什麼都賣，這是熊市，所有的股票都在下跌。再下一天是星期五，也是華盛頓誕辰紀念日[21]（圖6.1、圖9.1），我不能再待在佛羅里達釣魚，因為已經建立了相當大的空頭頭寸——對我來說很大，我必須趕回紐約。那兒誰需要我？我自己！棕櫚灘離市場太遙遠、太偏僻了，來來回回打電報，耗費了太多寶貴時間。

我離開棕櫚灘，返回紐約。星期一，我在中途不得不在聖奧古斯丁消磨了三個小時，等下一趟火車。那裡也有一家經紀商營業部，在等車的空當裡我自然要去看一看市場今天的表現。阿納康達又從上一個交易日向下突破了幾個點。實際上，它從沒有停止下跌，直到當年秋天大崩潰之後。

我趕回紐約，繼續做空了大約四個月（圖9.1）。和往常一樣，市場時常出現回升行情，我總是先平倉然後伺機再賣出。嚴格說來，我並沒有持股堅守。請記住，我曾經虧光了從舊金山大地震的崩跌行情中掙到的二十五萬美元，一文不剩。當時我是正確的，卻依然免不了破產。現在我謹慎從事，人在走完倒楣運之後，終究有時來運轉的時候，即便不一定能好到極點。掙錢的辦法就是掙錢本身。掙大錢的辦法就是精準選擇恰當時機站到正確的一邊。在這行生意中，你必須既有理論，又結合實際。投機客一定不能僅僅當一名學生，必須既是學生，也是盡職的投機者。

我幹得相當漂亮，雖然從現在的角度看，當時在戰略上還有不足之處。到了入夏時節，市場變得沉

21 華盛頓誕辰紀念日是二月二十二日，李佛摩指的是一九〇七年二月二十二日，請對照圖6.1和圖9.1。

悶起來。看來，不到仲秋之後，肯定沒有什麼大行情可做了。我相識的人要麼已經去了歐洲，要麼正打算去歐洲旅行。我覺得，去一趟肯定對我有好處。於是，我出清了所有頭寸。當我出發向歐洲航行時，盈餘比七十五萬美元稍微多一點。在我看來，這個數字像是一筆盈餘的樣子了。

我在艾克斯萊班（Aix-les-Bains）鎮上[22]逍遙。我為自己掙來了這趟休假。揣著大把鈔票，和朋友們、熟人們以及其他優遊放鬆的人們一起，待在這樣的地方，實在太好了。在艾克斯萊班，所有的享受都來得輕鬆愉快。我遠離華爾街，腦子裡幾乎沒有閃過一絲關於它的念頭。我敢說，這裡的度假勝地勝過美國本土的任何一處。這裡不必聽人討論股票市場，我無須做交易，有足夠的錢來維持相當長時間的開銷。不僅如此，當我回去的時候，我還知道怎樣做能夠掙到更多利潤，比我夏天在歐洲的開銷多得多。

一天，我在《巴黎先驅報》上看到一則發自紐約的報導，斯梅爾特冶煉公司（Smelters）宣布額外增發紅利。他們推高了該股價格，整個市場都在相當強勁地回升。看到這個消息後，艾克斯萊班的一切對我來說都不同了。這個消息明白地顯示，多頭圈子依然負隅頑抗，絕望地對抗著基本形勢——對抗普通常識和基本的誠實，因為他們知道即將到來的是什麼。他們之所以施展這樣的詭計，不過是為了在風暴到來之前推高股市以便脫手。當然，也可能他們真的不相信局勢危險的程度如此嚴重，如此迫在眉睫——和我的想法不同。華爾街大佬們的想法往往傾向於一廂情願，與政治家們或者尋常的肥羊們如出一轍。我不允許自己以這種方式思考。在投機者身上，這樣的態度乃是致命的錯誤。或許炮製新證券或者推銷新企業的投資銀行家有本錢沉湎於滿懷希望的幻覺之中。

我清楚，多頭操縱者無論多麼天衣無縫，在熊市行情下都已經注定了失敗的命運。我在讀到上述消息的那一刻便知道，唯一可以放心大膽做的事情，就是賣空斯梅爾特。嗨，內部人士的行徑簡直是叩頭求我賣空，因為他們竟然在發生貨幣恐慌的邊緣提高了股息率。這就像在少年時代別人挑戰你「敢不敢」那樣令你憤怒。他們挑戰我不敢賣空這檔特別的股票。

我打電報發出了一些賣空斯梅爾特的指令，也建議我在紐約的朋友賣空它。當我從經紀商那裡拿到成交回報時，看到他們做到的成交價格比我曾經在《巴黎先驅報》上讀到的報價低六個點。這就清晰地揭示了當前的形勢。

我原本計劃當月底回巴黎，三個星期之後航行回紐約，但一從經紀商那裡得到成交回報的電報，我就動身返回了巴黎。到達巴黎當天，我打電話給蒸汽船公司，發現下一天就有一趟快船前往紐約，於是我趕上了這趟船。

就這樣，我返回紐約，比原先的計畫幾乎提早了一個月，因為在那裡做空最令人安心。我手上的現金遠超過五十萬美元，都可以用作保證金。我的回報不是來自看空，而是來自行為服從邏輯。

我賣出了更多股票。隨著銀根進一步收緊，短期貸款利率繼續上升，股票價格繼續走低。我已經預見到這種局面。起初，我的遠見曾經令我破產。但是，現在我既正確又成功。無論如何，真正令人開心的是我清醒地意識到，我自己作為一名交易者，終於走上了正確的軌道。我還有很多東西需要學習，但是我知道該做什麼了，再也沒有踉蹌掙扎，再也不是半生不熟。紙帶閱讀技巧是這個行當的重要組成部

22 編注：法國東部市鎮，以溫泉水療聞名。

分，選擇正確的時機入市同樣重要，堅定持有頭寸也同樣重要。然而，我的最大發現是，你必須研究總體形勢，按照各方面的影響大小排列順序，由此就能預期市場未來發展的可能性。一言以蔽之，我學到了必須透過自己的努力才能獲得回報。我不再盲目賭博，或者偏執於追求這門遊戲的技巧，而是透過艱苦的研究和清晰的思維來贏得成功。同時我還發現，沒人能夠真正避免肥羊交易方式的危險，肥羊交易方式只能讓人招致肥羊的命運。財神爺不打盹，從不會錯過給你派發應得的酬勞。

我們的營業廳掙到了大把利潤。我自己的操作如此成功，漸而至於被他們傳為佳話，當然了，他們免不了大大地添油加醋。他們把我說成了許多股票行情崩潰的始作俑者，常常有我叫不上名字的人走過來向我表示祝賀。他們統統認為，最了不起的是我贏取的巨額利潤（而不是我的正確分析和果斷操作）。他們對我第一次向他們鼓吹看空觀點時的情形隻字不提。當時他們認為我是一頭瘋狂的熊，是股市投機的失意者，滿腹牢騷、存心報復社會。對於我預見到貨幣市場即將遭遇困境，他們沒有留下絲毫印象。在他們看來，經紀商的會計要用完一滴墨水的三分之一，才能在我名下的分類帳上寫完盈利的數字，這個才是奇跡般的成就。

朋友們曾經對我說，在許多營業廳，時常有人提起哈定兄弟公司營業廳裡的「豪賭小子」，說他揚言要採取各種各樣的手段來對付做多的那幫人。如禿子頭上的蝨子，市場注定要往低得多的位置走，但是這夥人卻依然頑固地力圖推升許多股票的價格。直到今天，他們還對我發動的一波波襲擊津津樂道。

從一九〇七年九月中下旬開始，貨幣市場用大喇叭對整個世界發出警告，但是人們相信會發生奇跡，不願意賣出他們手上持有的投機性頭寸。一位經紀商曾經在十月的第一個星期給我講了一個故事，這個故事令我對自己交易行為的克制幾乎感到羞慚。

你應該還記得，交易所場內的短期貸款通常在貨幣經紀商[23]的資金席位發放。經紀商從他們的銀行那裡得到通知當日需要償還多少短期貸款，由此估算當日大致需要借入多少資金。銀行家們當然知道他們當日可供借出的頭寸，有錢可借的銀行會把錢發送到交易所。來自銀行的這筆錢透過幾家貨幣經紀商來處置，他們的主要業務就是短期拆借。大約中午時分，當日最新的拆借利率會發布出來。通常該利率代表當日截至此時所有拆借交易的平均中間利率。一般說來，上述業務透過報買價和報賣價公開進行，因此每個人都知道正在發生的行情。在中午到大約下午兩點之間，資金拆借方面通常沒太多業務，但是在交割時間之後，也就是下午兩點十五分，經紀商都會知道當日準確的資金狀況，就會聯繫貨幣經紀商，借出他們富裕的資金頭寸，或者借入他們短缺的資金頭寸。這些業務也是公開進行的。

好，一九〇七年十月初的一天，前面提到的那位經紀商來找我，他告訴我，事情已經發展到這種地步，如果經紀商資金頭寸富裕，那麼他們不會再去找貨幣經紀商。原因是幾家著名的佣金經紀行派人蹲守在那兒，隨時攫取任何一筆借出的資金。自然，沒有哪一位公開拆出資金的經紀商能夠拒絕借錢給這些公司。他們的信譽良好，抵押品也足夠抵值。但是麻煩在於，一旦這些公司拆入短期資金，那些出借者就看不到還錢的日子了。他們只要說一時還不上款，那些出借者不管願意不願意，都不得不把貸款展

23 貨幣經紀商：貨幣經紀公司最早起源於英國外匯市場，是貨幣市場的交易仲介，代理其他金融機構發布交易指令，為資金拆出方和拆入方撮合成交，同時發布成交利率、成交量等訊息。

期。因此，任何一家交易所會員如果資金富裕打算拆出，總會越過貨幣經紀商，派自己的人在場內四處打聽，這些人會和他們的好朋友耳語：「要不要十萬？」意思是「你想借入十萬美元嗎？」那些貨幣經紀商代表銀行方，現在他們也採用了同樣的手法。再看資金席位，那裡現在一片荒涼。想想看，竟是這樣的情景！

他還告訴我，在十月的這些日子裡，借款方按照各自的利率拆入資金，這實際上已經是交易所內的成規了。你看，年化的拆借利率在一〇〇%到一五〇%之間波動。我猜想，透過讓借入方確定利率的辦法，借出方以某種古怪的方式自我感覺不那麼像是冷血的高利貸者了。然而你可以篤定，他比其他人一文都不少拿。借入方自然做夢也不敢不付高利息。公平遊戲，別人付多少，他就得付多少。無論如何，他要的是資金，能弄到手就已經很不錯了。

情形越來越糟糕。可怕的算總帳的日子終於降臨！多頭們、樂觀者們、一廂情願者們以及人數巨大的肥羊群體，起初因害怕疼痛而忍耐小額虧損，現在不得不遭受完全截肢的重創——而且不帶麻醉。這一天，一九〇七年十月二十四日，我永不忘懷（圖9.2）。

早晨，來自貨幣經紀商的報告顯示，不論借出方開出多麼離譜的價碼，借入方只有照單付帳的份。資金不足以滿足所有人的流動性需求。那天，到處找錢的人比往常多得多。那天下午，當交割時間到來後，至少有一百位尋找資金的經紀人圍在資金席位周圍，每個人都急切地希望借到自己公司迫切需要的資金。沒有資金就不得不賣出客戶以保證金買入的股票，按照市價方式以任何價格賣出——只要能賣出，而股票市場上的買方現在就像資金一樣稀少。此時此刻，一眼望去，看不到哪兒有一元餘錢。

那位朋友的合夥人和我一樣看空，因此他們公司無須借錢。但是我那位朋友，就是前面提到的那位經紀人，剛在資金席位附近看到了周圍那一張張憔悴絕望的面容，他趕回來找我，他知道我重倉賣空整個市場。

他說：「我的天哪，賴瑞！我不知道要出什麼事，從沒見過這樣的場面。這樣子可持續不下去了，總得有人做點什麼，我看這會兒好像每個人都破產了。你不可以再賣股票，場子裡絕對沒錢了。」

「你在說什麼？」我問。

然而，他是這麼答覆我的：「你曾經聽說過那種課堂實驗嗎？把一隻小白鼠放入一個玻璃鐘裡，然後把鐘裡的空氣抽出來。看那可憐的小老鼠呼吸越來越急促，兩脅大起大伏，就像過度做功的折疊風箱，它費盡力氣企圖從鐘裡越來越稀薄的空氣中汲取足夠的氧氣。你看著它窒息，直

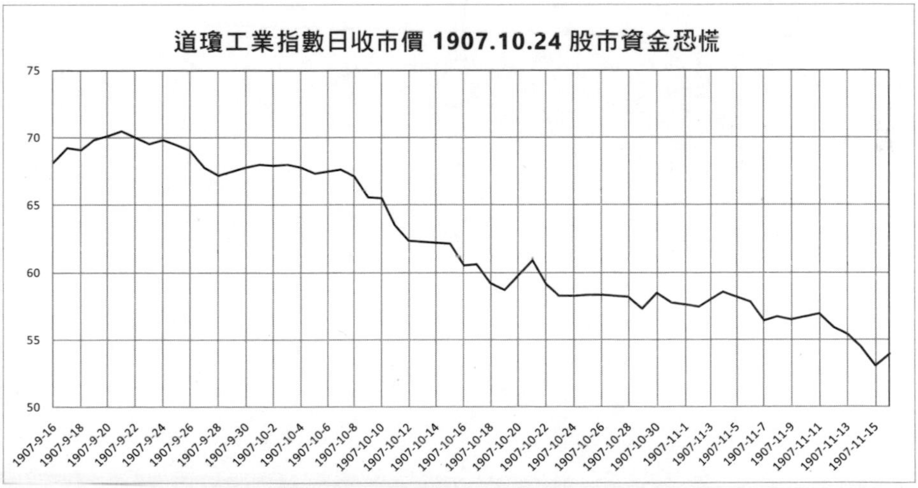

圖 9.2 ● 1907 年 1 月開始的熊市行情延續到當年 11 月，10 月是其高潮的一部分。當年李佛摩大約 29、30 歲。他對熊市早有預期並曾經因為過早動手賣空而遭受挫折。後來，他終於在正確的時機採取了正確的賣空方法。10 月 24 日，市場已經進入恐慌狀態，李佛摩應摩根之請，同時也出於自己的穩妥考慮，獲利平倉並轉手做多，當日其總獲利超過 100 萬美元。這是他的第一個百萬美元，當日他是「股市之王」。

到它的雙眼鼓得幾乎從眼眶裡掉出來，它喘息著，一點點走向死亡。唉，當我在資金席位看著周圍的人群時，我的腦海裡浮現出這樣的情景！哪兒都沒錢，你也不能出清股票，因為沒人買入。要叫我說，此時此刻，整條華爾街都破產了！」

這番話引起了我的深思。我曾經預見市場將要重挫，但是沒有，我必須承認，沒有預見將會出現我們歷史上最悲慘的恐慌。如果市場走得太遠，對任何人都沒有好處。

最後，顯而易見，在資金席位旁等待拆入資金已毫無用處，因為不會有任何資金。於是災難降臨了。

那天再晚些時候我聽說，股票交易所主席R．H．湯瑪斯（R. H. Thomas）先生心裡清楚華爾街上的每間公司都正走向災難，四處奔走尋求救援。他拜訪了詹姆斯．斯蒂爾曼（James Stillman），國民城市銀行（National City Bank）的董事長，國民城市銀行是美國最富有的銀行，它曾經誇口從來沒有按照高於六%的利率出借過資金。

斯蒂爾曼聽了紐約股票交易所主席的請求。他對後者說：「湯瑪斯先生，這事我們必須拜訪摩根先生，聽聽他怎麼說。」

兩位先生懷著避免發生我們金融史上最具災難性的恐慌的期望，前往J．P．摩根公司（J. P. Morgan & Co.），拜會摩根先生。湯瑪斯先生對他和盤托出。他的話音剛落，摩根先生便對他說：「你回交易所，告訴他們會有資金供應他們的。」

「哪來的資金？」

「從銀行來！」

在這樣嚴峻的關鍵時刻，所有人都對摩根先生懷有無比強大的信念，於是湯瑪斯先生一句也不多問，立即趕回交易所，向場內他那些已經被判了死刑的同行會員們宣布死刑緩期執行。

這時，不到下午兩點半，摩根派遣范・恩伯—阿特伯里公司（Van Emburgh & Atterbury）的約翰・T・阿特伯里（John T. Atterbury）來到了找錢的人群中，他以和J・P・摩根公司關係親密而聞名。我的朋友說，這位老經紀人快步走向資金席位。他舉起手，就像復興布道會上的勸勉者。人群當初聽了湯瑪斯主席宣布的消息之後曾經平靜了一些，現在正開始擔心救援計畫流產，最糟糕的結局無可避免。但是，當他們看到阿特伯里先生的面孔，看到他舉起的手，馬上像是變成了一群石像。

鴉雀無聲。

於是，阿特伯里先生宣布：「我獲得授權借給諸位一千萬美元。放鬆點！有足夠的資金，足夠你們每一位！」

然後他開始分派。他沒有向每位借入者說明借出者的名字，而是簡潔地快速記下每位借入者的名字和借入金額，他告訴借入者：「會通知你到哪兒領取資金。」他指的是借入者稍後可以借到錢的銀行的名字。

一兩天之後我聽說，摩根先生只是向被嚇壞了的紐約銀行家們捎了個口信，要他們必須提供股票交易所需要的資金。

「可是我們也沒有資金，我們的貸款數額已經到頂了。」銀行家們反對道。

「不是還有準備金嗎？」摩根先生厲聲反駁。

「但是我們已經低於法定準備金的限度了。」他們哀號。

「動用準備金！這正是準備金派用場的時候！」各家銀行服從了，動用了大約兩千萬美元規模的準備金。這挽救了股票市場。銀行間的恐慌直到下一個星期才出現。他是真丈夫，J．P．摩根。銀行家們的恐慌並不比股市的大多少。

在我作為股票作手生涯的所有日子裡，我對這一天的記憶最鮮活。正是這一天，我的盈利首度超過一百萬美元。它標誌著我頭一次按照預先計畫的交易戰略成功地收官。當初我預見到的一切已經變為既定事實。然而，超越這一切的是：我的狂熱夢想已經成為現實。在這一天，我是市場之王！

當然，請容我來解釋一下。我來紐約已經有好幾個年頭了，常常絞盡腦汁力圖查明準確的原因：在這場遊戲中，為什麼我在紐約股票交易所的經紀公司不能取勝，而在波士頓的對賭行裡，從十五歲的少年時代起就一直能夠做到？我明白，終有一天，我會發現到底是什麼地方出了問題，我不會繼續錯下去。到那時，我將不僅具備正確作為的意願，而且擁有確保正確作為的技能。這意味著力量。

請不要誤會我。我並不是白日做夢的自大狂，或者天生傲慢的虛榮之徒。雖然當初在富勒頓公司和哈定兄弟公司的營業廳交易的時候，股票市場曾經令我困惑不已，但是我始終有一種感覺，同樣還是這個股票市場，總有一天會對我俯首貼耳。我只是感覺這樣的一天遲早會到來。它確實來了——一九〇七年十月二十四日（圖9.2）。

之所以這麼說，原因是在那天早晨，一位曾經與我所在的經紀公司有過很多業務往來的經紀人——他知道我一直在重倉做空——和華爾街最顯要的銀行的一位合夥人一同乘車。我的朋友告訴那位銀行家我有多麼大的交易手筆，因為我肯定會窮追猛打。如果你的做法是正確的，就應該把所有可能帶來好處的成果都摘取到手，否則即使正確又有什麼價值呢？

那位經紀人為了使他說的話聽起來更有分量，也許有些誇大；也許是因為在我後面跟風操作的人比我知道的還多；也許那位銀行家遠比我清楚形勢究竟危急到了什麼地步。不管怎麼說，我的朋友告訴我：「他帶著極大興趣聽取了我介紹的情況，特別是當我說到你曾說過，市場只需再推動一兩把，真正的拋售行情就會開始，那時的市場將是何等局面。當我說完後，他回道，當天晚些時候他可能會請我做點事。」

當貨幣經紀商發現在貨幣市場不論報出什麼價格都拿不到一分錢的時候，我知道那一刻終於到了。我派出若干經紀人到各處的人群中打聽情況。有一段時間，聯合太平洋鐵路竟然一張申報買入的單子都沒有。任何價位上都沒有！想想看！其他股票的處境也好不到哪裡去。沒有資金來買股票，沒有人願意買股票。

我已經擁有巨額的帳面利潤，而且我也有把握，要讓價格進一步暴跌，所需要的全部動作不過是再發出指令，賣出一萬股聯合太平洋鐵路以及其他六七個分紅不錯的股票，接下來的行情簡直就是地獄了。在我看來，即將從天而降的恐慌將會十分猛烈、十分驚人，以至於交易所理事會在估量形勢後可能建議臨時關閉交易所，就像一九一四年八月第一次世界大戰爆發時所採取的措施那樣（圖13.3）。

這可能意味著極大地增加帳面利潤，也可能意味著沒辦法把這些帳面利潤轉化為實在的現金。不僅如此，還有其他方面需要考慮，其中一個考慮是，再進一步下挫可能延緩復甦行情的到來，現在我已經開始預期它的到來了，市場在大失血之後輒待補償性改善。此外，這樣的恐慌可能對國家造成很大範圍的普遍性傷害。

我打定主意，既然繼續採取進取的空頭策略是不明智、不友善的，那麼繼續持有空頭頭寸也就不合邏輯了。於是，我掉轉方向，開始買進。

在我的經紀人開始為我買進之後不久——順便說一句，我拿到的都是底部價格——那位銀行家派人找我的朋友。

「我派人找你，」他說，「因為我要你立即找你的朋友李文斯頓，告訴他我們希望他今天不要再賣出任何股票。市場已經承受不起進一步的壓力了。照情形來看，要避免毀滅性的大恐慌已經成為一項非常艱難的挑戰了。請喚起你朋友的愛國心。在這種情形下，一個人必須為所有人的利益著想、出力。請立即將他的回話通知我。」

我的朋友立即過來找我，告訴我這席話。他說得很委婉。我猜測他一定認為我早已預謀打垮市場，所以要我接受他的請求等於要我放棄掙得一千萬美元的大機會。他知道我對某些華爾街巨頭頗為痛恨，因為他們和我一樣清楚即將出現什麼樣的局面，但是他們依然向公眾大批傾銷股票。

事實上，大人物們也遭受了巨大的損失，我在底部買入的許多股票恰恰原本都是在著名金融人物的名下，當時我並不知道，但是這無關緊要。我實際上已經軋平了全部空頭頭寸，而且在我看來，當時是廉價買入股票的好機會，同時也會幫助股票市場形成急需的復甦行情——如果沒有其他人再重錘市場。

於是，我告訴我的朋友：「請轉告知名不具先生，我同意他的看法，並且完全認識到事態的嚴重性，甚至在他派你來之前就已經認識到了。我不僅今天不再賣出任何股票，而且還要入場買入股票，我的保證金允許買多少就買多少。」我兌現了我的諾言。那天我買進了十萬股，站在多頭一邊。此後九個月之內，我沒有賣空一股（圖9.3）。

這就是我告訴我的朋友我的夢想已經成真，我當上了一小段時間的股市之王的緣故。那天有一段時間，如果有人有意打壓，股票市場確實會聽憑他的擺布。我並沒有受到自大狂病的侵害而產生幻覺，事實上，在華爾街的閒言碎語中，當有人指責我襲擊市場的時候，當人們誇大我的操作時，你能體會到我的感受。

我好端端地走出了這場劫難。報紙上說，賴瑞・李文斯頓，那個「豪賭小子」，掙了好幾百萬美元。噢，那天收市之後，我的身家遠超過一百萬美元。然而，我最大的收穫並不是美元，而在於無形的方面：我一直是正確的，我一直向前看，一直遵守一份清晰釐定的計畫。我已經掌握了為掙大錢而必須遵守的準則，我已經永遠超越了賭徒的層次，我終於學會在動用大頭寸的情況下明智地交易。在我的一生中，這一天的重要性無與倫比。

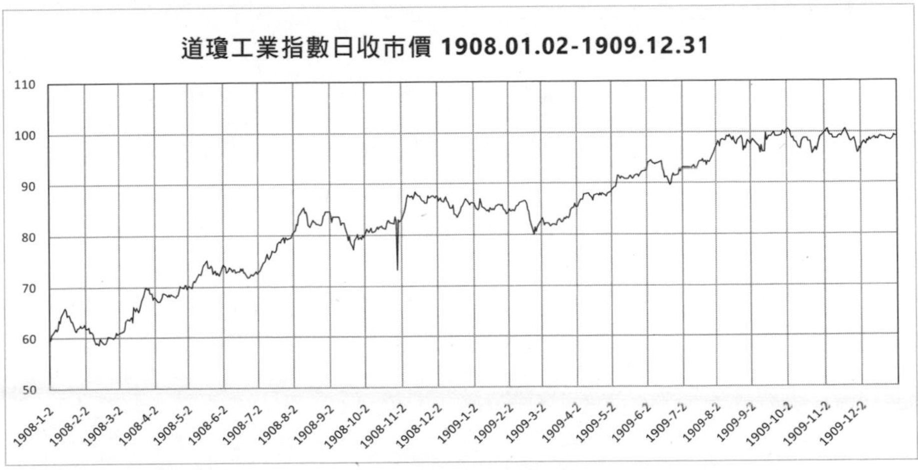

圖 9.3 李佛摩說，自從他於 1907 年 10 月 24 日軋平空頭並轉手做多後，9 個月之內未做空 1 股。事實上，1908 年、1909 年股市終於從大跌轉為上漲行情，幾乎完全收復失地。無論他在 1907 年的做空還是 1908 年的做多，都符合股市大勢。這個階段他 30、31 歲。

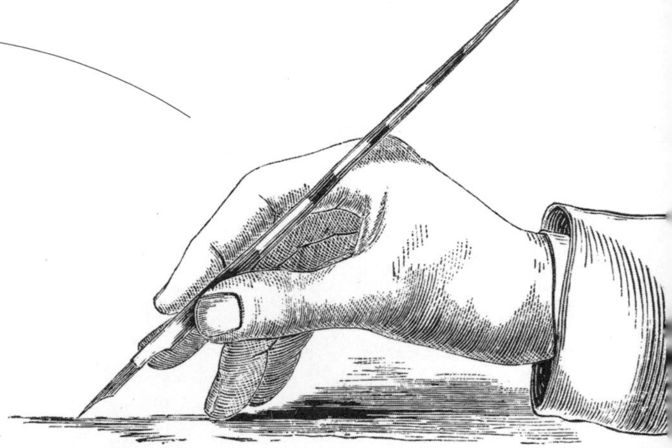

CHAPTER 10

守候行情關鍵時刻，明察最小阻力路線

認識自己所犯的錯誤並不比研究自己成功的案例更有益處。不過，所有人天生都有逃避懲罰的傾向。如果你把某次錯誤和被痛打一頓聯繫起來，就用不著第二次再來糾正這樣的錯誤了。更有甚者，所有在股票市場犯下的錯誤猶如重擊在你的軟肋上，而且同時帶來了雙重的傷痛——一是你的口袋，二是你的虛榮心。然而，我要告訴你一件咄咄怪事：有時股票投機者明知故犯，在犯錯誤的時候，其實知道自己正在犯錯誤。在犯下這些錯誤之後，他也會自問為什麼犯錯誤。在受懲罰的痛苦過去很長時間之後，經過冷靜深刻的反思，他或許能弄明白自己是怎樣一步一步走向錯誤的，錯誤發生在交易過程中的哪一個地方、哪一個時間點，但不包括犯錯誤的原因。這時，他會自我安慰一番，於是事情就這麼過去了。

當然，如果某人既明智又幸運，他不會第二次重複犯同一個錯誤。但是，和原先的錯誤稍有不同的變種有幾千個，他會繼續犯其中這個或那個錯誤。錯誤的家族如此龐大，當你打算犯傻試試身手的時候，總會有這樣或那樣的錯誤在你身邊隨時伺候。

為了告訴你我是如何犯第一個百萬美元級別的錯誤的，首先必須把話題拉回到當我剛剛成為百萬富翁的時候，就在崩跌行情結束之後的一九〇七年十月。隨著交易歷程的進展，擁有百萬美元不過意味著擁有更多的儲備。金錢不會給交易者帶來更多的安慰，因為不論富裕還是貧窮，他終究都會犯錯，而犯錯絕不會給人以安慰。當一位百萬富翁正確作為的時候，金錢僅僅是他手下的僕人之一。損失金錢在我的煩惱之中排不上號。一旦止損後，我就絕不再受虧損的困擾。一覺醒來，便將它忘得一乾二淨。但是，站在錯誤一邊，而不是接受虧損，才是損毀錢袋和精神的真正敗因。你還記得狄克森・G・華茲（Dickson

G. Watts）講的一個故事嗎？

有個人非常緊張，於是他的朋友問他怎麼回事。

「我沒法入睡，」緊張的那位回答。

「為什麼睡不著？」他的朋友問。

「我拿著太多棉花了，心裡老是惦記棉花，睡不著。它把我折磨得不成人形了，我該怎麼辦呢？」

「那就賣掉些，賣到你睡得著為止。」他的朋友回答。

通常，人總是很快適應環境變化，以至於喪失了對來龍去脈的全景感受。他不太能感覺到前後的差別，也就是說，他不會清晰地記住當他還不是百萬富翁時的感受。他只記得以前有些事情做不到，現在可以做到了。一個相當年輕而又普通的人，用不了多久就會丟掉曾經身為窮人的那些習慣。如果要忘記自己曾經富有，可能需要花費更長時間。我猜測，這是因為金錢創造了需求，或者說金錢鼓勵了大手大腳。我的意思是，當某人在股票市場掙錢之後，很快就會喪失節儉的習慣。然而，等他的錢損失殆盡之後，要花更長的時間才能改掉大手大腳的毛病。

一九〇七年十月，在把所有空頭買入平倉並開始做多之後，我決定放鬆一段時間。我買了一艘遊艇，準備到南方的水域巡遊一趟。我對釣魚簡直著了魔，打算好好享受一下生活。我對這一趟旅行非常嚮往，希望隨時能夠動身。但是最終沒能成行——市場不讓我離開。

我總是既交易大宗商品，也交易股票。我小的時候在對賭行裡開始交易生涯，多年不輟地研究這些市場，雖然或許不如在股票市場上那樣勤勉。實際上，我寧可做期貨，而不是股票。從操作角度可以這麼說，毫無疑問它們具有更大的合理性。相對於股票交易，期貨交易帶有更多商業經營的屬性。當事人可以按照處理任何商業問題的方式來對待大宗商品交易。或許可以用人為的理由推動或阻礙大宗商品市場的漲跌趨勢，然而，人為干預只能一時得逞，事實最終必定重新占據主動權，因此交易者將從研究和觀察中獲得回報，正如常規的商業經營一樣。他可以觀察並評估形勢，他掌握的情況和其他任何人一樣多。他不需要防備內幕操縱的小團夥。棉花、小麥或者玉米市場，絕不會像股市那樣一夜之間出人意料地宣布派發紅利或者增發紅利。長期來看，大宗商品價格僅受一項法則的統馭——供給和需求關係的經濟規律。大宗商品期貨交易者的生意經只在於查明供給和需求的事實，同時包括現在和未來兩方面。他不需要如同股票交易那樣在許多方面只能憑猜測和想像。因此，大宗商品市場交易始終非常吸引我。

當然，所有的投機市場萬變不離其宗。行情紙帶的訊息都是相同的，只要你願意動腦子，這一點是顯而易見的。你會發現，如果善於提出問題，進而推敲基本形勢，那麼問題的答案便能自動顯現出來。然而，人們從來不願費神提問題，更不用說追究答案了。一般美國人都不是輕信的人，但是，走進經紀商營業廳看著行情紙帶的時候除外——不論是股票市場還是大宗商品市場。在所有的遊戲中，唯有這一樁在動手之前真正需要研究，偏偏唯有這一樁，人們在動手的時候放棄了平常明智的預先準備和謹慎戒備的好習慣。他們願意拿出自己的一半身家投入股票市場來冒險，而事前推敲謀劃所花的時間竟然不如選購一輛中等價位汽車的時候那麼多。

閱讀行情紙帶並不像表面上看起來那麼複雜。當然，你要有經驗，但更重要的是始終牢記若干基本要領。閱讀行情紙帶不是給自己算命，紙帶絕不會告訴你下一個星期四下午一點三十五分你有多少身家。閱讀紙帶的目的是進行兩項評估，第一，怎樣交易；第二，何時交易。也就是說，確定到底是買進還是賣出更為明智。行情紙帶發揮作用的道理在股票市場上與在棉花、小麥、玉米或燕麥等其他市場上完全一致。

我們觀察市場——觀察行情紙帶記錄的價格軌跡，目的只有一個：判斷市場方向，也就是價格走勢。我們知道，價格要麼上漲、要麼下跌，這取決於它遭遇的阻力大小。為了便於理解，我們可以這樣表述，正如其他事物一樣，價格沿著阻力最小的路線運動[24]。因此，如果它在上升時受到的阻力比在下降時受到的阻力更小，它就會上升；反之亦然。

對於市場到底屬於牛市還是熊市，只要行情已經發展到相當程度，我們就不應當感到困惑。如果某人的頭腦保持開放，且具備合理的觀察能力，則趨勢顯而易見；如果硬要讓事實遷就自己的理論，那恰如削足適履，絕非明智之舉。如此看來，我們本來就會知道到底是牛市還是熊市，也能夠做到；而如果分辨出了牛市還是熊市，也就知道了應該買進還是賣出。因此，我們應該在行情起始階段儘早瞭解到底是應該買進還是賣出。

舉例來說，假定市場正處在橫向波動階段，一如往常地在十個點的範圍內上下擺動，上方大致達到

[24] 作為術語，其被稱為「最小阻力路線」，一般描述時，可以說成「阻力最小的路線」、「阻力最小的行情路線」或「阻力最小的價格路線」等。這是本書中李佛摩提出的一個關鍵理論，譯者在附錄三中做了進一步解析，供參考。「最小阻力路線」大體上就是指市場「趨勢」。李佛摩認為，當市場突破關鍵點位之時，正是最小阻力路線顯現的那一刻，相當於揭示趨勢發生或恢復的重要突破信號。

一三〇，下方大致為一二〇。當它處於底部的時候，可能看上去十分疲軟；或者，當它向上擺動的時候，在上漲了八到十個點之後，可能看上去十分堅挺。某人不應受表面現象的迷惑而入市交易。他應當耐心等待，直到行情紙帶告訴他時機已經成熟。事實上，人們往往因為股票看起來便宜而買進，看起來昂貴而賣出，由此損失的金錢左一百萬、右一百萬，數都數不完。投機者不是投資者，他的目標不是為了按照一個比較有利的利率水準獲取固定的資金收益，而是透過價格的上升或下降來博取利潤，不論他選擇哪一個市場交易。於是，需要判定的關鍵因素是，從交易的那一刻向前展望的阻力最小的行情路線；而他應當耐心等待的是市場明確界定自身阻力最小的行情路線的關鍵時刻，因為這才是他積極入市的信號。

閱讀行情紙帶不過是幫助他看出，在一三〇的位置賣出壓力比買進壓力更強一些。按邏輯，價格隨後應有所回落。直到此時，賣方相對於買方仍占據主動，而浮於表面的紙帶研究者可能判斷價格將持續上漲，直到一五〇之前都不會駐足，於是他們買進。但是，回落開始了，他們或者套牢不動，或者割肉認賠一點，有的甚至轉而賣空，並開始議論空頭行情。然而，在一二〇附近，下跌行情遭遇了更強大的抵抗。買方相對賣方占據主動，於是市場回升，空頭回補。投資大眾如此經常地來回拉鋸，就是不肯接受教訓，其固執程度令人吃驚。

終於事情有了新的進展，進一步增強了市場向上的力量或者向下的力量，於是最大阻力點隨之上移或者下移，也就是說，在一三〇的價位，買進壓力第一次超過了賣出壓力；或者在一二〇的價位，賣出壓力第一次超過了買進壓力。價格將突破原有的邊界或者原來的行情極限位置而繼續發展。一般說來，總會有一群交易者在一二〇處賣空，或者在一三〇處做多，因為當時的行情看起來風頭正勁。後來市場對他們不利，過了一陣之後，他們被迫改變自己的看法，或者轉向操作或者平倉了結。不論屬於哪一種情況，他們都有助於市場更加清晰地界定阻力最小的價格路線。因此，明智的交易者一邊繼續耐心等待市場明確界定這條價格路線，一邊觀察基本商業形勢以獲得線索，同時，市場參與者群體中碰巧猜錯了的這部分人現在必須糾正錯誤，我們也應觀察他們交易活動的力量。這類糾正性的交易活動傾向於推動價格沿著阻力最小的路線演變。

這裡我要說的是，雖然我並不認為以下結論具備嚴格的數學準確性，或者稱得上什麼投機公理，但是我的經驗向來表明，只要我的頭寸是根據我判斷的最小阻力路線建立的，那麼，偶然事件——那些事前未曾預期或未能前瞻到的事件，總是對我的頭寸有幫助。你還記得我曾經告訴你的在薩拉托加交易聯合太平洋鐵路的故事嗎？好，我之所以做多，是因為我發現阻力最小的路線是向上的。我本該繼續持有多頭頭寸，而不是聽信經紀人告訴我的所謂內部人都在賣出股票的說法。無論公司董事們的腦子裡到底在想什麼，都不可能造成任何實質性的區別。我本來就不可能瞭解他們的意圖。但是，我能夠知道、也的確知道，紙帶正在說「行情向上」！就在這時，出人意料的事情發生了，公司宣布上調紅利，股票價格應聲上漲了三十點。一六四的價位看起來高得嚇人，但是正如我在前面告訴你的，絕不要因為股票價格太高而不能買進，絕不要因為價格太低而不能賣出。實質上，這個價格與我判定的最小阻力路線毫無關係。

在實際操作中可以發現，如果照我所說的那樣交易，則在當日閉市和次日開市之間出現的重要新聞通常也和阻力最小的價格路線協調一致。市場趨勢早在新聞發布之前便已經確立，在牛市行情下，看空的消息被市場忽略，看多的消息則被市場放大；反過來，也是一樣的道理。第一次世界大戰結束前夕，市場處在非常疲軟的狀態。這時，德國宣告實行潛艇戰政策[25]。當時我已經賣空十五萬股股票，不是因為我知道即將出現這則新聞，而是因為我遵從最小阻力路線交易。就我的交易操作而言，後來發生的一切都沒有任何神祕之處。當然，那天我充分利用這則消息帶來的機會，軋平了所有的空頭頭寸。

由此可見，你必須做的一切就是觀察紙帶，確定市場的關鍵點位[26]，並隨時做好準備，一旦判明市場阻力最小的路線，便立即順其方向交易。這聽起來非常簡單，但是在實際操作過程中，必須對許多東西嚴加防範，其中最重要的是防範你自己——警惕你的人性。站在正確一面的人總是同時得到兩股力量的幫助，一是基本形勢，二是那些站在錯誤一面的人。我之所以強調這一點，原因正在於此。在牛市行情裡，看空的因素被人們忽視。這正是人性，然而，人們往往聲稱對這些因素後來的作用感到吃驚。人們會告訴你，小麥產量一落千丈，因為在這塊或那塊產區天氣一直很糟糕，有些農戶已經被毀了。等所有麥地收割完畢，所有小麥產區的所有農戶開始把小麥運送到穀倉的輸送帶上時，多頭們才開始對天氣造成的損失之小感到吃驚。現在他們發現，他們只不過幫了空頭一個大忙。

當你在大宗商品市場操作的時候，絕不可對市場抱有成見，必須保持頭腦的開放和靈活性。無論你對下季農作物收成或者可能出現的需求情況持有什麼樣的看法，對紙帶上的訊息置若罔聞都是不明智的。我回想起當初自己因為企圖預期行情開始的信號，反而錯過了一波大行情。當時我感覺對基本形勢太有把握了，以至於認為不必等待市場確定最小阻力路線的那一刻。我甚至自以為或許可以幫助市場捅破那層窗戶紙，因為市場看起來碰一碰就會倒下[27]。

我對棉花非常看好。它正在十二美分附近徘徊，在一個中等幅度的區間範圍內上上下下。它正處在進退兩難的狀態，我能看出來。我知道自己其實應該等待。但是鬼迷心竅，我誤以為只要稍微推它一把，它就會越過上方的阻擋關卡。

我買入了五萬包棉花。果然，它開始向上移動。然而，同樣果然的是，只要我停止買進，它也停止上移。然後，慢慢退回我開始買進的原地。等我賣出平倉之後，它又停止下降。折騰一次後，我思忖，現在距離行情開始要近得多了，於是再次誤以為單憑自己就可以啟動它。於是，再次動手。情況和上次一樣。買進，行情向上移動；停手，行情又回到原地。這樣的傻事我竟然一連幹了四回或者五回之多，直到最後厭惡至極才罷手。這一通折騰，我損失了大約二十萬美元，於是我徹底放棄。就在此後不久，它終於開始上漲，一路不停，一直漲到如果我當初進去現在就能發大財的高價位——要是當初不是匆匆

25 第一次世界大戰期間，德國在實行無限制潛艇戰（一九一七年二月一日）之前，潛艇攔截商船後，允許乘客和船員離開船隻，再用艦炮擊沉商船。

26 李佛摩所說的關鍵點位指的是主要均價，一旦市場確定無疑地突破了這類價格水準，要麼表明新趨勢已經產生，要麼表明調整過程結束，原有趨勢恢復。這類價格水準如同分水嶺，具有揭示趨勢的重要作用。

27 在這幾段話中，李佛摩強調要把對基本形勢的分析（基本分析）和閱讀紙帶技巧（技術分析）相結合。這是實用的經驗之談。但是請注意，兩者並非等量齊觀，後者是決定性的，首先，紙帶是對基本形勢的驗證；其次，操作時機只能以紙帶信號為準。最後這句話，「自以為可以幫助市場捅破那層窗戶紙」，在這裡的本意是強調上述兩者中後者才是決定性的。譯者冒昧地推測，李佛摩可能最終背離了自己發現的這條重要原則，埋下了最終失敗的種子。

忙忙地提早入市。

類似這樣的經歷屢見不鮮，數不清的交易者前仆後繼，一次又一次重蹈覆轍，因此，我可以給出如下規則：在窄幅波動的市場行情中，價格談不上任何明確方向，而是只在狹窄範圍內橫向延伸，在這種情況下企圖預期市場下一步大動作到底是向上還是向下，是沒有任何道理的。這時，你該做的是觀察市場、研讀紙帶，確定價格橫向波動的上下極限位置，拿定主意，除非市場在哪一個方向上突破了上述極限位置，否則絕不沾手。投機客必須讓自己一心一意順從市場，才能謀取利潤；決不能執迷不悟，強求紙帶順從自己；決不和紙帶爭辯，決不要求紙帶說明緣由或給你解釋原因。給股票行情當事後諸葛亮是得不著紅利的。

不久前，我和一群朋友在一起，大家漸漸聊起了小麥。其中有些人看多，有些人看空。最後，他們問我有什麼想法。好，我已經研究這個市場一些日子了，我知道他們不想聽什麼統計數字或者基本形勢分析，於是我說：「如果你們打算從小麥上掙一些錢，我倒是可以提一點建議。」

他們都回答說想掙錢，我便告訴他們：「如果確實想從小麥上掙錢，只要好好觀察它，等著，等它超越一・二〇美元的那一刻買進，就能贏得一筆漂亮的報酬！」

「為什麼現在不買，才一・一四美元？」一位老兄問道。

「因為現在我還不知道它到底會不會漲。」

「那為什麼到了一・二〇美元還買進呢？這個價格看起來已經很高了。」

「你是願意憑著對獲得巨大利潤的嚮往而盲目賭博呢，還是願意明智地投機，取得數額較小但是可能性大得多的利潤呢？」

他們統統說寧願要數額較小但是可能性大得多的利潤，於是我說道：「那就照我說的做，在它向上超越一・二〇美元時買進。」

我在前面曾告訴你，我已經關注小麥市場很長時間了。幾個月來，它一直在一・一〇到一・二〇美元之間成交，特別沒有方向感。好，先生，有天它收市於一・一九美元以上，我立即做好準備。果然，第二天它開市於一・二〇又二分之一，我果斷買進。它一路上漲到一・二一、一・二二、一・二三、一・二五美元，我一路緊緊跟隨。

當時，如果你要我告訴你到底發生了什麼情況，我肯定說不上來。當它處在狹窄區間橫向波動時，找不到任何解釋。我說不準到底它會向上突破一・二〇美元的極限關卡，還是向下突破一・一〇美元的極限關卡，雖然我心中懷疑它更可能最終向上突破，因為世上的小麥還不至於多到足以引發價格大幅下挫的程度。

事實上，歐洲人似乎一直在悄悄地吃進，很多供應商在一・一九美元左右已經都賣空了存貨。由於歐洲人的採購以及其他原因，大量小麥已經運離了市場，因此，最終向上的大幅價格運動開始了。價格向上超越了一・二〇美元的標誌關卡，這是我看到的全部線索，而有了這個，對我來說便足夠了。我知道，它之所以向上超越一・二〇美元，是因為向上的運動終於聚集了足夠的力量把市場推升到上限之上，如此一來，某些事情必然會發生。換句話說，當市場向上超越一・二〇美元後，阻力最小的小麥價格路線就確定了。這時市場完全進入另一個故事了。

我還記得，有一天是個節假日，我們這裡所有市場都休市了。溫尼伯[28]小麥的開盤價上升了每英斗[29]六美分。當我們的市場第二天開市的時候，小麥價格也漲了每英斗六美分。價格的確是沿著最小阻力路線演變的。

剛才對你說的，是我以研讀行情紙帶為基礎的交易體系的精髓。我純粹透過追蹤研究而獲悉價格最可能的運動方向。我還附加了一些測試性交易以檢驗自己的方向判斷，測定市場心理轉化的關鍵時刻。我的辦法是，觀察我開始的試驗性操作後的價格反應。

我曾告訴一些有經驗的交易者，當我預期市場上漲而買進股票的時候，寧願支付更高的價格；而當我賣出的時候必須在更低價賣出，否則就根本不做。令人吃驚的是，許多人聽到這話竟然露出懷疑的神色。如果一位交易者始終對投機原則堅持不悖，也就是說，總是等待市場本身確定其最小阻力路線之後，僅當紙帶說「漲！」的時候開始買進，僅當紙帶說「跌！」的時候開始賣出，掙錢或許就不會如此困難了。隨著市場逐漸上升，他應該亦步亦趨逐漸加倉。起初，他只買進全部額度的五分之一。如果這筆頭寸未形成帳面利潤，他絕不可以增加持倉，因為顯然開頭他便是錯誤的，至少暫時是錯誤的。而無論何時，犯錯都不會有利可圖。當然，他面對的還是曾經說「漲！」的同一條紙帶，不過，這不一定意味著紙帶撒謊了，而是因為它現在說「等一等！」而已。

在棉花上，我在很長時間裡一直保持著非常成功的交易紀錄。我有一套獨門心得，而且將其徹底付諸實踐。舉例來說，假設我決定投入的總額度為四萬到五萬包。好，我會如自己所言，研讀紙帶，觀察買進或者賣出的機會。再假設市場的最小阻力路線顯示為看漲行情。好，我會先買進一萬包。在完成這筆買入之後，如果市場比我最初買進的價格上漲了十個點，我就再吃進另外一萬包。市場表現前後一致，這時，如果我能取得每包二十個點，甚至一美元的利潤，就會再買進兩萬包。於是，我完成了自己的總建倉額度——我的交易基礎。然而，如果在買入最初的一萬包或兩萬包之後出現了帳面虧損，我便立即平倉了結。在這種情況下，或許我只是暫時是錯誤的。但是正如前面所說，不論在哪個市場，如果開頭便錯，就不值得再做下去了。

當我堅守自己的交易體系時，所取得的成就是，在每一輪真正的價格運動中都不落下，始終能夠建立棉花頭寸。在我逐步加碼到滿倉的過程中，或許因為我採取試探式的操作方式會斬掉五萬或六萬美元。看起來這樣的試探成本很高，其實不然。一旦真正的價格運動開始後，花多長時間才能讓我彌補當初為了確保建倉時機正處在恰當時點而試探、斬掉的損失呢？根本不花時間！在正確的時機站在正確的一邊，總是值得的。

我想我也曾經說過，這些介紹的內容或許可以被稱為我的建倉體系。只用簡單的算術就可以證明。如果僅在獲利的條件下才投入大額的風險頭寸，那麼反過來，當你虧損的時候，只是小額試探的頭寸遭受虧損。實際就是這樣。如果某人按照我介紹的方式交易，就總能建立有利可圖的頭寸，重倉贏取利潤。

28 編注：Winnipeg，加拿大南部大城，是加拿大最大的穀類集散地，也是世界最大的小麥市場。

29 編注：bushel，或譯蒲式耳，英制容量與重量單位。美國農產品的期貨市場以「美分／英斗」為價格單位，不同農產品對應的英斗定義略有不同。

職業交易者根據他們的市場經驗，總會形成這樣或那樣的一套交易體系，這取決於他們對待投機這一行的態度或者他們的志向。記得曾經在棕櫚灘遇到過一位老先生，我沒有記住他的名字，一下子想不起來了。我知道他曾經在華爾街摸爬滾打多年，一直可以追溯到南北戰爭時期，有人告訴我他要老得成精了。他親身經歷了太多的繁榮和恐慌。他有一句老生常談：「太陽底下沒有新鮮事，至少在股票市場根本沒有。」

這位老人問了我很多問題。當我把自己在交易中通常採取的做法對他說完後，他點著頭說：

「是啊，是啊，你做得對！你逐步建倉的路子，你思考判斷的路子，為你造就了一個好體系。按照你說的道理做，容易實行，因為你對投入的資金憂心最少。我想起了派特・赫恩（Pat Hearne），聽說過他嗎？嗅，他是一位很著名的交易人士，在我們那裡有一個帳戶。這傢伙真聰明，而且很冷靜。他在股票上掙了錢，於是人們向他請教交易建議。可他難得開口。很多人都向他諮詢自己的交易是否明智，要是實在躲不過去，他便會舉出他最喜歡的一句賽馬場格言：『不下注不知輸贏。』他在我們的營業廳交易。他會先買進某檔活躍股一百股，如果它有一個點的上漲，這時再買入另一筆一百股；再漲一個點，再買一百股，以此類推。他總是說，他做交易不是為了讓別人掙錢的，因此，總要在最後一筆買入的成交價格的一個點之下設置止損指令。如果價格保持上升，他便跟著市場上調止損的點位。當市場出現一個點的回落時，股價會觸發他的止損指令，讓他出市。他宣稱，無論損失出自他原來的保證金，還是出自他的帳面利潤，只要超過一個點，都是沒有任何道理的。

「你知道，一位職業投機客並不指望做長線掙大錢，而是指望掙有把握的錢。當然，如果機會來了，做長線也沒問題。在股票市場上，派特既不追求內幕消息，也不指望一星期掙二十個點的大行情，而是掙有把握的錢，數額只要足以維持美好生活就行。我在華爾街閱人無數，在圈外人士中，派特・赫恩是唯一的一位把股票投機看作純粹機會的遊戲，就像二十一點紙牌遊戲或者輪盤賭，同時明智地長期堅持一套相對可靠的下注方法。

「派特過世以後，我們有一位原先總是和他一道交易的客戶，他照搬派特的系統，在拉克萬納公司（Lackawanna）的股票上獲利超過十萬美元。之後，他的操作對象也從拉克萬納轉到其他一些股票。因為手上擁有一大筆賭本，他以為用不著再死抱派特那一套了。當市場出現回落行情的時候，他沒有把虧損限制在小額，而是聽任虧損增長——好像虧損不是虧損而是利潤似的。自然，他的每一分錢都賠進去了。當他終於罷手的時候，還欠我們幾千美元。

「他後來又在那裡晃蕩了二三年。雖然資金賠光了，但是他對交易的熱衷依然保持了好長時間，不過只要他規規矩矩，我們倒也不反對。我記得他總是直言不諱當初愚蠢至極，千不該萬不該，不該把派特・赫恩的交易方式半途而廢。好，一天他興沖沖地來找我，請求我讓他在我們營業廳賣空某檔股票。他人還算不錯，在他走上坡路的時候也曾經是一位好客戶，於是我告訴他，我個人願意擔保他的戶頭可以做一百股。

「他賣空了一百股萊克肖爾（Lake Shore）。那時候正是威廉・崔佛斯猛砸市場的時候，那是一八七五年。我這位朋友羅伯茲拋空萊克肖爾公司的時候正在火候上，此後他隨著行情發展一路不斷加碼，彷彿找回了他在拋棄派特・赫恩的交易體系之前那段交易成功時期的老習慣，不再聽從希望和憧憬的神祕召喚。

「好，先生，羅伯茲在接連四天中成功實施了依次加碼，他的帳戶形成了一萬五千美元的帳面利潤。我看到他並沒有在我們這裡預先設置止損指令，便提醒他注意這個問題，他告訴我，崩跌行情剛剛開了個頭而已，他可不想被隨隨便便一個點的行情回升震出來。說這話時是八月。結果九月中旬不到，為了給他的第四個孩子買一輛嬰兒車，他還得向我借十美元。他沒有堅守自己的經過實踐檢驗的交易體系。他們之中絕大多數都是這個問題。」

這位老夥計看著我搖搖頭。

他說得對。有時我覺得，投機的行當肯定不屬於自然的商業行為，原因在於，我發現普通投機者的天性都是和他自己做對的。人們大多都有一些共同的弱點，少有例外的是，這些弱點對投機成功構成了致命的威脅——而在日常生活中，通常正是這些弱點才使他能夠討得同伴們的青睞。或者，當他在其他方面冒險的時候，倒是通常能夠對這些弱點保持特別高的警惕，因此，這些弱點在其他方面的危險程度，遠遠比不上當他在股票市場或大宗商品市場做交易的時候。

投機者的主要敵人總是潛藏在他的內部自挖牆腳。不可能把「希望」從人類的天性中割除，也不可能把「恐懼」從人類的天性中摘掉。在從事投機時，如果市場對你不利，每一天你都希望這是最後一天。盲目聽從希望的擺布，不接受最初的損失，到頭來，虧損反而變本加厲。對於開疆拓土的帝國建設者和大大小小的拓荒者們來說，正是「希望」這個共同的天性，成為他們強有力的盟友，幫助他們走向勝利。另一方面，當市場對你有利時，你越來越擔驚受怕，害怕下一天市場會把你的利潤奪走，煮熟的鴨子飛了，於是你過早地平倉出市！恐懼使你不能掙到你本應掙到的那麼多利潤。成功的交易者不得不和這兩類深藏在自身內部的本能做鬥爭。他不得不和那些你或許會稱之為「自然衝動」的東西反其道而行之。在天性讓你充滿希望的時候，不可希望，而是必須戒懼戒惕；在天性讓你恐懼的時候，不可恐懼，而是必須滿懷希望。成功的交易者必須恐懼，因為虧損可能滋長坐大，最終釀成大得多的損失；他也必須希望，因為利潤可能滋長坐大，最終積累為一大筆利得。按照普通人的方式在股票市場賭博，絕對是沒有出路的。

從十四歲開始，我便一直投身於投機事業。這麼多年來，這是我唯一從事的行當，我想我知道自己在說什麼。我已經經歷了近三十年持續不斷的交易生涯，其中既有本金微不足道的時候，也有坐擁數百萬美元的時候，最終獲得的結論是，某人在某一時期有可能戰勝某檔股票甚至某一類股票，但是沒有哪個活人能夠擊敗股票市場！某人可能在棉花或穀物的某一筆交易中掙到利潤，但是沒有人能夠擊敗棉花市場或穀物市場。這就像賽馬，某人可能在一場賽馬中取勝，但是不可能戰勝賽馬這個行當。

要是我有辦法強調、再強調，讓你刻骨銘心，那該多好啊！不論什麼人說什麼話來反對，都是這些道理，不會有任何不同。我說的這些話不容置疑，我知道我這麼說是正確的。

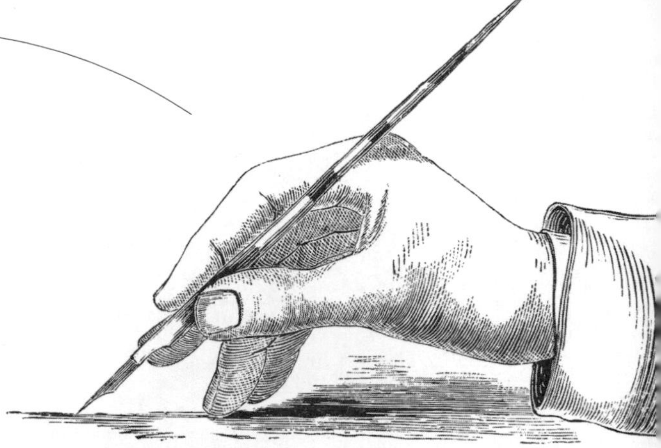

CHAPTER 11

聲東擊西巧出貨，巨額棉花借東風

現在把話題拉回到一九〇七年十月。我買了一艘遊艇，做好了所有準備，打算離開紐約到南方水域遊弋一番。我對釣魚簡直著魔了，一心想著在自己的遊艇上盡情釣魚，想去哪兒就去哪兒，想待多久就待多久。萬事皆備。我已經在股票市場大有斬獲，然而，就在出發前的最後一刻，玉米卻把我絆住了。

這裡必須做一番解釋，在那場給我帶來第一個一百萬美元的市場恐慌之前，我曾經一直在芝加哥的交易所交易穀物。當時我做空了一千萬英斗的小麥和一千萬英斗的玉米。我對穀物市場已經追蹤研究了很長時間，在看空股票市場的同時，也看空玉米和小麥。

好，兩個市場都開始下跌，不過就在小麥持續下跌的時候，芝加哥規模最大的作手——我就稱他為斯特拉頓（Stratton）吧——突發奇想，打算囤積操縱玉米。我在股票市場清倉後，本來已經準備乘遊艇前往南方，卻發現雖然小麥市場給我帶來了不俗的利潤，但在玉米上，斯特拉頓已經炒高了價格，我有相當大的虧損。

我知道國內市場上玉米的數量比這個價格所顯示的多得多。供需法則一如既往地發揮作用。但是，需求主要來自斯特拉頓，而供給根本還沒有到達市場，因為玉米運輸遇到了交通嚴重「阻塞」的情況。我記得，我那時總是祈禱來一場寒潮把泥濘不堪的路面凍結實，好讓農戶們把玉米運送到市場。然而，每次都落空。

就這樣，一方面我期盼計畫中的釣魚旅程快快成行，另一方面玉米上的虧損卻生生拽著不讓我走。市場像現在這樣子，我是不能甩手就走的。斯特拉頓自然隨時密切關注著空頭的動向。他知道已經抓到我了，而我對雙方的情況和他一樣清楚。不過，正如我前面說的，我當時正盼著自己或許能夠打動老天爺，讓老天爺趕緊動手幫幫我。老天爺也罷、其他神仙也罷，對我的需求都沒有一分一毫的關照，於是我死了心，認真琢磨怎樣透過自己的努力擺脫當前的困境。

我軋平小麥的頭寸，利潤豐厚。然而，玉米的問題無疑棘手得多。要是能夠按照當時的市場價格平掉自己的一千萬英斗，我會很開心地立即照辦的，雖然虧損還是比較大。但是，一旦我開始買進平倉，軋空主謀斯特拉頓自然會一刻也不耽誤，立即加緊擠壓市場，如此一來，就會因為我自己的買進把價格一路抬上去，簡直是用自己的刀割自己的喉嚨。

雖然玉米行情堅挺，但是我希望開始釣魚旅程的心情更迫切，因此我必須靠自己找法子立即解脫。我必須進行一場戰略大撤退。我必須買回一千萬英斗的空頭頭寸，與此同時還必須把虧損限制在越少越好的範圍內。

碰巧當時斯特拉頓同時也在囤積操縱燕麥行情，並把該市場控制得很好。我密切追蹤所有穀物收成方面的新聞、交易池內的流言等，我聽說強大的阿莫陣營（Armour Interests）[30]在市場方面對斯特拉頓來意不善。我當然知道斯特拉頓不會讓我如願買到玉米的，除非按照他定的價錢，但是在我聽說阿莫陣營有意修理斯特拉頓的傳言的那一刻，立即想到，或許可以指望芝加哥的交易商們伸出援手。他們有可能幫到我的唯一辦法是，由他們賣給我斯特拉頓不願意賣給我的玉米。其他都好辦。

首先，我安排好向下每隔八分之一美分一筆、每筆五十萬英斗玉米的買入指令。在這些指令就緒後，

[30] 編注：當時美國肉品加工業巨頭，集團跨足多項領域，亦有經營穀物生意。

我讓四家經紀公司分頭同時按照市價賣出五萬英斗燕麥。我料想，這一招應該會引發燕麥的一波快速下跌。我知道那些交易商腦子裡是怎麼盤算的，他們很容易就會猜想阿莫陣營正在對斯特拉頓發動攻擊。他們看到燕麥市場已經打響，就會順理成章地推論，下一個快速下挫的就該輪到玉米了，就會開始賣出它。要是斯特拉頓軋空玉米的詭計破產，油水可就太大了。

我對芝加哥交易商們心理的揣摩絕對正確。當看到燕麥市場由於四面而來的賣出指令快速下跌的時候，他們立即跳入玉米市場，迫不及待地賣出玉米。在接下來的十分鐘之內，我便買到了六百萬英斗的玉米。在發現他們停手不賣的那一刻，我立即按市價買進了剩下的四百萬英斗。這自然導致玉米價格再度上升，但是經過這麼一番騰挪之後，我軋平了一千萬英斗的全部空頭頭寸，而且和我利用交易商們賣出的機會開始買入平倉時的市場價格相比，淨成交價格的差距不到〇．五美分。為了誘導交易商們賣出玉米，當初我做空了二十萬英斗燕麥，平倉的時候損失僅為三千美元，這是成本相當低廉的看跌誘餌。我在小麥上掙到的利潤沖抵了我在玉米上的大部分虧損，在穀物市場所有交易的總體虧損僅有兩萬五千美元。後來，玉米每英斗上漲了二十五美分。毫無疑問，斯特拉頓曾經有機會對我任意宰割。倘若我徑直買進我的一千萬英斗玉米、沒有用心考慮價格成本，到底會付出什麼樣的代價就很難說了。

一個人在一件事上浸淫多年之後，不可能不對它養成某種習慣性的態度，他會和普通初學者有相當大的差別。正是這種差別拉開了專業人士和業餘者之間的距離。正是他看待事物的方式決定了他在投機市場上是賺還是賠。公眾往往對自己的交易操作採取半嚴肅半隨意的態度。他們的自我每每不合時宜地摻和進來，因此他們的思考不可能深入、透徹。專業人士關心的是把事情做對，而不是只惦記著賺錢，他們明白，只要把其他事項都安排妥帖，利潤自會出現。交易者必須學會按照專業撞球選手的方式來從事本行，也就是說，要前瞻好幾步，而不是只考慮眼前這一桿。交易者要以頭寸為本，必須把這一點轉化為職業本能。

我想起曾聽聞關於艾迪生．坎邁克（Addison Cammack）的一則故事，這則故事十分貼切地說明了我打算揭示的內容。就我所聽說的情況來看，我認為坎邁克是華爾街有史以來最出色的股票交易者之一。

許多人相信他總是做空，這並非實情，不過他確實覺得空頭一邊的交易更有吸引力，並且確實樂於充分借助人性的兩大要素——希望和恐懼，來達到自己的目的。以下警句據說是他原創的：「漲勢不減，不賣股票！」老一輩們告訴我，他最大的幾次獲利都是在做多的時候取得的，顯然，他並非根據自己的偏好而是根據市場條件來交易的。不管怎麼說，他都是一位完美的交易者。好像有那麼一次，那是很久以前了，在一輪牛市行情的末端，坎邁克開始看空。而J．亞瑟．約瑟夫（J. Arthur Joseph）得知了這個訊息，他是一位金融撰稿人，很健談。無論如何，市場當時不但堅挺，甚至還在上漲，回應著多方領頭者和報紙上樂觀報導的刺激。約瑟夫知道，對於坎邁克這樣的交易者來說，看空的訊息具有極大的利用價值，於是這一天他帶著利空的消息急匆匆趕到坎邁克的辦公室。

「坎邁克先生，我有一位非常要好的朋友，在聖保羅營業廳擔任交割員。他剛剛告訴我一些事兒，我想你該要知道。」

「什麼事？」坎邁克漫不經心問道。

「你已經掉頭了，對吧？你現在看空了？」約瑟夫問道，想要確認一下。如果坎邁克沒有興趣，他不打算浪費寶貴的資源。

「是。到底是什麼了不起的消息呢？」

「今天我到聖保羅的辦公室轉了轉，為了搜集新聞，平常每週我都要去兩三趟的。那兒的朋友告訴我：『老頭兒正在賣股票。』他指的是威廉・洛克斐勒。『吉米，他真的在賣嗎？』我對他說。他答道：『是的。他正在賣出，向上每隔八分之三美元賣出一萬五千股。我這兩三天裡一直在交割那些股票。』我一分鐘都不曾浪費，立刻趕來見你。」

坎邁克並不容易被打動，不僅如此，他早已習慣於各色人等匆匆忙忙地衝進他的辦公室，帶來各色各樣的消息、街談巷議、謠傳、內幕消息以及謊言，以至於對他們統統失去了信任。他淡淡地答道：「你確實這樣聽說的嗎，約瑟夫？」

「我確實？那還有假！你以為我是聾子嗎？」約瑟夫說。

「你那位朋友靠得住嗎？」

「絕對可靠！」約瑟夫斷言，「我已經認識他很多年了。他從不對我扯謊。他不會！沒得說！我知道他絕對靠得住，我願意拿性命擔保他告訴我的話。他是這個世界上我最瞭解的人，似乎比你瞭解我的程度深多了，儘管咱倆相處了這麼多年。」

「對他有把握，嗯？」坎邁克說著，再次凝視著約瑟夫。於是他說道：「好，你應該清楚。」他叫來他的經紀人，W・B・惠勒（W. B. Wheeler）。約瑟夫期待著他會給後者下指令賣出至少五萬股聖保羅。威廉・洛克斐勒利用市場堅挺的機會正大舉拋售他的聖保羅持倉。他賣這些股票到底屬於投資性質還是投機性質並沒有什麼關係。唯一重要的事實是，標準石油幫（Standard Oil crowd）中最厲害的股票交易商正在脫手聖保羅。如果一位普通人從可靠的來源聽到這樣的消息，他會怎麼做呢？根本不用問。

然而，坎邁克，那個時代最精明的空頭交易者，當時又正對市場看空，卻對他的經紀人說：「比利，跑一趟交易所，向上每隔八分之三美元買進一萬五千股聖保羅。」該股票那時的行情在九十多美元。

「你是說賣出吧？」約瑟夫急忙插話道。他在華爾街可不是初學乍練，不過他對市場的看法是從一位新聞記者的角度出發的，順便提一句，這正是一般大眾的角度。從內部人賣出的消息來看，價格肯定應該是走低的。不僅如此，還能有什麼內部人能夠比得上威廉．洛克斐勒先生這樣的分量呢？標準石油出貨，而坎邁克買進！不可能！

「不，」坎邁克重申，「我指買進！」

「難道你不相信我？」

「相信！」

「難道你不相信我的消息？」

「相信。」

「難道你不看空嗎？」

「看空。」

「好，那怎麼說？」

「這正是我買入的原因。現在聽我說，你要和你那位可靠的朋友保持聯繫，一旦他們按比例賣出的行動停手了，要立刻讓我知道。立刻！你明白嗎？」

「好。」約瑟夫答應道，告辭離開。他沒多少把握，不知道自己是不是真的理解坎邁克買進威廉・洛克斐勒的股票的用心。他知道坎邁克對整個市場是看空的，這令他對坎邁克的這番舉動更加困惑。無論如何，約瑟夫還是去見了他那位擔任交割員的朋友，要他盯緊「老頭兒」何時停止拋售，第一時間把消息告訴自己。約瑟夫每天兩次找他的朋友，打探消息。

一天，交割員告訴他：「現在老頭兒那裡沒有運來更多股票了。」約瑟夫謝了他，趕緊跑到坎邁克的辦公室通報消息。

坎邁克一字不漏地仔細聽了，回身問惠勒：「惠勒，我們營業廳總共有多少股聖保羅？」惠勒查了查，報告說他們總共累積了六萬股。

坎邁克當時是看空的，甚至在他開始買進聖保羅鐵路之前，便已經賣空了其他鐵路公司的以及各種各樣的股票。現在他重倉賣空整個市場。他馬上吩咐惠勒賣出他們做多的六萬股聖保羅，並且繼續賣空。他利用他在聖保羅鐵路的多頭持倉做為手段，壓低了整個市場，這輪下跌給他的空頭操作帶來極大好處。

聖保羅持續下跌，直到四十四美元，坎邁克從中狠狠賺了一筆。他出牌的技藝已經到了登峰造極的地步，也獲得了與之相稱的利潤。我這裡要說的是他對待交易的習慣性態度。他連想都不用想，立即看出比在一檔股票上獲利重要得多的東西。他深謀遠慮，看出這是天賜良機，這麼做不僅可以為將來發動大規模的空頭操作選擇合適的時機，而且可以恰到好處地形成第一輪推動。關於聖保羅鐵路的那則內部消息導致他買進而不是賣出，是因為他立即看出這正好可以為他的空頭行動提供巨大的彈藥儲備。

還是回頭說我自己。我軋平了小麥和玉米，駕著遊艇前往南方。在佛羅里達的海域巡航，度過了一段開心時光。釣魚真是棒極了，諸事順遂，我感覺對塵世了無牽掛，也無意自尋煩惱。

一天，我在棕櫚灘登岸。碰到了許多華爾街的朋友和其他熟人。所有人都在議論一位當時最引人注目的棉花投機客。來自紐約的一則報導說，珀西．湯瑪斯（Percy Thomas）賠光了每一分錢，風傳這位世界聞名的大作手在棉花市場第二次遭遇滑鐵盧。

我始終對珀西．湯瑪斯抱有崇高的仰慕之情。頭一次聽說他是從報紙上看到的，報導的是股票交易所的經紀商會員謝爾敦—湯瑪斯公司（Sheldon & Thomas）破產，當時湯瑪斯正在力圖操縱棉花市場，謝爾敦欠缺他合夥人的遠見或者勇氣，在其臨門一腳的時刻臨陣退縮。至少，當時華爾街上都是這麼說的。不管怎麼說，他們不但沒能狠賺一票，反而弄出了多年之內最為轟動的一場大敗仗。我忘了他們賠了幾百萬美元，公司關門大吉，於是湯瑪斯從頭開始獨自交易。他把全部身心都投入到棉花上，沒過多久就重新站了起來，連本帶利償還了債主的債務，雖然在法律上，償還這些債務已經不再是他的義務了。他還債之外，還給自己剩下了一百萬美元。他在棉花市場東山再起的傳奇，堪比懷特執事在股票市場的著名事蹟，後者在一年內清償了一百萬美元債務。湯瑪斯的勇氣和智慧讓我佩服得五體投地。

棕櫚灘的每個人都在議論湯瑪斯交易三月棉花合約時的傾覆事件。你可以想見這類議論越傳越邪乎的情形，當你聽到的時候，其中免不了夾雜著以訛傳訛、加油添醋或修飾發揮的成分。我就遇到過關於我自己的一則傳言，它傳來傳去，傳的同時不斷增加新內容和繪聲繪影的細節，最後面目全非。不到二十四小時它就重新傳回「原創者」那裡，結果原創者也認不出自己的傑作了。

珀西・湯瑪斯再度遭遇不幸的消息把我的心思從釣魚拉到了棉花市場。我搜集了有關的交易報告，閱讀這些資料來釐清市場環境演變的脈絡。當回到紐約的時候，我便全神貫注地研究該市場。每個人都看空，每個人都在賣空七月棉花合約。你知道人們是怎麼回事，我猜測，人們之所以做某件事，往往因為他身邊每個人都在做同樣的事，這是社會感染作用的典型案例。或許這屬於人們群集本能（herd instinct）的某種表現，或者說群集本能改頭換面的某種形式。無論如何，根據廣大交易者們的看法，賣出七月棉花乃是明智之舉、穩妥之舉，只有這麼做才安全！把一般人的賣空歸結為輕率，那實在太輕描淡寫了。交易者們眼中只有市場的一個側面，只看見大把大把的利潤，他們確信不疑地預期價格即將崩跌。

我當然看到了這一切，有一點給我留下了很深的印象，就是做空的夥計們已經沒有太多時間用來買進平倉了。我對形勢研究得越深入，對這一點的觀察便越清晰，終於決定買進七月棉花。說幹就幹，我很快買入了十萬包。吃進的過程沒有遇到任何麻煩，因為實在太多的人都在賣出。假如懸賞一百萬美元，看誰能夠找到一位不賣出七月棉花的交易者，那麼在我看來，恐怕沒人有法子拿到這筆賞金。

這話說的是五月下半個月。我繼續買進更多棉花，他們則繼續賣出，直到最終我接手了所有在市面上流動的合約，總共十二萬包。就在我買進最後一筆棉花合約之後沒過幾天，市場開始上漲。上漲行情對我偏愛有加，一旦開頭便一發不可收拾，也就是說，它每天都上升四十到五十點。

在一個星期六，大約在我動手操作的十天之後，價格變成慢慢爬升。我不知道市面上還有沒有更多七月合約賣出。這得靠我自己來探明，於是我按兵不動，等待最後十分鐘。我知道，那些夥計通常都在這個時間賣空，如果當天市場的收市價上升，那麼這些人就篤定被套住了。於是我給四家經紀人同時發出買入指令，每一家買進五千包，都按市價，同時入場。這一招刺激行情上漲了三十點，空頭們施展渾身解數力求掙扎脫困。當天市場收市於最高點。請記住，我所做的，不過是買光了最後的兩萬包。

下一天是星期日。星期一，利物浦的開市價應當上升二十點，才能和紐約的上漲持平。然而，它上漲了五十點。這意味著利物浦的漲幅比我們這裡的漲幅高一〇〇%以上。我和那裡的市場上漲毫無關係。這就表明了，我的推理建築在牢靠的基礎上，我的交易符合最小阻力路線。與此同時，我並沒有失去清醒的頭腦，我有天量的多頭倉位需要處置。不論市場急劇上漲，還是逐漸上漲，吸納賣盤數量的能力終究有一個極限。

來自利物浦的電報當然驅使我們的市場狂熱起來。然而，我注意到，行情越高，七月棉花似乎越稀少。我沒有釋放自己的任何持倉。對空頭們來說，雖然星期一的走勢既不值得興奮也沒什麼可高興的，但是，我沒有察覺到即將出現空頭恐慌的任何蛛絲馬跡，沒有任何跡象顯示空頭的防線即將崩潰、要競相平倉了。我手上有十四萬包的巨額多頭倉位，必須為它們找到市場。

星期二早晨，當我前往辦公室的時候，在大樓的入口處碰到了一位朋友。

「今天早晨《世界報》上的報導相當引人注目。」他微笑著說道。

「什麼報導？」我問他。

「什麼？你是說沒有看到報導嗎？」

「我從來不看《世界報》。」我說，「報導什麼了？」

「嘿，滿篇都是你，報導說你把七月棉花控盤了。」

「我沒有看到。」我告訴他，和他分開後，我不知道他到底相信不相信我的話。他可能認為，我沒有對他坦言那篇報導到底是不是真的，實在不夠意思。

我趕到辦公室後，打發人去找來一份報紙。沒錯，確實有一篇報導，在頭版上，標題大大地寫著：

七月棉花被賴瑞．李文斯頓控盤

當然，我立即意識到這篇文章將會把市場的水完全攪渾。即使我已經處心積慮地為處置我的十四萬包棉花尋找最周全的方法和手段，也不可能找到比這更好的機會了。根本不可能找到這樣的機會。這篇文章正巧出現在節骨眼上，正在傳遍全國，人們要麼從《世界報》上讀到，要麼從其他報紙的轉述中讀到。文章也透過電報傳到了歐洲。從利物浦市場的棉花價格來看，這一點是顯然的。市場簡直瘋狂了。既然有這樣的消息，其結果便毫不奇怪。

我自然料到紐約會有怎樣的反應，也知道該怎麼做。這裡的市場十點開市。十點過十分的時候，我手上已經一包棉花都沒有了。我讓他們拿走了我的十四萬包，一包沒留。我的大部分頭寸賣出成交價最終被證明是當日的最高價。交易者們為我創造了市場。我所做的一切不過是看出了賣出我的棉花的天賜良機。我抓住機會，因為這已經由不得我了。捨此還能做什麼呢？

我很清楚，棉花出貨的問題本來需要我花費大量心血才能有解，不期然天上掉下這篇文章，一下子解開了我的心結。如果《世界報》沒有刊登這篇文章，我一定會犧牲一大塊帳面利潤才能最終脫手大額頭寸。在賣出十四萬包七月棉花的同時避免價格下跌，這樣的魔法已經超出了我的能力範圍。然而，《世界報》的報導乾脆俐落地替我表演了這齣把戲。

《世界報》出於什麼目的發表它，我說不上來。我絕不知情。我猜測作者可能得到了某位棉花市場朋友的內幕消息，以為自己能夠搶先推出獨家新聞。我從來沒有遇到過那篇文章的作者或者《世界報》的其他任何人。那天上午九點之後，我才知道報紙上有這篇文章，並且要是我那位朋友沒有引起我對它的注意，我可能到那時還被蒙在鼓裡。

沒有它，便沒法找到足夠大的市場來出脫我的頭寸。這是大手筆交易的一大麻煩。當你離場的時候沒法悄悄溜掉，不像小額交易那樣穩便。當你希望賣出時，或者當你認為應當賣出時，並不總能如願以償。你必須在你能夠賣出的時候離場，乘著市場足以吸納你所有頭寸的時候。抓不住離場機會，可能讓你付出數百萬美元的代價。不可猶豫，機會稍縱即逝。你還不能耍花招，比如和空頭競爭，把價格打上去，結果就會削弱市場的吸納能力。這裡我要向你強調，隨時察覺交易機會，說起來容易做起來難。必須時刻保持高度警惕，這樣，當機會來敲門的時候才能一把抓住。

當然，並不是每個人都知道我這次幸運的際遇。在華爾街，實際上哪兒都一樣，給某人帶來大錢的任何事件都被視為大有可疑。如果該事件沒有給當事人帶來好處，那就從來不會被人看成意外事件，而是因為你太貪婪或者狂妄自大而咎由自取。反過來，如果給當事人帶來了利潤，他們就會稱之為強盜打劫，說是奸詐之徒得意、正派好人遭殃云云。

是那些心術不正的空頭自己行事草率，招致了市場的懲罰。到頭來，這些人一邊舔著自己的傷口，一邊指責我一手策劃了這次意外而成功的襲擊。不但他們，其他人也持有同樣的想法。

一兩天之後，一位在全世界棉花市場都可以稱雄的仁兄碰到我，說：「這一定是你有史以來幹得最滑頭的一次，李文斯頓。我很想知道，如果你在市場上自行處置那些頭寸會損失多少錢？你知道，如果不想引發大拋售，這個市場只能吸納不超過五萬包棉花，那麼剩下的你怎麼設法才能既不損失帳面利潤又能出貨呢？這個問題開始讓我感到很好奇，我可想不出你的詭計，機靈，真機靈。」

「我與這事毫不相干。」我向他保證，盡最大努力表達自己的誠意。

然而，他一個勁兒反覆叨嘮：「太機靈了，好傢伙，太機靈了！不要這麼謙虛嘛！」

正是在這樁交易之後，某些報紙把我稱為「棉花大王」。不過，我已經說過，我真的不配這個頭銜。我想沒有必要提醒你，要收買紐約《世界報》的那個專欄，把全美國的錢拿來都不夠，或者說誰都不可能發揮個人影響力來確保它刊登那樣一篇報導。當時它給我帶來的完全是誇大不實的虛名。

然而，我之所以講這個故事，並不是為了賣弄什麼虛名，這類虛名有時張冠李戴，硬壓到了其實並不相稱的某人頭上；也不是為了強調抓住機會的重要性，不論機會是什麼時候來的、怎麼來的。我的目的只不過是說明自從七月棉花交易之後，報紙上對我大潑髒水的原因。如果不是這些報紙，我可能遇不到那位著名的人物——珀西．湯瑪斯。

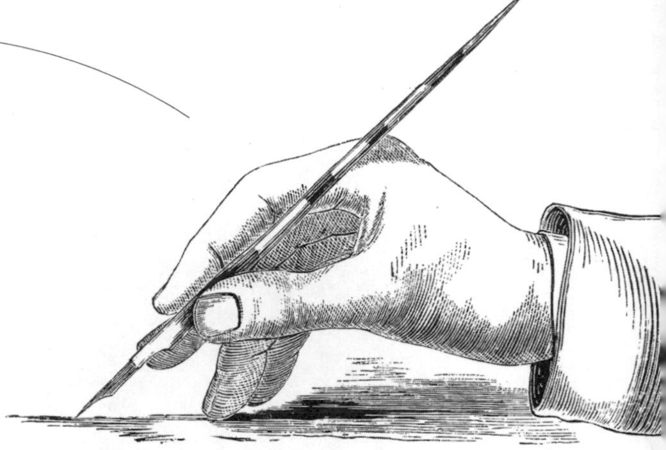

CHAPTER 12

巧舌如簧蔽主見，數百萬金付東流

就在喜出望外地了結七月棉花交易之後不久，我收到了一封信，寫信的人要求和我會面。來信署名是「珀西．湯瑪斯」。我當然立即回覆，很樂意見到他，歡迎他在任何方便的時候到訪我的辦公室。第二天，他來了。

我對他仰慕已久。不論哪裡，但凡和種植棉花或者買賣棉花沾邊的地方，他的名字都家喻戶曉。在歐洲，以及在美國各地，人們和我交談時都引用珀西．湯瑪斯的觀點。我記得有一次在瑞士的一處度假勝地，我和一位開羅的銀行家聊了聊，他和已故的歐尼斯特．卡賽爾爵士（Sir Ernest Cassel）聯手在埃及種植棉花。當他聽說我來自紐約的時候，立即向我詢問珀西．湯瑪斯，後者的市場報告他一期不落地認真收讀。

我總想著，湯瑪斯是以科學的態度做生意的。他是一位真正的投機者，一位具有夢想家般的遠見、鬥士般的勇氣的思想者，也是一位消息極其靈通的人士，在棉花方面既有深厚的理論造詣，又精通實際交易。他樂於傾聽，也樂於貢獻自己的觀念、理論和心得。與此同時，他對棉花市場實務以及對棉花交易者的心理瞭若指掌，因為他擁有多年的交易經驗，既賺到過也賠掉過巨額資金。

在先前那家股票交易所經紀公司——謝爾敦—湯瑪斯公司倒閉之後，他便開始獨自交易，兩年之內奇跡般地東山再起。我記得曾經在《太陽報》上讀到過，在他的財務狀況重整旗鼓之後，他做的第一件事就是完全償還老債主，第二件事是雇用一位專家為他研究判斷如何為他的一百萬美元選擇最佳的投資方式。這位專家查驗了他的財產，分析了幾家公司的財務報告，然後建議他買進德拉瓦—哈德遜鐵路公司（Delaware & Hudson）的股票。

湯瑪斯曾經因為破產損失了數百萬美元，又在棉花市場贏回來更多的百萬美元，這次在三月棉花交易上栽跟頭賠得精光。他來到我的辦公室之後，幾乎是直奔主題。他提議和我聯手操作，無論他得到什麼訊息都會在向公眾發布之前立即通知我。我的分工是負責實際交易，他說我在這方面擁有特殊的天分，而他沒有。

出於多種原因，這個提議對我沒什麼吸引力。我坦誠地告訴他，給我套上兩套韁繩就沒法跑了，我也不想學這些新招式。但是他一再堅持，我們兩人是理想組合，最後我只好乾脆挑明我不願意和影響他人交易的事有任何瓜葛。

「如果我愚弄了自己，」我對他說，「那就獨自受罪，我立即認帳。既沒有久拖不決的債務，也沒有意想不到的煩惱。我自己選擇要單槍匹馬，同時也因為這是最明智、最低成本的交易方式。我靠自己的頭腦和其他交易者的頭腦公平比賽，其樂無窮。那些人我從來沒有見過，從來沒有和他們交談過，從來沒有建議他們買入或者賣出過，將來也不希望見到或者認識他們。如果我掙錢，是按照自己的觀點交易掙錢的，我不會販賣自己的觀點，也不會利用自己的觀點做資本。如果我採取其他方式掙到了錢，在我想像之中便不算掙錢。我對您的提議沒有興趣，因為我對這行當感興趣的原因，僅僅在於按照自己的方式為自己操作。」

他說他很遺憾我是這樣的想法，力圖說服我，說我拒絕他的計畫就錯了。但是我堅持己見。接下來，我們聊得很開心。我告訴他，我知道他一定會捲土重來的，如果他允許我在財務上給他資助一二，那將是我的榮幸。不過，他說他不能從我這裡接受任何貸款。後來，他問起我在七月合約上的交易，我毫無保留地如實相告，從怎麼開頭的，到總共買進了多少包，還有成交價以及其他細節。我們繼續聊了一小會兒，他告辭了。

在若干章節之前我曾經對你說過，投機者有很多敵人，其中許多潛藏在他的內部，動搖並破壞他的事業。說到這裡，我的腦子裡立即湧現出自己曾經犯下的許多錯誤。我已經認識到，一個人或許擁有別具一格的頭腦，並且終生習慣於獨立思考，但是當他遭遇一位擁有非凡說服力的人物勸誘時，依然十分脆弱。我對投機者中比較常見的毛病已經具備相當的免疫力，比如貪婪和恐懼、一廂情願等。然而，我仍然只是一位普通人，我發現自己極容易犯錯。

就在這段特別的時期，我本該保持高度警惕，因為就在不久之前我曾親身經歷一段遭遇，足以證明自己多麼容易受到花言巧語的迷惑，竟至於違背自己的判斷，甚至是違背自己的意願行事。這件事發生在哈定兄弟公司的營業廳。我在那兒有一間幾乎算得上私人專用的辦公室，讓我獨占一個房間，並且在交易時間內除非我允許，不應該有人進來打擾我。我不願意受到干擾，同時因為我的交易頭寸非常大，我的帳戶給他們帶來了相當多的利潤，所以我也就得到了很好的關照。

一天，市場剛收市，我就聽到有人說：「下午好，李文斯頓先生。」

我轉過身，看到一位完全陌生的人——大約三十到三十五歲。我不明白他是怎麼進來的，可人明明站在那兒。我斷定他一定有什麼事和我有關所以才被放進來。不過，我什麼也沒說，我只是看著他，他馬上開了腔：「我來找您談談華特·司各特[31]。」接著他便滔滔不絕起來。

他是一位圖書代理商。其實，他既沒有特別令人愉快的風度，也沒有巧妙的講話技巧，外貌也談不上有什麼特別的吸引力，但是他肯定很有個性。他口若懸河，我以為自己在聽他說。然而，他的話我一句也沒聽進去。我覺得自己從來沒明白他說什麼，甚至當時也沒有。他總算說完長篇大論，遞給我一桿自來水筆，再遞給我一張空白的表格，我就簽了。這是一份花五百美元購買一套司各特作品的合約。簽好字的那一刻我才回過神來，但那張合約他已經穩穩當當地掖進口袋了。我不需要那些書，也沒地方放那些書，它們對我沒有任何用處，這些書我也沒人可送。然而，我竟然同意花五百美元買下它們。

我對賠錢早就習以為常，以至於從來想不到錯誤本身那一面。我總是反思自己的做法，以及當初為什麼這麼做。首先，我希望瞭解自己的局限性，自己的思維定式。其次是我不希望重複犯同一個錯誤。只有從自己所犯的錯誤中汲取教訓、將它轉化為將來的獲利，我才能原諒自己的錯誤。

好，現在我已經犯了五百美元的錯誤，但是還沒辦法找出問題出在哪兒。作為第一步，我靜靜地打量著那傢伙。如果他的臉上沒有對我顯露出微笑——一絲會心的微笑，我情願被吊死！他似乎看穿了我的心思。不知怎麼地，我已經明白用不著再對他解釋什麼了，不告訴他，他也知道。於是，我跳過了解釋、開場白等部分，開門見山地問道：「你能從這五百美元訂單中得到多少佣金？」

他立即搖著頭，回答：「我不能那麼做！抱歉！」

「你能拿到多少？」我堅持。

31 編注：Walter Scott（一七七一－一八三二），蘇格蘭知名詩人、小說家，多以浪漫的冒險故事與歷史為題材，著有《威佛利》（*Waverley*）、《撒克遜英雄傳》（*Ivanhoe*）等作品。

「三分之一。但是我不能那麼做！」他說。

「五百美元的三分之一是一六六美元六十六美分。我給你兩百美元，只要你把那張簽字的合約還給我。」為了證明我的誠意，我從兜裡拿出兩百元錢。

「我跟您說了，我不能。」他說。

「你遇到的客戶都會給你這樣的提議嗎？」我問。

「不會。」他回道。

「那麼你為什麼這麼有把握我一定會守約呢？」

「因為你們幹的這一行就是這樣的。您是第一流的輸家，而也正是這一點使您成為第一流的贏家。」

我非常非常感激你，但是我不能那麼做。」

「那麼你告訴我，為什麼你不願意掙到比佣金更多的錢呢？」

「說得準確點，不是這樣的，」他說，「我的工作不全是為了佣金。」

「那你工作是為了什麼呢？」

「既為佣金，也為銷售紀錄。」他答道。

「什麼紀錄？」

「我自己的。」

「圖什麼呢？」

「您工作的目的就只是為了錢嗎？」他反問我。

「是的。」我說。

「不。」他搖著頭，「不，您不是。如果只為錢，您不可能從中得到這麼多樂趣。您肯定不是單純為了給您的銀行戶頭添數才工作的，您不會僅僅因為喜歡容易到手的錢才泡在華爾街的。您一定有得到趣味的其他方式。嗯哼，我也一樣。」

我沒有再和他爭辯：「那麼你是怎麼得到你的樂趣的呢？」

「噢，」他坦白道，「我們都有一個弱點。」

「你的弱點是什麼？」

「虛榮心。」他說。

「好，」我告訴他，「你成功地說服我簽署合約，現在我要取消簽約，我打算付你兩百美元——為你十分鐘的工作，這還不夠滿足你的自負嗎？」

「不，」他回答，「您看，我們這夥人中其他所有人也都在華爾街推銷好幾個月了，飯錢都掙不夠。他們抱怨商品不對路，還有地點不對頭。於是總部打發我來證明錯在他們銷售的能力上，既不怪書，也不怪地點。他們掙的是二十五%的佣金。我原來在克里夫蘭，我在那兒兩週賣出了八十二套。我到這裡要賣出一定的套數，不僅要賣給那些拒絕從其他代理人手上購買的人，還要賣給那些他們甚至見不到的人。這就是他們願意付給我三十三．三三%佣金的原因。」

「我到現在還不明白你是怎麼賣給我那套書的。」

「嗨，」他用安慰的口吻說，「我也賣給了J．P．摩根一套。」

「不，不會吧？」我說。

他一點也不生氣，他簡單地說：「說實話，我確實賣了！」

「把一套華特・司各特的著作賣給J・P・摩根？要知道他不僅收藏了一些善本，甚至還可能有一些小說最初的手稿。」

「噢，這裡有他的親筆簽名。」他馬上掏出一張有J・P・摩根簽名的合約在我眼前晃了晃。或許這並不真是摩根先生的簽名，不過當時我還沒有想到這一層，因此沒有起疑。他不是也把我的簽名揣在口袋裡嗎？我感到滿心好奇。於是向他打聽：「你是怎麼通過圖書管理員這一關的呢？」

「我沒有看到圖書管理員的影子。我看見的是老頭兒本人，在他的辦公室。」

「這太誇張了！」我說。每個人都知道，即使要徒手走進摩根先生的私人辦公室，也比帶著一件滴答作響、聽起來像鬧鐘的包裹進入白宮還要難上百倍。

然而他堅稱：「我做到了。」

「但你是怎麼進他辦公室的？」

「我是怎麼進到您辦公室的呢？」他反問。

「我不知道，你告訴我。」我說。

「好，我進摩根辦公室的方法和進您辦公室的方法是一樣的。守門的傢伙本來不讓我進來，我只是和他談了談。我讓摩根簽約的方法和讓您簽約的方法也是一樣。您們不會為了一套書和我簽約。您們只是拿起我遞過去的鋼筆按照我說的做了，沒什麼不同，您也一樣。」

「真是摩根的簽名嗎？」我問他，三分鐘之後總算找回了我的懷疑主義。

「當然！他從小就學會了寫自己的名字。」

「就這麼簡單？」

「就這麼簡單，」他回答，「我清楚地知道我自己在做什麼。這就是所有的祕密。我非常感激您，日安，李文斯頓先生。」說著，他開始向門外走。

「等一下，」我說，「我一定要讓你從我這兒掙到兩百元整。」我遞給他三十五美元。

他搖搖頭，然後說：「不，我不能那麼做。但是我可以這麼做！」說著，他從口袋裡拿出那份合約，一撕兩半，把兩半遞給我。

我數出兩百美元，舉到他面前，但是他再次搖搖頭。

「你的意思不是這樣的？」我說。

「對。」

「那麼，你為什麼要撕掉合約呢？」

「因為您沒有哀怨，而是自己承擔下來，要是我自己處在您的位置，遇到這種情況也會自己承擔下來的。」

「但是我是自願付你兩百美元的。」我說。

「我知道。然而，錢不代表一切。」

他的語音之中有些東西促使我說：「你說得對，錢不是一切。那麼你現在真心希望我為你做的是什麼呢？」

「您反應真快，不是嗎？」他說，「您真的願意幫忙嗎？」

「是的，」我告訴他，「我願意。但是到底會不會做，還得看你想要我做的是什麼。」

「陪我一道去艾德·哈定先生的辦公室，跟他說讓我和他談個三分鐘。而且讓我單獨和他談。」

我搖搖頭，說：「他是我的好朋友。」

「他都五十歲了，而且還是一位股票經紀人。」那位圖書代理商說。

這話確實，於是我帶他走進艾德的辦公室。我從這位圖書代理商那裡再也沒有聽到更多的話，也沒有聽說更多關於他的話。不過，幾星期之後的一天傍晚，當我正從城裡往城外趕的時候，在第六大道的地鐵站不期然碰到了他。他很有禮貌地舉起帽子，我點點頭回敬。他走過來，問我：「你好嗎，李文斯頓先生？哈定先生好嗎？」

「他挺好，怎麼這麼問？」我感覺他話裡有話。

「那天您帶我去見他，我賣給他價值兩千美元的圖書。」

「他從來沒對我提起過半個字。」我說。

「對，那種人從不談這個。」

「哪種人不談？」

「那種人從不犯錯，因為犯錯必定是樁壞生意。那種人總是知道他需要什麼，沒人能告訴他還有別的選擇。那種人總是讓我的孩子有機會接受教育，也讓我太太心情不錯。您給了我很好的回報，李文斯頓先生。當我放棄您急切給我的兩百美元時，我就估計會有好報。」

「不過，要是哈定先生沒有給你下單呢？」

「噢，但我知道他會的。我已經發現他是哪種人了，搞定他小菜一碟。」

「對。然而，萬一他一本書都不買呢？」我追問。

「那我就會再回來找您，賣給您點什麼。日安，李文斯頓先生，我要去見市長了。」列車停靠中央公園站的時候他站起身。

「預祝你賣他十套。」我說。市長閣下是坦慕尼派[32]的人。

「我也是共和黨人。」他說著向外走去，不慌不忙，好整以暇，確信列車會等著。列車果然等著。

我之所以對你詳細講述這個故事，是因為它關係到一位著名人物，而後者在我自己並無意願買進的時候驅使我買進了。這位圖書代理商是頭一個對我發揮這種作用的人。照理說，絕不應該有第二個了，然而，有。你決不可寄希望於世界上只有一位不同尋常的推銷員，或者寄希望於自己對這等影響力超凡的人物具有完全的免疫力。

珀西．湯瑪斯來訪時，我委婉而堅定地拒絕了和他聯手操作的提議，當時我斷言我們兩人的商業道

32 十九世紀六〇年代，坦慕尼派（Tammany）成為美國民主黨在紐約的主要組織，並進而控制了紐約民主黨，其後贏得對紐約市的徹底控制，開始了一個極端腐敗和墮落的時代。坦慕尼派對紐約的統治超過七十年，被認為是美國最重要的政治模式，而坦慕尼派對美國的巨大影響力，直到二十世紀六〇年代才式微。「坦慕尼派」常用以比喻政治腐敗和濫權。

路絕不會再會合。我甚至吃不準將來會不會再見到他。然而，緊接著第二天，他給我寫信，謝謝我主動提出幫助，邀請我過去看他。我回信表示我會拜訪。他再次來信，於是我去了。

後來我多次拜訪他。聽他說話總能帶給我很多樂趣，他知識淵博，表達起來又十分風趣。我認為他是我遇到過的最有吸引力的人物。

我們幾乎無所不談，他博覽群書，對許多話題都有令人驚異的見解，並能以出色的才華趣味盎然地引申、概括。他的言談包含的智慧給人留下深刻印象，他的話語說服力舉世無雙。我曾經聽到許多人在許多事情上指責珀西．湯瑪斯，其中包括不真誠。有時我也暗自猜想，他出色的雄辯是不是因為他首先徹底說服了自己，然後因為自己心悅誠服，反過來極大地增強了說服別人的能力。

當然，我們對市場事務也談得很多、很深。我對棉花不看好，但他看好。我看不出任何多頭的跡象，但是他看得到。他拿出如此之多的事實，我覺得我應該已經被淹沒了，但是我沒有。我沒法證明他說得不對，因為我不能否認它們的真實性，但是它們也動搖不了我根據自己的研判形成的信念。然而，他不停地說啊說，最後我對自己從交易報告以及其他日報中搜集的訊息不再確信了。這就意味著我不再能夠用自己的雙眼來觀察市場了。人不會被人說服來反對自己原來的信念，但是他可能受花言巧語的迷惑而變得將信將疑、猶豫不決，這麼一來甚至更糟糕，因為這就意味著他不可能懷著信心來安心交易了。

準確地說，我不能說自己已經完全糊塗了，但是我不再能夠泰然自若，或者說我在一定程度上放棄了自己的獨立思考。我沒本事詳細說明究竟自己是如何一步步走到這步田地的，這種心態導致我付出了高昂的代價。我感覺，這一方面正是由於他對他的資料的準確性信誓旦旦，這些資料完全出自他本人；

另一方面，我的判斷的獨立性並不完全出自我自己，而是來自公開資料。他喋喋不休地強調他的資料來自他的一萬名分布在南方的調查對象，過往事實一再證明這個結果百分之百可靠。最終，我變得按照他的觀察方式來觀察形勢——因為我們看的是同一本書的同一頁，而且他把書舉在我眼前。他的思維很有邏輯性。只要接受了他的事實，剩下的就很容易了，我自己從他的事實推導的結論就會和他本人的結論一致。

在他開始對我展開關於棉花市場形勢的長篇大論之前，我不僅看空，而且賣空了市場。漸漸地，隨著慢慢接受他的事實和資料，我開始擔心當初的頭寸可能建築在錯誤訊息的基礎之上。我自然不能一方面帶著這種感覺，另一方面不軋平原來的頭寸。一旦因為湯瑪斯驅使我認為自己做錯了而軋平頭寸，接下來就簡單了，當然必須做多。我的頭腦就是這樣的思維方式。你知道，我這輩子除了交易股票和期貨之外，其他什麼都沒做過。我自然認為，如果看空是錯誤的，那麼看多就是正確的。既然看多是正確的，就必須趕緊買進。正如在棕櫚灘的老友告訴我的，派特．赫恩總是說：「不下注不知輸贏！」我必須證明我對市場的看法到底是正確的還是錯誤的，而證據只能從我的經紀商月底提供的對帳單上讀出來。

我開始動手買進棉花，轉眼就達到了我通常的頭寸額度，大約六萬包。這次的操作手法是我職業生涯中最愚蠢的一次。我沒有根據自己的獨立觀察和判斷來參與市場，而是僅僅充當了他人的傀儡。顯然我活該得到懲罰，所以這次愚蠢的操作並沒有到此為止。我不僅在自己無意看多的時候買進了，而且沒有服從多年經驗的提示步步為營地加碼。我的交易方式不對，聽他人的話交易，結果虧損。

市場不是按照我的方向變化的。當我對自己的頭寸有把握時，從來不會感到害怕或是不耐煩。然而，如果湯瑪斯是對的，市場就不該出現現在這樣的表現。一步錯，步步錯。第一步採取錯誤行動，接下來就有第二步、第三步，結果當然把自己完全搞亂了。我竟然允許自己被人說服不接受虧損、不採取止損措施，而是持倉對抗市場。這樣的交易方式與我的天性完全格格不入，也和我的交易原則與理論南轅北轍。甚至少年時代在對賭行的時候，我都做得比這更好。然而，現在我已經不是我自己了。我變成了另一個人——湯瑪斯的化身。

我不僅在棉花市場做多，而且重倉持有小麥多頭。後者表現得很漂亮，給我帶來了不俗的帳面利潤。我愚蠢地力圖挺起棉花市場，致使我的棉花頭寸增加到大約十五萬包。或許可以告訴你，大約這個時候我感覺身體不太舒服。我說這個不是為自己愚不可及的行為找藉口，只是陳述一個相關的事實。我記得當時前往貝肖爾（Bay Shore）調理了一下。

在貝肖爾期間，我進行了一番思索。在我看來，我的交易頭寸已經過大。一般說來，我並不膽怯，但是這樣的巨額頭寸已經令我緊張，這促使我決定減倉。為了達成這一目的，我就必須要麼出清棉花，要麼出清小麥。

似乎令人難以相信，以我對這個行當瞭解之透徹，以我在股票和大宗商品市場投機的十二到十四年的經驗，我竟然做出了一個完全錯誤的抉擇。棉花給我帶來帳面虧損，我留著它；小麥給我帶來帳面利潤，我賣掉它。這真是愚蠢透頂的做法，但是我唯一能找到的藉口是，這不是我的交易，而是湯瑪斯的。在投機者鑄成的所有大錯中，幾乎沒有什麼比企圖為已經虧損的交易攤低成本更要命的了。用不了多久，我的棉花交易便最大限度地證明了這一點。絕對要賣掉帳面虧損的頭寸，永遠保留帳面獲利的頭寸。顯然這才是明智之舉，而我對這一點再熟悉不過，直到現在我甚至還要自問，當初為什麼偏偏背道而馳。

就這樣，我賣出了小麥，在深思熟慮之後斷送了這筆頭寸的利潤空間。就在我出市後，小麥價格一口氣不停地繼續上漲了二十美分每英斗。如果當初保留它，我就能從中獲得大約八百萬美元的利潤。雪上加霜的是，因為決定繼續持有虧損的頭寸，我買進了更多的棉花！

我記得很清楚，我是如何日復一日地買進棉花、買進更多棉花的。那麼你認為到底我為什麼買它呢？為的是維持價格不下跌！如果這不是超級傻瓜玩法，還有什麼是呢？我就這麼搭進去越來越多的資金——最終也會損失越來越多的資金。我的經紀人和我的密友們對我的行為難以理解，他們到今天也不理解。當然，如果這筆交易最終的結果換一個樣子，我就會成為奇才了。不止一次有人警告我，不要過分信賴珀西．湯瑪斯的精彩分析。我對這些好意的提醒一點也沒聽進去，而是繼續買進棉花，以免市場下跌。我甚至還到利物浦買進。到頭腦終於清醒過來的時候為止，我總共買進了四十四萬包棉花。然而，這時候已經悔之晚矣。因此，我把所有的頭寸都賣掉了。

我幾乎賠掉了我在股票和大宗商品上其他所有交易掙到的利潤。雖然沒有一掃而光，但是僅剩下區區幾十萬美元。而在遇到才華橫溢的朋友珀西．湯瑪斯之前，我曾經擁有數百萬美元。像我這樣的人，竟然違背了自己在追求成功的過程中經過千錘百煉才學到的全部法則，豈是一句愚蠢可以形容。

這次經歷讓我認識到，即使沒有任何來由，人也可能自導自演愚蠢荒唐的一齣。這是很有價值的一課。這一課花費了數百萬美元，給我一個教訓，交易者的另一個危險的敵人是容易受到一位吸引力難以抗拒的人物以非凡的才華表達出來的似是而非之論的感染。話雖然這麼說，我始終琢磨著，只花費一百萬美元可能也已經足以學到這一課了。然而，命運女神並不總是讓你自己決定交多少學費。為了教訓你，她先狠狠地揍你板子，再把她的帳單交給你，知道你不得不付，不管金額多少。現在我終於明白自己犯傻的潛力可以達到何種地步了，於是，斷然給這自招的無妄之災畫上了句號。珀西．湯瑪斯就此從我的生活中消失。

就這樣，我超過十分之九的本金都完蛋了，正如吉姆．菲斯克老掛在嘴邊的「化為烏有」。我當百萬富翁的時間前後不到一年。我的數百萬美元財富來自我的頭腦，我的好運氣替我錦上添花。而我損失這些財富的過程正好完全相反。我賣掉了我的兩艘遊艇，決定削減開支，生活方式不再那麼奢侈。

然而，禍不單行，我開始走倒楣運了。先是生了一場病，然後是必須緊急支付二十萬美元的現金。要是放在幾個月之前，這筆錢根本不算回事，但是現在它幾乎意味著我飛速消失的財富中剩餘的全部家當。我必須拿出這筆錢，問題是，到哪兒去把它弄來？我不想從保存在經紀商帳戶上的餘額中支取，因為已經剩不了多少保證金可供交易了。不僅如此，如果我打算儘快贏回我的幾百萬美元，那麼這時候比往常任何時候都更迫切需要交易本錢。我眼前看到的只有一條出路，從股票市場拿出這筆錢來！

好好想想看！如果你對經紀商營業廳裡的普通客戶有所瞭解，就會同意我的以下看法：在華爾街，抱著讓股票市場替你支付帳單的念頭去交易，正是最常見的虧損因由。如果死抱著這樣的念頭不放，終將虧光所有本金。

有一年冬天在哈定兄弟公司的營業廳，幾個趾高氣揚的傢伙要花三四萬美元買一件大衣，但是其中沒有一個有福氣穿上它。事情的經過是這樣的，一位傑出的場內交易者——他後來成為世界聞名的一年領取一美元象徵薪俸的人物，穿著一件水獺毛皮裡子的皮大衣來到交易所。那個時候，裘皮價格還沒有漲到天上，這樣一件大衣的價值也不過一萬美元。好，哈定兄弟公司營業廳裡這夥人之一，鮑伯・基文（Bob Keown），下定決心要買一件俄羅斯紫貂皮裡子的皮大衣。他在紐約上城打聽了價格。價碼大致差不多，也是一萬美元。

「去他的，太貴了。」其中一位反對道。

「噢，還行！還行！」鮑伯・基文溫和地承認，「也就是一個星期的薪水罷了，除非你們大夥為了表揚我是營業廳裡最好心的人，花錢買下來當禮物送給我，算是禮輕情意重吧。我聽到頒獎詞了嗎？沒有？很好。那我還是讓股票市場替我埋單吧！」

「你為什麼需要貂皮大衣？」艾德・哈定問道。

「穿在我這種身材的人身上特別合適。」鮑伯答道，邊說邊站起來。

「你剛才說打算怎麼來付這筆帳？」詹姆斯・墨菲（Jim Murphy）問。問話的這位在營業廳裡最擅長打探內幕消息。

「明智地投資一個短線品種，詹姆斯，就是這樣。」鮑伯回道，他知道墨菲只是想打聽點消息。

果不其然，詹姆斯追問道：「你打算買哪檔股票？」

「你又錯了，夥計。現在可不是買進的時候。我打算賣出五千股美國鋼鐵。它應該至少下跌十個點。我只要拿到兩個半點的淨利潤，手到擒來，不是嗎？」

「你聽說它怎麼了嗎？」墨菲急切地問。他瘦高的個子，黑頭髮，一副面黃肌瘦的模樣，因為擔心錯過紙帶上的什麼訊息，他從不外出吃午飯。

「我只聽說，在我曾經動心要買的大衣中那一件最合身。」他轉身對哈定說，「艾德，賣出五千股美國鋼鐵普通股，照市價。就今天，親愛的。」

他是一個賭徒，我是說鮑伯，他喜歡沒完沒了地開玩笑逗樂。他的行事方式是，一定要張揚得滿世界知道他是意志剛強的人。他賣出了五千股美國鋼鐵，而股票價格立即開始上漲。實際上，鮑伯並不像他嘴上說的那樣滿不在乎，他在賠了一・五點之後認賠止損，於是跟營業廳裡的大夥透露，紐約氣候太暖和，不適合穿裘皮大衣云云。裘皮大衣既不利健康，又太過招搖。其他人乘勢揶揄起哄。然而，沒過多久，又有另一位為了支付那件大衣買進了一些聯合太平洋鐵路。他虧損了一千八百美元，之後宣稱婦女用貂皮做圍巾挺好看的，但是不適合用來做男式大衣的裡子，對於一位溫文爾雅的紳士來說。

在這之後，這夥人一個接一個，想方設法要從股票市場上弄出買大衣的錢來。一天，我說還是我來買下這件大衣，以免本營業廳虧損得破產。但所有人都嚷嚷，這樣不公平，如果我想得到那件大衣，那也該讓市場出錢給我買才行。不過，艾德・哈定強烈支持我的主張。當天下午，我來到裘皮店買大衣，結果，一位來自芝加哥的人士上星期已經把它買走了。

這只是一個例子。在華爾街，但凡有人企圖從市場掙出一筆錢來買一輛汽車、一條項鍊、一艘快艇、一幅畫作，沒有不賠錢的。股票市場的手指縫緊得很，從不肯為生日禮物付帳，不然的話，把這些錢攢起來足以建一家大醫院了。事實上我認為，在華爾街所有的災星當中，幻想股票市場變成了自家的財神爺，要給自己發一個大紅包，這樣的白日夢大概是最常見、最揮之不去的一個。

正如其他那些被反覆驗證的災星一樣，這顆災星也是其來有自的。當某人一心想著讓股票市場替他償付一筆突如其來的開支的時候，他會怎麼做呢？唉，他只會期盼，只會賭博。在這種情況下，他所遭遇的風險遠大於明智投機的時候。如果明智地投機，他會在冷靜研究基本形勢的基礎上得出合乎邏輯的觀點或意見，並據此交易。從出發點來看，他追求的是立竿見影的利潤，他等不起。退一萬步，即使市場對他特別關照，還得立刻兌現，耽誤不得。他自己哄自己，覺得自己要的不多，只不過見好就收地賭一把而已。他以為自己可以快進快出，比如說，虧兩個點就止損，賺夠兩個點也一定罷手。實際上，他已經跌入了陷阱——誤以為這輸贏的機會是五五開。我認識的一些人就是這樣損失了千千萬萬美元，特別是在牛市中的高點買進、隨後遇到中等規模回落行情的時候。按這種交易方式肯定沒有出路。

好，在我作為股票作手的職業生涯中，這次犯錯的愚蠢程度登峰造極，也成了壓斷駱駝脊梁的最後一根稻草。它打敗了我。棉花交易之後剩餘的那點錢被我賠得精光。雪上加霜的是，我還繼續交易，並且繼續虧損。我執意認為股票市場最終非讓我掙錢不可。就這樣，眼睜睜地看著我的資源終於耗竭。我負債累累，不僅對我的主要經紀商欠下了債務，也對不要求繳納足額保證金便允許我交易的其他經紀商欠下了債務。不僅當時負債，而且從此以後我一直處在負債的狀態下。

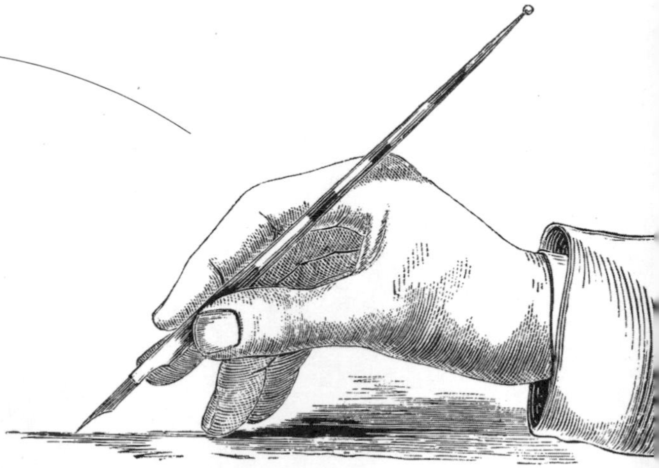

CHAPTER 13

詭計羈絆遭利用，翻本良機過眼雲

就這樣，我再次破產了，這次真是糟透了，交易手法錯到不能再錯，糟到不能更糟。我身體有病、精神緊張、情緒低落，不能平靜地思考問題。也就是說，當時所處的精神狀態，絕不是一位投機者交易時應有的精神狀態。每件事都不順，喝涼水都塞牙。說真的，我開始胡思亂想，覺得冷靜的判斷力已經離我而去，可能再也找不回來了。我已經越來越習慣於動用大筆頭寸，比如說，超過十萬股，我擔心如果做小額交易，自己可能表現不出良好的判斷力。如果你只拿著一百股，即使是正確的，似乎也沒有多大價值。曾經滄海難為水，大頭寸大來大去，再讓我交易小頭寸，何時可以實現預期的利潤，我覺得心裡沒底。我沒法向你解釋當時的感覺是多麼無能為力。

再次破產，一蹶不振，債務纏身，而且自己的做法錯誤！在經歷了那麼多年的成功之後，由於若干錯誤的誘惑，我的處境比當初從對賭行起家的時候還不如。其實，這些錯誤本可以幫助我鋪平通向更大成就的道路。關於股票投機的行當，我已經學到了很多，然而，還是沒有學到多少關於人性弱點如何作梗的內容。世界上沒有哪個人的頭腦能像機器一樣，不論什麼時候總是保持同樣的效能，讓你始終可以依賴。現在我終於認識到，我做不到始終如一地免受其他人或壞運氣的影響，並不完全靠得住。

金錢的損失對我的影響從來都是微不足道的。然而，其他麻煩卻有可能，而且的確令我困擾不已。我仔細研究這場災難，當然，用不著太費周折就能看出自己在什麼地方幹了蠢事。我找出了準確的時間和地點。要想在投機市場把交易做好，就必須徹底反省自己。為了清楚地認識到自己可能愚蠢到何等地步，非得經歷長期的自我教育不可。有時我甚至認為，只要能夠讓一位投機者切實學會始終避免驕傲自負，無論付出多少代價都不為過。數不清的傑出人士功敗垂成的先例，都可以直接歸因於當事人的驕傲自負。這是普天之下人人皆有可能染上的一種通病，其代價高昂，對華爾街的投機者來說尤其如此。

被這樣的感受包圍著，我在華爾街度日如年。我不願做交易，因為狀態不佳。我決定離開一段時間，到其他地方找到一點本金。我覺得，換一換環境，有助於重新找回我自己。於是，被投機的行當打敗之後，我再度離開紐約。我的境況比破產還糟，因為欠下了超過十萬美元的債務，分布在各家經紀行。

我來到芝加哥，在那兒找到一筆本金。數額不算大，但這只不過意味著我需要稍微長一點的時間才能把財富重新贏回來。我曾經與之做過生意的一家經紀商對我的交易能力信心十足，願意讓我在他們營業廳從小額開始交易，以證明他們很有眼光。

我十分小心地開始交易。我不知道，要是我一直待在那兒，最終能夠發展到什麼程度。然而，在這期間發生了我職業生涯中最不尋常的一段經歷，使我縮短了原擬在芝加哥的時間。這個故事說來幾乎令人難以置信。

一天，我收到一封來自盧修斯・塔克（Lucius Tucker）的電報。我早就認識他。最初他還是一家紐約股票交易所會員公司的辦公室主任。我偶爾和那家公司有生意往來，但是後來和他失去了聯繫。電報這樣寫道：

速來紐約。

L・塔克

我瞭解到，他從我們共同的朋友那裡得知了我的窘境，因此肯定藏著什麼主意。與此同時，我也沒有錢可以用來浪費在不必要的紐約行程上，於是我沒有照他說的辦，而是透過長途電話找到了他。

「我收到了你的電報，」我說，「什麼意思？」

「意思是紐約的一位大銀行家想要見你。」他答道。

「哪一位？」我問。我想不出可能是誰。

「到了紐約我就告訴你，否則告訴你也沒用。」

「你是說他想見我？」

「是的。」

「是為了什麼事呢？」

「他要當面告訴你，如果你給他這個機會。」盧修斯說。

「你能不能寫封信給我？」

「不行。」

「那就直截了當告訴我。」我說。

「我不想在電話裡談。」

「聽著，盧修斯，」我說，「至少告訴我，到底會不會白跑一趟？」

「肯定不會。你來，一定有好處。」

「能不能給我一點暗示什麼的？」

「不行，」他說，「這對他不公平。除此之外，我也不知道到底他打算為你做到什麼程度。但是接受我的忠告，來吧，趕快來。」

「你肯定他確實要見我？」

「除你之外沒有別人。最好來，我跟你說。給我拍電報，通知我是哪趟火車，我到火車站接你。」

「那好吧。」我回道，掛了電話。

我並不喜歡如此神祕兮兮的做派，但是我知道盧修斯是善意的，而且他一定有很充分的理由才會在電話裡作那番表示。再則，在芝加哥的發展並沒有成功到讓我難分難捨的程度。按照我目前交易的速度，需要花費很長的時間才能積攢足夠的資金，恢復原來的交易規模。

我回到紐約，對即將發生什麼事情一無所知。實際上，我在火車上不止一次害怕竹籃子打水一場空，既要搭進去來回的車票錢，又要浪費時間。我沒有猜到即將開始這輩子最出奇的一次人生經歷。

盧修斯在火車站接我，一見面便開門見山，之所以要我來，是應丹尼爾．威廉森（Daniel Williamson）先生的緊急要求。後者來自著名的紐約股票交易所經紀公司威廉森－布朗公司（Williamson & Brown）。威廉森先生要盧修斯轉告我，他要向我提出一項商業計畫，他確信我會接受這個提議，因為這對我非常有利。盧修斯發誓，他根本不知道到底是什麼計畫。從該公司的聲望來看，可以確保他們不會要求我做任何不恰當的事情。

丹尼爾．威廉森是該公司的高層管理者。該公司早在十九世紀七〇年代由埃格伯特．威廉森（Egbert Williamson）創立。公司裡並沒有「布朗」其人，過去也一直沒有這麼個人。在丹尼爾的父親手上，該公司的地位一直非常顯要。丹尼爾繼承了相當可觀的財富，他並不十分在意外面的業務。他們擁有一位價值一百個普通客戶的大客戶——阿爾文·馬昆德（Alvin Marquand），他是威廉森的姐夫。阿爾文不但是十來家銀行和信託公司的董事，還是規模龐大的切薩皮克—大西洋鐵路公司（Chesapeake and Atlantic Railroad）的董事長。在鐵路世界裡，繼詹姆斯·J·希爾之後，他是最活躍的人物。同時，他還是一個勢力強大的銀行家小團體的發言人和顯要成員，人們稱該群體為「福特·道森幫」（Ford Dawson Gang）。據說他的身價在五千萬美元到五億美元之間，具體數額要看說話的人是怎麼評估的。當他過世的時候，人們發現他的身價為二·五億美元，都是從華爾街掙來的。可見，這的確是位了不起的客戶。

盧修斯告訴我，他剛剛接受了威廉森—布朗公司的一個職位——一個為他量身定做的位子。按照計畫，他將成為促進公共關係和大眾業務的某種角色。該公司正致力於擴展公眾客戶的經紀業務，盧修斯建議威廉森先生開設幾家分支機構，一家開在紐約上城最大的飯店裡，另一家開在芝加哥。我的印象是，他們打算在後面這家分支機構裡給我提供一個位置，可能是營業廳經理，而這樣的安排我是不大可能接受的。我沒有當即拒絕盧修斯，因為我認為最好等該公司正式提議後再拒絕比較穩妥。

盧修斯帶我走進威廉森先生的私人辦公室，把我介紹給他的上司，然後趕緊離開了辦公室，在同時認識雙方的情況下，他好像不願意被人當成見證人。我預備洗耳恭聽，然後說「不」。

威廉森先生非常友善。他是一位徹頭徹尾的紳士，舉止無可挑剔，面帶微笑。我能看出他很容易交到朋友，也很容易維持友誼。為什麼不呢？他身體健康，自然心情不錯。他有用不完的錢財，因此別人不大可能懷疑他居心不良。這些優勢，再加良好的教育和社交訓練，使他很容易不僅禮數周全而且友好待人。不僅友好待人，還可以熱心助人。

我沒吭氣。沒什麼話說，並且，我總是讓其他人先把話說完，然後才說自己的。曾有人告訴我，已故的詹姆斯．斯蒂爾曼（國民城市銀行的董事長。順便說一句，他是威廉森的一位密友）有一個慣例，不論誰來向他提議什麼事，他都會不動聲色地靜靜聆聽對方敘述。等對方說完了，斯蒂爾曼先生繼續看著對方，好像對方還有話沒說完似的。於是對方感覺非得再說點什麼不可，果然繼續下去。只是簡單地看著和聽著，斯蒂爾曼經常能夠讓對方提出對他的銀行更有利的條件，比他本人原本打算開口提出的條件還要優惠得多。

我之所以保持沉默，並不是為了讓人家提出更優惠的交易條件，而是因為我喜歡瞭解有關事項的所有事實，讓對方把他想說的話說完，就能夠當場做出決定。這一招可以節省大量時間，可以避免爭論，避免毫無建設性的漫長討論。就我參與其中的角色而言，別人向我提出的幾乎所有的商業建議我都可以透過回答「是」或「否」來確定。然而，剛開始的時候沒法說「是」或「否」，除非等到對方把整個提議和盤托出。

丹尼爾．威廉森說，我聽。他告訴我，他已經聽說了我在股票市場操作的很多情況，他很遺憾我已經離開過去的領域到棉花市場去經營了。是我不走運，而他也差這一份榮幸，沒有早一點見到我。他認為我的專長還是在股票市場，我天生就是幹這行的，不應該偏離這一行。

「這就是其中的緣故，李文斯頓先生，」他愉快地總結道，「這就是我們願意和您做生意的原因。」

「怎麼個做法呢？」我問他。

「讓我們當您的經紀商，」他說，「我的公司願意做您的股票生意。」

「我很樂意把生意給您，」我說，「可是我做不到。」

「為什麼做不到？」他問道。

「我沒錢了。」我回答。

「這不成問題，」他說著，臉上露出友好的微笑，「我資助您。」他從口袋裡掏出一本支票簿，寫了一張支票，遞給我，給我兩萬五千美元讓我下單。

「這是為什麼？」我問道。

「為了讓你把它存在你自己的銀行帳戶上，你可以簽你自己的支票，我要你在我們的營業部做你的交易。我不在乎你是贏還是虧。如果這筆錢花光了，我會再給你一張個人支票。所以你用不著對這一張過於小心在意，明白？」

我知道這家公司很有錢、業務很好，並不在意任何人的生意，更不用說送某人一筆錢讓他存進去做保證金。雖然如此，這事做得也太好心腸了！他不是在他的經紀公司給我一筆信用額度，而是給我真金白銀，因此只有他一個人知道這筆錢從何而來，唯一的條件是我做交易應該透過他的公司進行。不僅如此，他還承諾，如果交易不如意，他還會支付更多！無論如何，其中定有緣故。

「什麼道理呢？」我問他。

「道理很簡單，我們希望在這間營業部裡有一位人人都知道的很活躍的大客戶。每個人都知道您在空頭一邊動用大筆頭寸，這是我特別喜歡的地方。您是位著名的豪賭客。」

「我還是沒聽明白。」我說。

「我對您坦誠相見，李文斯頓先生。我們有兩三位非常富有的客戶，他們大手筆買賣股票。當我們賣出一萬到兩萬股什麼股票的時候，我不希望華爾街懷疑他們賣出了他們持有的股票。如果華爾街知道您在我們營業部交易，就不知道拋到市場的股票到底來自您做空，還是其他客戶拋出原來做多的股票了。」

我馬上明白了。他打算利用我的豪賭客名聲來掩蓋他姐夫的操作！事情是這樣的，一年半之前，我曾經在空頭一邊獲得了有史以來最大斬獲，從此之後，華爾街的街談巷議和那些愚蠢的流言編造者便添了一個毛病，把每次股價下跌都怪罪到我頭上。直到今天，每當市場非常疲軟的時候，他們就說我襲擊市場。

我用不著多想，一眼看出丹尼爾·威廉森正在給我提供一次捲土重來的機會——很快就能捲土重來的機會。我接過支票，存入銀行，在他的公司開了一個帳戶，馬上開始交易。市場行情活躍，行情廣度也足

圖 13.1 ● 從圖 9.3 看，1909 年上半年行情尚堅挺，下半年行情平淡。從本圖來看，1910 年上半年行情尚疲軟，從 1909 年到 1910 年上半年大體可以說「市場行情活躍，行情廣度也足夠」。當時李佛摩大約 32、33 歲，進入了在華爾街的第三次下降階段。這一次整個過程漫長而痛苦。1910 年 8 月後，市場開始了 4 年多的窄幅震盪。

夠（圖9.3和圖13.1），這樣就用不著局限在一兩個板塊內操作。正如先前所說，我已經開始擔心自己喪失了一擊必中的本領。還好，看起來我沒有丟掉功夫。在三個星期的時間內，我已經憑著丹尼爾・威廉森借給我的兩萬五千美元掙到了一兩千美元的利潤。

我去找丹尼爾，對他說：「我找您把兩萬五千美元還給您。」

「不，不！」他說著，連連擺手，就像我遞給他的是摻著蓖麻油搖出來的雞尾酒，「不，不，我的孩子，不急，等你的帳戶滾到一筆數字以後再說。現在且不用想這個。你剛剛掙了一點零花錢而已。」

這裡正是我犯錯誤的地方，我對這個錯誤追悔莫及的程度超過了自己華爾街生涯裡的其他所有錯誤。它給我帶來了多年難以休止的沮喪和苦悶。我本該堅持要他收下這些錢的。我已經朝向比我曾經損失的財富更大的財富邁進，而且步子還比較快。在三個星期之內，平均獲利率達到了五〇%。從此以後，我的交易成果將會呈現出穩步增長模式。然而，我沒有把自己從講義氣的負擔中及時解脫出來，而是任由他的意志左右，沒有堅持讓他收下那兩萬五千美元。自然，因為他不肯把他預付給我的兩萬五千美元拿回去，我的感覺是，也不能毫無負擔地取出我的利潤。我對他非常感激，但是我天生不喜歡欠人錢財或者欠人人情。我能夠用錢來償還那筆錢，但是其中包含的恩惠和善意卻必須同樣用善意才能償還。你很快會發現，知恩圖報有時候代價是極其高昂的。

我留著這筆錢分文未動，繼續做我的交易，進行得非常順利。我已經恢復了自信，確信自己用不了太久就能夠重新回到一九〇七年大踏步前進的狀態。一旦進入這樣的狀態，我的全部祈求不過是市場行情能夠稍微維持得久一點，那我就能夠挽回自己的損失了。令我感到高興的是，我已經甩掉了站在錯誤一邊的習慣，那個迷失自我的毛病。這個毛病曾經有好幾個月的時間給我帶來了極大的混亂，不過，現在我已經從中得到了教訓。

大約就在這個時候，我轉為看空，開始賣空幾種鐵路股票。其中包括切薩皮克─大西洋鐵路。我記得建了它的一個空頭頭寸，大約八千股的樣子。

一天早晨開市之前，當我到達城裡的時候，丹尼爾·威廉森把我叫到他的私人辦公室，對我說：「賴瑞，在切薩皮克─大西洋鐵路上暫時不要有任何動作。你賣空了八千股，這筆交易不怎麼樣。我今天早晨在倫敦替你買進軋平了，而且幫你做了多頭。」

我確信切薩皮克─大西洋鐵路將要下跌，行情紙帶已經相當明白地告訴我這一點，不僅如此，我對整個市場都看空，雖然看空的程度還算不上劇烈或瘋狂，但是已經足以讓我舒心地持有中等額度的空頭頭寸了。我對威廉森說：「您為什麼要這麼做呢？我對整個市場都看空，它們統統會下跌的。」

然而，他一個勁地搖頭，說：「我之所以這麼做，是因為關於切薩皮克─大西洋鐵路有些事你不可能知道。我建議先不要賣這檔股票，等我告訴你安全的時候再做空。」

我能做什麼呢？這樣的內部消息不算荒謬吧。這是出自其姐夫擔任該公司董事會主席的人的建議。丹尼爾不僅是阿爾文·馬昆德最親近的朋友，而且對我友善、出手大方。他已經顯示了對我的信心，也顯示了對我說的是知心話。我沒法不對他感激涕零。於是，感情戰勝了理智，我屈服了，把我自己的判斷放到第二位，放到他的要求之後，實際上是把我繳械了。感激，是一位體面人不可缺少的感情成分，然而，必須把它克制在一定範圍之內，不能把自己的手腳完全捆起來。結果，我意識到的頭一件事是，不僅我所有的利潤被一掃而光，而且額外倒欠公司一萬五千美元的債務。這件事感覺糟透了，但是丹尼爾叫我不要擔心。

「我一定把你從窟窿裡拉出來，」他信誓旦旦，「說話算話，不過，你得配合我，我才做得到。我要你停手，別自己做了。不能一邊我為你操作，一邊你自己又做，把我的操作統統抵消掉。你只要暫時離開市場一陣子，給我一個機會替你掙點錢。行不行，賴瑞？」

現在我再問你：我能做什麼？我想著他的好意，不能做出任何可能顯得自己不知感激的舉動。我已經變得喜歡他了。他非常和氣，非常友善。在我的記憶中，從他那裡得到的從來都是鼓勵。他不斷向我保證一切都不會有問題。一天，或許在六個月之後，他來找我，滿臉愉快的笑容，遞給我幾張存款單。

「我告訴過你我會把你從那個窟窿裡拉上來。」他說，「我做到了。」我發現他不僅填上了所有的負債，另外還留下了一小筆餘額。

我覺得自己用不著太費周折就可以把這一小筆本金滾大，因為市場狀態不錯。沒想到，他對我說：「我幫你買進了一萬股南大西洋鐵路（Southern Atlantic）。」這是他的姐夫阿爾文・馬昆德控制的另一家鐵路公司，馬昆德也操控著其股票的市場命運。

要是有人像丹尼爾・威廉森對待我那樣對待你，除了說「謝謝」之外，你還有什麼說得出口呢——不論你對市場是什麼看法。或許你覺得自己是正確的，但正如派特・赫恩那句口頭禪：「不下注不知輸贏！」而丹尼爾・威廉森已經替我下注了——用他自己的錢。

好，南大西洋鐵路跌了下來，並維持在低位，我的一萬股頭寸賠了，我記不得賠了多少，直到最終丹尼爾替我賣掉才完事。我欠他的就更多了。然而，你這輩子都找不到比他更善良的債主了，也找不到比他更能糾纏不休的債主了。他從來沒有一聲怨言。相反，他總是給你打氣，勸你一點兒也不要擔心。到頭來，他又按照同樣慷慨而神祕的方式抹平我累積的虧損。

他從來不對任何事情做詳細解釋，這些都是和數字有關的事務。丹尼爾·威廉森或許會三言兩語地對我說：「我們透過另外某某交易的獲利來彌補你在南大西洋鐵路上的虧損。」他還會告訴我，如何替我賣出了七千五百股某種股票，從中得到了不錯的回報。我如實交代，對這些掛在我名下的交易，我照例是事先一無所知，直到他告訴我虧損已經抹平了。

這樣的情形重複了好幾次，我開始琢磨，也不得不換一個角度來看待我現在的情形。終於，我恍然大悟。顯然，我一直都在被丹尼爾·威廉森利用。想到這一點，我感到憤怒。然而，我更憤怒的是自己沒有及早醒悟過來。當我把事情的來龍去脈釐清頭緒後，立即去找丹尼爾·威廉森，告訴他，我和他的公司緣分已盡，就此離開了威廉森—布朗的營業廳。我對他無話可說，對他的合夥人也無話可說。即使說點什麼，又能有什麼意義呢？不過必須承認，我感到痛心疾首——對我自己痛心疾首的程度和對威廉森—布朗公司的不相伯仲。

金錢損失對我來說不是什麼大不了的事。無論什麼時候在股票市場賠錢，我總是把它理解成自己又學到了新東西，因為在賠錢的同時也增長了經驗，賠出去的錢實際上是付出的學費。不經一事，不長一智，而要親身經歷就必須付出代價。但是，我在丹尼爾·威廉森營業廳的這段經歷帶來的是純粹的、莫大的傷害，也讓我錯過了一次很好的市場機會。損失金錢無所謂，因為還能把它掙回來。然而，一旦錯過機會，比如我曾擁有的那麼好的機會，卻是絕不會隨便再來的。

你看，當時的市場狀況很適合交易。我的意思是，我當時是正確的，我對市場的解讀很準確。那就是贏得百萬美元的機會。但是，我讓自己的感激之情干擾了自己的操作。我自縛手腳。我不得不按照丹尼爾·威廉森以他的善意包裝起來的要求去做。總的來說，這比和親友做生意還要難以令人滿意。糟糕的買賣！

甚至，這還不是這件事最糟糕的地方。最糟糕的地方在於，經過這番折騰之後，實際上我已經沒有機會再去掙大錢了。市場進入了平淡階段。我的境遇雪上加霜。我不僅損失掉所有資金，而且再次負債——比之前的債務還重。一九一一年、一九一二年、一九一三年和一九一四年，這些年頭是最艱難的一個漫長時期（圖13.1、圖13.2、圖13.3），根本沒錢可掙，市場就是沒有機會，因此我的境況比以往任何時候都更糟糕。

虧損也就罷了，只是事前本來已經看出市場前景，那麼這樣的虧損才真正令人痛徹骨髓。正是這一點令我

圖 13.2 ● 1912 年和 1913 年，市場延續了從 1910 年 8 月以來的窄幅震盪行情。道瓊工業指數以 85 點為中樞，交替在 70～85 的下半邊和 85～95 的上半邊徘徊。這個階段李佛摩 33、34 歲，漫長而痛苦的人生下降階段仍然看不到盡頭。

耿耿於懷，始終揮之不去，這麼一來，就更加不能安心。我清楚，容易讓投機者失陷的人性弱點幾乎數不清。對我來說，從為人處世的道理上說，我在丹尼爾·威廉森營業廳的行為方式是合情合理的，然而我是一名投機者，允許任何人情世故的考慮壓倒自己的獨立判斷，既不恰當也極為不智。感恩圖報誠然品行高貴，但是，在股票市場上來不得，因為行情紙帶不講什麼義氣，更有甚者，它不獎勵為人忠誠。當然，我也意識到，即使我當時心裡明白，也不會換一種做法。我不會僅僅因為自己想要做股票交易就下得了這分狠心。可惜，生意永遠是生意，我的生意是當一名投機者，而投機者應該始終只將自己的個人判斷付諸實踐。

這是一段非常蹊蹺的經歷。我會告訴你後來我琢磨出了這到底是怎麼回事。當丹尼爾·威廉森第一次見到我的時候，他對我說的話是完全真誠的。每次當他的公司買入或賣出幾千股什麼股票的時候，華爾街便會立即推測阿爾文·馬昆德正在買進或者賣出。的確，他是這間營業廳裡的大戶，而且把所有的生意都給了這家公司。另一方面，他也是華爾街有史以來最棒、最大的交易者之一。所以，丹尼爾要我來是充當煙幕彈，特別是為馬昆德的賣出打掩護。

不巧，我入市之後不久，阿爾文·馬昆德就病倒了。他的病早被診斷為不治之症，而丹尼爾·威廉森自然在馬昆德本人知情之前很久就已經知道了。這就是丹尼爾軋平我的切薩皮克－大西洋鐵路空頭股票的原因。他要出清他姐夫在這檔股票和其他股票上的投機性持倉。

當然，當馬昆德過世的時候，遺產處置者需要出清他的投機性和半投機性的頭寸，到那時候已經進入熊市行情了，丹尼爾用那種方式捆住我的手腳，給遺產處置者幫了一個大忙。當我說我是一位很大手筆的交易者的時候，並沒有誇大其詞，我知道威廉森清楚我在一九〇七年熊市行情裡成功的操作，要是我可以按照自己的意願行事，他承受不起這樣的風險。為什麼呢？因為如果我保持當時的勢頭，就能夠贏得足夠多的利潤，等到他力圖出清阿爾文·馬昆德的遺產的時候，我已經能夠數十萬股數十萬股地交易了。作為一位活躍的空頭，我可能給馬昆德的遺產繼承人帶來千百萬美元的損失，而阿爾文·馬昆德留下的遺產總共不過二·五億美元。

對他們來說，先讓我背上債務、再幫我償還債務，這樣做的成本要比讓我到其他某家營業廳活躍地賣空的成本便宜得多了。我本來恰恰是要這麼做的，如果不是出於高尚操守所要求的知恩圖報，我絕不可能受制於丹尼爾·威廉森。

從此，我總是把這段經歷視為最耐人尋味的一段，它也是我作為一名股票作手的全部生涯裡

圖 13.3 ● 1914 年上半年股市行情極為平淡。從 1914 年 7 月 31 日到 1914 年 12 月中旬，紐約股票交易所關閉。從 1910 年到 1914 年，李佛摩「受窮 5 年」，這是一段相當難熬的漫長歲月。1914 年，李佛摩 36 歲，為擺脫一兩位苛刻債權人的糾纏，也為自己輕裝上陣而宣布破產。這便是前文曾經說過的大教訓。1915 年終於迎來了牛市行情，當年最大漲幅接近 100%，37 歲的李佛摩的機會終於來了。不過，正因為上述大教訓，李佛摩這次入市特別謹慎。這是他的第四次上升階段，當年年底其帳戶餘額達到 145000 美元。

最倒楣的一段。作為人生一課，它讓我付出了昂貴得不成比例的極高代價，它把我東山再起的時間拖後了好幾年。我還足夠年輕，可以耐心等待得而復失的那數百萬美元重新回到自己手中。然而，多受窮五年，那也是相當難熬的漫長歲月了（圖13.1、圖13.2、圖13.3）。年輕也罷，年長也罷，都不是什麼好滋味。沒有遊艇的日子還可以忍受，然而，市場沒有行情，沒有機會，那可就太讓人煎熬了。我丟失的錢包就在自己眼皮底下，這樣一次一生中最大的機會，竟然被我錯過了，可望而不可即。丹尼爾．威廉森，厲害厲害，他們把他造就得油滑練達、老奸巨猾、城府陰森、無所顧忌。他能琢磨，有想像力，有本事看穿任何人的薄弱環節，進而冷血地算計它、利用它。他算計到我的弱點，很快琢磨出如何對付我，以達到令我繳械，在市場上完全喪失攻擊能力的目的。實際上，他這麼對付我並不是出於為他本人牟取金錢的目的。相反，他的動機從外表上看來是極端善良的。他愛他的姐姐，馬昆德夫人，而且當認為姐姐需要的時候，他對她盡到了責任。

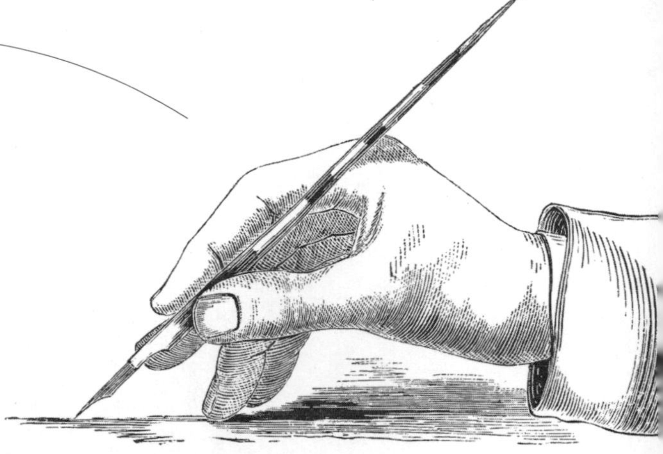

CHAPTER 14

行情慘澹債務纏身，苦熬五年東山再起

離開威廉森—布朗營業廳之後，我總是憂心忡忡，擔心市場最好的時光已經一去不復返了。市場一頭陷進了漫長的死氣沉沉的階段，整整四個極為平淡的年頭（圖13.1、圖13.2、圖13.3）。市場上沒有一分錢可掙，正如比利．亨利奎茲（Billy Henriquez）所說：「這種市道連臭鼬放屁都弄不出味兒。」

在我看來，我好像得罪了命運之神，再也不受眷顧。或許天意正是要對我進行一番懲戒，然而，我實際上從來沒有狂妄自大到這樣的程度，當得這樣的報應。在賠錢的交易者常犯的罪過中，我沒有觸犯其中任何一項，因此不該遭受這麼嚴厲的懲罰。我沒有出現過典型的肥羊行為。我曾做的，或者換一種說法，曾經回避不做的，實際上值得表揚而不是受責罰——只是必須在華爾街以外的地方。在華爾街，如此行事卻是荒唐的、代價巨大的。這件事最糟糕的地方就在於，一旦進入報價機的領地後，你就不得不讓自己少受一點人類情感的影響。

我離開了威廉森，試了試其他經紀行的營業廳，每到一家都是賠錢的，這是我應得的懲罰。因為我所做的乃是強市場所難，強迫它給予我掙錢的機會，而市場本無義務給予。在向各家申請信用額度的時候，我沒有遇到任何困難，因為那些瞭解我的人都對我抱有信心。我告訴你，當我最終停止採用信用額度做交易的時候，累計負債已經遠超二百萬美元，由這個數字可以大概想像出他們對我有多麼強的信心。

問題不在於我是不是喪失了把握市場的能力，而是在這四個令人沮喪的年頭裡，簡直不存在掙錢的機會。我為了生活依然拼命工作，力圖積攢一筆本金，然而事與願違，反倒負債越積越重。等到我因為不願意欠朋友們更多債務而主動停止交易之後，我轉而透過幫助他人管理帳戶來糊口。他們相信我瞭解這個行當，即使在平淡市道中也能擊敗市場。我從利潤中提成一定百分比作為自己服務的報酬——如果有任何利潤。這就是我當時的活法。嗨，我說的是，靠這樣強撐下來。

我當然不總是虧損，但是從來沒有掙到足夠多的錢來實質性地減少所欠的債務。最終，情形越來越糟糕，有生以來，我第一次感到心灰意冷。

諸事不順遂。雖然從百萬家財變得負債累累，從擁有遊艇的奢華生活轉為清貧度日，但是我並沒有四處哀訴自己的不幸遭遇。我對當時的境況並不感到享受，但也沒有自哀自憐。我並不打算坐等時來運轉，認命地期待老天爺大發慈悲結束我的苦惱。於是，我認真研究自己的問題。顯然，唯一的出路還是掙錢。而要掙錢，就意味著必須交易成功。我曾經成功地交易過，必須再次做到。過去不止一次，我曾經把微不足道的本金滾大到數十萬、上百萬的巨額財富。遲早市場會給我機會的。

我有一點是明確無誤的，無論什麼地方有錯，都是自己錯，不是市場錯。千錯萬錯，市場不錯。那麼，現在到底遇到了什麼麻煩呢？本著自己歷年來在各個成長階段研究自身交易問題的一貫態度，我對自己提出這個問題。我平靜地認真思索，得出的結論是，主要問題出在憂心欠下的債務。我在精神上從來沒有從負債的不安中真正得到過解脫。我必須向你解釋，問題不僅僅是我總是意識到自己負債。任何一位生意人在其常規的業務過程中總會有負債的時候。我的絕大部分負債實際上就是生意債務，是由於不利的商業環境造成的，比較而言，並不比一位商人在遭遇不尋常的長期反季節性氣候的情況下落下的負債更令人痛苦。

當然，隨著時間的推移，遲遲不能清償債務，我達觀的感覺開始減少。讓我解釋一下：我欠下的債務超過一百萬美元——全都是股票市場的虧損，記得吧。絕大部分債權人非常通情達理，並不打攪我。

但是，確實也有兩位債權人不停地折磨我。他們隨時跟在我左右。每當我獲利時，他們兩個總是在場，查個一清二楚，而且一定要把他們的帳當場結清。其中一位，我欠他八百美元，威脅要起訴我、查封我的傢俱，諸如此類（圖13.3）。我想不通為什麼他認為我在隱瞞資產，除了我沒有表現得可憐兮兮，不像舞臺上即將死於赤貧的流浪漢以外。

隨著對問題的深入研究，我認識到，這不屬於如何閱讀行情紙帶的情況，而是關係到如何觀察、控制我自己。我相當冷靜地得出結論，只要我處在焦慮不安的心理狀態，就絕不能夠完成任何有益的事務；而同樣顯然的是，只要欠債，我就不可能不擔憂。我的意思是，只要哪位債權人有權隨意騷擾，或者堅持在我攢夠像樣的本金之前結清債務，從而妨礙我東山再起的進程，我的所有努力便都會於事無補。這是實情，於是我下定決心——必須申請破產保護。除此之外，我還能做什麼才能解脫我的精神負擔呢？

這主意聽起來合情合理，也容易做到，不是嗎？可是我對你說，真要做出來，可不只是一時難堪的問題。我討厭這麼做，我討厭把自己置於這樣容易受人誤解或誤判的境地。我從來沒有對錢過分在意，我甚至從來沒有多想是不是值得為了錢而撒謊。然而，我知道並不是所有人都是同樣的想法。當然，我還知道，如果我能夠重新站起來，一定會把每個人的帳都還清，因此我的義務還是有效的。不過，除非我能夠按照過去的方式交易，否則永遠都無力償還這百萬美元的債務。

我鼓起勇氣，去見我的債權人。這件事對我來說實在極難以啟齒，因為債權人絕大多數都是我的好朋友或老熟人。

我相當坦誠地向他們解釋了自己目前的處境。我說：「並非因為不願意償付諸位的債務才出此下策，而是既為了諸位也為了我自己，我必須把自己置於能夠掙錢的位置上。我對這個解決方案思前想後，已經超過兩年了，但是我一直沒有勇氣站出來，坦誠地向大家交代。如果我能夠得到這樣的條件，那對我們所有人都有無窮的益處。概括起來就是一句話：如果我為這些債務受到騷擾或者憂心忡忡，肯定沒法找回我的本色。我現在決定要做的，其實早在一年之前就該做了。除了剛才交代的理由之外，我沒有其他要說的。」

第一位說話的人實際上在各方面都代表了其他債權人的心聲。他代表他的公司發言。

「李文斯頓，」他說，「我們理解，我們完全理解你的立場。我要告訴你我們的打算：我們會給你一個解脫。讓你的律師按照你的心意準備一份隨便什麼形式的文件，我們都會簽署。」

實際上，所有的大債權人都是這個意思。這也代表了華爾街務實的一面。並不只是隨隨便便地出於好心腸或者為了講求公平交易。這也是極為明智的決定，因為很顯然這樣做是筆好買賣。我既感激他們的良好用心，也感謝他們的商業氣度。

那些願意豁免我債務的債權人的金額加在一起，超過了一百萬美元。但還有兩位小債權人，不願意簽署豁免文件。其中之一就是那位借我八百美元的人，我曾經講過。我還欠一家經紀公司六千美元，該公司已經破產，接管的人對我一無所知，天天對我糾纏不休。雖然受情勢所迫他們表示願意追隨最大的債權人立下的榜樣，但我不認為法庭真的會讓他們豁免債務。不管怎麼說，我的破產清單上債務累計只有十萬美元左右，不過，我說過，我欠的債務總數遠超過一百萬美元。

當我從報紙上讀到有關報導的時候，心裡極不是滋味。以前，我總是百分之百地清償自己的債務，而這次的新體驗對我再屈辱不過。我知道，只要我活著，總有一天會清償每一位債權人，然而讀過這份報導的人到時候卻不一定知道。自從在報紙上讀到報導後，我出門都感到恥辱。直到現在，這種感覺才能漸漸平復。當我得知自己不必再受那些人的煩擾時——他們不懂得，如果希望在股票投機中成功，你必須把全部身心投入到生意中去。對我來說，那極大的解脫感甚至沒法用語言來形容。

不受債務的困擾，我的身心總算解放了，可以全部投入到交易中，因此為我增添了幾分交易成功的希望，下一步便是找到一筆新的本金。從一九一四年七月三十一日到一九一四年十二月中旬，紐約股票交易所關閉，華爾街一片荒蕪（圖13.3）。在很長的一段時間內無論什麼樣的生意都做不成。我欠所有朋友的債。不能不知足，因為他們曾經對我如此友善和寬容，再向他們伸手求援，我知道這種時候沒有人的處境允許他為別人幫太多忙。

找到一筆合適的本金，是一項極為困難的任務，因為交易所已經關閉，我沒法要求任何經紀商給我幫忙。我也到幾個地方試了試，毫無用處。

最後，我去見丹尼爾・威廉森，那是在一九一五年二月（圖13.3）。我告訴他，我已經擺脫了負債的精神負擔，做好準備可以像往常那樣交易了。你還記得，當初他叫我回紐約的時候，曾經向我提出無須和他打招呼就可以動用兩萬五千美元嗎？

現在我需要它。但他只說：「如果你看準了有什麼合適的，打算買進五百股的話，那就動手吧，沒問題。」

我謝了他，告辭了。他曾經攔住我，讓我損失了掙得一大筆錢的機會，而且他的營業廳也從我這裡掙到了很多佣金。我承認，想到威廉森—布朗公司沒有給我像樣的本金，我心中有點不滿。我打算在開始的時候保守地交易。如果開始的時候我的頭寸能夠比五百股再多一點，那將使我財務狀況恢復的過程更容易些、更快些。無論如何，我認識到，即使只有這些，也是捲土重來的機會。

我離開丹尼爾．威廉森的辦公室，仔細研究市場的總體形勢，特別是我自己的問題。這是牛市。對我來說這是顯而易見的，就像對其他千千萬萬交易者來說也是顯而易見的一樣。然而，我的本金只不過是允許我動用五百股頭寸的一個承諾。也就是說，我沒有任何迴旋的餘地，條件很苛刻。開始的時候，我甚至難以承受輕微的行情回檔。我必須在第一筆交易中就為自己積攢本金。初始買入的五百股必須為我實現利潤。我不得不拿到真正的資金，我知道，除非擁有足夠的本金，否則不可能擁有良好的判斷力。沒有足夠的保證金，要對這個行當採取冷靜、不帶感情的客觀態度是不可能的。這樣的態度來自有能力承受少數損失輕微的交易，正如我在真正投入大筆頭寸之前測試市場的時候經常遇到的那種情況一樣。

我覺得，我已經完全清楚地意識到，作為一名投機者，自己正處在職業生涯中最緊要的一刻。如果這一次失敗了，那麼到哪兒去找下一筆本金，什麼時候再做下一次嘗試，便成了未知數——假如還能找得到。很顯然，我必須準確無誤地守候市場關鍵心理時刻的到來。

我沒有踏足威廉森—布朗公司附近。我的意思是，在長長的六個星期內我有意避開他們，獨自靜靜地追蹤行情紙帶。我擔心，如果走近營業廳，知道自己可以買進五百股，我或許受不了誘惑，可能在錯誤的時機動手，或者選錯股票。一位交易者，除了研究基本形勢，牢記市場演變的種種先例，始終對公眾參與者的心理狀態保持高度敏感，以及警惕經紀人的局限性之外，還必須瞭解自己，為自己的弱點做好充分準備。沒有必要對自己身為人類而感到氣餒。我已經認識到，掌握追蹤解讀自我的技巧和掌握追蹤解讀行情紙帶的技巧具有同等的必要性。我已經認真分析、研究了自己性格衝動的某些特點，以及自己不可避免地會受到活躍行情的誘惑等。就像研究作物長勢或者分析企業獲利前景一樣，我採取了同樣客觀嚴謹的態度和做法。

因此，雖然我一文不名，渴望重新開始交易，但是我在另一家經紀行營業廳——在那兒一股買賣也不能做——日復一日地坐在報價板前面，全神貫注地研究市場，從不錯過紙帶上的任何一筆成交，守候著市場敲響全速前進鈴聲的關鍵心理時刻的到來。

根據眾所周知的基本形勢，在一九一五年的那些緊急關頭，我最看好的股票是伯利恆鋼鐵（Bethlehem Steel）[33]。雖然我心裡明白它一定會大幅上漲，但是為了在第一筆交易中便確保獲利的把握——因為非如此不可，我決定等待，直到它超越面值價格[34]才入市。我想我曾經告訴過你，根據我的經驗，當一檔股票第一次超越一百、兩百或三百美元的整數大關時，幾乎總是會保持上升勢頭，繼續上漲三十到五十點——而且在突破三百後，上漲比在一百或兩百之後來得更快。我有一次意外而成功的案例發生在阿納康達公司上，當它超越兩百美元的時候我買進，一天之後在兩百六十美元賣出。在某檔股票向上超越面值價格之後立即買進的做法，對我來說可謂由來已久，一直可以追溯到當年我在對賭行的日子。這是一條久經考驗的操作要領。

你可以想見，我是多麼渴望恢復到以前的交易規模啊。我如此期盼早點開始行動，腦子裡已經裝不下別的了，然而，我一直克制自己、勒緊韁繩。我看著伯利恆鋼鐵爬升，日復一日、越來越高，正如我很有把握的預期，但是，依然抑制著自己跑進威廉森—布朗公司營業廳買進五百股的衝動。我很清楚，第一筆交易自己不得不穩操勝券，有把握的程度必須達到老天恩准人類的最大限度。

該股票每上漲一個點，就意味著我錯過五百美元的利潤。最初十個點的上漲意味著我本可以逐步加碼的，那樣一來，我現在持有的就不是五百股，而是或許已經達到一千股了；如果這樣，那麼每上漲一個點，我就能掙一千美元。然而，我堅忍不動，沒有聽從希望的大聲疾呼或是信念的強烈要求，而是只聽從經驗的平靜勸說以及常識的忠告。一旦我得到合適的本金之後，便能夠承擔冒險捕捉機會的成本了。可是，在沒有本金的條件下，冒險，哪怕只是一點點風險，都是徹頭徹尾的奢侈，超出了我力所能及的範圍。經過六個星期的耐心等待之後，最終還是常識戰勝了貪婪和希望！

當該股票上漲到九〇美元的時候，我真的開始動搖了，心中萬分焦慮。想一想，我是如此看好市場，但是因為堅持不入市，已經錯過了多少利潤。好，當它漲到九十八的時候我對自己說：「伯利恆即將突破一〇〇了，一旦漲破這道邊界，股價顯然會一飛而起！」紙帶明白無誤地這樣告訴我。事實上，紙帶是用大喇叭對我喊著的。我對你說，當報價機才印出九十八的時候，我已經從紙帶上看見一〇〇了。我肯定，這不是我一廂情願的心聲，不是出於自己的欲念而產生的幻視，而是我閱讀紙帶的直覺。於是，

33 編注：隨著第一次世界大戰於一九一四年爆發，鋼材需求的增加帶動了鋼鐵股的漲勢。

34 當時發行股票通常以一百美元為每股面值。

我對自己說：「不能一直坐等它突破一〇〇，必須現在就買到手，現在的情況與已經漲過面值的情況一樣可靠了。」

我衝進威廉森—布朗公司的營業廳，遞進買入五百股伯利恆鋼鐵的交易指令。市場價格當時是九十八美元。我在九十八到九十九美元之間買到了五百股。就在這之後，它一沖而上，當晚收市價位於一一四或一一五美元，我記得。於是，我再次買進五百股。

第二天，伯利恆鋼鐵的價格是一四五美元，我的本金有著落了。這是我自己辛苦掙得的。那苦苦等待恰當時機的六個星期，是我投入的最艱辛、最煎熬的六個星期。無論如何，我得到了報償，因為現在我已經擁有足夠的資本來交易相當大筆的頭寸了。如果始終只有五百股額度，那是成不了什麼事的。

良好的開端是成功的一半，不論什麼行業皆如此。在伯利恆鋼鐵交易之後，我幹得很漂亮，實際上，我幹得如此出色，以至於你可能不相信這是同一個人在做交易。事實上，我已經不再是昨日的我了，因為那時候時常受到騷擾，時常站在市場的錯誤一邊，現在的我身心放鬆，站在市場正確的一邊。沒有債權人煩我，沒有本金短缺的問題困擾我、打攪我傾聽經驗那誠實可靠的話語，因此，我一直順利地保持獲利。

轉瞬之間，我重新踏上了前程光明的康莊大道。然而，就在這時，我們遭遇了盧西塔尼亞號事件[35]，行情崩跌。每隔一段時間，你就會受到一次意外的打擊，就像在軟腹上挨一記重拳，或許只有這樣才能讓你注意到一個可悲的事實，人類之中沒有誰能夠在市場上始終一貫地保持正確、能夠超越引起虧損的突發事件的影響。我曾經聽到人們談論，說沒有哪位職業投機者會因為盧西塔尼亞號被魚雷擊沉就一定會遭到沉重的打擊。人們接著解釋道，他們在華爾街得知訊息之前早已經知情。看來我沒有這麼聰明，沒有提前知道這樣的事情而及早抽身。我要告訴你的全部實情就是，我在盧西塔尼亞號事件上蒙受了虧損，還有其他一兩次行情轉折，因為我的才智有限，都沒有預見到。一九一五年底，我在經紀商的帳戶餘額大約是十四萬美元（圖13.3）。這個數字就是我實際掙到的，雖然當年絕大部分時候我對市場的判斷一貫正確。

下一年，我的業績好得多了（圖14.1）。我很幸運。我在瘋狂的牛市行情中縱情看多。形勢肯定對我有利，因此沒有二話可講，只有忙著掙錢了。說到這裡，讓我想起了已故的H．H．羅傑斯（H. H. Rogers）的一句名言，他是標準石油公司的人，他的話大意是，時來運轉的時候想不要錢都擋不住，就像下雨不打傘非淋成落湯雞不可一樣。市場進入了有史以來軌跡最清晰的牛市行情。每個人都可以明顯地看到，協約國在美國大肆採購各種各樣的補給品，把美國造就成了世界上最繁榮的國家。我們擁有所有種類的物資，而且只此一家、別無分店，於是我們把世界上所有的現金都賺到手了。我的意思是，全世界的黃金像洪水般傾瀉進這個國家。通貨膨脹無法遏制，當然，這意味著一切東西都在漲價。

從開頭起，這一切就是那麼明顯，上漲行情根本無須任何外力。這正是和其他牛市行情相比，本輪牛市所需要的前期準備少得多的原因。更有甚者，這一次不僅比其他所有時期都更輕易地發展為「戰時

35 一九一五年五月七日，第一次世界大戰期間，英國客船盧西塔尼亞號在愛爾蘭沿岸遭到德國海軍的襲擊而沉沒，一千一百九十五人死亡，其中部分是美國人。本事件促使美國考慮對德國宣戰。

新娘景氣」，而且事實表明，公眾更普遍地從這輪景氣中受益，比華爾街歷史上任何景氣時期都來得更廣泛。當然，公眾沒有將他們所有的帳面利潤都轉化為實在的硬通貨，或者說沒能長期保留他們實際上已經取得了的利潤果實，這種現象純粹屬於歷史重演。歷史重演的現象在華爾街如此經常、如此前後一致地出現，大約世界上沒有其他哪個地方可以與之相提並論了。如果閱讀關於景氣和恐慌的最新報告，有一點一定會給你留下最強烈的印象，那就是，今日的股票投機行為（或股票投機者）與過往的股票投機行為（或股票投機者）相比，幾乎找不到任何區別。這個行當從來沒有改變，而人性同樣從來沒有改變。

一九一六年，我一路追隨著上漲行情（圖14.1）。我同隨便哪一位投資者一樣看好，但是當然，我同時把雙眼瞪得大大的。我知道，其他所有人也都知道，天下沒有不散的筵席，因此我警惕著警告信號的出現。對於猜測最終會從哪個角落傳來什麼內部消息，我從

圖 14.1 ● 經歷了 1915 年的牛市行情之後，1916 年前面的大半年市場穩中有降，9 月後小幅上漲，直至 12 月突然回落，實際上這是市場進入熊市的開端。當時李佛摩 38、39 歲，他對市場的把握已臻化境，當市場上漲的時候持續做多，當市場逆轉下跌時，轉而做空，總共獲利 300 萬美元。1917 年上半年平穩，下半年明顯下跌，總體為熊市。李佛摩當時 40 歲。

來沒有特別的興趣，因此，也不會死盯著某一點。我不是，而且從來沒有，把自己和市場某一邊牢牢綁在一起。牛市行情幫我增長了銀行帳戶餘額，熊市行情也曾對我特別大方，因此我認為，一旦接到市場發出的離場信號，便沒有足夠的理由再繼續黏在多頭一邊或者空頭一邊了。交易者既沒有宣誓與多頭永結同盟，也沒有宣誓與空頭永結同盟。他關心的是始終站在正確的一邊。

還有一點必須牢記，那就是市場不會用轟轟烈烈的焰火表演來宣告行情已經到達頂峰，也不會突如其來地一百八十度大轉彎。市場可以做到，而且的確經常這麼做，即在價格真正開始普遍下跌之前很久，市場便已經不再處於牛市狀態（圖 14.1）。我注意到，過去那些充當牛市領頭羊的股票一個接一個從其頂部下跌了幾個點，這是幾個月以來首次出現的現象，之後再也沒有漲回去，這正是我長期以來一直小心守候的警告信號。顯然，它們的賽程已經跑完，這明白無誤地促使我改變交易策略。

道理很簡單。在牛市行情下，價格趨勢自然是毫不動搖的，必定向上。因此，無論什麼時候，如果某檔股票的走勢和總體趨勢相反，你便有理由假定，這個股票一定是什麼地方出問題了。對於一位有經驗的交易者來說，這足以說明該股票什麼地方不對勁。他絕不指望行情紙帶充當誨人不倦的導師給他詳細解說。他的工作就是諦聽市場，聽市場說「離場！」然後不要遲疑，離場！別指望它向你呈報一份法律文件，你簽署才算數。

前面說過，我注意到，曾經在氣勢如虹的漲勢中擔任領頭羊的那些股票停止上漲了[36]。它們回落了六

[36] 李佛摩的格言是「炒股要炒領頭羊」，充當領頭羊的股票對行情具有重要的標誌性意義。

到七個點之後，便待在那裡。與此同時，市場上其他股票仍然繼續上漲，追隨別的那些充當標竿的股票。既然這些公司本身並沒有什麼問題，那就得另找原因了。那些股票已經追隨大潮流一起運行了好幾個月。現在它們不再追隨潮流，這意味著，雖然牛市的大潮依然強勁地推進著，但是對這些股票來說，牛市行情已經終結。對市場上的其他股票來說，趨勢依然確定無疑地向上。

沒有必要感到困惑而束手無策，這種現象其實並不矛盾。此時，我對市場還沒有轉向看空，因為紙帶沒有告訴我這麼做。牛市行情尚未終結，雖然離終點已經可望又可及了。在等待終點到來的同時，還有牛市的錢可賺。正因為此，我僅僅對那些滯漲的股票開始看空，而其他股票背後依然存在上升的動力，所以我既買進也賣出。

老的領頭羊們停步不前，所以做空它們。這些股票每檔賣空五千股，然後在新的領頭羊上做多。做空的股票沒有太大動作，但是做多的股票維持上漲。當最終輪到這些股票停止上漲的時候，也賣出它們做空——每檔賣空五千股。到了這個時候，我看空的程度已經大於看多的程度了，因為顯然，下一筆大錢將會從下跌一邊來掙到了。雖然我感覺很確定，在牛市終結之前，熊市實際上已經潛入，但是我知道，現在還不到大肆做空的時候。俗話說，皇帝不急太監急，那是毫無道理的，特別是在時機還不成熟的時候。紙帶僅僅說空頭大部隊派出的巡邏隊剛剛衝過去，這才是做準備的時候。

我繼續既買進又賣出，直到差不多一個月之後，累積的空頭頭寸已經達到六萬股——每檔股票五千股，總共十二檔股票。當年年初，這些股票曾經都是大眾寵兒，因為它們都屬於大牛市的領頭羊。這筆頭寸倉位還不算太重，不過不要忘記，市場現在也並非確定無疑地看空。

後來有一天，整個市場都變得相當疲軟，所有股票都開始下跌。在我做空的十二檔股票上，每檔股票都至少有四點的帳面利潤，這麼一來我就知道自己是正確的。紙帶告訴我，現在看空已經安全了，於是我趕緊再增加一倍的空頭頭寸。

我現在擁有自己的「立場」了。現在，市場顯然已經屬於熊市，我做空股票，局勢的發展用不著我費力推動，市場注定要朝著對我有利的方向演變。明確這一點之後，我就不再等了。在雙倍加倉之後，很長時間內我都沒有再做任何交易。在我滿倉後大約過了七個星期，我們遇到了著名的「洩密事件」，股市慘烈地崩跌。據說有人事先從華盛頓得到消息，威爾遜總統即將發表聲明，可能馬上給歐洲送去和平鴿。「戰時新娘繁榮」的發端和維持都仰賴本次世界大戰，既然如此，和平的消息便構成看空因素。一位最聰明的場內交易商被指責故意走漏風聲而牟取私利，他三言兩語地表示，之所以做空股票，並不是出於任何消息，而是因為他認為牛市行情已經山窮水盡。我自己更早在七個星期之前便已經加倍了空頭頭寸。

這個消息出籠後，市場如斷線風箏般跌落，我自然利用這個機會軋平了空頭頭寸。這是當時唯一可行的選擇，如果發生了意外的有利事件，超出當初你計畫的範圍，那麼當仁不讓，你應該利用這個天賜良機來果斷行動。單說一點，在這樣的急跌行情中，市場流動性極佳，你可以輕鬆轉身，這正是把帳面利潤轉化為真金白銀的大好時機。即使是在熊市行情中，你也並不總是能夠不動聲色地買回十二萬股股票。你必須等待市場條件允許，才可以在不引起價格上升的條件下買進這麼多股票，從而避免削減已經形成的帳面利潤。

這裡還想指出，事先我並沒有存心指望在這特定時間點、出於這一特定事件、引發這等規模的崩跌行情。然而，正如我在前面所說，根據我三十年的交易經驗，此類突發事件通常符合市場最小阻力路線的方向，而我正是根據市場最小阻力路線來建立頭寸的。還需牢記另外一點，絕不要企圖在最高點做空，那是不明智的。等行情回落後，如果市場不能上漲，再放空。

一九一六年，我淨賺了大約三百萬美元，先是隨著牛市行情的持續盡情做多，然後在熊市行情開始後放手做空（圖14.1）。前面曾說過，交易者沒有必要和市場的哪一邊山盟海誓、白頭偕老。

一九一六年冬天我到了南方，來到棕櫚灘，這是我通常度假的地方，因為我非常熱衷海釣。當時我做空股票和小麥，兩邊的頭寸都帶來了漂亮的帳面利潤。沒什麼煩心的事，我正在享受一段快樂時光。當然，除非到歐洲去，否則我是不可能真正和股票市場或商品市場斷絕聯繫的。舉例來說，我在自己的阿第倫達克（Adirondack）[37]的寓所和我的經紀行就接了專線。

在棕櫚灘，我通常定期到經紀商的分支機構去看看。我注意到棉花走勢很堅挺，正在上漲，我當時對它並無興趣。大約就在這個時候——這是一九一七年，我聽到了威爾遜總統正致力於恢復和平的很多說法。消息來自華盛頓，其中既有報紙上的新聞報導，也有同在棕櫚灘的朋友私下提供的個人建議。正是出於上述原因，有一天我觀察得到的印象是，許多市場的演變都表現出對威爾遜先生的成功很有信心的樣子。由於人們認為和平近在咫尺，股票和小麥應該下跌，而棉花應該上漲。我在股票和小麥上已經為下跌做好了準備，但是在棉花上有一陣子什麼都沒做。

那天下午兩點二十分，我手上一包棉花也沒有，但到了兩點二十五分，由於確信和平即將到來，我買進了一萬五千包棉花，作為交易的開頭。我打算採取自己既有的交易體系，也就是步步為營、逐步累積全部頭寸的做法，對此我曾做過介紹。

就是當天下午，市場收市後，我們得知德國宣布實行無限制戰爭手段的通牒[38]。沒法子可想，只能乾等市場第二天開市。我記得，當天晚上美國鋼鐵行業的巨頭之一在格里德利俱樂部（Gridley's）宣稱，以低於當日收市價五個點的出價賣出不限數量的美國鋼鐵（United States Steel）股票。當晚在場的有數位匹茲堡百萬富翁。但是沒人回應這位大人物的出價。他們都知道第二天開市市場肯定會巨幅下挫。

果然，第二天早晨，股票和大宗商品市場亂成了一鍋粥，你可以想像出當時的情景（圖14.2）。某些股票開

37 編注：紐約州東北部山地，是紐約富豪們的避暑勝地。

38 一九一七年二月一日，德國開始實行無限制潛艇戰。

圖 14.2 ● 1917 年 2 月 1 日德國發出無限制潛艇戰的通牒，消息傳來時美國市場已經收市。第二天早晨，股票和大家商品市場亂成了一鍋粥，李佛摩在股票市場買入平倉，獲利 150 萬美元，但是在棉花市場上一夜之間損失 37.5 萬美元。

盤就比前一日的收市價低了八個點。對我來說，這是天賜良機，正好可以軋平空頭頭寸，實現利潤。正如前面所說，如果在熊市中突然出現市場全面潰敗的情形，買入平倉總是明智的。如果你的頭寸比較大，要想既快速又不需付出令人遺憾的衝擊成本把帳面利潤轉化為真金白銀，這是唯一選擇。舉例來說，我僅在美國鋼鐵一檔股票上便賣空了五萬股。當然，我同時還賣空了其他股票，於是，當我觀察行情允許買入平倉的時候，便買入平倉了，我的利潤總共大約有一百五十萬美元，這種機會不可以輕易放棄。

棉花我做多了一萬五千包，都是前一天下午開市期間最後半個小時內買進的，當天開市的時候棉花下跌了五百點[39]。驚人的跌幅！這意味著一夜之間我損失了三十七．五萬美元。雖然在股票和小麥市場上毫無疑問唯一明智的做法就是利用崩跌的機會買入平倉，但是在棉花市場上應當怎麼做，我就不那麼吃得準了。需要同時考慮幾個方面，一方面，如果我確信自己做錯了，我總是在第一時間立即認賠止損；另一方面，當天早晨我並不願意就此認賠止損。後來我又想，我到南方來是為了享受垂釣的快樂時光的，而不是要讓自己陷在棉花市場的行情泥潭裡。更何況我已經在小麥和股票上獲得了如此巨額的利潤，我決定在棉花上止損認賠算了。我的算盤是，就當我的利潤只有一百萬出頭，而不是一百五十萬。反正都是會計帳目上的事情，就像銷售人員嫌你問得太囉唆打馬虎眼敷衍你那樣。

要是我前一天收市前不曾買進那堆棉花，就能省下這三十七．五萬美元了。這件事足以表明，即使頭寸並不太大，也有可能在很短時間內遭受大的損失。我主要的頭寸絕對正確，又從這起意外事件中受益匪淺，而這起事件的性質與當初促使我在股票和小麥上建立頭寸的考慮是全然相反的。請注意，這裡再次證明市場的最小阻力路線對交易者來說具有無上價值（圖14.1）。儘管由於德國通牒事件引入了出人意料的市場因素，價格卻依然按照我當初預期的方向運動。如果事情按照我預計的那樣發展，那麼我在所有三個市場上都會百分之百地正確，因為隨著和平的到來，股票和小麥將下跌，而棉花則會明顯上漲。這樣我就會在三個市場平倉了結。無論是和平還是戰爭，我在股票市場和小麥市場的頭寸都是正確的，這正是意外事件帶來意外之喜的緣故。在棉花上，我的交易依據建立在市場之外可能發生的某一事件上，也就是說，我賭的是威爾遜先生在和平談判中取得成功，是德國軍方導致了我在棉花賭博上的損失。

當我在一九一七年初回到紐約的時候，我償還了曾經欠下的所有債務，總額超過一百萬美元。清償了債務，那真是渾身輕鬆。我或許可以早幾個月便償還了，但是出於幾點考慮，我沒有這麼做。當時我正活躍地交易，交易也很成功，我需要當時所有的資本。我認為，無論是對我自己來說，還是對我認為是我的債主的那些人來說，我都有責任在一九一五年和一九一六年的精彩行情中充分施展、捕捉每一個機會。這筆錢他們從來沒指望拿回去，我知道自己會掙到很多很多錢，我也從未因為要讓他們多等幾個月而擔心過。我不願意一點一點地償付債務，或者一次償付一個人，而是打算一下子付清所有人。於是，只要市場條件繼續對我多多關照，我便繼續按照手上資源允許的最大規模來交易。

我打算支付利息，但所有曾經簽字放棄債權的人無論如何都不肯收下。最後一個得到償付的人就是我只欠了八百美元的那位，他曾經給我的生活添加了煩擾，鬧得我雞犬不寧，以致沒法交易。我讓他等

39 文中股票上漲或下跌一點為一美元。大宗商品上漲或下跌一點為一美分，但是大宗商品合約的單位和報價單位不一致，例如，棉花合約單位約為一百包，每包五百磅，報價單位則為美分／磅。

著，直到他看著我已經付完了其他所有人，最後他拿到了他的錢。我想開導開導他，讓他下次稍微體諒一點，假如某人只欠他幾百塊錢的話。

就這樣，我東山再起。

所有債務清償完畢後，我把另外相當大一筆錢投入到年金中。我下定決心，再也不能被捆住手腳，再也不能生活無著，再也不能短缺本金。當然，自從我結婚之後，我為我的妻子把一些錢投入了信託。在兒子出生後，我也為他把一些錢投入了信託。

之所以這麼安排，不光因為我擔心股票市場或許有一天會從我手中再把錢奪回去，也因為我知道，人有可能把他可以沾手的錢統統花光。透過上述安排，我的妻兒就能得到安全保障，不受我的影響。

在我認識的人當中，不止一位曾經採取了同樣措施，但是後來當需要錢的時候，他花言巧語引誘妻子簽字放棄，最終連這筆錢也賠掉了。然而，我補上了這個漏洞，不論我想要幹什麼，也不論我的妻子想要幹什麼，信託都是獨立有效的。無論我們之中哪一位採取什麼手段，不論我在市場上需要什麼，甚至即使深愛我的妻子要為我主動放棄，它都是絕對安全的。我不冒任何風險！

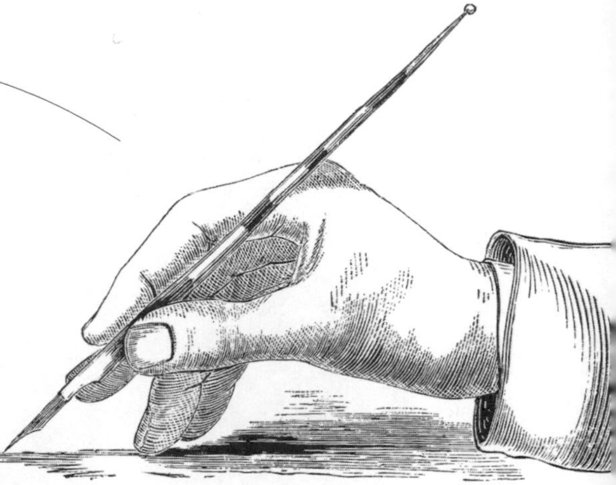

CHAPTER 15

政府干預拉偏架，投資意外添新樣

在投機事業遭遇的各種絆腳石中，意料之外的事件，甚至根本不可預料的事件，要排在前頭。雖然如此，有充分的理由認為，對於特定的若干風險，即使最審慎的人也應主動承擔——如果他不甘心充當一名沒骨頭的商業軟體動物，那麼本就應該承擔這樣的風險。一般的商業風險並不比普通人出門上街或者坐火車旅行遇到的風險更大。當因為沒人能事先預料到的原因而發生虧損的時候，我從不耿耿於懷，就像對天有不測風雲帶來的種種不便不太在意那樣。從搖籃到墳墓，生活本身就是一場賭博。對於因上蒼沒有賜給我通天法眼而遭遇的一切，我都可以默默承受，淡然處之。遺憾的是，在我作為投機者的職業生涯中，曾經有過幾次遭遇，當時我既選擇了市場正確的一邊，操作方法也誠實公平，但是，有些對手採取了一些拿不上檯面的卑鄙手段，做掉了我的利潤。

思維敏捷或有遠見的生意人會隨時提防騙子、懦夫、暴民的卑劣行徑，因此能夠自我保護。除了在對賭行的時候偶爾有一兩次之外，我從來沒有遇到過赤裸裸的欺詐行徑，因為即使在對賭行，誠實也是最佳的經營策略。掙大錢的機會來自公平誠實，靠騙術掙不了大錢。如果在某個地方必須時刻警惕生意對手，一不留神他就很可能使詐，那麼，我從來認為，這樣的地方絕不是做生意的好地方，不論做什麼生意。然而，對付用貌似可憐和哀怨包裝起來的騙子，體面人士就無能為力了。公平交易就是公平交易。我可以告訴你一籮筐親身經歷，因為把自己的承諾看得太神聖，或者堅持「君子一言駟馬難追」的信條，我淪為了自己做人原則的犧牲品。我本不該這麼做，因為這麼做並沒有多大的實際作用。

小說家、傳教士和婦女們喜歡把股票交易所暗示成江湖騙子相互鬥法的場所，把華爾街日常的生意看成叢林法則。這麼說雖然具有吸引人的戲劇色彩，但純屬誤導。我不認為我的生意是無休止的衝突或競賽。我從沒有和哪個人起過衝突，或者和某個投資者群體有過爭執。我只是和他們在觀念上有所不同，也就是說，我對基本形勢的看法與人相異。劇作家筆下的生意場之戰並不是人和人之間的爭鬥。它們純粹屬於各人不同的商業前瞻性之間的相互較量。我力圖緊跟事實，而且只跟隨事實，讓事實統領我的行動。這正是伯納德・M・巴魯克（Bernard M. Baruch）贏得財富的成功祕訣。有時候，我沒有把事實——全部的事實——都看得足夠清楚，或及早地看清楚，或者從另一方面來說，我沒有按照邏輯來推論。不論什麼時候，只要出現了這種情況，我就賠錢，承認自己錯了。錯了，總要破費錢財。

沒有哪個通情達理的人反對為自己的錯誤付帳。在犯錯誤的事情上，不存在對你額外開恩的債主，不存在例外，也沒有討價還價的餘地。然而，當我正確的時候，我拒絕賠錢。我並不是指由於某些交易所朝令夕改地突然改變交易規則而導致我發生損失的那些交易。對投機事業帶來危害的若干特定因素，我始終戒慎恐懼。它們時常提醒你，除非已經把利潤存入銀行帳戶，否則都不算數。

自從歐洲爆發第一次世界大戰以來，大宗商品價格開始逐步抬升，這是意料之中的事。這一點很容易預見，如同往常預見戰爭引起的通貨膨脹一樣。自然，隨著戰爭拖延日久，大宗商品市場的普遍上漲也會持續。你可能還記得，一九一五年我正忙於「東山再起」。股票市場的繁榮擺在面前，我有責任充分利用這個機會。當時最保險、最容易而且最快速的掙錢之地在股票市場，而且我運氣不錯，你知道的。

到了一九一七年七月，我已經不僅有能力清償所有的欠債，而且頗有一點小積蓄了。這意味著我現在有時間、有資金，也有意願同時兼顧大宗商品和股票。我已經養成了多年的習慣，同時追蹤研究所有的市場。大宗商品價格的上漲已經超越了戰前的水準，漲幅達到了一〇〇％到四〇〇％。其中只有一個例外，那便是咖啡。當然，這種現象背後是有原因的。戰爭爆發意味著歐洲市場關閉，巨量的船貨源源不絕運往美國，這裡是唯一的咖啡大市場。這導致咖啡原料的極大過剩，這麼一來必然壓低市場價格。當我第一次捉摸咖啡投機行情前景的時候，它的價格實際上低於戰前的水準。如果導致這一反常現象的原因顯而易見，那麼德國和奥匈帝國的潛艇越來越活躍、效率越來越高的事實恐怕同樣顯而易見，這必然意味著可供商用的貨船數量已經減少了很大的幅度。最終，這必然導致咖啡進口的數量萎縮。消費數量不變，隨著進口數量的減少，原先的超額庫存必然被逐步消化，到了這個時候，咖啡價格必然追隨其他所有商品，那便是大幅上漲。

用不著夏洛克·福爾摩斯的程度，這一點也能夠被估量出來。為什麼大家都不買咖啡，我說不上來。當我決定買進時，我並不認為這是投機。這在更大程度上屬於一次投資。我知道需要一段較長的時間才能真正兌現收益，然而，我更清楚它必定能夠帶來豐厚的利潤。這使得它成為一樁保守的投資操作——更像銀行家的操作，而不是賭徒的投注。

我在一九一七年冬天開始實施買進行動。不過，當時市場乏善可陳，維持在平淡狀態，而行情也不像我預期的那樣有所上漲。結果是，我毫無成效地一直持有自己的頭寸，時間達九個月之久（圖15.1）。這時我的合約到期了，我賣出了所有的期權。這筆交易讓我蒙受了巨大的損失，然而我仍然確信自己的觀點是正確的。從擇時方面來說，顯然是錯誤的，但是我有信心，咖啡必定與其他所有大宗商品一樣上漲，於是當我賣出所有頭寸之後立即重新開始買進。這次買進的數量是我在那令人失望的九個月裡徒勞無功持有數量的三倍。當然，這次我買進的是延期期權——能夠拿到的最長期限。

這次我錯得不那麼離譜了。我剛剛吃進三倍的頭寸，市場便開始上漲。突然之間，所有地方的人似乎都意識到咖啡市場注定要發生什麼了。從苗頭來看，好像我的投資將會給我回報非常好的利潤率。

我持有的合約賣方是那些咖啡烘焙者，大多是德裔行號和他們的附屬企業，他們在巴西買進了咖啡，並且很有信心地預計會把它們運抵美國。然而，事到臨頭，找不到貨船來運送貨物，現在他們發現自己的處境非常尷尬，那邊咖啡源源不斷流入他們的倉庫，這邊對我大量地做空。

請記住，當我剛剛開始對咖啡看多的時候，其價格實際上仍處於戰前水準，不要忘記我買進之後一直持有了大半年的時間，最終還蒙受了巨大損失。對犯錯誤的懲罰就是賠錢，而對行動正確的獎賞就是獲利。顯然我是正確的，又持有一筆大頭寸，於情於理我都有理由指望掙得一大筆利潤。行情不用漲太多，就能夠讓我掙得滿意的利潤，因為我持有數十萬包咖啡。我不太願意談論操作中的具體數額，因為有時候這些數字聽起來相當

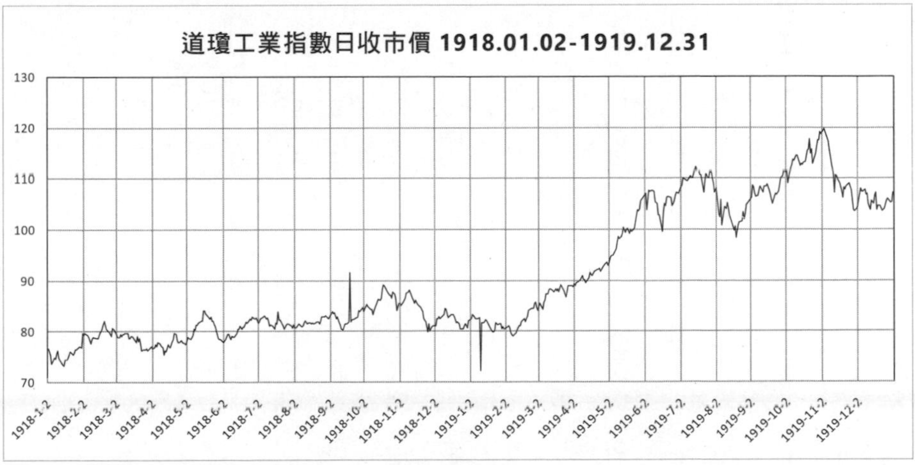

圖 15.1 ● 李佛摩 1917 年冬季開始在咖啡期權市場做多，從道瓊工業指數走勢可以看到，從 1917 年 11 月至 1919 年 1 月，在長達 15 個月的時間裡，市場前半段大致在 70 ～ 80 點之間，後半段大致在 80 ～ 90 點之間，市場波瀾不驚，根本沒有機會。這兩年他 41、42 歲。

驚人，人們或許以為我在吹牛。事實上，我在交易中量力而為，總是留有餘地，額外保留巨大的儲備保證金。在這個例子中，我是足夠保守的。之所以如此放手購買期權，是因為我看不出有什麼道理會發生虧損。形勢對我有利。我曾被迫苦等一年，但是現在將會得到補償，既為我的耐心等待，也為我的行動正確。我可以預見利潤的到來，而且來得會很快。這用不著任何機巧，明明白白的，只要眼睛不瞎。

看來利潤既有把握又來得快，幾百萬美元利潤！然而，我就是無緣拿到這筆利潤。不，不是因為形勢突然變化而出了岔子。市場沒有突然反轉。也沒有咖啡傾瀉到美國市場。究竟出了什麼事呢？聞所未聞！這樣的事任何人都沒有經歷過，因此當時我沒有任何理由對這種情況有所提防。從此以後，我在投機事業絆腳石那長長的名單上添上了這個新名目，這份名單必須始終放在眼前。事情很簡單，那些賣給我咖啡的傢伙，空頭們，清楚等著他們的是什麼樣的命運，為了盡力擺脫當初自己賣空的那些頭寸，他們謀劃出一種新的欺詐手段，他們跑到華盛頓乞憐求援，並如願以償。

或許你還記得，當時政府制訂了各種方案防止生活必需品出現囤積居奇、牟取暴利的現象。你知道此類計畫大多數是如何運作的。好，那些「仁慈博愛」的咖啡空頭們出現在戰時工業委員會價格管制小組面前——我想這是官方指定的——發表了一通愛國請願，請求保護美國人享用早餐的權益。他們堅稱，職業投機客——勞倫斯．李文斯頓便是其中之一，已經壟斷了或者快要壟斷咖啡市場。如果他的投機計畫得逞，他將充分利用戰爭帶來的有利條件，美國民眾將被迫為他們每天飲用的咖啡支付天價。這群愛國人士當初向我賣空了他們找不到貨船裝運的成千上萬包的貨物，現在他們聲稱，讓一億左右的美國人為不講良心的投機客進貢簡直不可思議。他們代表咖啡行業，而不是咖啡賭徒，他們願意幫助政府來打擊任何或明或暗的牟取暴利行為。

現在我陷入了一群哀怨訴苦者製造的泥潭之中。我無意暗示價格管制小組沒有最大限度地忠誠於限制暴利行為和制止浪費的職守。然而，這並不妨礙我如實表達自己的觀點，該小組沒有深入瞭解咖啡市場的具體情況。他們為咖啡豆設定了最高限價，同時為所有現存的合約設定了最後了結期限。當然，這一決定意味著咖啡交易所將無生意可做。對我來說，只有一個選擇——照辦，那便是賣出所有的合約。同以往那些獲利的交易一樣正常預計必將到手的數百萬美元利潤就此化為泡影。我和其他任何人一樣真心誠意地反對在生活必需品市場牟取暴利，然而，就在價格管制小組發布他們的咖啡命令時，所有其他大宗商品的成交價格都比戰前水準上漲了二五〇%到四〇〇%，而咖啡豆的價格實際上低於戰前幾年的平均成交價格。我看不出由誰來持有咖啡會造成任何實質性的區別。其價格注定要上漲，原因並不在於不講良心的投機客，而是在於供給的縮減，進口數量大為減少是主要原因。再進一步地，後者的原因又完全在於德國潛艇攻擊導致世界上貨船數量的極大減少。價格管制小組甚至沒有等到咖啡市場開始上漲，就一腳猛踩下了煞車。

作為一項政策和權宜之計，剛好在那種時候強迫咖啡交易所停業是一個錯誤。如果當初價格管制小組不理會咖啡，其價格毫無疑問會因為我在前面講述的理由而上漲，這和任何被指控的壟斷者都沒有關係。但是，上漲之後的高價格——不一定就是天價，將成為把供給吸引到這個市場裡的推動力。我曾經聽到伯納德·巴魯克先生說起，戰時工業委員會在管制價格的時候曾經對這項因素有所考慮，即如何確保供給，正是由於這一原因，對某些商品限價太高的怨言並無道理。後來，當咖啡交易所再度開業的時候，咖啡成交價為每磅二十三美分。因為供給跟不上，美國民眾不得不支付這樣的高價，而供給少的原因正是當初政府偏聽那一小撮「仁慈心腸」的空頭的建議，對咖啡限價過低，現在只有這樣的高價才可能支付高昂的海運費用，以此保證咖啡持續進口。

我始終認為上述咖啡交易是我在大宗商品上所有交易中最合理的一筆。我覺得與其說這是一次投機，不如說在更大程度上屬於投資。這次交易持續的過程超過了一年。如果說這裡面有任何賭博成分，那麼賭博的正是那些德裔行號、自稱愛國的咖啡烘焙者。他們在巴西有咖啡，於是在紐約把它們賣給我。價格管制小組給這個唯一沒有上漲的商品限定了價格。他們在所謂牟取暴利的行為開始之前便已經採取了行動，唯獨沒有防備後來無可避免的高價。不僅如此，當時一方面咖啡生豆始終在每磅九美分的位置徘徊，另一方面咖啡熟豆則毫不客氣地和其他所有大宗商品一道上漲。恰恰只有咖啡烘焙者從中得益。如果咖啡生豆的價格每磅上漲二到三美分，對我來說就有好幾百萬美元的利潤，而民眾也不至於為了咖啡後來這樣大的漲幅花費這麼多的錢。

在投機事業上吃後悔藥純屬浪費時間，什麼意義都沒有。然而，這樁交易卻具備獨特意義。交易本身和我以前做成的一樣漂亮。我對行情上漲如此有把握，如此符合邏輯，以至於簡直沒法不掙回幾百萬美元。但是，我沒有。

我也曾遇過兩次事先沒有任何警告、交易所理事會突然宣布更改交易規則的情況，兩次均遭受損失。但是在那兩例中，雖然我的頭寸在技術上是正確的，在商業邏輯上卻不如我的咖啡交易這般完備。在投機操作中，對任何事你都不能絕對肯定。正是剛剛對你說的這次經歷，促使我把「不可預料的無妄之災」

添加到了我的絆腳石清單上。

在這次咖啡插曲告終後，我在其他大宗商品上的交易非常成功，同時在股票市場從做空的一邊操作，漸而至於遭到荒誕不經的流言的困擾（圖 15.2）。華爾街的職業人員與報紙寫手養成了遇事歸咎於我的習慣，當價格無可避免地快速下跌的時候，他們總是指責我打壓市場。有時候，只要賣出就被說成不愛國——不管我是不是真的在賣空。我想，他們之所以對我的操作規模和後果誇大其詞，是因為他們需要滿足公眾對每一次價格波動都要追問原因的渴求，而這種渴求永遠不可能真正滿足。

我已經說過一千遍了，沒有任何操縱者能夠把股票價格打下去並把它們總摁在那兒。這裡毫無神祕之處，原因很簡單，如果願意動腦子，每個人只需半分鐘就能想明白。假設某位股票作手襲擊某檔股票，也就是說把股票價格壓低到低於其真實價值的位置，那麼必定發生什麼事情呢？嗨，襲擊者立即會遭到內部人購買的狙擊，這是最好的一種內部人買進行為。當某檔股票賣出價偏

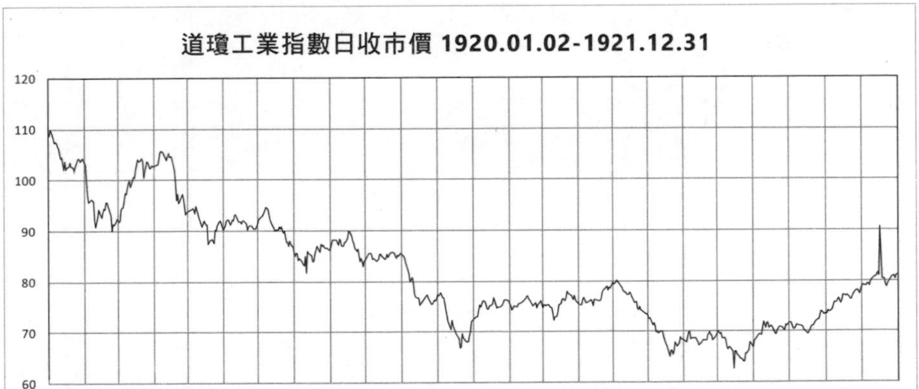

圖 15.2 ● 咖啡插曲結束後，時間大致已經到了 1919 年底，道瓊工業指數經過 1919 年上半年的小幅上漲後，在 1919 年 11 月初見頂，在 1920 年初至 1921 年中進入熊市，最大跌幅接近 50%，因此李佛摩說他在股市做空，並且漸漸受到流言中傷的困擾。這兩年他大致 43、44 歲。

低而有便宜可賺的時候，瞭解該股票真正價值的人總是會買進的。如果內部人無力買進，那是因為總體形勢對他們構成了壓力，導致他們不能隨意支配他們的資源，而這樣的總體形勢顯然不屬於看漲的性質。當人們談論有人打壓市場的時候，隱含的意思是打壓市場是沒有道理的，幾乎是犯罪。但是，把一檔股票賣到價格遠遠低於它的真實價值，可是一樁極度危險的買賣。最好牢記一點，如果某檔受打壓的股票未能上漲，就說明沒有多少內部人的買進行為；另一方面，倘若果真存在所謂人為打壓，也就是說，不合理的賣空行為，那麼，這通常會為內部人買進創造機會，如此一來，其價格就不可能停留在低位。我可以說，所謂人為打壓的情形，一百例中有九十九例實際上都屬於合理的下跌，只不過是市場在下跌過程中不時加速而已。下跌主要並不是由職業交易者的操作引起的，不論他能夠動用多麼大的頭寸。

把大多數突然下跌，特別是劇烈的下挫，說成是某個賭徒操作的結果，可能是一個很好的托詞，這樣的藉口可以信手拈來，很容易用來滿足投機客們追問行情緣由的需要。這些投機客其實只是一群盲目的賭徒，寧願相信別人告訴他們的任何東西，也懶得稍稍動腦子思考一下。倒楣的投機者發生虧損後，常常從經紀商那裡或從金融媒體的閒言碎語中得到「人為打壓」的心理安慰，實質上這屬於某種奇怪的反間計明牌。正常明牌和反間計明牌的區別是這樣的：真正看空的明牌會具體、明確地建議你賣空；反間計明牌則試圖對下跌行情做故布迷陣的解釋，讓你不去選擇明智地賣空。當某檔股票突然明顯下挫，正常的傾向應該是賣出它。行情變化必有緣由——雖然暫且不知是什麼緣由，但是理由顯然足夠充分，因此該要出場。但如果說該股票的突然下挫不過是某位作手打壓的結果，那麼你賣出就不明智了，因為一旦他停手不再賣空，股價必然向上反彈。這種說法便是反間計明牌！

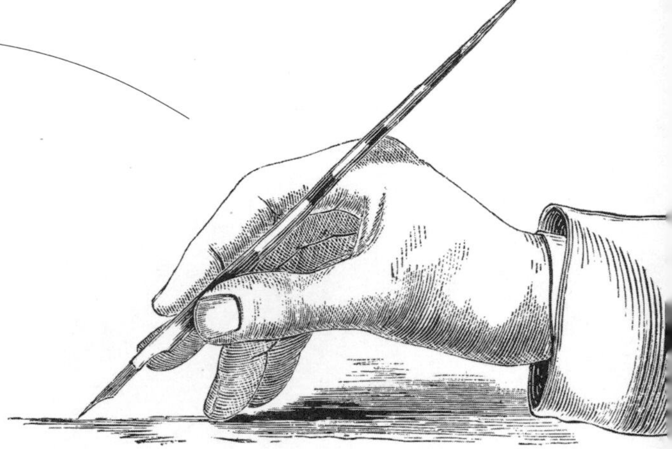

CHAPTER 16

心機費盡傳明牌，行情做準拒上當

明牌！人們對明牌多麼著迷呀！他們不但對明牌孜孜以求，而且同樣不遺餘力地到處饋贈。其中既有貪婪的成分，也有虛榮的成分。看著那些聰明人費盡心機打探內幕消息，有時候實在令人覺得好笑。派發明牌的人對明牌有幾分可信度不必費心勞神，因為打探明牌的人從不真正追求品質，是明牌就行。如果明牌的結果不錯，好極了！如果不靈，那麼下次肯定靈。此刻我的腦海裡浮現出一般經紀行裡常見的普通客戶。起初總有一位始作俑者，他是明牌的宣導者，甚至是操縱者，他本人對明牌頂禮膜拜，從不猶豫。他認為，保持經常性的明牌流通在某種意義上簡直是一樁高尚的傳播事業，這是世上最好的商業推廣方式，因為明牌的授受雙方從來都是到處散發，所以明牌的流傳成了沒有盡頭的瓜蔓式廣告鏈。明牌的宣導者有一種錯覺，他相信，只要明牌傳遞得法，普天下沒人能抗拒其誘惑，於是他不辭辛勞，苦練傳播明牌的高超技藝。

每一天，我都從各色人等那裡得著成百上千的明牌，比如接下來我要給你講的這則關於婆羅洲錫業（Borneo Tin）的故事。

你還記得這檔股票是什麼時候發行的吧？那正是股市繁榮的高潮時期。股票發行人團夥聽從了一位非常聰明的投資銀行家的建議，決定在公開市場上發售並立即開始交易，而不是讓承銷商慢慢銷售然後再上市交易。這是個好主意。唯一的錯誤源自發行人團夥缺乏經驗。他們不瞭解，當股票市場處在瘋狂的繁榮階段時能夠形成何等極端的表現，同時，他們也不是智慧的自由派人士。他們一致認為有必要提高股票發行價格來更好地推銷股票，但是他們制定的價格太高了，導致買進了股票的交易者和原本勇於嘗鮮的投機客們疑慮重重。

照理說，在這種情況下發行人活該賣不掉股票。然而，在狂暴的牛市中，雖然他們的貪婪毫無節制，但是，從最終結果看，竟然可以把這幫人列入穩健保守的行列。只要相關的明牌足夠多，公眾願意買進任何東西。投資常識已經被拋到九霄雲外，人們只圖錢來得快、來得容易，要的是板上釘釘的賭博彩頭。交戰國在這裡大肆採購戰爭物資，黃金不斷傾瀉到這個國度。他們告訴我，婆羅洲錫業的發行人在股票上市交易首日，「為了公眾的利益」曾經三度上調股票的開盤價格，最後才正式形成第一筆官方交易紀錄。

有人曾經找我加入發行人團夥，我做了一番功課，沒有接受他們的邀請，因為如果有任何市場運作機會，我寧願單幹。我根據自己的訊息交易，遵循自己的交易方法。當婆羅洲錫業上市的時候，我瞭解這個團夥掌握著什麼樣的資源，瞭解他們的進一步計畫，也清楚在這種情況下公眾能夠幹出什麼花樣，因此在上市首日的第一個小時我買進了一萬股。至少到這個時候為止，該股票的出場秀是成功的。事實上，發行人發現需求竟然如此熱絡，以至於斷定，如果太快脫手太多股票，將會追悔莫及。他們覺察到我拿到一萬股的時候，差不多就是他們看出如果把股票價格再提高二十五或三十點，很可能也可以賣得一張不剩的時候。因此，他們得出結論，眼看未來那成百上千萬的利潤已幾乎可視為他們的銀行存款，那麼我從那一萬股中會獲得的利潤對他們來說，實在拿走太多。於是，他們實際上停止了對股票上漲行情的策動，試圖借震倉把我甩掉。然而，我堅持不動。後來他們還是放棄了，自認倒楣，因為他們不希望市場脫離掌控，於是重新開始拉高價格，這回他們很是忍耐，也就沒有損失更多股票。

他們看著其他股票上漲到了瘋狂的高度，得一望二，開始嚮往數十億的進帳了。好，當婆羅洲錫業到達一二〇美元的時候，我讓他們拿到了我那一萬股。這一賣打斷了股票的上漲，團夥的管理人暫時放緩了催動股票上漲的力道。在接下來的一輪普遍上漲行情中，他們再次努力為其股票打造一個活躍市場，賣出了一小批股票，然而，事實證明這批貨過於昂貴。最後，他們把股價推升到一五〇美元。但是牛市行情的鼎盛時期已經一去不返，於是團夥只好在市場下跌途中能賣多少就賣多少，賣給那些樂於搶反彈的人。後者喜歡在市場大幅回落之後買進，他們持有一種錯誤的見解，以為既然某檔股票曾經達到一五〇美元的高點，那麼當它回落到一三〇美元時必定是便宜的，到一二〇美元時甚至是了不得的折讓了。在這個過程中，團夥首先把明牌散播給場內交易者，這些人常常能夠推動一波短暫的行情，然後再擴散到各家經紀行。每次都沒有太大作用，他們可以說使盡了招數。麻煩在於做多股票的大好時光已成明日黃花，肥羊們已經吞下其他誘餌和魚鉤了。婆羅洲錫業的團夥卻不曾看到這一點，或者說不甘心承認這一點。

當時我正攜妻子在棕櫚灘度假。一天，我在格里德利俱樂部小贏了一點，回家的時候，從中拿出一張五百美元的票子交給了李文斯頓夫人。說來真是有趣的巧合，同一天晚上，她在晚宴上遇到了婆羅洲錫業公司的董事長——維森斯坦先生，他是這個股票團夥的管理人。直到過了一段時間之後我們才得知，原來這位維森斯坦先生為了在晚宴上和李文斯頓夫人鄰座，事先很費了一番心機。

他對她著意展現了一副特別友善的面貌，談得輕鬆愉快到極點。臨了，他十分機密地告訴她：「李文斯頓太太，我打算做一件以前從沒做過的事情。我很樂意這麼做，因為你很清楚它意味著什麼。」說到這兒，他停下來，雙眼熱切地看著李文斯頓太太，以便確認她既夠聰明又夠謹慎。她從他的表情看出了他的意思，那簡直就像白紙黑字印出來的。但是，她只是簡單地答道：「是呀。」

「是的，李文斯頓太太。遇到賢伉儷實在太愉快了，我希望用行動證明自己說這句話的一片誠心，因為我希望以後能夠經常見到您兩位。我確信用不著向您強調我下面要告訴您的話是多麼難得的祕密！」然後，他咬著耳朵嘀咕道，「如果您買進婆羅洲錫業，將會掙一大筆錢。」

「您真的有把握嗎？」她問道。

「就在我離開賓館來這裡之前，」他說，「收到了幾封電報，其中的內容，公眾至少要等好幾天之後才會知曉。我要盡力搜購這檔股票，能買多少就買多少。如果明天開市的時候您能夠買到，那麼您就和我同時在同價位買進了。我向您保證，婆羅洲錫業肯定會漲。您是我唯一告訴的人，絕對只有您。」

她向他致謝，然後告訴他，她對投機股票的行當一無所知。但是，他叫她放心，她用不著知道其他任何東西，除了他已經告訴她的之外。為了確保她沒有誤解他的意思，他再次為她重複了他的建議：「您只要全力買進婆羅洲錫業就行了，願意買多少就買多少。我可以向您擔保，只要您買進，絕對不會賠一分錢。就這方面來說，我這輩子從來沒有向哪位女士或先生建議買進過任何東西。不過，這次我對這檔股票太有把握了，肯定不會停在二〇〇這一邊的，我很樂意您也從中賺些錢。我自己不可能買光所有的股票，您知道，如果除了我之外還有人能從這次上漲行情得益，那我寧願是您，而不是其他某位陌生人。榮幸之至！之所以悄悄告訴您，是因為我知道您不會告訴任何人。相信我的話，李文斯頓太太，買進婆羅洲錫業！」

他說這番話的時候很誠懇，果然打動了她，於是她開始想著可以為那天下午我給她的五百美元找到一個絕妙的去處。這些錢沒有花費我任何成本，也是她的零用錢之外的額外所得。換句話說，如果運氣不好，賠了這筆錢也沒什麼大不了。何況他告訴她肯定能賺錢。如果她能在自己帳上掙錢那當然太好了——這些都是後來她才告訴我的。

好，先生，就在次日早晨開市之前，她趕到哈定兄弟公司的營業部，對經理說：「黑利先生，我想買一檔股票，但是不想用平時的帳戶來買，因為在我最終掙錢之前不想讓我丈夫知道任何情況。你能幫我辦到嗎？」

黑利（那位經理）說：「噢，好的。我們可以給您安排一個特別帳戶，您打算買什麼股票，買多少股呢？」

她遞給他那五百美元，告訴他：「請聽好，我不希望虧損的錢超過這個數字。要是出現了那種情況，我可不想欠你任何東西。還要記住，我不希望李文斯頓先生知道這件事，一點風聲都不行。就用這筆錢按開市價能買多少就買多少婆羅洲錫業。」

黑利接過那張票子，說他絕不對任何人提半個字，並在開市的時候替她買進了一百股。我想她買進的價位在一〇八美元。當天該股票非常活躍，收市的時候上漲了三個點。李文斯頓太太對她的冒險感到非常得意，好不容易才忍住沒把事情對我和盤托出。

碰巧那時我已經對大盤越來越看空了，婆羅洲錫業不同尋常的活躍吸引了我的注意。我認為無論對於哪檔股票，當時都不是上漲的時機，更不用說按照這樣的方式上漲了。就在這一天我決定開始賣空，從賣空一萬股婆羅洲起手。如果這樣的判斷不成立，那麼在我看來婆羅洲錫業本應已經上漲了五到六個點，而不是只上漲三個點而已。

就在下一天，開市時我又賣空了兩千股，臨收市的時候又賣空了兩千股，該股票下挫到一〇二美元。第三天早晨，黑利——哈定兄弟公司棕櫚灘營業部的經理，正等著李文斯頓太太到訪。她通常在十一點左右順道拐進來看看情況如何，看我有沒有什麼動靜。

黑利把她拉到一旁，說：「李文斯頓太太，如果您要我繼續為您持有那一百股婆羅洲錫業，就得給我更多的保證金。」

「但是我沒有其他餘錢了。」她告訴他。

「我可以把股票轉移到您的常規帳戶。」他說。

「不，」她反對道，「如果那樣，L·L（賴瑞·李文斯頓姓名首字母）就知道了。」

「但是帳戶裡已經形成的虧損有……」他開始勸說。

「可是我當初曾經明確告訴你不希望虧損超過五百美元。我甚至連這個數也不想虧損。」她說。「我知道，李文斯頓太太，但是沒有諮詢您的意見之前我不想賣掉，現在除非您授權我繼續持有，否則我會馬上賣出的。」

「但我買進的那天表現不是好好的嗎？」她說，「真沒想到這麼快就跌成這個樣子，你想到過嗎？」

「沒有，」黑利回道，「我也沒想到。」經紀商營業部的人必須學會一點外交手腕。

「這股票到底出什麼事了，黑利先生？」

黑利知情，但是他要告訴她就得把我賣出來，然而為客戶保守祕密是他的神聖職責。於是他回道：「我沒有聽說這股票在任何方面有什麼不尋常的事兒。您看，它還在跌！這波行情的新低！」他手指著報價板。

李文斯頓太太緊盯著報價板上不斷下跌的股票價格，哀叫起來：「哦，黑利先生！我不要虧掉我的五百美元！我該怎麼辦呢？」

「我不知道，李文斯頓太太，不過，如果我是您，會問問李文斯頓先生。」

「噢，不！他不希望我炒股票。他叫我不要自己做。如果我要做股票，他會替我買賣的，我以前的交易每一筆他都是一清二楚的，我不敢告訴他。」

「沒關係的，」黑利語氣和緩地說，「他是一位了不起的交易家，他知道現在該怎麼辦。」看到她猛搖著頭，他又重重地添了一句，「不然的話，您就追加一千或兩千美元來關照您的婆羅洲錫業。」

這項選擇終於使她下定了決心。她在營業部裡又耽擱了一陣子，但是市場越走越弱，她只好走到我坐著觀看報價板的地方，要和我說句話。我們走進私人辦公室，她把事情經過告訴了我。於是，我只對她說一句：「你這個傻女孩，這交易你可別再沾手了。」

她保證不再摻和，我給了她五百美元，她拿著高高興興地走了。這時這股票正處在一百美元的面值上。

我明白到底是怎麼回事。維森斯坦這人很精明，他估計李文斯頓太太一定會把他說的話告訴我，我則會研究這檔股票。他知道市場活動總會吸引我的注意，而我又以大手筆交易著稱。我猜他以為我會買進一萬到兩萬股。

在我曾經聽到過的明牌中，這一個是經過精心策劃、費盡心機送上門來的。然而，這個明牌出了岔子。沒法不出岔子，首先，這位女士就在那一天收到了意外的五百美元，因此處在遠比平常更願意冒險的情緒下。她希望靠自己掙一些錢，再加上這個婆婆媽媽式的戲劇化誘惑簡直難以抗拒。她瞭解我對外行從事股票投機的看法，不敢對我提起這件事。維森斯坦對她的心理沒有把好脈。其次，他把我看成那種交易者，真是搞不清楚狀況。我從不接納明牌，何況我對整個市場都看空。他以為一定會成功地誘導我買入婆羅洲錫業的策略——也就是那三個點上升的市場活動——在我決定對整個市場賣空之後，恰恰促使我選擇從婆羅洲錫業開始動手。

當我聽說了李文斯頓太太講述的故事後，賣空婆羅洲錫業的心情更加熱切。每天早晨開市的時候，每天下午收市的前一刻，都要照例賣給他們一些股票，直到我看準機會把所有空頭頭寸平倉，取得了漂亮的利潤。

在我眼中，聽憑明牌交易從來都是愚蠢至極的行為。我估計自己和聽信明牌的那些人不是用同一塊材料做成的。有時我尋思，追捧明牌的人和酗酒的人差不多。有些人無法抗拒誘惑，總是盼望進入醉醺醺的狀態。他們認為自己的幸福就藏在酒壺裡。豎起耳朵讓明牌鑽進來，那簡直太容易了。聽信別人教他們每一步做什麼，自己只需要簡單地依葫蘆畫瓢，這樣才覺得快活，簡直是僅次於成仙的最佳選擇，這麼一來，他們從起點就誤入了歧途，何談真正實現心中的願望呢？與其說急於求富的貪心蒙蔽了自己的雙眼，不如說懶得動腦筋的惰性引發了一廂情願的幻想。

你會發現，並不是只有圈外的大眾才是明牌的癮君子。紐約股票交易所場內的職業交易商其實半斤八兩。我確切無疑地知道，他們之所以死抱著對我的錯誤成見不放，正是因為我從來不給任何人報明牌。

如果我對哪位普通人說：「為你自己賣出五千股美國鋼鐵！」他會立刻照辦。但是，如果我告訴他我對整體市場相當悲觀，詳細講解我之所以這麼看的理由，他就會聽得不耐煩，等我說完，他可能瞪著我，眼睛裡滿是責備，怪我浪費他的寶貴時間來囉唆我對總體形勢的看法，而不是乾脆告訴他如何買賣，比華爾街上滿大街「心懷仁愛」的明牌客們差得太遠。那些人樂善好施，寧願把千百萬美元塞進朋友、熟人甚至完全陌生的人的口袋。

所有人都懷有一種難以割捨的信念，期盼奇跡發生，其實這是毫無節制地沉醉在一廂情願之中。有些人每隔一陣子爆發一次一廂情願的狂熱，並且我們都知道，長期沉醉於「希望」之中的醉漢被當作樂觀主義的楷模，被推廣為我們學習的榜樣。明牌的受眾統統屬於貨真價實的「希望的醉漢」。

我有一位熟人，是紐約股票交易所的會員，他是把我視為「自私、冷血的豬」的那夥人中的一員，因為我從不給人明牌，也從不勸朋友做任何交易。這是好幾年以前的事了。有一天，他正在和一位報業人員聊天，後者不經意地提起他從一位可靠的消息來源者那裡得知G. O. H.將要上漲。我那位經紀人朋友趕緊買入了一千股，卻看到價格下跌得如此之快，以至於到他賣出止損的時候已經虧損了三千五百美元。一兩天之後他再次遇到那位報業人員，這時他還在舔自己的傷口。

「你究竟給我的什麼鬼明牌？」他抱怨道。

「什麼明牌？」那位記者問道，根本沒印象。

「關於G. O. H.的，你說你是從可靠的消息來源得到的訊息。」

「的確是的，那位是G. O. H.公司的一位董事，他也是公司財務委員會的成員，告訴我的。」

「到底是哪一位呢？」那位經紀商刨根究底。

「要是你非問不可的話，」記者回答道，「正是你老丈人，韋斯特萊克先生（Westlake）。」

「天哪，怎麼不早說是他！」經紀商驚叫道，「你讓我破財三千五百美元！」他不相信來自家庭成員的明牌。消息來源越遠，明牌純淨度越高。

老韋斯特萊克是位成功而富有的銀行家，還是一位明牌鼓吹手。一天，他碰到了約翰·W·蓋茨。蓋茨向他打聽有沒有什麼訊息。「如果你真的照辦，我就告訴你一個明牌。要是你隨便聽聽，我就省點兒唾沫吧。」老韋斯特萊克直截了當地回道。

「當然，我真的照辦。」蓋茨開心地保證說。

「賣空雷丁！肯定能有二十五個點的空間，可能更多。無論如何，二十五個點是絕對跑不了的。」韋斯特萊克鄭重其事地說。

「我太感謝你了。」渾身透著「和你賭一百萬」的豪闊勁頭的蓋茨熱情地與他握手道別，朝向自己的經紀商營業廳方向走去。

韋斯特萊克熟知雷丁公司。他對這家公司一清二楚，又和那些內部人打得火熱，因此這檔股票的行情對他來說簡直一目了然，大家都知道他有這個本事。現在，他建議那位西部賭客賣空這檔股票。

好，雷丁再也沒有停止過上漲的步伐。在幾個星期之內，它上漲了大約一百點的樣子。一天，老韋斯特萊克在大街上迎面碰上了蓋茨，但是他假裝沒有看到他，繼續向前走過去。蓋茨從後面追上他，滿臉堆著笑容伸出手，老韋斯特萊克一頭霧水地和他握手。

「我要謝謝你，感謝那天你給我的關於雷丁的明牌。」蓋茨說。

「我可不曾給你什麼明牌。」韋斯特萊克皺著眉說。

「你肯定給過。而且是一個棒極了的明牌呢。我賺了六萬美元。」

「賺了六萬美元？」

「沒錯！還記得嗎？你叫我賣空雷丁，因此我買進它！我和你的明牌反著做總是掙錢，韋斯特萊克，」蓋茨愉快地說，「總是掙錢！」

老韋斯特萊克瞪著這位爽直的西部人，過了一會兒才羨慕地回答：「蓋茨，要是我有你的腦子，那該發多大的財呀！」

有一天我遇到W．A．羅傑斯（W. A. Rogers）先生，他是一位著名的漫畫家，他繪製的華爾街人物漫畫極受經紀商們的追捧。多年來，他在紐約《先驅報》上每日刊登的漫畫給千千萬萬讀者帶來了快樂。他曾跟我講過一件軼事。事情發生在美國和西班牙發生戰爭[40]的前夕。有一天晚上，他和一位經紀商朋友一道消磨時光。當他離開時，從衣帽架上拿起他的圓頂禮帽，至少當時覺得那是自己的禮帽，因為它與他的禮帽的外形一樣，而且戴在頭上正合適。

那一陣華爾街上人們想的、談的全是美國和西班牙的戰爭。到底會不會真打起來？如果真打起來，那麼市場將下跌，主要不是我們自己賣出，而是歐洲持有我們證券的人的賣出壓力會很大。如果打不起來，那麼顯而易見應該買股票，因為隨著那些聳人聽聞的小報大量煽情鼓噪，市場已下跌了相當幅度。羅傑斯先生對我講的故事大致是這樣的：

「我那位朋友是位經紀商，前一天晚上我曾去他的營業廳。第二天他站在交易所裡，腦子裡焦慮地鬥爭著，拿不定主意到底做市場哪一邊。他把所有有利的和不利的因素都審視一遍，然而實在沒法分辨哪些是謠言、哪些是事實。沒有可靠的新聞做根據。他一會兒覺得戰爭不可避免，一會兒差不多百分之百地說服自己戰爭完全不可能發生。他的困惑肯定讓他覺得腦袋熱得慌，所以他摘下禮帽擦擦前額的汗水。他弄不清到底該買還是該賣。

「這時，他碰巧低頭看了一眼禮帽裡頭。裡面金燦燦的字母恰好拼成了WAR[41]。這下子他覺得靈光閃現了。這不正是老天借我的帽子傳給他的明牌嗎？於是他賣空了許多股票，果然如期宣戰了。他在市場下挫時平回，大賺了一筆。」說到這兒，W．A．羅傑斯最後添了一句：「我那頂帽子再也要不回來了！」

然而，在我聽過的明牌故事中最發人深省的一則，與最著名的紐約股票交易所會員之一J．T．胡德（J. T. Hood）有關。有一天，另一位場內交易商伯特．沃克（Bert Walker）告訴他，自己給南大西洋鐵路公司的一位顯赫的董事幫了個大忙。那位心懷感激的內部人為了報答他，叫他全倉買進南大西洋鐵路。董事會即將採取某種行動，這一行動至少會把股票價格推高二十五個點。雖然不是所有董事都參與這個

40 美國與西班牙的戰爭發生在一八九八年。

41 WAR意為「戰爭」，正是漫畫家姓名的三個詞的首字母拼起來的，是其姓名的縮寫。

行動，但是他對董事會以多數票通過決議有把握，表決結果會如其所願的。

伯特．沃克推斷他們將要提高紅利率。他把這個消息告訴了自己的朋友胡德，兩個人分別買進了幾千股南大西洋鐵路。該股票非常疲軟，在他們買入之前和買入之後都如此。但是胡德解釋說，這樣做的意圖顯然是為了讓對伯特感恩戴德的朋友及以其為首的那夥內部人更容易搜集籌碼。

再下一個星期四收市之後，南大西洋鐵路公司董事會舉行會議，通過了分紅方案。星期五早晨開始交易後，六分鐘之內該股票下跌了六個點。

伯特．沃克又氣又惱。他登門找到那位感恩戴德的董事，後者痛悔不已，一再懺悔。他解釋說忘掉了曾經叫沃克買進這回事。因為不慎忘掉了，才沒把董事會裡占上風的一派已經改變了初衷的事及時通知沃克。那位追悔莫及的董事急切地想要補救，於是他又給了伯特另一個明牌。他善意地解釋道，他的一些同事想買得更便宜，不顧他的勸阻，做法比較下作，他不得不讓步以換取他們的選票。不過現在他們都已經拿到了滿倉的籌碼，再也沒有什麼因素阻礙股票上漲了。現在買進南大西洋鐵路，簡直是雙倍的保險，雙倍的輕而易舉。

伯特不僅原諒了他，還和這位身居高位的金融家熱情握別。自然，他連忙找到難兄難弟胡德，和他分享這個好消息。他們就要大賺一票了。之前的明牌說該股票要上漲，所以他們買進了。然而，到現在為止該股票又跌了十五個點。這麼一來，現在買起來更便宜了。於是他們在兩人共有的帳戶上買進了五千股。

好像他倆剛巧敲響了下課鈴似的，該股票之後劇烈下挫，並且相當明顯，這是內部人賣出造成的。

兩位場內做市商屁滾尿流地查實了他們的懷疑。胡德賣掉了他們倆的五千股，當他賣完後，伯特・沃克對他說：「要是那個該死的白痴不是前天就死到佛羅里達去了，我非剝了他的皮不可。對，我一定要採取行動，你跟我來。」

「去哪兒？」胡德問道。

「電報局。我要給這個下流胚子發一封電報，叫他一輩子忘不了。走！」

胡德跟著，伯特領路，兩人徑直趕到電報局。這次伯特真是氣急敗壞——他們在這五千股上吃了大虧——他在電報局裡痛快淋漓地撰寫了一篇大師級的聲討檄文。他對胡德朗讀了自己的傑作，最後說：「這下差不多可以讓他清楚他在我心目中是個什麼東西了。」

就在他打算把電報稿遞給正在一旁等候的電報員的時候，胡德攔住了：「且住，伯特！」

「怎麼了？」

「我不願意發這封電報。」胡德懇切地勸阻道。

「為什麼不？」伯特搶白。

「這封電報會叫他惱羞成怒的。」

「要的就是這效果，難道不對嗎？」伯特一頭霧水，看著胡德說。

但是胡德搖了搖頭，語氣嚴肅地說：「要是你把這封電報發給他，就再也別指望從他那兒得到任何明牌了！」

一位職業交易商竟然說出這種話來，那麼，還有什麼理由去責備肥羊投資者接受明牌呢？人們之所以接受明牌，並不見得是因為他們太愚蠢，而是因為我前面曾經說過的，他們患有一廂情願症候群。老羅斯柴爾德男爵（Baron Rothschild）贏取財富的訣竅尤其適用於投機事業。有人曾經向他請教：在股票市場上掙錢是不是特別艱難？他回答說正相反，他認為很容易。

「您這麼說是因為您太富有了。」請教的人反對道。

「根本不是。我已經發現了一條容易的道路，於是一直堅持這條道路。實際上，我沒辦法不掙錢。要是你想聽，我打算告訴你我的祕密。是這樣的：我從不在底部買進，而且我總是過早賣出。」

相比之下，投資者屬於另一個物種。他們之中大多數極為看重庫存、銷售收入的數字，以及其他各種數字資料，好像這些數字代表了企業的實情和確定性。通常，人的因素都被降低到了最低程度。很少有人願意因為某個決定性的人物而做多一家公司。然而，在我一生中結識的投資者中，最有智慧的是一位賓州德裔，他後來一路發展到華爾街，與羅素．塞奇過從甚密。

他是一位了不起的調查員，一位百折不撓的懷疑主義者。他堅信必須提出自己的問題，透過自己的雙眼來觀察。他從不借用別人的眼鏡來觀察。這是多年前的事了。他好像持有不少艾奇遜—托皮卡—聖菲鐵路公司（Atchison, Topeka & Santa Fe Railroad）的股票。當時，他開始耳聞關於這家公司及其管理方面的一些令人不安的消息。有人告訴他，該公司總裁萊因哈特（Reinhart）先生名不副實，並非表面上人人誇讚的奇才，實際上是鋪張浪費之徒。他的魯莽行徑將會很快把公司推入一團混亂之中，遲早有結帳的一天，到時所有的欠債都要付清。

對於這位賓州德裔來說，這類消息正是最生死攸關的。他連忙趕到波士頓去拜訪萊因哈特先生，向他諮詢若干問題。他的問題正是他聽到的消息中提出的質疑，他詢問艾奇遜—托皮卡—聖菲鐵路公司的董事長，這些說法是不是真的。

萊因哈特先生不僅強硬地否認了所有的質疑，而且進一步強調：他要用數字來證明所有那些質疑都是無恥的謠言中傷。這位賓州德裔查問了確切的訊息，那位董事長把訊息和盤托出，表明該公司運營良好，財務狀況非常可靠。

這位賓州德裔謝過董事長，返回紐約，馬上統統拋出了手上的艾奇遜—托皮卡—聖菲鐵路。一兩個星期之後，他用這些閒置的資金買入了大量德拉瓦—拉克萬納—西部鐵路（Delaware, Lackawanna & Western）的股票。

多年以後，我們提起了幸運地換股操作的話題，他談到了自己這段往事。他解釋了是什麼原因驅使他趕緊賣出艾奇遜—托皮卡—聖菲鐵路的。

「你看，」他說，「我注意到，當萊因哈特董事長給我寫數字的時候，他從桃花心木掀蓋寫字桌的文件架上拿出一疊信紙，是高磅數的精細布紋紙，上面雕印著精美的雙色公司抬頭。這些紙不僅非常昂貴，更糟糕的是這昂貴的紙用得很不是地方。他在每張紙上寫下的不過是幾個數字，說明公司各個部門盈利的情況，或者說明如何削減開支、壓縮運營成本的情況，寫完就把那昂貴的信紙揉成一團扔進廢紙簍。他打算向我展示他們為了提高經營效益而採取的各種措施。很快，他又伸手再拿出一張雕印著公司抬頭的精美信紙，幾行字，然後，啪嗒，進了廢紙簍！眼睛不眨，又浪費一筆錢。這讓我尋思，如果董事長是這樣一號人物，恐怕不太可能堅持推行或者真正褒獎厲行節約的措施。於是，我決定相信人們告訴我的消息，管理層確實鋪張浪費，而不是聽信董事長嘴上說的那一套，所以我賣出了手上的他們公司的股票。

「幾天之後，碰巧我有機會拜訪德拉瓦—拉克萬納—西部鐵路公司的辦公室。老山姆．斯隆（Sam Sloan）擔任董事長。他的辦公室距離辦公樓入口處最近，辦公室的門大開著。他的辦公室門總是開著的。那時候，只要有人走進 D. L. & W.（德拉瓦—拉克萬納—西部鐵路公司名稱的縮寫）總部辦公室，總能看見公司董事長坐在他的辦公桌後面。任何人都可以進去，立即和他商談業務——如果有任何業務可談。金融報刊的記者總是對我說，他們從來用不著和老山姆．斯隆兜圈子旁敲側擊，可以直接提出自己的疑問，也會從他口中得到直接的是或否的回答，不管其他董事在股票市場上是不是急切需要關照策應。

「當我走進去的時候，那位老人正忙著。起初我以為他正在拆閱信件，但是走近他的辦公桌時，我才看到他在幹什麼。後來我瞭解到，這是他的日常習慣。信件分類、拆閱後，他不把空信封隨手扔掉，而是積攢起來拿進他的辦公室。在空閒的時候，他把空信封沿四周裁開。這樣一個空信封得到兩張紙，每一張都有一面是乾淨、空白的。他把這些紙頭積攢起來，分給大家用來取代便條紙，用在類似於萊因哈特給我講解時在雕印公司抬頭的信紙上信手書寫數字的場合。既不浪費空信封，也不浪費董事長的閒置時間，每一點資源都充分利用了。

「這讓我想到，如果 D. L. & W. 有這麼一位董事長，那麼該公司各個部門的管理必然都會力求經濟效益。這位董事長會關注這一點的！當然，我清楚這家公司一直定期派發紅利，資產品質也不錯。我盡我所能買入 D. L. & W. 的股票。從那時起，該公司股票市值已經翻倍、再翻倍了。我每年獲得分紅的總數已經和當初投入的本金一樣多了。我還持有我的 D. L. & W.，艾奇遜—托皮卡—聖菲鐵路公司則落入了一位收購者的手中，就在我看到董事長一張接一張把雕印著雙色公司抬頭的亞麻信紙扔進廢紙簍的幾個月之後，當時他用這些紙寫了若干資料向我證明他並非鋪張浪費之徒。」

這個故事的絕妙之處在於，首先它是真實的；其次，事實證明，倘若這位賓州德裔買入任何其他股票，都不可能達到投資 D. L. & W. 這樣好的業績。

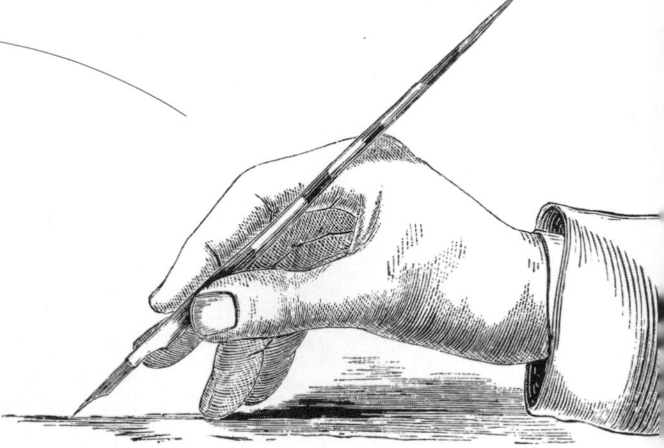

CHAPTER 17

長期訓練成本能，專業素養助獲利

我的一個最親密的朋友非常喜歡逢人講述我的一些故事，把它們歸結到我的直覺。他總是給我添加一些不可思議的能力。他宣稱，李文斯頓只要盲目地遵循一定的神祕衝動，便可以精確地選擇退出股票市場的時機。在早餐桌邊，他最喜歡講的一則軼事和一隻黑貓有關。他說這隻黑貓叫我賣掉手上的股票，我在收到這隻小貓咪的訊息後變得喋喋不休、心神不寧，直到賣光我做多的每一檔股票之後才算萬事大吉。我實際上賣到了那一波行情頂部的價格，這麼一來，自然進一步加強了我那位頭腦頑固的朋友關於我的所謂直覺理論。

我當時已經前往華盛頓，試圖說服幾位國會議員，對我們往死裡加重課稅並沒有什麼智慧[42]可言，不過，當時我對股票市場並不十分關注。賣出所有持倉的決定的確來得很突然，這是我朋友時常講述這則奇聞軼事的起因。

我承認，有時候我確實會產生無法抗拒的衝動，必須在市場上採取行動。和我當時到底是在做多還是在做空皆無關，就是必須離場。除非徹底離場，否則心神不寧。對此，我自己的看法是，當時的情況實際上是因為我看到了許多警告信號。或許沒有哪一個單獨的信號清晰到或者強烈到足以向我提供確定無疑的原因，驅使我突然覺得必須那樣採取行動，可能是所有信號綜合起來形成了他們所謂的「盤感」。據老一輩交易者說，詹姆斯．R．基恩就養成了強烈的盤感，在他之前也有其他作手具備這樣的才能。坦白說，這類警告信號通常都從後來的結果中得到了有力的證明，並且其時機精確到了分鐘級別。不過，上面這個事例其實和直覺並沒有關係，那隻黑貓和整件事毫無關聯。他對每個人說那天早晨我突然變得牢騷滿腹，我覺得是可以解釋的，如果我當時真的牢騷滿腹，那是出於我的失望。我知道我沒能說服見到的那些國會議員。該委員會在向華爾街徵稅的問題上看法和我相左。我並不是企圖阻止或者逃避股票交易的稅賦，而是向他們建議採取適當的課稅標準——作為一位有經驗的股票交易者覺得既不失公平又不失遠見的課稅標準。我不願意看到山姆大叔殺雞取卵，因為如果得到公平的對待，股市將來可以生出很多金蛋。未能說服他們，或許不僅令我煩躁不安，也驅使我對這個遭受不公平課稅的行業的前途變得悲觀了。不過，請聽我一五一十慢慢道來。

在牛市行情剛開始的時候，我曾經同時看好鋼鐵和銅市場，因此對這兩個板塊的股票看多。於是，我開始搜集其中某些股票的籌碼。我最初買入了五千股猶他銅業（Utah Copper），但是就此停手了，因為它的表現不對頭。也就是說，它沒有表現出應有的狀態，不足以說服我繼續買進。我記得它的價格大約在一一四美元，在差不多同樣價位上，我還買進了美國鋼鐵。第一天我便買進了兩萬股之多，因為它的表現是對頭的。我遵循了前面曾經介紹的建倉方法。

美國鋼鐵繼續表現對路，因此我繼續買進，直到持有的總數達到了七萬兩千股。但是我持有的猶他銅業只是最初買進的那些，從來沒有超過五千股，它的表現並沒有鼓勵我繼續買進。

後來的情形眾所周知。市場形成了一輪巨大的牛市行情。我知道市場即將上漲。總體形勢是有利的。

42 美國第一次徵收股票交易稅大致可以追溯到早期建國時期，在南北戰爭和美西戰爭期間又再度出現。一九一四年，國會為備戰再次開徵股票交易稅，不過這一次該稅持續了五十年有餘。一九一四年的稅收法規定，每一百美元面額的股票交易或過戶徵收兩美分交易稅。該稅種的主要目的是籌集收入，而不是管制市場，但其擁護者預言這項稅收也能減少投機。

甚至當股票價格已經上漲了很大幅度之後，我的帳面利潤已經不可小覷，行情紙帶仍然不停地大喊：「沒完！沒完！」當我到達華盛頓的時候，紙帶仍然向我發出同樣的訊息。當然，已經這麼晚了，我也沒有進一步增加持倉的意願，儘管我仍然對市場看多。與此同時，市場顯然正朝著對我有利的方向前進，沒有必要整天坐在報價板前面，從逐小時的市場變化中尋求退出市場的信號。在撤退的號角吹響之前——當然，不考慮完全出乎意料的災禍——市場應當首先出現猶豫徘徊的跡象，或者以其他形式表明形勢已經逆轉，提示我做好準備。正是出於這個原因我才得以心無掛礙地和這班國會議員廝混。

與此同時，價格不停地上漲，這意味著牛市行情的終結越來越近了。我並沒有預期牛市在哪個具體的日子終結，這超出了我的能力。然而，用不著對你強調，我當然隨時會警惕逆轉信號的出現。無論如何，我從來都是保持警惕的。這已經成為我在交易上的日常慣例。

我不能肯定一定是這樣，不過相當懷疑是這樣的：就在我賣出的前一天，當我看到市場的高價位之後，想到了自己帳面利潤之大，還有我的頭寸規模之大，再加上後來我力圖勸導立法者們公平、明智地處理華爾街的事務而又徒勞無功。可能就這樣、在這個時候，我心裡播下了種子。我的潛意識在這個問題上盤算了一整夜。第二天早晨在考慮市場的時候，我對當天的走勢開始疑惑。當我走到辦公室的時候，我看到並沒有太多股票繼續創出更高價位，而我自己的帳面利潤已經相當滿意，同時眼前確實是個大市場，有巨大的流動性來吸納籌碼。在這樣的市場上可以賣出任何數量的股票，並且理所當然地，如果你已經滿倉持股，就應該隨時關注市場，尋機把帳面利潤轉化為實在的現金。在轉化過程中，應該盡可能避免損失帳面利潤。我的經驗教導我：「你總是能夠發現機會來實現帳面利潤，而這個機會通常出現在行情的尾聲。」這可不是紙帶閱讀技巧或者一時的靈感。

當然，那天早晨當我發現市場流動性極大，可以賣出所有股票而不會有任何麻煩時，我就這樣辦了。當你決意賣出時，賣出五十股還是五萬股在英明程度或勇敢程度上並不見得有差別。當然，你可以在最平淡的市場上賣出五十股，價格也不會有什麼風吹草動，但是要在單一股票上一下子賣出五萬股，那完全是另一回事了。我持有七萬兩千股美國鋼鐵。或許這樣的頭寸算不上龐大，但是你不可能總有機會既賣出這麼多股票又能避免損失帳面利潤。當初你在盤算帳面利潤的時候看起來挺不錯，然而真正賣出時變現的損失實在令人心痛，因為當初的帳面利潤看起來似乎已經如同銀行存款那樣毫無懸念了。

我的帳面利潤總額大約有一百五十萬美元，我乘著大好的變現機會把它拿到了手。不過，這並不是我認為當時賣出所有持股是正確選擇的主要原因，而是市場本身向我證實了行動的正確性，這才是真正令我滿意之處。市場是這樣演變的：我成功地賣出了所有的七萬兩千股，平均成交價只比當天最高點，也是當前行情的最高點，低一個點。這證明，至少到目前為止我是正確的。不過，就在同一天的同一個小時內，當我賣出五千股猶他銅業股份的時候，其價格下挫了五個點。請回憶，當初開始買進的時候兩檔股票是同時進行的，後來我把美國鋼鐵從兩萬股增加到七萬兩千股，這很明智，而在猶他銅業方面則維持最初購買的五千股不變，這也同樣明智。之所以之前沒有賣出猶他銅業，是因為我對銅的交易看好，而且股市正處在牛市狀態，我認為猶他銅業不可能對我造成太大損失，即使不能從中取得一大筆利潤。

然而，這和所謂的第六感覺其實毫不相干。

訓練一名股票交易者和訓練一名醫生差不多。學醫者必須花費多年來學習解剖學、生理學、藥物學以及其他附屬的十幾門科目。先學習理論，再終生都奉獻給實踐。他必須認真觀察並把各種病理現象條分縷析。他要學會診斷。如果他的診斷是正確的（這取決於他的觀察結果的準確性），那麼，他的治療措施就應有相當不錯的效果。當然，我們必須始終牢記，人類總是會犯錯誤的，那些完全不可預測的因素使我們不可能百分之百命中靶心。日復一日，一個人會積累經驗、增長智慧，不僅要學會採取正確的措施，而且必須當即實施，因此許多外行人會以為他是按直覺行事的。其實這些並不是無意識的行為。首先，他已經根據自己多年來對類似病例的觀察經驗對當前的病例進行了診斷。在他診斷之後，自然只能按照經驗教導他的恰當方式來實施治療。一個人可以轉移知識，也就是說，那些已經寫在索引卡片上的具體事實，但是他轉移不了自己的經驗。某人或許知道該怎麼做，但結果仍然會賠錢——假如他沒有做得足夠快。

觀察、經驗、記憶和數學，這些方面都是成功的交易者必須仰仗的。他不僅必須精細地觀察，還要在所有場合始終牢記觀察到的內容。他不可以在非理性的或者不可預期的因素上賭博，無論他對人們非理性的程度持有多麼強烈的個人信念，或者對不可預期的事情發生的頻繁程度懷有多麼肯定的感覺。他必須始終按照可能性來下注，也就是說，盡力預期事態發生的可能性。從事本行的多年經驗、持續不懈的研究學習、始終牢記歷史案例，使得交易者既能夠在事先預料的事情如期經過時當即行動，也能夠在一旦發生未曾預料的事情時當即行動。

雖然某人同時擁有強大的數學能力和非凡的精細觀察能力，但是仍然可能在投機事業中失敗，除非他還擁有足夠的經驗和記憶力。再進一步地，正如醫生隨時跟隨科學的進步一樣，明智的交易者從不停止研究總體形勢，以追蹤各個地方發生的可能牽連或影響市場的各種新動向。在從事本行多年之後，這已成為他的日常慣例，可以讓他及時掌握最新動態。此時，他幾乎是下意識地採取行動的。他已經形成了非常寶貴的職業態度，這使他有能力不時贏得這場比賽！職業交易者與業餘交易者或偶爾為之的交易者之間的這種差別，怎麼強調都不過分。比如說，我已經發現，記憶力和數學功底對我的幫助非常大。華爾街憑的是數學功底來掙錢。我的意思是，它是透過處理事實和資料來掙錢的。

我之所以說起交易者必須跟進每分鐘的最新動態，還必須對所有市場的所有動態持有純粹職業化的態度，目的是再次強調，一時的靈感和神祕的所謂盤感，與交易成功之間並沒有太大關係。當然，常常可能出現這樣的情況，一位有經驗的交易者行動如此迅捷，以至於來不及事先說清楚所有理由，但是，無論如何，這些理由都是確鑿而充分的，因為它們都建築在事實的基礎之上，對這些事實的認知能力是他在多年的工作和思考過程中積累起來的，是他以職業的角度來觀察現實情況所得到的。對他來說，凡是送到他家磨坊的都是穀子，沒有什麼是他不能運用的。下面請允許我具體解釋職業態度的意思。

我始終追蹤大宗商品市場的走勢，這是多年的習慣。你知道，剛發布的官方報告表明冬小麥的收成大致與一九二一年持平，春小麥的收成比一九二一年更好。形勢好得很，小麥可能比往常更早地迎來一場大豐收。在獲得這些收成資料後，我估算出了小麥產量大致有多少——靠數學，也同時考慮到煤礦工人的罷工、鐵路員工的罷工。我不由自主地思考這一切，因為我的頭腦總是同時考慮可能對市場產生影響的所有事態。這讓我立即意識到，罷工已經影響到全國各地的貨物運輸，必定對小麥價格產生不利影響。我是這樣琢磨的：冬小麥運抵市場的時間必定會被推遲相當長的一段，因為罷工導致運輸設施癱瘓；

等到罷工事件有了轉機的時候，收割完的春小麥想必也已經可以運送了。這意味著一旦鐵路可以大量運送小麥，可能同時運送兩季小麥收成——被推遲的冬小麥，加上提前收穫的春小麥，而這意味著將要一下子向市場傾倒巨量的小麥。假如事態果真如此發展——這顯然屬於大概率事件，那麼，交易者們在一段時間之內就不會看好小麥，他們和我一樣掌握情況並且會做出同樣的推論。除非小麥價格下跌到一定位置使得買進小麥成為好的投資選擇，否則他們是不願意買進的。既然市場上不存在買進力量，價格就應該下跌。有了這樣的想法之後，我就必須進一步核實自己的想法到底是正確的還是錯誤的。正如老派特．赫恩過去常說的，「不下注不知輸贏」。從看空到動手賣出，這之間沒有必要浪費時間。

我的經驗教會了我，市場的行為方式對一名作手來說是再好不過的指引。這就像測量一位患者的體溫和脈搏，或者查看患者眼球的顏色和舌苔的顏色一樣。

平常你可以在四分之一美分的價格範圍內完成買進或賣出一百萬英斗小麥的交易。這一天，當我賣出二十五萬英斗小麥以測試市場是不是到了賣出時機的時候，價格下跌了四分之一美分。既然這個市場反應不足以明確地向我揭示我所需要的訊息，我便再賣出另一筆二十五萬英斗的小麥。我注意到市場一點一點地吃進這筆單子，也就是說買入的單筆數量都在一萬、一．五萬英斗，而不是像常規情形下那樣兩三筆交易便完全吃進賣單。除了零打碎敲的買進方式之外，在我賣出時價格同時下跌了一又四分之一美分。現在，我已經不需浪費時間來解釋市場是按照何種方式來承接我賣出的小麥了，當我賣出時，市場不成比例地下跌已經告訴我「市場上沒有買進的力量」。既然如此，唯一的選擇是什麼呢？當然是繼續賣出大量小麥。聽憑經驗的指示來行事，時不時可能會遭到愚弄；然而，如果你不聽從，那麼無一例外，每次都會讓你變成蠢驢。於是，我賣出了兩百萬英斗小麥，價格繼續下跌了一些。過了幾天，市場的表現實際上相當於強迫我再賣出兩百萬英斗，於是，價格進一步下跌。再過了幾天，小麥開始急劇下挫，每英斗下跌六美分。不僅如此，市場並沒有就此停步。它一直處在下跌狀態，偶爾間雜著為時不長的向上調整。

這一回，我並不是根據靈感行事的，也沒人給我什麼內幕消息。完全是我對待大宗商品期貨市場的專業習慣或者說職業化的態度給我帶來了這筆利潤，而這種態度來自多年從事本行業的積累。之所以不停地研究，是因為交易就是我的事業。就在行情紙帶告訴我說我正走在正確軌道上的那一刻，我在生意上的專業責任便是繼續增加頭寸。我的確是這樣做的。這就是其中的全部祕密。

我已經發現，在這個行當裡人們可以把經驗轉化為穩定的收益源泉，並且對市場的觀察能帶給你全世界最好的內幕消息。時不時地，特定個股的表現便是你所需要的全部線索。你觀察它，然後經驗會向你揭示，如何根據通常的情形，也就是說從大概率的角度，來交易獲利。舉例來說，我們知道所有的股票並不會整齊劃一地按照同一個方向運動，但在牛市行情下，同類股內的股票都會上漲；而在熊市行情下，同類股內的股票都會下跌。這在投機行業屬於老生常談。實際上，這是最常見的市場自我揭示的「內幕消息」，佣金經紀行對它再熟悉不過了。他們把這樣的消息傳遞給每一位客戶，要是客戶自己沒有想到的話。我指的是，他們總是建議客戶交易同類股內那些落後於其他成員的股票。因此，如果美國鋼鐵上漲了，合乎邏輯的推論是，只是時間問題，遲早熔爐冶煉公司（Crucible）、共和鋼鐵（Republic）或伯利恆鋼鐵會亦步亦趨。對同一個群體內的所有股票而言，行情狀態和未來前景應當如出一轍，所有成員都應當從經濟繁榮中雨露均霑。從理論上說，同時也有大量的經驗表明，風水輪流轉，如果甲鋼鐵公司和乙鋼鐵公司都已經上漲了，那麼因為丙鋼鐵公司還沒有上漲，公眾便會買入丙公司。

如果某檔股票的表現不符合當時行情狀態下應有的常態，那麼即使在牛市行情中，我也不會買入這檔股票。有時候，市場已經毫無疑問處在牛市行情中，我買進了某檔股票，後來發現同類股內的其他股票並沒有表現出看漲的態勢，於是我便會賣出手中的股票。為什麼？經驗告訴我，與類股傾向對著幹並不明智。我不能指望只在確有把握的條件下交易，必須追隨大概率，並預期大概率的變化。有一位老經紀人曾對我說：「沿著鐵軌走路時，如果你看見一列火車正以一百公里的時速迎面疾馳而來，你還繼續在鐵軌上走嗎？夥計，我會馬上閃到一邊。這再自然不過了，難道還值得為這拍拍自己的後腦勺，自詡多麼明智、多麼審慎嗎？」

一九二二年，當廣泛的牛市行情已經發展到如火如荼的程度時，我注意到在某類股中有一檔股票沒有跟隨整個群體上漲，而除了這個唯一的特例，整個群體正與市場上的其他股票一道上漲（圖17.1）。當時我做多了相當大數額的布萊克伍德汽車（Blackwood Motors）。每個人都知道該公司的生意做得很大。其股票價格每天上升一到三個點，公眾越來越多地湧入。這自然使得該類股成為關注的焦點，其他所有的汽車類股票都開始上漲。然而，其中唯有一家頑固地不為所動，那便是切斯特汽車（Chester）。它落在其他股票之後，過不了多久大家便開始對它議論紛紛。切斯特汽車的低價位和無動於衷的表現與布萊克伍德汽車以及其他汽車類股票的堅挺和活躍程度形成了鮮明的對比。順理成章，公眾紛紛向消息靈通的掮客、明牌客和萬事通們打聽，以為它必定會追隨整個板塊上漲，因此開始買進切斯特汽車。

雖有一定程度的公眾追捧，切斯特非但沒有上漲，實際上反而下跌了。在這樣的牛市行情之下，考慮到同類股內的布萊克伍德汽車已經成為市場普漲行情的領頭羊而備受矚目，要推高它的股價簡直易如反掌。我們滿耳聽到的都是對所有種類汽車的需求都在明顯改善、汽車產量創紀錄等消息。

顯而易見，切斯特汽車圈內的那夥人沒有按照內部人在牛市中的通常行事方式來行動。他們之所以做不出通常應當做出的事情，可能有兩個原因。一個原因是，或許內部人打算在推升行情之前搜集到更多的籌碼。但是，分析一下切斯特當前的成交量和行情特點，這一假設是站不住腳的。另一個原因可能是，如果要推高行情，就必須接下股票，他們擔心接下股票。

這些內部人在本該吃進股票的時候卻不願意接它，為什麼我要買進呢？我估算，無論其他汽車公司可能享有多好的榮景，賣空切斯特都是顯而易見的明智選擇。經驗教導我，買入一個拒絕追隨群體領頭羊的股票，務必慎之又慎。

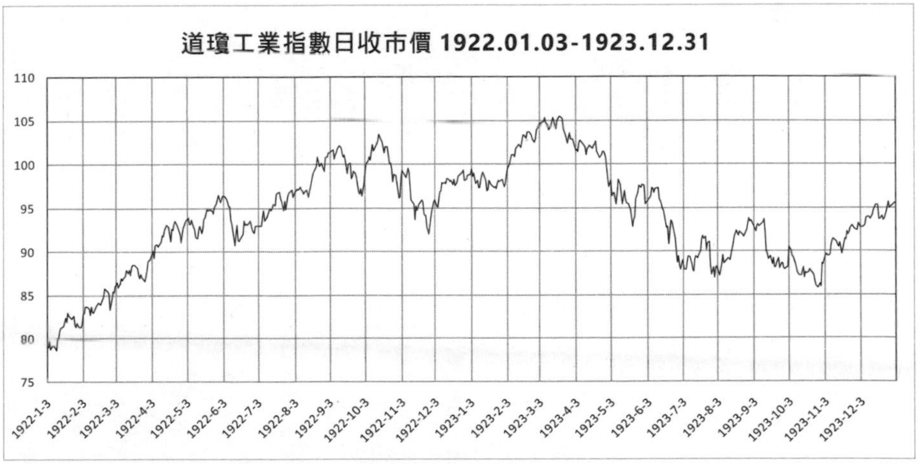

圖 17.1 ● 牛市行情從 1921 年 10 月底開始，持續到 1922 年 10 月初，最大漲幅接近 50%。李佛摩大約在 1922 年—1923 年接受愛德溫．勒斐佛的採訪。這兩年他 45、46 歲。

我們很容易就可確認如下事實，內部人士不僅未買進，實際上還在賣出。此外，還有其他徵兆警告我不要買進切斯特汽車，雖然其市場行為不能自圓其說對我來說已經是足夠充分的證據了。正是行情紙帶再次給我發出訊息，這便是我賣空切斯特汽車的原因。不久之後，有天該股票大幅崩跌。後來我們得知了官方的正式消息，內部人士的確在賣出，他們完全清楚該公司狀況不容樂觀。與通常的情況一樣，這個原因也是在市場崩跌之後才披露的。然而，警告信號先於市場下挫便已發出。我尋求的並不是行情崩跌，我尋求的是警告信號。我既不知道切斯特汽車有什麼麻煩，也不是根據什麼直覺或靈感行事的。我只知道肯定有什麼地方不對。

就在一天之前，我們從報紙上讀到圭亞那黃金公司（Guiana Gold）轟動一時的行情異動。該股曾經在場外市場[43]按照五〇美元或接近這個位置的價格交易，後來在股票交易所掛牌交易。在交易所上市後，起初交易價格在三十五美元上下，不久便開始下跌，最終跌破了二〇美元。

我從來不會把這段大幅下挫行情稱為「轟動一時」，因為它完全是可以預期的。如果諮詢一下，便可以瞭解到該公司的歷史。許多人都瞭解它。人們是這樣告訴我的：六七位聲名顯赫的大資本家以及一家著名的銀行共同組成了一個聯盟（syndicate）。其中一位是貝爾島勘探公司（Belle Isle Exploration Company）的頭頭，他向圭亞那黃金公司先投入了超過一千萬美元，從該公司得到若干債券和二十五萬股股票。圭亞那黃金採礦公司總股本一百萬股。該股票以分紅為號召，廣告做得很好。貝爾島勘探公司的人覺得最好賣出變現，於是他們為賣出這二十五萬股的事拜訪了那些銀行家。銀行家們計劃在市場上發售這批股票，再加上他們自己持有的一些股票。起初，他們打算把發售股票的事務委託給一位職業作手。

職業作手的收費是這二十五萬股從三十六美元算起的賣出利潤的三分之一。據我瞭解，他們已經起草了協議，正準備簽署，但在最後一刻，銀行家們決定還是由自己來承擔銷售業務，省下那筆費用。於是，他們組成了一個內部人團夥。銀行家們得到的貝爾島勘探公司二十五萬股的出價是三十六美元。他們按照四十一美元的價格為團夥吃進。也就是說，在剛開頭的時候內部人團夥便要為他們自己的銀行家同伴付出五個點的代價。我不知道這些內部人是不是清楚其中的機關。

這些銀行家認為，簡直一眼就可以看出，賣出股票的運作過程易如反掌。當時正巧碰上牛市行情，而圭亞那黃金所屬類股恰恰正是領漲市場的板塊之一。該公司正在獲得巨額利潤，並且正常派發紅利。有了這些有利條件，再加上該公司的出資人都是一班頭面人物，公眾幾乎把圭亞那黃金當成投資型的股票了。有人告訴我，他們大約向公眾賣出了四十萬股，與此同時，行情一路上漲到四十七美元。

黃金類股非常強勁，但是，圭亞那黃金開始顯出疲態，它下跌了十個點。如果內部人團夥正在拋售股票，那麼這是可以理解的。然而，很快華爾街便開始傳聞有些情況並不如意，該公司的資產品質其實不支持其推銷股票時的高調收益預期。當然，這時該股票下跌的原因就很明顯了。不過，在人們得知這一原因之前，我已經得到了市場的警告信號，並且著手測試圭亞那黃金的市場。該股票的表現與切斯特

43 美國最初的股票交易流通都是透過櫃檯交易（OTC）實現的，因此OTC市場是資本市場中最古老、歷史最悠久的證券市場，可以說現今的各種股票市場都是由OTC市場發展而來的。美國的OTC市場已有兩百多年的歷史，即使在資本市場極其發達的現在，美國的OTC市場仍然生機勃勃。美國的粉紅單市場（又叫粉單市場）是OTC市場中的初級股票市場。

汽車的表現非常相似。於是，我賣空圭亞那黃金。隨後，其價格下降，我賣出更多，行情又進一步走低。該股票正在重蹈切斯特汽車以及其他十來檔股票的覆轍。我清楚地記得這些股票的「臨床病史」。紙帶明白地告訴我，有什麼地方不對，就是這些地方導致內部人不願意買進，而內部人完全清楚，即使在牛市行情下也不應該買進自己的股票。另一方面，局外人對此懵然無知，現在還在買進，因為該股票的成交價曾經超過四十五美元，當它回落到三十五美元以下的時候看上去比較便宜。股票的紅利還在繼續派發，看起來這股票真是超值。

這時新聞出來了。我在公眾之前先得到消息，噢，我經常搶先一步得到重要的市場新聞。事與願違，分析報告確認該公司鑽探到的是貧瘠的岩石，而不是富含黃金的礦石。這只不過給我提供了當初內部人賣出的原因，我並沒有根據這個消息來賣出，早在很久之前，我就已經根據該股票的市場表現賣出了。我和它的關係一點也不複雜。我是一位交易者，因此只尋求一種跡象——內部人的買進。然而全無跡象。我沒有必要一定要知道為什麼內部人沒有利用市場下跌的機會來買進自己的股票。顯然，當初他們制定發售計畫的時候並沒有進一步策動行情上漲的打算，這一點就足夠了。這一點使得賣空該股票成為必然的選擇。公眾已經買入了差不多五十萬股，唯一可能發生的股票換手，是當初懵懂無知而買進的局外人現在希望賣出止損，而新的一群懵懂無知的局外人抱著掙錢的希望而打算買進。

我之所以對你講述這些，並不是想就公眾買入圭亞那黃金而蒙受損失的事情來說教，或者就我自己的賣空獲利來炫耀，而是為了強調研究市場中的群體行為何等重要；為了強調那些準備不足的交易者無論資金多少，從來不肯吸取教訓。此外，不僅在股票市場上行情紙帶會警告你，在大宗商品市場上它吹起哨子來也差不多同樣響亮。

我在棉花交易上曾經有過一段有趣的經歷。當時我看空股市，已經建立了規模適中的空頭頭寸。與此同時，我也賣空了棉花，共五萬包。我的股票交易證明是獲利的，我把棉花拋到了腦後。後來我知道的第一件事是，我的五萬包棉花虧損了二十五萬美元。正如前文所說，我的股票交易很有意思，自己也幹得很不賴，以至於甚至不願意把心思從這上面轉開。每當想起棉花的時候我便自我安慰地說：「還是等等看，下次市場回落的時候就平倉。」棉花價格有時的確稍有回落，但是就在我下決心認賠平倉之前，價格又漲起來了，而且漲得比以前還要高。於是，我便再次決定等等看，然後回到股票交易中去，把自己的注意力全部集中在股票上。最終我了結了股票頭寸，獲得了非常不俗的利潤，然後便前往溫泉城休假。

這是我第一次真正有機會把心思解放出來，全神貫注地處理棉花頭寸虧損的問題。這筆交易對我不利。曾經有幾次機會，事情看起來似乎有轉機，有可能帶著獲利平倉。我注意到，只要有人重倉賣出，市場便會明顯回落。然而，之後價格幾乎立即開始上漲，並再創當前這一輪行情的新高。

最終，大概在我到達溫泉城的幾天之後，我的帳面虧損已經達到一百萬美元，這還未把市場繼續上漲的傾向考慮在內。我把已經做過的和該做沒做的交易決策仔細過了遍篩，告訴自己：「肯定做錯了！」對我來說，意識到自己做錯了和決定平倉出市實際上就是一回事。所以我買入平倉了，損失大約一百萬美元。

次日早晨，我專心專意打高爾夫，心裡什麼也不想。我已經做過了棉花交易，並且做錯了。我已經為自己的錯誤付出了代價，付款收據就在我口袋裡。我在棉花市場已經再沒牽掛了，就像此刻一樣。當我回酒店吃午飯的時候，順道在經紀商的營業部逗留了一下，看了一眼報價板。我看到棉花下跌了五十點。這不算什麼。然而，我還注意到，這一次它沒有在導致其價格下跌的賣出壓力緩解之後隨即上漲，不像它在過去數星期內的慣常表現。這種習慣性表現曾經表明市場最小阻力路線的方向向上，因為對這一點視而不見，我付出了一百萬美元的代價。

無論如何，一天前促使我接受巨額虧損平倉出市的理由現在不再成立了，因為市場沒有照例出現立即並且力度強勁的上漲。於是，我賣出了一萬包棉花，想看看情況。很快，市場又下跌了五十點。我稍稍等候片刻，這次還是沒有上漲。這時我已餓壞了，所以走進餐廳，點好了午餐。服務員還沒來得及上菜，我便跳起來，直奔經紀商的營業部，我看到還是沒有任何上漲跡象，於是再賣出一萬包棉花。又等了一會兒，愉快地看到價格繼續下跌了四十點。這向我表明，我的交易是正確的，因此我返回餐廳，享用我的午餐，之後再回到經紀商營業部。那天棉花市場沒有任何上漲跡象。就在當晚，我離開了溫泉城。

打高爾夫當然是很好的享受，但是當初我曾經錯誤地賣出棉花，又錯誤地買入平倉。所以不得不重新開始工作，回到最方便交易的場所。市場吃進我第一筆一萬包的情形，促使我再賣出第二筆一萬包，而市場吃進第二筆一萬包的情形使我確信行情轉折已經到來。這正是由於市場行為方式的不同所決定的。

好，我抵達華盛頓，走進我的經紀商在那裡的營業部，這裡歸我的老朋友塔克掌管。在我逗留期間，市場繼續下跌了一些。「今是而昨非」，現在我是正確的，比當初做錯的時候更有信心。於是，我再賣出四萬包棉花，市場應聲下跌了七十五點。這表明市場上根本沒有任何支撐力量。那天晚上，市場的收市價還要更低些。早先那股買進的力量顯然已經蕩然無存。我沒法知道當市場到達什麼價位的時候會再度積聚起那樣的買進力量，不過，我覺得自己的頭寸合情合理，很有信心。次日早晨，我離開華盛頓，開車回紐約，好整以暇。

到達費城的時候，我順道把汽車開到一家經紀行的營業部，看到棉花市場開始算總帳了。價格急劇下挫，正在上演一齣小規模的恐慌行情。我沒有等回到紐約再說，而是馬上給經紀商打了長途電話，軋平了空頭頭寸。一拿到成交回報，我發現，這次的獲利實際上已經扳回了上次的虧損，於是我繼續駕車回紐約，一路上再也沒有繞彎路停車查看行情。

有些和我一道在溫泉城度假的朋友，到現在還在談論當天我從午餐桌邊跳起來趕到營業部賣出第二筆一萬包棉花的故事。不過，這一次同樣清楚，也不是靠什麼靈感。這次突如其來的念頭其實扎根於我確信賣出棉花的時機終於到來的判斷，不管之前我所犯的錯誤有多麼嚴重。我必須利用它。這是我的機會。我的潛意識或許始終在思索著，並為我得出了結論。在華盛頓賣出棉花的決定則是我根據觀察得出的結論。多年的交易經驗告訴我，市場最小阻力路線已經從上升改變為下降了。

之前棉花市場從我手中奪走了一百萬美元，我並不耿耿於懷。我當初不曾因為自己犯下這麼大的錯誤而自怨自艾，後來也不因為自己在費城軋平所有頭寸彌補了巨大的虧損而沾沾自喜。我的頭腦專注於交易問題，之所以能夠彌補前面的虧損，是因為我擁有相稱的經驗和記憶，我覺得這樣自我評價並不為過。

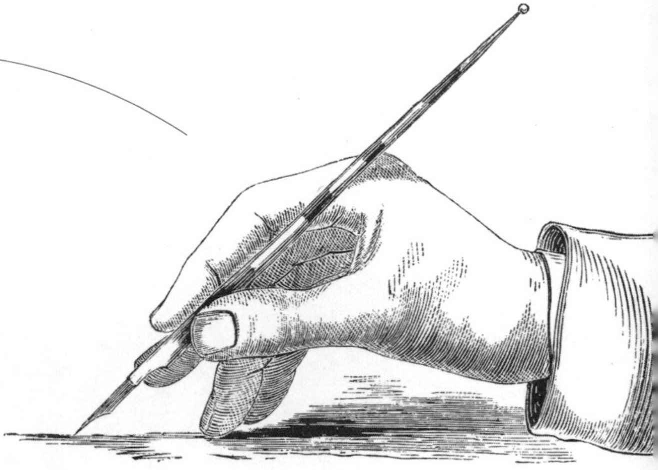

CHAPTER 18

市場歷史重演，交易照方抓藥

在華爾街上，歷史始終不斷重演。你還記得之前告訴你的一個故事嗎？說的是在斯特拉頓已經操縱玉米市場的情況下，我買入軋平空頭頭寸的事。好，另外還有一次，我在股票市場上差不多如法炮製，這次交易的股票是熱帶貿易公司（Tropical Trading）。我做過空，也做過多，都有獲利。它屬於活躍股，是那些喜歡冒險的交易者的心頭好。該公司那夥內部人時常被報紙批評，說他們更關心股票價格波動，而不是鼓勵長期投資。前幾天，我熟識的一位傑出的經紀商斷言，就魚肉股市的手段來說，即便是丹尼爾・德魯（Daniel Drew）在伊利鐵路公司（Erie）上，或者是H・O・哈夫邁耶在糖業公司上，也趕不上馬利根（Mulligan）董事長以及他的朋友們在熱帶貿易公司上翻雲覆雨的地步。有很多次，他們先是明裡暗裡誘使空頭們賣空熱帶貿易公司，然後逐步施展軋空手段，有效地壓榨他們。他們在操縱過程中表現出深仇大恨般的決絕、令人作嘔般的殘忍，簡直如液壓機一般無堅不摧、毫不留情。

當然，市場上也有人談論熱帶貿易公司的行情「有人玩鬼花樣」。不過我敢說，說這些話的人都是軋空圈套的受害者。既然場內交易者如此經常地遭受內部人的侵害，他們又明知骰子裡灌了鉛，為什麼還要繼續參與這場遊戲呢？嗨，不說別的，他們都太好動，從熱帶貿易這裡肯定能夠得到滿足。這檔股票從沒有長時間地沉悶過。既用不著追究原因，也用不著向人解釋原因，不浪費時間。如果聽消息做交易，那麼交易者在消息兌現之前，免不了要緊張地耐心等待行情發動。但在熱帶貿易公司的股票上可用不著焦慮等待，而且市場上總有足夠多的股票在流通，除非做空的頭寸足夠大了，值得他們人為製造流動性緊張來軋空。總之，什麼時候都有受騙上當的人。

事情發生在一段時間之前，當時我正在佛羅里達如常享受冬季的避寒度假。我忙著釣魚，心無旁騖地享受漁趣，腦子裡從來不想市場，除了偶爾收到一疊報紙的時候。一天早晨，半個星期一次的郵件來了，我瀏覽了一下股票行情版面，看到熱帶貿易公司的成交價為一五五美元。我記得上次看報紙的時候，大約是一四〇美元。我的看法是，我們正進入一輪熊市，我正在等待時機賣空股票。不過，沒什麼可著急的。正因為此，我才出來釣魚，遠離報價機。我知道，當市場真正召喚我的時候，我會趕回去的。在這期間，無論我做什麼，或是不做什麼，都不可能影響市場進程。

從這天早晨的報紙來看，熱帶貿易公司的表現脫離大勢，十分出格，很適合拿它開刀，把我對整個市場看空的想法轉化為具體行動。我覺得，那夥內部人在總體市場普遍低迷的背景下強行拉抬熱帶貿易公司，太肆無忌憚了。有時候，即使是魚肉市場的事情，該罷手也不得不罷手。在交易者估量形勢時，異常因素很少帶有積極意義。在我看來，這個時候推升該股價格簡直是天大的錯誤。沒人犯這麼大的錯誤還可能不受懲罰，在股票市場上更不可能。

看完報紙後，我繼續去釣魚，但腦子裡總是想起熱帶貿易公司那夥內部人正幹著的勾當。他們注定要失敗，就像某人不帶降落傘從二十層樓上跳下來非摔成肉餅不可一樣。除此之外，我的腦子想不了別的，最後我乾脆不釣魚了，給我的經紀人發電報，按市價賣出兩千股熱帶貿易公司。發出指令後，我才能重新釣魚。釣魚大有收穫。

那天下午我收到了特快專遞送來的回電。我的經紀人報告說，他們替我賣出的那兩千股熱帶貿易公司在一五三美元成交。到目前為止一切順利，我是在下跌的勢道下賣空的，照理應該這麼做。然而，釣魚再也進行不下去了。我離報價板太遠了，之所以感覺到這一點，是因為我從頭思索了全部理由，認為熱帶貿易公司應當與市場上其他所有股票一道下跌，而不是聽任內部人擺布而自顧自上漲。於是，我離開了垂釣營地，返回棕櫚灘，或者更準確地說，是恢復和紐約的專線電報聯繫。

在抵達棕櫚灘的那一刻，我看到那夥執迷不悟的內部人仍不肯罷手，便再賣給他們第二筆兩千股熱帶貿易公司。成交回報來了之後，我又賣出第三筆兩千股。市場的表現精彩至極。換句話說，我一賣，它就跌。各方面都挺滿意，我便出去兜了兜風。但是，我並不開心。我想得越多越不開心，我覺得本該賣得更多才對。於是，我返回經紀商營業部，再賣出另外兩千股。

唯有賣出那檔股票的時候，我才感到開心。現在，我的空頭頭寸總共有八千股。之後，我決定返回紐約。現在有生意要打理了，釣魚可以另找時間。

抵達紐約後，我特別留意了一下該公司的業務情況，包括現有狀況和未來前景。我瞭解到的情況進一步加強了我的信念，那夥內部人在這樣一個時候拉抬股價，既得不到普遍大勢的支持，也得不到公司自身盈利的支持，不只是膽大妄為，而且是搬起石頭砸自己的腳。

該股的強行抬升，既不合邏輯，時機也不對，但畢竟吸引了某些公眾跟風，這無疑反過來鼓勵了那幫內部人繼續實施他們不理智的策略。因此，我賣出更多股票。內部人停止了他們的愚蠢行徑。就這樣，我根據自己的交易方法一次又一次地試探市場，最終總共累積了三萬股熱帶貿易公司的空頭頭寸。到這時候，該股價格位於一三三美元。

有人警告我，說熱帶貿易公司的內部人確切地知道他們的每一張股票在華爾街的下落，知道每一位空頭的準確身分和做空規模，以及其他具有戰術意義的對手細節。他們是一夥能幹的傢伙，也是精明的交易者。總之，他們同時具有兩方面優勢，和這樣的人作對恐怕沒有好果子吃。然而，事實就是事實，交易者最強大的同盟軍是市場大勢。

當然，在從一五三美元下跌到一三三美元的過程中，空頭的數額有所增長，公眾則在市場回落時買進，他們又起了老念頭：這檔股票在一五三美元以上曾經被視為值得買進，現在還低了二十點，豈不是好上加好的買進機會？同一檔股票，同樣的紅利率，同一批管理者，同樣的業務——天大的便宜！

公眾跟風買進減少了市面上的浮動籌碼，那夥內部人清楚，許多場內交易者已經做空，以為現在是有利於壓榨空頭的時機。果然，行情一溜小跑地漲到一五〇美元。我敢說當時許多空頭買入平倉，但是我不為所動。何必著急呢？內部人或許知道外面還有一位三萬股的空頭沒有平倉，但是他們知道就能嚇倒我嗎？當初驅使我在一五三美元開始賣空，並在市場一路下跌到一三三美元時保持不動的那些理由，不僅依然存在，而且比以往來得更加強烈了。內部人或許打算強迫我平倉，然而，他們拿不出任何站得住腳的理由。市場的基本條件正在為我而戰。既不必恐懼，也要有耐心，這不難做到。投機者必須對自己有信心，對自己的判斷有信心。已故的狄克森．華茲，紐約棉花交易所前任理事長，名著《投機，一門藝術》（*Speculation as a Fine Art*）的作者，曾經說過，投機者的勇氣便是自信到足以把頭腦中的決定付諸行動。對我來說，我從不害怕自己是錯誤的，因為除非市場證明我是錯誤的，否則我絕不會認為自己是錯誤的。事實上，不把自己的經歷轉化為獲利的本錢，我便寢食難安。當前的市場軌跡不足以證明我是錯誤的。正是市場上漲時或者下跌時所表現出的特徵，決定了我的頭寸到底是正確的還是錯誤的。我的成長之路只能憑知識鋪就。如果摔跟頭，根子必定在於自己犯了錯誤。

市場從一三三美元上漲到一五〇美元，沒有表現出任何足以令我害怕而平倉出局的特徵。目前該股票已重新開始下降，正如預期的那樣。內部人小團夥來不及提供支撐，它就跌破了一四〇美元。就在他們買進的時候，市面上同時湧出一大批看好該股的傳言：「聽說該公司正在創造令人難以置信的巨大利潤，因此可以合理預期定期的分紅將會提高」、「空頭頭寸的數額據說也很巨大，有人即將策動一場『世紀大軋空』來收拾看空的一方，特別是某位空頭，他的空頭頭寸膨脹得太過分了。」我難以一一細說聽到的各種說法，在這個過程中他們把價格抬升了十個點。

在我看來，他們對市場的操縱對我並沒有什麼大不了的威脅，但是當價格觸及一四九美元的時候，我下定決心，不能聽任華爾街把四處流傳的看好謠言都當成事實照單接受，那並不明智。當然，不論是我還是任何其他哪位圈外人士都沒什麼可說的，無論說什麼也不可能對那些被嚇壞了的空頭們、或者對那些根據道聽塗說來交易的輕信的經紀行客戶們，產生多大的說服力。最有效也最彬彬有禮的反駁，是行情紙帶上打出的資料。人們寧可相信紙帶，也不會相信哪位活人信誓旦旦的保證，更不用說這話出自一位自己做空了三萬股的傢伙。因此，我採取了對付斯特拉頓操縱玉米時的同一個策略，當時我靠賣出燕麥來引導交易者們對玉米看空，這次還是靠經驗和記憶。

那夥內部人拉抬熱帶貿易公司股價意在恐嚇空頭們，我並沒有力圖透過賣出股票來阻止價格上漲。我已經做空了三萬股股票，在流通股數中已經占了較大比例，我認為明智地做空不應超過這個比例。我並不想把自己的腦袋伸進他們顯然為我量身定做的絞索套中——第二次上漲實在算得上急切的邀請了。當熱帶貿易公司觸及一四九美元的時候，我的對策是賣出一萬股赤道貿易公司（Equatorial Commercial

Corporation），這家公司持有一大批熱帶貿易公司的股票。

赤道貿易公司不像熱帶貿易公司，它不是一隻活躍股，在我賣出時，其股價大幅下挫，正如我所預見的那樣。如此一來，我的目的也就達到了。那些交易者還有經紀行的客戶們都已經聽說了看好熱帶貿易公司的種種粉飾之辭，這些說法本身倒是能夠自圓其說。然而，現在他們看到在熱帶貿易公司上漲的同時，赤道貿易公司遭到重倉拋售，且價格急劇下跌，自然便會得出結論：熱帶貿易公司股價的堅挺純屬煙幕彈，顯然是一場人為策動的上漲行情，用來掩護內部人在赤道貿易公司上賣出變現。赤道貿易公司是熱帶貿易公司最大的股票持有者。這肯定是那些內部人做多了赤道貿易公司，現在正賣出平倉，因為此時此刻熱帶貿易公司漲勢如此強勁，圈外人做夢也不會想到會有人賣空這麼多的赤道貿易公司。於是，他們賣出熱帶貿易公司，阻止了該股的上漲。那夥內部人倒是識相，不願意接下人們正急於賣出的所有股票。從內部人停止支撐熱帶貿易公司股價的那一刻起，其股價便開始下跌。交易者和主要經紀行現在也開始賣出一些赤道貿易公司股票，我借機買入該股平倉，稍有獲利。我賣出這檔股票的本意並不是要從中獲利，而是為了阻止熱帶貿易公司的上漲。

一次又一次，熱帶貿易公司的內部人，還有他們雇用的勤奮的公關人員，向華爾街傾瀉各種各樣的利多消息，力圖拉升價格。每次當他們鼓噪上攻時，我便賣空赤道貿易公司；熱帶貿易公司回落，帶動赤道貿易公司下跌，我便買入赤道貿易公司平倉。這麼一來，操縱者的囂張氣焰逐漸瓦解。最終，熱帶貿易公司的股價下降到了一二五美元。空頭的規模真是擴張得太大了，因此內部人能夠驅動行情上漲二十到二十五點。這一次，由於空頭規模過度擴張，策動行情向上有足夠的合理性。雖然我已經預見到這波上漲，但是並沒有買入平倉，因為我不願意喪失自己的立場。在赤道貿易公司還沒來得及追隨熱帶貿易公司的上漲腳步前，我便賣空了大量赤道貿易公司，並且取得了跟前幾次一樣的結果。這下子戳穿了關於熱帶貿易公司重重利多的謊言。隨著其股價轟動一時的上漲，這類說法近來甚囂塵上。

這一回，總體市場已經變得相當疲軟。之前我曾經說過，當初在佛羅里達的釣魚營地，正是由於確信市場正處熊市行情下，我才受觸動賣空熱帶貿易公司。我同時賣空了其他一些股票，但是熱帶貿易公司是我的心頭好。最終，基本條件方面的壓力實在太大，內部人團夥無力抗拒，於是熱帶貿易公司的股價坐上雪橇滑了下去。它跌到了一二〇美元以下，這是數年之內頭一次，然後又跌過了一一〇美元，接著跌破一百美元的面值。我依然沒有軋平頭寸。一天，總體市場極度疲弱，熱帶貿易公司跌破了九〇美元，利用市場土崩瓦解的機會我買入平倉。依然是老一套理由——市場流動性好，行情疲軟，賣出的人數超過買進的人數。即使冒著被人誤會成只是誇耀自己多麼聰明的風險，我還是要告訴你，實際上我是在這輪行情的最低價買入三萬股熱帶貿易公司的。然而，我並不曾追求在底部平倉，我的意圖只是把帳面利潤盡可能完好無損地轉化為現金。

在整個過程中我始終堅持不動，因為我知道自己的立場是腳踏實地的。我沒有對抗市場趨勢，也沒有違背市場基本條件。事實正相反，正是這一點讓我確信無疑，那夥過度自信的內部人注定要失敗。他們企圖達到的目標，之前已經有人嘗試過，並且總是以失敗而告終。即使中途經常出現上漲，也不能嚇倒我。我和別人一樣清楚它們會出現的走勢。一動不如一靜，我知道，始終堅持不動，最終結果會比忙亂地先平倉再找更高價位賣空的對策優越得多。透過咬定我相信正確的空頭頭寸不放，最終獲利超過一百萬美元。我既沒有依靠直覺，也沒有憑藉閱讀紙帶的技巧，更不是憑藉頑固堅持的魯莽。我對自己的判斷堅信不疑，既不是靠我的聰明，也不是因為我自負，而是堅信不疑給我帶來了回報。知識就是力量，憑這力量無須害怕謊言——即使是行情紙帶印出來的謊言。隨後，市場的回升很快就來了。

一年之後，熱帶貿易公司的股價再度抬升到一五〇美元，並在這裡徘徊了好幾個星期。總體市場形成明顯回落的條件已經成熟，因為大勢之前經歷了一段毫無阻礙的上漲過程，目前已經不再走牛。我之所以知道，是因為已經測試過市場。現在，熱帶貿易公司所屬的類股正處在非常糟糕的經營環境下，即便總體市場繼續上漲，也看不出來有什麼因素能以任何方式支撐那些股票，何況大盤並不樂觀。因此，我開始賣出熱帶貿易公司，我打算賣出的總數為一萬股。隨著我的賣出，價格下跌了。我看不出市場對該股票有任何支撐。然而，突然之間，市場的走勢特徵發生了改變！

我向你保證，在支撐力量進入市場的那一刻我能夠立即辨別出來。我說這話，並不是為了把自己打扮成一位市場魔法師。這立即引起我深思，這檔股票的內部人從來不覺得他們有任何道德義務來維持股票價格，在當前總體市場正走低的形勢下如果他們買進該股票，其中必有原因。他們既不是無知的蠢驢，也不是慈善家，更不是為了在場外市場賣出更多股票而維持股價的投資銀行家。儘管我和其他人都在賣出，但是股票價格仍保持上漲。我在一五三美元軋平了自己的一萬股空頭，在一五六美元我入市做多，因為到了這個時候，行情紙帶告訴我最小阻力路線是向上的。我對總體市場是看空的，這並沒有受到一般意義上的投機理論的挑戰，但是，在這支特定股票上，必須應對其獨特交易狀況帶來的挑戰。該股價格絕塵而去，超過了兩百美元。這是當年的一樁奇聞。人們在街談巷議中、在報紙上紛紛評說，我這次被榨出了八百萬到九百萬美元，我感到備受抬舉。事實上，我非但沒有做空，而且在熱帶貿易公司一路上漲的過程中始終做多。實際上，我持有多頭的時間稍微長了一點，以至於放跑了一部分帳面利潤。你想知道為什麼會出這個岔子嗎？因為我以為熱帶貿易公司的內部人自然會按照如果我處在他們的位置將會採取的做法來行事。實際上，當時我沒有想明白，其實他們和我無關，我的正業是交易，也就是說，應該始終追隨擺在我面前的事實，而不是根據自己料想其他人會怎麼做來行動。

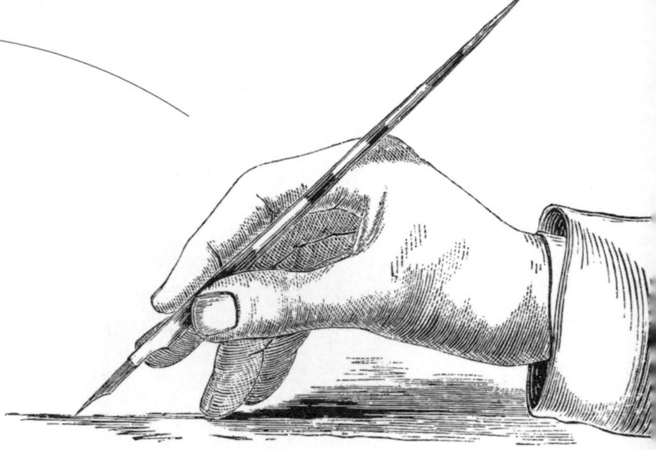

CHAPTER 19

市場操縱故事多，賣空軋空大鬥法

我不知道什麼人從何時開始，把「操縱」這個詞和在股票交易所大批量賣出證券的行為聯繫起來了，實際上這只是一種常見的推銷商品的「操作」過程。設法壓低股票價格以便低價買進、搜集籌碼，也被稱為「操縱」。但前者的「操作」和後者的「操縱」是不同的[44]。交易者不用自甘墮落地採取非法手段，也可以實現操作目標，不過要完全避免可能在某些人看來不合法的一些做法是非常困難的。在牛市行情下，如果你打算買入一大筆股票，怎樣才能避免由於你的買進而把價格推高呢？這是一個大問題。如何解決這個問題呢？答案和許多方面都有關，無法給出一個普遍適用的解決方案，除非你說：或許可以透過非常機敏的操作來實現。可以舉個例子嗎？這取決於各種條件，所以我不可能給出更具體的答案了。

我對我的生意的各個方面都抱有深切的興趣。當然，我既借鑑別人的經驗，也從親身經歷中學習。不過，如今要從經紀行營業部下午收市後大家聊起的趣聞逸事中學會如何操作股票，恐怕是緣木求魚。過去的絕大多數訣竅、手段和應急方法要麼已經過時、無效了，要麼是非法的、不可行的。股票交易所的規則和條件都已經改變，諸如丹尼爾・德魯、雅各・利特爾（Jacob Little）或傑伊・古爾德五十年前或七十五年前的那些傳奇故事，即便說得準確而詳盡，也很少有聽取的價值了。今天的市場操作者不再有必要考慮他們曾經做過什麼、怎麼做的了，就像西點軍校學員不再有必要透過研究古人的射箭術來學習實用彈道學知識，以提高操作大炮的技能。

另一方面，研究人性的因素可以給予我們有利的啟示，比如說，人類求安畏難，寧願相信那些讓他們感到安逸的東西；人們允許自己——豈止允許，簡直是強迫自己——深受貪婪和恐懼的擺布，一般人往往由於草率隨意的習性而在投資中所費不貲。恐懼和期盼是永恆的人性，因此對投機者心理的研究一如既往地具有價值。雖然武器改變了，但是，計謀還是那些計謀，不論是在紐約股票交易所內還是在真刀真槍的戰場上。我認為，對整個交易行業最精闢的總結出自湯瑪斯·F·伍德洛克（Thomas F. Woodlock），他寫道：「指導股票投機成功的原則建立在以下假設之上：未來，人們將繼續重複過去曾犯下的錯誤。」

在景氣的時候，大眾參與市場的熱情達到了最高潮。這種時候根本不講究任何細節，因此浪費時間討論到底是操縱市場還是正常投機是沒有意義的。如果一定要這麼做，那麼無異於在下雨天力圖找出同時落在大街對面屋頂上的兩點雨滴有什麼不同。肥羊們總是指望天上掉餡餅，坦白地說，所有的景氣時期總是對肥羊們產生吸引力，人性的貪婪和無處不在的繁榮刺激了人們賭博的天性。企求輕鬆賺錢的人們最終不可避免地要為追求這種特權而付出代價。無數事實決定性地證明，這種特權在喧囂的紅塵中根本不可能找到。當我聽人說起舊時代的交易經歷和種種騙局伎倆時，起初總以為十九世紀六〇年代和七〇年代的人們比二十世紀初的人們更容易上當受騙。然而，每一天或者至多隔一天，篤定可以從報紙上讀到最近發生的龐氏騙局（Ponzi scheme）、某家對賭經紀行遭到突擊查封等報導，肥羊們的千百萬資金一夜消失。雖然這些損失轟轟烈烈、突如其來，但是同樣彙聚到了財富損失的大潮流之中——由於遭受

44 證券市場大額交易和常規交易顯然有很大的不同，這對常規交易的連貫性有顯著影響。典型的大額交易既包括證券的初始發行賣出，也包括證券持有人出於投資、併購、分拆等目的的大額買賣。本書主人公「我」習慣於大手筆交易，有深厚的大額交易市場經驗。原著「操縱」和「操作」用的都是同一個英語單詞「manipulation」，譯者根據文意和自己的理解用這兩個中文詞語來區分。

通貨膨脹的侵蝕，儲蓄存款的價值悄無聲息地、日復一日地被消損虧蝕。

當我剛剛來到紐約的時候，人們對「洗盤」和「對敲」議論紛紛，因為這類行為是股票交易所禁止的。有時候，洗盤的行為實在太過粗野，難以掩人耳目。不論何時，只要有人力圖拉抬某檔股票的價格，或者發動我前面曾不止一次說到的「對賭行偷襲」，經紀行便毫不猶豫地祭起「主力頻繁洗盤」的話術來搪塞客戶。所謂對賭行偷襲，指某檔股票的賣出價突然在短時間內下降二到三個點，目的只是在行情紙帶上留下價格下跌的記錄，這樣對賭行就可以把無數做多該股票的小額交易者洗劫一空。至於對敲，這類手法用起來總是令人提心吊膽，原因在於在不同的經紀商之間難以協調、難以同步操作，並且這類活動違反股票交易所的規則。幾年前，一位著名作手在對敲指令中取消了賣出指令，卻忘了取消買入指令，結果不知就裡的經紀商在完成買入指令的過程中，幾分鐘之內就把價格推高了二十五點，然而，買入指令一完成，市場便同樣快速地跌回起點。對敲的本來意圖是要製造交易活躍的表象。這已經不是什麼好生意了，其實現手段還很不可靠。你看，即使是你最好的經紀商你也無法對他透漏消息——如果你還希望他們保住紐約股票交易所會員資格的話。不僅如此，如今的稅法比起過往，已大大提高所有涉及虛假交易的手法成本。

辭典上對「操縱」的定義還包括軋空行為[45]（即囤積壟斷）。現在，囤積壟斷現象的產生既可能是操縱市場的結果，也可能是競爭性買入的結果。舉例來說，一九〇一年五月九日發生在北太平洋鐵路股票上的囤積壟斷事件肯定不屬於操縱行為。在斯圖茲汽車（Stutz）的囤積壟斷事件中，有關各方都付出了高昂的代價——無論在財務上還是在聲譽上。就這一點來說，它顯然不屬於蓄意謀劃的軋空事件。

從事實來看，始作俑者極少能夠從大規模囤積壟斷事件中真正獲利。范德比特准將（Commodore Vanderbilt）兩次囤積壟斷哈勒姆鐵路（Harlem）股票都大有所獲，但是這數百萬美元是這老傢伙應得的，是從許許多多賭徒、不誠實的國會議員、企圖欺騙他的市議員手中得來的。另一方面，傑伊・古爾德在囤積壟斷西北鐵路股票時大敗虧輸。懷特執事囤積壟斷拉克萬納鐵路股票獲利一百萬美元，但詹姆斯・基恩在囤積壟斷漢尼拔－聖喬鐵路（Hannible & St. Joe）股票中虧損一百萬美元。軋空者能否在財務上取得成功，當然取決於他能否以高於成本價的價位賣出積累起來的巨大持倉，而且空頭的規模必須達到一定程度後才能使他如願以償。

我常常感到疑惑，為什麼半個世紀以前軋空的手法在大作手中如此流行。他們都是精明強幹、經驗豐富的一時俊傑，頭腦清醒，不會傻裡傻氣地幻想同行的交易者懷著一副慈悲心腸。然而，他們常常上當受騙，其頻繁程度令人驚訝。一位充滿智慧的老經紀商曾經對我說，十九世紀六〇年代和七〇年代的所有大作手都有一個野心，就是要做成一樁軋空。在許多情況下，這都是自負的產物；而在其他情況下，則出於復仇的欲望。無論如何，被人指名道姓地說某某成功軋空了這檔股票或那檔股票，實際上相當於讚許此人的頭腦、勇氣和狡詐。這可以給那位軋空者帶來睥睨同行、目無餘子的特權。他心安理得地接受同行們的喝彩，感覺完全是實至名歸。驅動軋空的幕後推手們拼命努力的，並不只是未來獲得錢財的

45 賣空者是借入證券來賣出的，最終必須買入證券平倉歸還。軋空者大舉買入市面上的浮籌，囤積起來暫不流通，讓賣空者不能順利買到籌碼，由此會引發恐慌性搶購。交易所為了保護市場秩序，通常對賣空和做多的持倉比例有限制。

利益前景，還有包括這些冷血的作手患有自負症候群，是自負症候群在發揮作用。

在那個年代，人與人之間的傾軋簡直無所不用其極，並且樂在其中、視若等閒。我想前面對你講過，我不止一次想盡法子才躲過了被人軋空壓榨的命運。這不是因為我擁有什麼神祕的盤口感覺，而是因為當買進某檔股票之後，市場出現了不再適宜做空的新特點的時刻，我一般都能立即辨別出來。我是透過常識性的測試交易來做到這一點的，在過去的時代也一定有人是這麼嘗試的。老丹尼爾·德魯時常擠壓那些小夥子們。他們做空，把伊利鐵路公司的股票賣給德魯。他便軋空迫使他們支付較高的價格回補。德魯本人也在伊利鐵路公司上遭到范德比特准將的軋空，當老德魯乞求准將高抬貴手時，准將陰沉著臉引述了老德魯這位大空頭自己的傳世格言：

「賣掉不屬於自己東西的人，
要嘛買回來，要嘛蹲大牢。」

華爾街已經很少有人記得曾在華爾街縱橫馳騁一代人之久的這位作手，老德魯當年可是一代巨頭。能讓他稱得上聲名不朽的，似乎主要便是這個術語——「摻水股」。

一八六三年春，艾迪生·G·傑羅姆（Addison G. Jerome）是人們公認的市場之王。他們告訴我，傑羅姆說的市場明牌簡直是金口玉言，被視為和銀行存款一樣可靠。從各方面的介紹來看，他是一位偉大的交易者，獲利數百萬美元。他出手闊綽到了揮霍的程度，在華爾街上擁有眾多的追隨者——直到以綽號「沉默者威廉」著稱的亨利．基普（Henry Keep）在老南方鐵路上軋空，把他所有的幾百萬美元壓榨一空。順便說一句，基普是羅茲韋爾．P．弗勞爾州長（Rosewell P. Flower）的姻親兄弟。

在老式軋空案例中，絕大多數操縱市場的過程主要是不讓由於受到各種誘惑而賣空的對手察覺你正在囤積壟斷。因此，這種做法主要瞄準的是作為同行的職業交易者，而普通大眾是不會「好心地」站到做空的行列裡去的。誘使那些精明的職業交易者在這類股票上開立空頭頭寸的原因與今天誘使他們賣空的原因在很大程度上如出一轍。撇開范德比特准將的哈勒姆鐵路軋空事件不談，在這個例子中賣空的都是那些不守信義的政客。根據我搜集到的關於其他案例的報導，那些職業交易者之所以賣空那檔股票，是因為它的價格太高了。而他們認為它的價格太高的理由是，它之前從沒有達到這麼高的價位。這麼一來，它的價格就高得不能再買進了。既然它的價格高得不能再買進，那麼賣空它正合適。這套路聽起來跟現在沒什麼不一樣，不是嗎？他們關心的是它的價格，而准將關心的是它的價值！事過多年之後，老前輩們告訴我，那時只要有人一貧如洗、境況淒慘，人們便常常指著說：「他做空了哈勒姆！」

多年之前，我碰巧有機會和傑伊．古爾德的經紀商之一聊天。他誠懇地向我保證，古爾德先生不僅是一位舉世無雙的人物——正是他，讓老丹尼爾．德魯渾身戰慄著說「他的手沾誰，誰就得死」，而且其成就遠遠超越了過去和現在的所有市場操縱案例。他必定是一位金融魔法師，不然做不到他所取得的成就，這一點確切無疑。甚至過了這麼多年之後，我還能栩栩如生地回想起他以令人驚異的才華迅速適應新局面。而作為一位交易者，這一點最為難能可貴。他進攻和防守的方法隨機應變、靈活多樣，因為他更關心的是資產運作，而不是股票投機。他之所以操縱，謀求的是投資價值，而不是市場反轉。他早已看出擁有鐵路才能夠掙大錢，而不是在交易所場內操縱鐵路公司的證券。當然，他需要利用股票市場。但是，我懷疑這只是因為從股票市場賺快錢、賺容易錢是最迅捷、最輕鬆的籌資方式，而他需要千百萬美元才能大展宏圖，就像老科利斯·P·亨廷頓（Collis P. Huntington）總是缺錢一樣，因為除了銀行願意借給他的數目之外，他總覺得還缺兩千萬到三千萬美元。有遠見，沒資金，只好乾著急；如果再有資金，那就意味著成就；成就意味著權力；權力意味著金錢；金錢意味著更多的成就。如此循環，沒有盡頭。

當然，那個時代操縱市場的並不僅限於大人物，還有眾多規模小一些的市場操縱者。我記得一位老經紀商跟我講過一個故事，是關於十九世紀六〇年代早期市場風氣的。他說：「我對華爾街最早的記憶是我第一次踏足金融街區時所看到的光景。我父親需要到那兒辦理一些事務，因為種種原因，他帶著我隨行。我們沿著百老匯大道向前走，我記得在華爾街那兒拐彎走進去。我們在華爾街上走著，快要到達百老街或者拿索街（Nassau Street）的時候，就在拐角的地方——現在那兒建了銀行家信託公司的大樓——我看到一大群人跟著兩個人。第一個人朝東走，盡力擺出一副滿不在乎的樣子。他身後跟著另一個人，這人臉通紅，一手抓著帽子狂亂地揮舞著，一手緊握拳頭在頭頂上晃動。他聲嘶力竭地高喊：『夏洛克[46]！夏洛克！昧心錢是什麼價？夏洛克！夏洛克！』我看見從街道兩邊的窗戶裡探出許多腦袋。那個時候還沒有摩天大樓，不過，我確信從二層和三層樓的窗戶裡伸長脖子的看客幾乎要翻跌下來了。我父親向人打聽怎麼回事，別人對他講了些什麼，我沒聽見。我死命拽著父親的手，滿心害怕擠來搡去的人群把我們沖散。人群越來越稠密，大街上的人也越來越多，我很不安。面色不善的人們從北面的拿索街走來，從南面的百老街走來，從東面的華爾街走來，從西面的華爾街走來。我們好不容易擠出人群，父親對我解釋叫喊『夏洛克』的那個人是某某某。我忘了那個名字，不過，他是城裡一派股票的最大作手，據說他在華爾街曾賺到手的和賠出去的錢比任何人都多，僅次於雅各・利特爾。我記得雅各・利特爾的名字，因為我感覺一個大男人叫這名字有些滑稽[47]。另一位，被稱為『夏洛克』的，是臭名昭著的資金卡位者。他的名字我也記不起來了。但是，我記得他是高個子，瘦瘦的，臉色蒼白。在那個時代，華爾街的派系慣於透過提前借入資金等方式占住資金，卡住股票交易所內資金借入方的資金來源。他們辦好借入資金的手續，拿到一張保付支票，然後並不實際提取資金來使用。這當然屬於不正當的壟斷，我認為這是某種形式的市場操縱。」

我贊同老先生的看法。那一段市場操縱的歷史時期，如今已成了過眼雲煙。

46 夏洛克，意指狠毒無情的放高利貸者。原為莎士比亞劇作《威尼斯商人》中反面角色的名字，是一位放高利貸者。
47 敘說者之所以認為雅各・利特爾的名字有點滑稽，是因為利特爾的英文是「Little」，本意為「小不點」的意思。

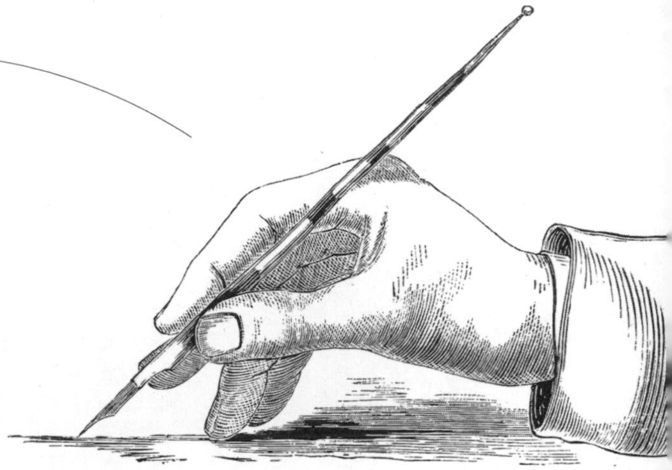

CHAPTER 20

批量分銷需操作，股票交易遵同理

我本人從來沒有和華爾街仍在談論的那些股票市場大作手有過直接接觸。我指的不是那些大老闆，而是市場操作者。他們都是比我這代更早期的人物，雖然當我剛來到紐約的時候，詹姆斯．基恩，他們之中最了不起的一位，正如日中天。但是，我那時只是一個小後生，一心想的是在一家信譽良好的經紀商營業廳，完全再現自己在家鄉對賭行裡曾經享有的成功交易方式。那個時候基恩正忙著操作美國鋼鐵股票——他市場操作案例中的傑作——而我當時對市場操作沒有任何經驗，實際上一無所知，既不知道它是什麼意思，也不知道它有什麼用處。而且我也不怎麼需要這樣的知識。如果我曾經對它有過什麼想法，估計一定把它看成了包裝得更加冠冕堂皇的高級騙術。我在對賭行裡曾經遭遇的那些騙局與其本質一致，只是更赤裸裸、更低級。此後我聽到的這類話題在很大程度上是由臆斷、疑惑組成的，與其說是理性分析，毋寧說是猜測。

在熟悉基恩的人當中，不止一位曾對我說，他是華爾街有史以來最大膽、最卓越的作手。這已經很能說明問題了，因為華爾街曾出現過一些了不起的交易者。他們的名字差不多已經被遺忘了，但是不管怎麼說，他們在自己的時代無不風雲一時——至少曾有一天成為市場的王者！行情紙帶把他們從籍籍無名中抬舉出來，讓他們在金融舞臺的聚光燈下爭得了一席之地。不過，小小行情紙帶的作用看來並不持久，不足以讓他們的聲望長久維持，在金融史上留名。無論如何，基恩毫無疑問是他那個時代最棒的市場操作者——那真是漫長而激動人心的日子。

他充分利用自己對市場的瞭解、作手的經驗以及天賦來獲利，當時他正為哈夫邁耶兄弟打工，他們要他為糖業股份的股票打開市場。當時他處在破產狀態，不然必定繼續為自己交易。他是一位了不起的豪賭客！他在糖業股份上的操作很成功，使得該股票成為熱門的交易股票，很容易賣出去。在這之後，不停有人請求他主持集合資產池的管理。據說他在管理這些集合資產池時，從不要求或者接受任何管理費，而是和集合資產池的其他成員一樣，按照自己的份額獲得報酬。當然，集合資產池的市場運作完全由他說了算。時常傳出有人背信棄義的議論——既有說他的，也有說他的合作方的。他和惠特尼—萊恩派系（Whitney-Ryan clique）[48]之間的恩怨便由這類風聲而起。操作者很容易被他的合作者誤解，因為後者不能像他那樣看出有些事不得不為。根據自己的經驗，我對這一點深有體會。

很遺憾，基恩沒有為他最出色的英勇事蹟，也就是一九〇一年春對美國鋼鐵公司股份的成功操作，留下準確的紀錄。照我理解，基恩從來沒有和摩根面談過此事。摩根的公司由塔爾博特．J．泰勒公司（Talbot J. Taylor & Co.）擔任經紀商，或者直接與之交易，而基恩正是以這家公司的營業廳作為自己的大本營。塔爾博特．泰勒是基恩的女婿。有人言之鑿鑿地告訴我，基恩從其工作中獲得的回報既有金錢，更有在工作過程中體驗到的樂趣。那年春天他為行情上漲出了一臂之力，自己也獲利數百萬美元，這事眾所周知。他曾對我的一位朋友說，在幾個星期之內，他透過公開市場為股票承銷商賣出了超過七十五萬股股票。考慮到以下兩項因素，這個業績實在不簡單：第一，該公司的股票初次發行，未經市場考驗，並且其總市值比當時美國政府的全部債務總額還要大；第二，在基恩助力造成的市場行情上，D．G．里德、W．B．李茲、摩爾兄弟、亨利．菲普斯、H．C．弗里克以及其他鋼鐵巨頭利用同一個市場、

[48] 編注：以威廉．惠特尼（William Collins Whitney）與湯瑪斯．萊恩（Thomas Fortune Ryan）為首的金融家一系。

於同一時間也向公眾發售了數十萬、上百萬股的股票。

當然，總體形勢對他有利。當時不僅有良好的商業形勢，還有普遍的樂觀預期以及不受限制的強大資金作後盾，這為他的成功鋪平了道路。當時，不僅存在巨大的牛市行情，還有高漲的商業景氣以及人們亢奮的精神狀態，這些以後不大可能再遇到了。市場對這批證券消化不良，後來引發了大恐慌。基恩在一九〇一年把美國鋼鐵的普通股推到五十五美元，一九〇三年該股股價跌到一〇美元，一九〇四年再下跌到八又八分之七美元。

我們無從分析基恩手法巧妙的銷售活動，找不到他的著作，也不存在足夠翔實的文件紀錄。不然，如果有機會研究一下他在聯合銅業（Amalgamated Copper）上的處理手法，會很有意思。H．H．羅傑斯和威廉．洛克斐勒曾試圖在市場上把他們多餘的股票銷售出去，但是失敗了。最終他們請求基恩來銷售他們的庫存，他答應了。要知道，羅傑斯在他的時代曾是華爾街最精明強幹的生意人之一，而威廉．洛克斐勒在整個標準石油公司的團夥內當屬最為大膽進取的投機客。他們擁有幾乎無盡的資源、顯赫的聲望，並且也親自在股票市場的遊戲中浸淫多年。然而，他們依然不得不求助於基恩。我之所以指出這一點，是為了向你說明，有些事務非交給行家不可。這檔股票上市前廣泛地鼓吹策動，其控股股東又是美國最了不起的資本家，但就是不好出手，看來勢必折讓一大筆價錢、再犧牲一些聲譽才能賣出。羅傑斯和洛克斐勒的確明智，他們決定尋求基恩的幫助。

基恩立即著手工作。市場正處在牛市行情，他展開工作，共在面值附近賣出了二十二萬股聯合銅業。當他把內部人的持倉減持完畢後，公眾繼續保持買進的勢頭，股價繼續上漲了十點。當內部人看到公眾接盤如此踴躍時，雖然他們自己才剛剛賣完股票，卻對自己的股票轉而看多。有一個故事說，羅傑斯當真建議基恩做多聯合銅業。這不大可能是羅傑斯意圖把股票轉嫁給基恩。他太精明了，不可能不清楚基恩可不是溫順的羔羊。基恩的操作手法一如既往，也就是說，在市場經過大幅上漲後的下跌途中，完成大額賣出。當然，他的戰術取決於具體需要，以及日復一日的市場短線變化的具體情況。股票市場如戰場，最好時刻在意戰略和戰術的區別。

基恩的鐵桿親信之一——也是我認識的最出色的飛蠅釣手——就在前幾天親口告訴我，在運作聯合銅業期間，有一次基恩發現自己手上幾乎一股都沒有了。也就是說，在推高價格的過程中，他不得不吃進一些股票，現在這些股票全賣光了。賣光之後的第二天，他可能買回幾千股。第三天，再賣出，達到總體平衡。然後，他便放手不管市場，看看市場是不是能夠自己照顧自己，同時也引導市場逐步適應獨立交易。到了他真正動手銷售那筆頭寸的時候，採取的就是剛才我說的做法：在市場下跌途中賣出。公眾交易者總是習慣於搶反彈，此外，做空的人此時也在買入平倉。

那位基恩的親信對我說，在基恩完成羅傑斯—洛克斐勒持倉的銷售任務後，賣得了兩千萬到兩千五百萬美元的現金，羅傑斯派人送來一張二十萬美元的支票。這很容易令人想起另一則故事，一位百萬富翁的夫人在大都會歌劇院遺失一條價值十萬美元的珍珠項鍊，劇院清掃女工拾得項鍊並完璧歸趙，結果這位夫人只打賞了五十美分。基恩退回了那張支票，彬彬有禮地附了一張便條，寫著，他不是股票經紀商，不過很高興給他們提供服務。他們留下支票，寄來一封信，說他們會很樂意再次跟他合作。之後不久，羅傑斯好心地給了基恩一個明牌，叫他在一三〇美元買進聯合銅業！

詹姆斯．基恩，多麼卓越的作手！他的私人祕書對我說，當市場演變方向對基恩先生有利的時候，他性情暴躁。瞭解他的人都說，他發脾氣時喜歡發表嘲諷式的警句，這些警句往往在聽者的腦海中縈繞多日。然而，當處在虧損狀態時，他反而是心情最好的狀態，舉止文質彬彬，態度平易近人，言談機智風趣。

世界各地的成功投機者都具備一種共同的思維素質，基恩屬於其中最高級別的。顯而易見，他從不和行情紙帶爭辯。他完全不受恐慌情緒的影響，但並不是不計後果地輕率魯莽行動。他能夠並且的確做到了，一旦發現自己做錯，便在剎那之間掉轉方向。

自從他那個時代以來，股票交易所的規則已經發生了太多的改變，對交易規則的推行也比過去嚴厲得多，股票賣出和交易獲利都被徵收了花樣繁多的新稅種，不一而足，以至於交易這個行當似乎和過去全然不同。基恩運用自如並有利可圖的那些技巧已經過時了。與此同時，我們也已許諾，說華爾街的商業道德已經上升到了一個新臺階。雖然如此，公允地說，無論在我們金融史的哪個階段，基恩都能夠成為一位偉大的市場操作者，因為他是一位偉大的股票作手，徹底精通投機的行當。他之所以能夠取得那些成就，是因為當時的市場形勢允許他這麼做。假使他是在一九二二年承擔的那些重大任務，那麼不一定能夠取得和一九〇一年或者一八七六年同樣的成功。他在一八七六年從加利福尼亞初次來到紐約，在兩年的時間內獲利九百萬美元。有些人的步伐遠遠快於熙攘眾生。他們注定成為領先者，不論熙熙攘攘的塵世發生了多大的變遷。

實際上，世道變化並不像我們想像的那麼激進。回報不再有過去那麼大，因為工作也不再如過去那樣具有開創性，所以當然不可能得到開創階段的高回報。無論如何，從具體情況來說，在某些方面，市場操作比過去更容易，而在其他方面，則比基恩的時代難得多了。

毫無疑問，廣告推銷是一門藝術，而市場操作則是以行情紙帶為媒介的廣告推銷藝術。應當讓行情紙帶講述操作者希望讀者看到的故事。故事越真實，則必定越有說服力；說服力越強，則廣告推銷的效果越好。舉例來說，今天的操作者不僅要讓股票行情看起來堅挺，還要讓它真的堅挺。因此，操作者必須以扎實的交易原則為依歸。正是憑著這一點，基恩才能成為如此傑出的操作者，他首先是一位完美的交易者。

「操縱」這個詞現在已經帶有惡名聲了，因此需要一個代稱。如果市場操作的目的是批量銷售股票，並且在操作過程中沒有不實的陳述，那麼我不認為其過程帶有任何神祕的色彩，或者其過程本身帶有任何欺詐的意味。毫無疑問，市場操作者必須在投機者中間尋求買主。他的訴求對象是那些期望為其資本謀求大回報的人們，因此，這些人願意承擔比常規業務更高的風險。如果有人明知這一點，但是在未能如願賺到來得容易、來得快的錢時便歸咎於他人，對這樣的人我沒有多少同情心。你看，當他獲利的時候，覺得自己多麼英明。然而，當他虧錢的時候，其他人在他眼裡就成了騙子、成了操縱者！到了這種時候，從這種人嘴裡說出來的往往是「有人搞鬼」。但實情並非如此。

通常，市場操作的目的是形成證券的銷售市場，也就是在任何時間都能夠在某個價位發行相當大數額的證券。當然，在市場的總體形勢發生不利逆轉的情況下，集合資產池的管理者可能會發現，除非在價格上做出大到難以愉快接受的折讓，否則難以將手中的證券賣出變現。這時，他們也許決定聘用一位職業作手，相信借助他的技巧和經驗能夠引導他們有序地撤退，而不至於發生一場丟盔卸甲的大潰敗。

你會注意到，我講的並不是意圖透過操縱市場來以盡可能低廉的價格搜集股票籌碼的做法，比如透過大批買進達到控制盤面的目的，因為這類行為如今已經不再經常發生了。

當傑伊·古爾德打算確保自己對西聯電報公司股票的控制時，他決定買入一大批該公司的股票。華盛頓·E·康納（Washington E. Connor，古爾德的合夥人與經紀商）已經有多年沒在股票交易所場內露過面了，這次他突然親自跑到西聯電報公司的交易席位上，開始叫買西聯電報。場內交易者對他大笑，嘲笑他如此愚蠢，竟然以為他們會簡單、天真得上鉤，他們開心地把他叫買的所有股票都拋給他。這樣的把戲太淺陋了，他以為只要裝出古爾德先生打算買進西聯電報的樣子，就能夠把該股的價格推高。這算操縱市場嗎？我想我只能這樣回答：「既不是，也是！」

前面已經說過，在大多數情況下市場操作的目的是盡可能以最好的價格把股票賣給公眾。這不僅僅是一個賣出的問題，而且還是一個派發的問題。如果某檔股票的持有人達到一千人，那麼無論從哪個角度來看，顯然都優於只有一個持有人的情況——對該股票的市場更有利。因此，操作者必須考慮不僅要賣出一個好的價格，還要讓股票具備良好的持有分布特性。

如果不能引導公眾從你手中接過股票，那麼即便把股票價格提得再高也沒有意義。但凡哪位經驗不足的操作者企圖在頂部出貨而遭遇敗績，老經驗們便顯出一副明察秋毫的架勢，對他說：「你可以把牛牽到水邊，但是牛不喝水強按頭也不成。」狡猾的老狐狸！事實上，你最好牢記一條市場操作規則，基恩和他之前那些精明的先行者們對這條規則爛熟於心。規則如下：透過操作把股票價格盡可能推升到高位，然後在市場下跌的過程中把股票賣給公眾。

請讓我從頭說起。假定有人，某個承銷商、集合資產池或者個人，持有大量的股票，希望盡可能按照最好的價格賣出。這是一個計劃在紐約股票交易所正式上市的股票。賣出該股的最佳選擇應該是在公開市場上銷售，而最佳的買入者應當是公眾投資者。賣方有人負責談判發行事宜，他本人或者他委託的某位代理人已經嘗試在紐約股票交易所賣出股票，但是未能成功。他有可能原來便熟悉股票市場運作，或者很快就意識到，發行工作所需要的市場操作技能超過了自己的資質能力。他本人認識或者聽說過有幾位作手曾經在處置類似的交易案例中取得了成功的經驗，於是他決定借助他們的職業技能。他尋求那幾位股票作手之中的某位來幫助自己，正如當他生病時需要尋求醫生的幫助，或者當他需要專業技術支援時尋求工程師的幫助一樣。

假定他聽說我瞭解這個行當。好，我認為他會儘量查訪關於我的一切情況。然後安排一場面談，在約定的時間訪問我的辦公室。

當然，很可能我熟悉那檔股票，知道有關的背景。幹我這一行的就該知道這些，我是憑這個來謀生的。我的來訪者告訴我他和他的合作者們的意圖，並請求我來承擔這筆交易的操作工作。

接下來輪到我說話。我會向他查問我認為必要的所有訊息，讓我清楚地理解到底對方要求我做什麼。我判斷股票的價值，評估市場接受該股票的可能性。這些情況加上我對當前市場總體形勢的研讀，有助於我評估提議中的項目操作成功的把握有多大。

如果綜合考慮上述情況之後，我傾向於得出有利的結論，我便會接受提議，而且當場提出我的服務所需的條款。如果他接受我的條款，包括酬金和條件，我便立即著手工作。

我一般要求得到一筆較大數額股票的買入期權。我堅持逐步設置買入期權的執行價格，這對所有參與方都再公平不過。買入期權的執行價從稍稍低於當前市場價格的位置開始，然後逐步上升。舉例來說，我總共得到了十萬股的買入期權，該股票當前價格為四〇美元。我從三十五美元開始得到幾千股的買入期權，下一筆的價格在三十七美元，接下來是四〇美元、四十五美元、五〇美元，以此類推，直至七十五美元或八〇美元。

如果我的專業工作——我的操作——起了作用，股價上升，並且在達到最高價格時，市場對該股需求旺盛，我就能夠賣出標的股票中的相當數額，自然會行使買入權。於是，我掙到了錢，我的客戶也掙到了錢，這是天經地義的。如果我的市場操作技巧值得上他們支付的價碼，他們就應該得到回報。當然，也有時候某個集合資產池的運作結果是虧損的，不過這種時候只占極少數，因為當初除非我已清楚地看到獲利的前景，否則是不會承接項目的。今年（一九二二年）有一兩筆交易我不太走運，沒有獲利。事出有因，但那是另一個故事了，以後或許可以講一講。

要推動某檔股票形成上漲行情，第一個步驟是大做廣告，讓大家都知道該股票即將形成上漲行情。聽起來挺笨，不是嗎？好，停下來想一想。這並不像聽上去那麼笨，是吧？事實上，要讓大家知道你的誠實意圖，做廣告的最有效的辦法是促進該股票交易活躍和行情堅挺。說一千道一萬，世上最了不起的公共關係代理人乃是行情報價機，最有效的廣告媒介乃是行情紙帶。我用不著為我的客戶發布任何文字資料。我不必通知各家報紙該股價值多少，也不必說動財經評論人員對該公司的前景發表研究報告。我也不需要他人跟風買進。我達到上述最終目的的唯一手段是，促進該股成交活躍。只要股票交易活躍，則必定引起人們對其中緣由的追問。這當然意味著市場將自動發布必要的理由，根本無須我做任何努力。

交易活躍是場內交易者唯一的要求。不論什麼股票，只要存在流動性良好的市場，他們便願意在任何位置買入或賣出。無論何時，只要看到交易活躍，他們便會成千上萬股地交易，他們的買賣能力加總起來相當可觀。他們必然是操作者爭取到的第一批買主。他們將在股價上升的過程中一路追隨你，因此他們在操作過程中的所有階段都發揮著巨大的協助作用。據我所知，詹姆斯·基恩習慣於雇用場內最活躍的交易者，既為了以此掩蓋市場操作的源頭，也因為他深知他們是最佳的業務推廣者和明牌散布者。他經常向他們口頭授予股票買入期權，執行價在當前市場價格之上，因此他們或許會先幫著做一些有益的工作，然後把期權變現。他迫使他們自己掙得自己的利潤，為了獲得職業交易者的跟隨，我自己的做法從來沒有超出促使標的股票交易活躍的範圍。交易者並無更多的要求。當然，我們最好記住，交易所場內的這些職業交易者之所以買入股票，是因為他們希望在賣出時獲得利潤。倒不一定必須是大利潤，但是一定必須是儘快了結的利潤。

我促使股票成交活躍的另一個目的是把投機者的注意力吸引過來，原因我已經交代過了。我買入它、賣出它，交易者們會依葫蘆畫瓢。如果你像我一樣，堅持要求透過買入期權的方式將如此之多的投機性持股控制起來，那麼賣出壓力就不會趨於增強。因此，買進的力量超越了賣出的力量。公眾則更多地追隨場內交易者，而不是追隨操作者。他們作為買方入市，這是我最希望引來的需求，我滿足他們，也就是說，我會為了保持平衡而賣出股票。如果市場需求達到應有的水準，那麼他們吸納的數量將超過我在操作初期不得不吃進的籌碼數量。果真如此，我會進一步做空——從技術上來說。換句話說就是，我賣出的股票超過我實際持有的股票。對我來說，這樣做完全是有保障的，因為我其實是憑著自己的買入期權來賣出的。當然，當公眾對股票的需求降低後，該股會停止上漲。此時，我開始等待。

比如說，這時該股票停止了上漲的進程，這一天形成了一個疲軟的交易日。總體市場或許正在醞釀回落的傾向，或者某位眼尖的交易者可能注意到我的股票幾乎談不上有任何買進指令，於是他賣出該股票，他的夥伴也追隨他賣出。無論是什麼可能的原因，總之我的股票開始下跌。好，我開始買進它。我給予該股票應有的支持，如果它還受他的引領人鍾愛，現在就應該出現這樣的支撐。不僅如此，我有能力在不增加持倉的條件下支撐它，也就是說，不會增加我後來應當賣出的股票數量。請注意，這樣做就不會導致我財務資源的減少。當然，其實我所做的不過是買入軋平之前在較高位置賣出做空的頭寸，當時是為了滿足公眾的需求或者交易者的需求或者兩方共同的需求而賣空的。當該股票下跌的時候，市場對它有需求，讓交易者還有公眾清楚地看到這一點總是有益的。這既有助於防止魯莽的職業交易者做空，也有助於防止股票持有人被嚇壞而出貨變現，當一檔股票變得越來越疲軟時，你通常可以觀察到這類賣出行為，而當一檔股票得不到應有的支撐時，就會形成上述惡性循環。透過我買入平倉的支撐動作，形成了我所稱的穩定工序。

隨著市場的拓展，我當然會在行情上漲的過程中賣出股票，但是賣出的數量絕不會達到阻止上漲的程度。這一點與我的穩定計畫是嚴格一致的。顯然，我在合理而有序的上漲過程中賣出的股票越多，便越能鼓勵那些保守的投機者，他們的人數遠遠超過草率的場內交易員。不僅如此，在隨後不可避免地出現回落的日子裡，我就能夠為該股票提供更多的支撐。透過總是做空的方式，我便隨時做好準備支撐股票價格，而又不冒增加頭寸的風險。通常，我總是在成交價格足以帶來利潤的時候開始賣出。但是我也經常在沒有利潤的條件下賣出，目的只在於造就或者進一步增強我所稱的無風險買進能力。我的操作不只是要推高股票價格，或是替我的客戶賣出一大批股票，還要為我自己掙錢。正因為此，我不要求任何客戶為我的操作提供資金融通。我的項目收入取決於我成功的程度。

當然，上面描述的做法並非一成不變。我從來沒有一個固定的套路，也從不機械刻板地遵循什麼套路。我根據環境條件適時修訂自己的條款和條件。

如果有人打算分銷某檔股票，就應該操作其市場到達盡可能高的點位，然後再賣出。之所以要重申這一點，既因為這是一項基本規則，也因為公眾顯然相信股票派發統統發生在市場頂部。有時候，某檔股票在某種程度上像被水泡爛了，就是漲不起來。這便是賣出的時候。在你賣出的時候，股價自然會下降，並且下降的幅度超過你的意願，不過一般都可以慢慢調理讓它漲回來。只要我操作的股票在我買進的時候能夠上漲，我便知道一切順利，如果需要，我會滿懷信心地動用自己的資金買進而無須擔憂——在任何其他股票上如果出現同樣的表現，我都會買進的，這便是最小阻力路線。你還記得我關於最小阻力路線的交易理論吧？好，當最小阻力路線確立後，我追隨它，不是因為我在此時此刻正在操作特定股票，而是因為無論何時我都是一名股票交易者。

我買進的時候如果不能推動股價上升，我便會停手不再買進，反手把股票價格賣下來。如果同一檔股票出現了這樣的表現，即使我不是碰巧操作這檔股票，也會按照完全相同的方式來應對。你知道，股票分銷的主要工作發生在股價下跌過程中。市場在下跌過程中，你所能脫手的股票數量之大，令人驚詫。

請允許我重複，在操作過程中，我不會忘記自己是一名股票交易者，絕無片刻。無論如何，市場操作者所面臨的問題與交易者所面臨的問題是一致的。如果操作者不能使得某檔股票按照他所謀劃的方式來表現，那麼一切操作方案都將化為泡影。如果你正在操作的股票沒有按照它應有的方式變化，那就放棄。不要與行情紙帶爭辯。不要企圖把利潤引誘回來。須放手時便放手，在代價還算低廉的時候。

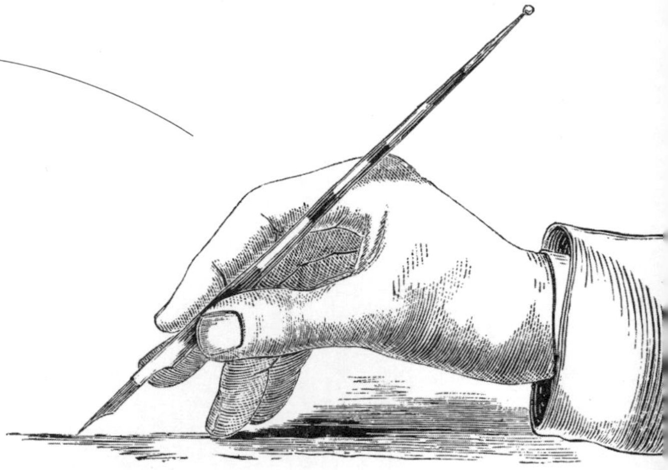

CHAPTER 21

帝國鋼鐵大成功，石油產品不如意

我很清楚，這樣泛泛地介紹，聽起來不會給人留下深刻印象。泛泛的說法很少令人印象深刻。講一個具體事例，或許可以收到更好的效果。讓我講述一下，我曾經怎樣把一檔股票的價格推高了三十點以上，而在這過程中手上只積累了七千股，由此開發出來的市場有能力吸納幾乎任何數量的股票。

該股票是帝國鋼鐵公司（Imperial Steel）。發行股票的是一群信譽良好的人，市場推廣做得也好，大家都知道它是有價值的投資。總股本中大約有三〇%透過華爾街的幾家承銷商面向普通大眾發行，但是自從上市以來，它的二級市場行情始終不溫不火。偶爾，也有人打聽這檔股票，這位或那位內部人士——最初承購股本的團夥成員——便出面表示該公司營業收入好過預期，公司前景令人鼓舞。他們說的都是實話，發揮的效果也還可以，但是不足以引起市場的興奮。該股票缺乏對投機者的吸引力，另一方面從投資者的角度來看，該股票價格的穩定性與分紅的持續性還有待證明。這檔股票從來沒有出現過令人激動的表現。它的表現太有紳士風度了，每次內部人士大張旗鼓地如實發布公司報告，隨後股票價格並沒有呼應性的上漲；另一方面，股票價格也不下跌。

帝國鋼鐵就這樣保持在不受重視、未被認可和懶得動彈的狀態，無所事事。有些股票不下跌，是因為沒人賣它；之所以沒人賣它，是因為沒有人願意賣空一隻分銷效果不好的股票。內部人團夥重倉持股，賣空這樣的股票，賣空者只能聽任他們的擺布。與此相似，市場上也沒有誘因來買進這樣的股票。帝國鋼鐵是其中一例。對於投資者來說，帝國鋼鐵屬於投機類股票。而對於投機者來說，這檔股票死水一潭——從你買進的那一刻開始，該股票便進入某種昏睡狀態，這就違背了你的初衷，使你成為被動的投資者。這就像某人不肯放下過去置辦的瓶瓶罐罐，走到哪兒帶到哪兒，結果搬運成本已經超過了瓶瓶罐罐本身的價錢。更糟糕的是，當迎來真正的好機會時，他卻被綁在舊的瓶瓶罐罐上難以脫身。

一天，帝國鋼鐵公司大股東中最主要的一位，代表他本人和他的合作者們來訪問我。他們希望為該股票打開市場，目前他們控制著尚未分銷的七〇%餘股。他們要求我幫助他們以更好的價格減持他們的股票，成交價要比他們在公開市場上直接銷售的價格更好。他們希望瞭解我承接這個項目的條件。

我告訴他，幾天之內給他答覆。於是，我著手研究該資產。我請一些專業人員實地研究該公司的各個部門——生產部門、商業部門和財務部門。他們向我提交了獨立的研究報告。我的意圖並不是找出公司的優點或缺點，而是掌握事實，是怎樣就怎樣。

報告顯示這是一份很有價值的資產。公司前景表明按照該股票當前的市價買入是有利的——如果投資者願意耐心等待一小段時間。在目前的市場環境下，如果該股票價格上漲，那麼相對於其他所有股票的上漲，實際上再普通、再合理不過了。也就是說，這只是對未來價值折現的過程。因此，我看不出任何理由不能憑良心且自信地承接帝國鋼鐵上漲行情的操作項目。

我把意圖交代給我的助手，他在我的辦公室打電話和對方洽談項目的全部細節。我告訴他我有哪些條件。我的服務並不要求對方支付現金，而是買入十萬股帝國鋼鐵股票的期權。買入期權的執行價從七〇美元逐步上升到一〇〇美元。在某些人眼中，這看起來似乎是很大的一筆費用。然而，這些人應當考慮到，內部人士可以肯定他們自己不可能按照七〇美元的價格賣出十萬股，甚至五萬股。這檔股票沒有市場。所有關於公司高水準盈利和美好前景的言論並沒有招來股票的買主，至少沒有明顯的進展。此外，我只有首先讓我的客戶掙得千百萬美元，然後才可能將自己的收費變現。我所要求的並不是貴得離譜的賣出佣金，而是公平合理地視情況而定的分成。

弄清了該股票真正擁有價值，並且總體市場形勢看好，有利於所有好股票的上漲行情，因此我估計自己應當幹得相當好。我的客戶們聽取了我對他們的陳述並受到鼓舞，當即同意了我的條件，整個項目在愉快的氣氛中啟動。

我立即著手盡可能徹底地保護自己。內部人團夥擁有或控制著大約七〇%的流通股本。我讓他們把他們七〇%的股份存放在一份信託協議的名下。我無意淪為大股東傾倒股份的垃圾場。這麼一來，大部分持股便被牢牢地捆紮起來，還剩下三〇%的分散持股需要考慮，但是這是我必須承擔的風險。有經驗的投機者從不指望從事全無風險的項目。事實上，剩下未加入信託的股份並不太可能一下子同時傾倒在市場上，正如人壽保險公司的投保人不可能都在同年同月同日一同去世。股票市場自有一份不成文的壽命統計表，就像人類壽命表一樣。

現在我已經對這類股票市場交易中可防備的風險做好了準備，下面便可以推進項目了。其目標是使得我的買入期權產生價值。為了達到這一目標，我必須推高股價，開發市場，並且市場容量要足以吸納十萬股——這是我持有的買入期權的標的股數。

我做的第一件事是查明在行情上升過程中有多少股票可能湧出來進入市場。這件事透過我的經紀商很容易做到，費不了多大勁就可以確定有多少股票打算按照市價或者稍高於市價賣出。我不清楚交易所場內專家會不會把自己掌握的交易指令冊上的情況告訴經紀商。當前名義的市場價格為七〇美元，可是在這個價格賣出一千股都不可能。沒有跡象表明在這個價位存在哪怕只是少量的買入需求。我不得不從我的經紀商查明的情況出發。不過，這已經足以向我表明有多少股票需要賣出，同時只有多麼小的潛在需求。

當我在這些點位積攢一定股數之後，便立即悄悄接下所有在七〇美元或稍高價位賣出的股票。當我說「我」的時候，你要理解，我指的是我的經紀商。這些賣出的股票都來自一部分小股東，因為我的客戶自然已經取消了在信託計畫鎖定之前發出的賣出指令。

我用不著吃下很多股票。更進一步地，我知道如果股價上漲方式得宜，還會帶來其他買入指令，當然，也會帶來新的賣出指令。

我沒有向任何人通報帝國鋼鐵股票看漲的明牌。沒有必要。我的職責是透過可能是最佳的傳播途徑，謀求對市場人氣發揮直接影響。我不是說什麼時候都不應當舉辦宣傳利多訊息的活動，為新股票的投資價值大做廣告的確既合理也有必要，正如為新款毛紡品、鞋子或汽車的價值大做廣告一樣。公眾應當得到準確而可靠的訊息。不過，我的意思是說，行情紙帶已經實現了我需要的所有目的。前面曾說過，值得尊敬的各家報紙總是力圖為市場變化找出理由。這是新聞。它們的讀者不僅需要瞭解股票市場上發生了什麼，而且還需要瞭解為什麼會發生。因此，操作者無須動一動小指頭，金融媒體的寫手就會印出所有弄得到手的訊息和傳言，同時對公司盈利、商業形勢和企業前景分析一番。簡而言之，無論什麼內容，只要可以解釋上漲行情就行。無論何時，只要媒體記者或者某位熟人向我打聽關於某檔股票的意見，如果我確實有看法，就會知無不言、言無不盡。但是，我不會主動提供建議，更從不給人明牌。不過在我的操作過程中，保守祕密並無好處。我認識到，最佳的明牌散布者，在所有推銷方法當中，最有說服力的還是行情紙帶。

當我吸納了所有意圖在七〇或稍高於七〇美元賣出的股票之後，解除了這裡的市場壓力，這麼一來，便清楚地揭示了帝國鋼鐵最小阻力路線的方向——方向明顯向上。在善於觀察的場內交易者察覺這一事實的那一刻，他們自然推論該股票已經為上漲行情做好了準備，雖然漲幅還不可知，但是已經足以讓他們明白應該開始買進。他們對帝國鋼鐵的需求完全來自該股票呈現出即將上漲的明顯態勢，這是行情紙帶發出的萬無一失的看漲明牌！於是，我立即滿足他們。我把開始的時候從那些疲憊不堪的持股人手中買下的股票賣給場內交易者。當然，賣出的過程必須謹慎從事，而且也僅限於滿足他們的需求。我沒有把自己的股票強加給市場，也不想造成太快的上漲行情。如果在項目剛開始的階段只把我的十萬股的半數賣出，那可不是什麼好生意。我的任務是開發一個市場，或許足以承接我的全部頭寸。

然而，雖然僅僅賣出了場內交易者急於買進的數量，但是市場暫時缺少了我自己買進的力量支撐——這是我迄今一直穩步實施的措施，於是，場內交易者的買進逐漸停止了，相應地，股票價格停止上漲。一旦出現這樣的情形，失望的多頭便開始賣出，或者對場內交易者來說，因為股價上漲勢頭受阻，當初買進的理由消失了。不過，我已經對這輪賣出做好了準備，在市場回落過程中，我買回曾在比現價高幾個點的地方賣給場內交易者的那些股票。我知道這些股票肯定會被反手賣出，我有備而來的買進阻止了市場的進一步下滑；一旦股價停止下跌，便不再出現新的賣出指令。

於是，我重新從頭開始新的一輪操作。在市場上漲過程中吃進所有賣出的股票——數量不是很大——股價再次開始上漲，起點比七〇美元更高一點。不要忘記，在之前市場的下降途中，曾有許多持股人捶胸頓足，後悔自己沒有早一點賣出，現在市場比最高點低了三到四個點，他們不願意賣出。這些投機客總是發誓，倘若市場再漲回來，一定要賣出大吉。他們在市場上漲途中發出賣出指令，然後隨著股價趨勢的改變，再次改變想法。當然，那些力求保險的快手總要賣出獲利平倉的，在他們看來，凡利潤不論大小，先拿到手再說。

在這之後，我只需重複上述過程，交替地買進和賣出，但每次總是設法讓股價創新高。

有時候在你吃進所有掛單賣出的股票後，市場給你的回報是，股票價格急劇上升，你所操作的股票形成了一小段疾風暴雨式的上漲行情。這可是極為精彩的廣告，因為這會引起議論，既會招來職業交易者，也會招來喜歡行情活躍的那部分公眾投機客。我認為，這部分人占相當大的比例。在帝國鋼鐵上我就是這樣做的，當這種噴發式的行情突然發生時，不論引起多大的買入需求，我都如數滿足。我的賣出總能把當時的上漲進程從幅度上和速度上控制在一定限度之內。透過在市場下跌途中買進，在市場上漲途中賣出，我所做的不只是推高股票價格，更重要的是正在拓展帝國鋼鐵的市場容量。

在我著手本項目之後，從來沒有發生過讓任何人不能自由買入或賣出該股票的情形。我這麼說的意思是，任何人都可以買入或賣出合理數量的股票而不會引起股價過分劇烈的波動。人們曾經擔心，如果做多，可能被套在高位乾等；做空呢，又可能被壓榨一空。現在這種擔心一去不返。在職業交易者和公眾中間，對帝國鋼鐵股票將長期存在行情的信心，正在逐漸擴散，擴散過程與人們對其上漲行情日漸增長的信心密切相關。當然，行情的活躍同時也掃清了其他許多方面的障礙。在買入和賣出千百萬股之後，我所取得的成果是，終於成功地令該股票在面值價格交易。當帝國鋼鐵的價格達到每股一百美元的時候，每個人都要買進它。為什麼不呢？現在，每個人都知道它是一支好股票，它曾經是折扣價，即使現在買也是折扣價。證據便是它的上漲行情。一檔股票既然能夠從七〇美元上漲三十點到達面值，就能從面值再漲三十點。許多人按照這種方式思考問題。

在將股價推高三十點的過程中，我僅僅累積了七千股。這些股票的平均成交價幾乎正好是八十五美元。這意味著這筆股票交易有十五個點的利潤。當然，我的利潤總額比這大得多了，雖然還是帳面上的。這筆利潤相當安全，因為已經有足夠大的市場空間來賣出我需要脫手的數額了。如果繼續謹慎操作，該股票還可以達到更高的價格。我擁有一批從七〇美元到一〇〇美元逐步設定執行價的買入期權，總股數為十萬股。

局勢發展不允許我繼續推行既定計畫，把帳面利潤轉化為實在的現金。我不得不說，這是一個漂亮極了的操作案例，完全合情合理，理所當然取得成功。該公司的資產確有價值，其股票即使在較高的價位也不算昂貴。內部人團夥中的一員漸漸產生了要確保對該公司資產擁有控制權的期望。這是一家顯要的銀行，擁有無盡的資源。控制一家業務興旺、逐步成長的企業，如帝國鋼鐵公司，對銀行來說可能比個人投資者更有價值。不管怎麼說，該公司向我出價要求買入我所有的股票期權。這對我意味著一筆巨額利潤，我當即接納兌現。如果能夠大批量一筆賣出實現好的利潤，我總是樂意賣出的。

在我賣出那十萬股買入期權之前，我得知那些銀行家已經聘請了更多專業人員來對帝國鋼鐵的資產進行更徹底的核查。顯然他們的報告足夠有利，於是給我帶來了他們的出價。我保留了幾千股作為投資。我對它有信心。

在我操作帝國鋼鐵的案例中，沒有任何地方不正規，沒有任何做法經不住推敲。只要當我買進的時候股票價格上升，我就知道一切正常。該股票從來沒有被水泡爛——有些股票有時會出現這種情況。當你買進的時候，如果發現不能引起足夠的回應，那麼賣出吧，用不著比這更可靠的明牌了。你知道，如果一檔股票確有價值，總體市場形勢又合適，那麼在其回落之後你總是能夠把它調理回來，哪怕它的跌幅達到了二十點。然而，在帝國鋼鐵上我從沒有被迫採取過這類應對手段。

在我操作股票的過程中，從不忽視基本的交易原則。或許你會納悶，為什麼我要一再重複這一點，或者總是喋喋不休地強調從不和行情紙帶爭辯、從不對市場發脾氣云云。你可能認為，那些精明人士不僅在自己本行的生意中掙得了千百萬美元，而且在華爾街的交易操作中經常取得成功，他們理當智慧過人，在操持這個行當時不再受情緒的羈絆。難道你不這麼認為嗎？好，那你該吃驚了，在我們最成功的市場人士中間，某些人經常因為市場沒有按照他們想像的方式來演變而氣急敗壞，活像性情暴躁的潑婦。他們似乎把這種情形理解成市場對其本人的蔑視，於是首先失去對情緒的控制，進而失去錢財。

坊間曾經議論紛紛，傳說我和約翰・普倫蒂斯（John Prentiss）之間發生了齟齬。人們曾經被誤導，預期即將看到一出熱鬧戲文，說是一筆股市交易中途出了岔子，其中一方——我或者他——受騙上當，損失無數美元，諸如此類。嗨，不是這麼回事。

普倫蒂斯和我曾經是多年的朋友，他曾在各個時期為我提供訊息，使我能夠利用這些訊息獲益；我也曾經給他提供一些建議，他或許採納，或許沒有。如果他採納了，就會省下一筆錢。

他主要在石油產品公司（Petroleum Products Company）上市的組織和推介過程中發揮過作用。該公司的首次發行過程起初或多或少是成功的，但是後來總體市場形勢轉壞，新股票的表現沒有如普倫蒂斯和他的夥伴們希望的那麼好。當大盤轉好的時候，普倫蒂斯組織了一個集合資產池，開始在石油產品公司上進行操作。

我無法告訴你關於他的操作手法的任何具體情況。他並沒有告訴我他是如何做的，我也沒問過他。不過很顯然，雖然他擁有華爾街的經驗，並且毫無疑問是能幹的，但是無論如何，結果並無多大建樹。沒過多久，集合資產池的成員便發現賣不出多少股票。估計他一定試遍了他知道的所有法子，道理很簡單，除非集合資產池的管理人覺得自己不能勝任，否則不會主動請求局外人來取代自己。一般人不到萬不得已是不願意承認自己不行的。不管怎麼說，他找到我，客氣地寒暄一番之後說，希望我接手負責石油產品公司股票的推廣項目，減持集合資產池的持股。當時，集合資產池的持股總數稍稍超過十萬股，股票的成交價在一〇二到一〇三美元。

在我看來事情有點蹊蹺，於是客氣地謝絕了他的提議。但是他一再堅持要我接受。他把他的請託放到了雙方個人交情的層面，於是最終我答應了。我生來不願意把自己和那些企業扯到一起，因為我對雙方的合作沒有信心，不過，我也覺得一個人對他的朋友和熟人好歹應該承擔一點義務。我對他說，我會盡最大努力，但是對他明言，對這件事並不覺得很有把握，並向他列舉了我必須克服的種種不利因素。然而，普倫蒂斯聽完之後只說了一句，他並沒有要求我保證為集合資產項目掙到千百萬美元的巨利。他確信，如果由我接手，一定會妥善安排，取得好結果，讓任何通情達理的人都滿意。

好了，這下子我違背自己的本意，讓自己捲入了這場是非。我發現，正如我擔心的那樣，事態發展已很棘手，在很大程度上要歸咎於普倫蒂斯，在為集合資產項目操作該股票的過程中，他接二連三地犯錯。然而，更主要的不利因素是時間。我確信，市場正在快速接近牛市行情的終點，因此，雖然市場環境的改善曾經極大地鼓舞普倫蒂斯，但是現在即將揭曉，上漲行情只是曇花一現。我擔心，來不及基本完成石油產品公司的項目，市場便已經明確轉向熊市。不管怎麼說，已經做出了承諾，我決定全力以赴地刻苦工作。

我開始推高股價。我取得了一定程度的成功。我想，我把它推升到了一〇七美元或者差不多的位置。這已經相當不錯了，而且我甚至在總體上設法賣出了一點股票。雖然賣出的股數不多，但我很高興沒有進一步增加集合資產池的持股。許多人沒有參與集合資產池，他們在外面等著，只要出現小幅上漲便大肆出貨，我簡直給他們帶來了意外之喜。倘若總體市場形勢更有利一點，我也能做得更好一些。但是，他們沒有早一點找我，這真是太糟糕了。我覺得，現在我能做的，只能是以盡可能少的損失幫助集合資產項目退場。

我派人找來普倫蒂斯，把我的看法如實相告。但他反對這個方案。於是，我向他詳細解釋採取這種立場的考慮。我對他說：「普倫蒂斯，我能明白地感受到市場的脈搏，市場對你的股票沒有任何跟進的跡象。看看公眾對我操作的反應，這不難看出來。聽我說，如果你已經全力以赴地推廣了石油產品公司的股票，對交易者產生了最大可能的吸引力，並且你已經在所有時候毫無保留地給予了它應得的支持，總之，雖然什麼都做了，但你發現公眾還是捨它而去，那麼可以確定，一定是什麼地方不對了，不是股票不對，而是大勢不對。強扭的瓜不甜，霸王硬上弓絕對沒用處。如果強求，那就注定賠錢。集合資產池的管理者應當樂於買入他自己的股票，條件是，不是孤軍作戰。然而，當他成為市場上唯一的買方時，如果這時還買進，那就太傻了。照理說，每當我買進五千股，公眾就應當再買進五千股。不過，我肯定不會完全靠自己唱獨角戲來買進。要是這麼做，到頭來只有一個結果，就是被一大堆自己不想要的股票淹沒。現在只有一件事可做，那就是賣出，能脫手的唯一出路就是賣出。」

「你的意思是清倉大拍賣，能賣多少錢就賣多少錢？」普倫蒂斯反問。

「對！」我說。我能看出來，他已準備好詞兒來反駁我。「如果我把集合資產池所有持股都賣出，你就能夠頭腦清醒地看出股票價格將會跌破面值，並且……」

「噢，不！絕不！」他喊起來。你可以想見，我簡直是在邀請他加入一家自殺俱樂部。

「普倫蒂斯，」我對他說，「拉升股價是為了賣出股票，這乃是操作股票的首要原則。但是你不會在股票上漲過程中大批賣出，因為不能夠。最多的賣出是在市場從頂部開始下跌的過程中完成的。我沒辦法把你的股票拉高到一二五或一三〇美元。我希望能夠做到，但這是不可能的。所以你不得不從這個價位開始賣出。依我看，所有的股票都將下跌，石油產品公司不會成為唯一的例外。最好還是現在由集合資產池賣出而導致該股票下跌，不要等到下個月由於其他什麼人賣出而導致股價崩跌。無論如何，股價終究免不了下跌。」

我看不出我說的話有什麼嚇人的地方，然而你幾乎能在地球另一面聽見他哀號的聲音。這樣的話他聽都不想聽。他自顧說著不可能、絕不會。如果這樣，肯定會完全攪亂股票市場紀錄，更不用說銀行貸款都用股票來抵押，如果這樣銀行就會遇到麻煩……如此等等。

我再次坦言相告，根據我的判斷，世上沒有任何東西能夠挽回石油產品公司股價下挫十五到二十點的命運，因為整個市場都在走向跌勢。我重申，指望他的股票成為光彩奪目的例外太不靠譜了。然而，我的勸告再次成了耳邊風。他堅持要求我支撐該股票。

這是一位精明的生意人，當今最成功的銷售人員之一，並曾在華爾街的交易中掙得千百萬美元，比起一般人來，他對投機這個行當精通得多了。然而，面對剛剛開始的熊市行情，他竟然頑固地堅持支撐某檔股票。沒錯，這是他的股票，然而顯然這不是什麼好買賣。這樣蠻幹的確違背我的意願，於是我又和他爭辯起來。但是，徒勞無功。他堅持下單支撐股價。

在總體市場轉為弱勢，下跌過程正式開始之後，石油產品公司的股價自然免不了追隨大勢同步下降。我非但沒有為集合資產池賣出股票，反而真的買進了——都是普倫蒂斯親自發出的指令。

只能有唯一的解釋，普倫蒂斯不相信熊市行情即將席捲而至。我自己很有把握，牛市已經告終。當我第一次產生這樣的看法時，便已經透過測試的辦法得到了確認，測試的不只是石油產品公司，還有其他股票。我沒有等待熊市的行跡充分顯露，早已經開始賣出。當然，我沒有賣出一股石油產品公司，雖然做空了其他股票。

正如我預期的那樣，石油產品公司的集合資產池不僅死抱著項目開始時持有的所有股票，而且添加了後來徒勞地維持股價時不得不吃進的所有股票。最終，他們確實出貨了，然而，成交價格遠遠低於當初可能得到的價格——如果普倫蒂斯當初如我所請，允許我賣出的話。唉，不可能出現其他下場。但是，普倫蒂斯依然認為他是正確的，至少嘴上是這麼說的。據我理解，他說當初我之所以向他提出賣出的建議，是因為我自己做空了其他股票，而當時市場大勢還是上升的。他自然是暗示，如果不計成本地賣出集合資產池的持股，必然導致石油產品公司的股價下挫，這麼一來，就會有助於我在其他股票上的空頭頭寸。

真是一派胡言。並不是因為我做空了股票才看空，而是我根據評估市場形勢的結果才看空，唯有當我轉而看空之後，才會賣空股票。做錯基本方向，絕不可能有利可圖。在股票市場上，這絕不可能。賣出集合資產池持股的計畫，建築在我二十年股票交易經驗的基礎上，是完全可行的，因此是明智的。普倫蒂斯應當擁有更多的交易經驗才能像我一樣明白地看清大勢，看我所看、想我所想。當時企圖做其他任何動作都已經太晚了。

我估計，普倫蒂斯和千千萬萬圈外人一樣都懷著一種幻覺，認為股票作手無所不能，但這確實是做不到的。基恩最了不起的一個案例是在一九〇一年春操作美國鋼鐵的普通股和優先股。他之所以取得成功，不是因為他聰明、資源豐富，不是因為他的背後有一群當時本國最富裕的人組成的聯盟支持。他的成功可以部分歸因於上述因素，但更主要的是符合總體市場的大勢，符合公眾的思想狀態。

如果行事不顧經驗教訓、悖逆常理，那顯然不是什麼好事。話說回來，華爾街的肥羊們可不是局外人。普倫蒂斯對我的抱怨我已經告訴你了。他之所以碰壁，是因為我沒能按照我自己的意願來操作，而是按照他強求的方式。

在不以虛假訊息誤導市場的前提下，如果股票操作的目的只是大批量賣出股票，那麼其中便沒有任何不可思議之處、沒有下三爛的貓膩或者欺詐的成分。可靠的股票操作手段必須建築在可靠的交易原則之上。人們特別將重點放在舊時代的過時做法上，諸如對敲等虛假交易。但是我可以向你保證，純屬欺騙的手法幾乎毫無價值。股票市場操作和在櫃檯市場銷售股票或債券的區別在於客戶群體的特點不同，而不是招徠客戶的方式有什麼兩樣。J．P．摩根公司向公眾，也就是投資者，賣出一期債券；股票作手向公眾，也就是投機者，賣出一整批股票。投資者尋求的是安全性，要求他所投入的資本帶來長期利息回報；投機者尋求的是在短期內快速獲得資本利得。

股票作手必須在投機者之中找到主要的市場，只要能夠有合理的機會為他們投入的資本帶來較大的回報，他們願意承擔比常規業務更高的風險。我從不相信盲目的賭博。我或許全力一搏，或許只是買進一百股。然而，不論哪種情況，我都必須為行動找到明確的依據。

我清楚地記得自己當初是如何介入股票操作業務的，也就是為他人推銷股票。回憶這段往事每每令我忍俊不禁，因為它絕妙地展現了華爾街從業人士對待股票市場操作的態度。這事發生在我「東山再起」之後，也就是在一九一五年我的伯利恆鋼鐵交易把我帶上財務狀況復甦的道路之後。

當時我的交易相當穩定，運氣很不錯。我既沒有找報紙大吹大擂，也沒有藏頭縮尾、銷聲匿跡。與此同時，你知道，只要碰巧有某位作手交易活躍，那麼不論他成功還是失敗，華爾街從業人士總喜歡誇大其詞。這麼一來，報紙當然會聽到風聲，於是流言被印成鉛字。按照同一位「權威」來源的說法，我曾經破產的次數多了去了，或者我曾賺取了巨萬的金錢，我聽得目瞪口呆，納悶到底這些傳言是從哪兒產生、怎麼發生，還有它們到底是怎樣一步比一步更為誇大其詞！我的經紀商朋友一位接著一位把這些故事帶給我，每次都有一點小小的不同，一次比一次打磨得更光，細節越來越豐富卻又無從證實。

說這麼長的一段引子，是為了告訴你我當初是如何開始替別人操作股票這項業務的。報紙上關於我全額償還所欠債務的文章起到了招徠客戶的作用。報紙對我豪賭及獲利的經歷大加演繹，以至於成為華爾街街談巷議的話題。在舊時代，一位作手如果能動用二十萬股的頭寸就能主導市場，現在這樣的日子已經一去不返。然而，如你所知，公眾總是渴望找到領頭者——舊時代領頭者的繼承人。正因為基恩先生擁有技巧非凡的股票作手的名聲，靠自己的雙手掙得了巨萬財富，華爾街的證券發行人和投資銀行才找上門請求他協助批量銷售證券。簡單地說，華爾街之所以對他操作股票的服務有需求，是因為華爾街聽說了之前他作為股票交易者的成功經歷。

然而，基恩已經不在了——去天堂了。他曾經說過，如果賽森比（Sysonby）[49]不在天堂裡等著他，那他寧願不上天堂。其他兩三位曾有幾個月獨領風騷、創造股票市場歷史的人物，因為長期沉寂而逐漸淡出。我要特別指出的是那些西部豪賭客，他們在一九〇一年來到華爾街，透過持有鋼鐵公司的股份掙得巨萬家財，並且後來一直待在華爾街。他們實際上更多是屬於超級推銷客，而不是基恩那種類型的股票作手。不過，他們極其能幹、極其富有，極其成功地推廣了他們及其朋友們控制的公司的證券。其實他們並不是股票操作者，和基恩或者弗勞爾州長不一樣。雖然如此，華爾街談起他們來也是勁頭十足。他們在華爾街從業人士裡和更好動的佣金經紀行客戶中，肯定也有一批追隨者。在他們停止活躍交易之後，華爾街發現找不到股票操作者了。至少在報紙上，他們音訊杳然。

你還記得一九一五年從紐約股票交易所恢復開市時開始的那輪大牛市吧。隨著行情廣度不斷拓寬，協約國在美國數十億地大採購，我們迎來了一場大繁榮。談到股票操作的問題，當時甚至無須任何人動一動小指頭，就可以在「戰時新娘繁榮」中開創一片幾乎無限的市場。只要拿到貿易合約，甚至只是貿易合約的承諾，很多人就能掙得千百萬財富。他們要麼借助好心的投資銀行家的幫助，要麼透過在櫃檯市場把他們的公司上市，都成了成功的證券發行人。只要推銷功夫到家，公眾來者不拒。

在這場繁榮漸漸逝去後，這些發行人之中有一部分，發現自己在銷售股票時需要尋求專業人員的幫助。公眾已經被各種各樣的證券套牢，其中一部分是在較高價位買進的，要銷售不為人知的新股票已然不是易事。繁榮時期過去後，公眾確信沒有任何東西會上漲。這並不是因為買入者變得更有辨別能力，而是因為盲目買進的狂潮已經終結。人們的思想狀態發生了變化。甚至不必發生價格下跌，人們就已經轉為悲觀。只要市場轉為平淡，並且保持在平淡狀態一段時間，就足夠了。

在每一段繁榮時期，都會雨後春筍般地冒出各種公司，其目的即便不完全是，也主要是利用公眾對股票的好胃口圈錢。當然，也總是有一些公司的股票發行來遲了一步。發行者之所以會犯遲到的錯誤，是因為他們也是人，不願意相信繁榮終有到頭的一天。不僅如此，只要利潤大到一定程度，那麼冒冒險也是很合算的買賣。一旦讓一廂情願蒙住了眼睛，人們對頂部就會永遠視而不見了。某檔股票曾在十二或十五美元徘徊，沒人想要它，現在突然漲到了三〇美元，在一般人看來，這裡肯定是頂了。然而，它

49 賽森比是基恩和他兒子養育的一匹外觀平常、耳朵耷拉、個頭矮小的棗紅色小公馬，一九〇二年生，一九〇六年死於疾病。它從三歲起共參與了十五場比賽，其中十四場贏得冠軍、一場贏得第三名，是賽馬場上的一個傳奇。超過四千人出席了賽森比的葬禮。後來，它的骨骼在紐約市美國自然歷史博物館展出。一九五六年，它的名字被列入了美國賽馬名人堂。

繼續上漲到了五〇美元。到了這裡，人們認為絕對漲到頭了。但是，它繼續上漲到六〇美元，然後七〇美元，然後七十五美元。這下子確定無疑，不可能再有任何上漲的餘地了，幾個星期之前這股票的交易價格才不到十五美元。然而，它再漲到八〇美元，然後八十五美元。一般人絕不考慮股票的價值，只考慮股票的價格；他的行為不是出於形勢判斷，而是出於恐懼。事情到了這步田地，他就選擇了最容易的應對方式，乾脆不再考慮行情上漲終究有一個極限的問題了。圈外交易者雖然聰明到不在頂部買入，但是也不會獲利平倉，結果兩相抵消，其中的道理就在這裡。在繁榮時期，總是公眾首先賺到大錢——在帳面上。遺憾的是，它始終只在帳面上。

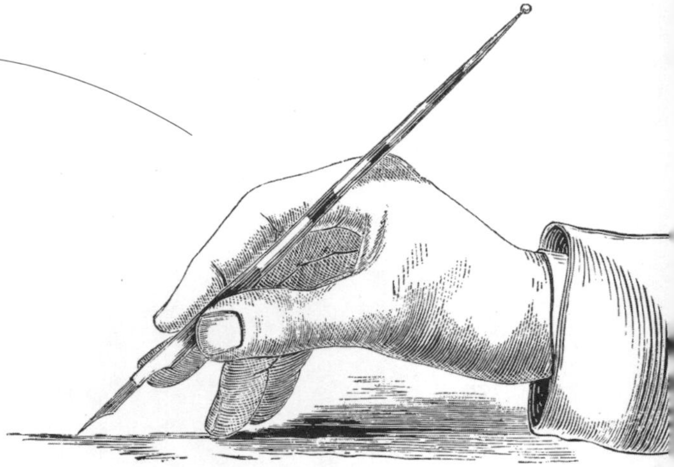

CHAPTER 22

老鳥使詐大派明牌，大眾受騙狂熱跟風

有一天，吉姆・巴恩斯（Jim Barnes）來訪。他是我最主要的經紀商之一，也是我的好朋友。他說要請我幫一個大忙。以前，他從來沒說過這樣的話。於是，我讓他好好說說，要幫什麼忙，心裡想著但願是自己能做到的，因為我的確希望能夠幫上他的忙。他告訴我，他的公司在某檔股票上利益重大。事實上，他們是這檔股票的主要發行人，已經承接了很大比例的股數。由於形勢變化，他們迫不得已必須趕快出手相當大數額的一批股票。吉姆要求我為他承擔市場推廣的任務。該股票是聯合鍋爐公司（Consolidated Stove）。

出於種種考慮，我並不想和這檔股票有什麼瓜葛。但是，巴恩斯要我看在他本人的份上無論如何要幫這個忙。我對巴恩斯好歹是有交情的，他這麼一說讓我無法推脫。他是個好人，也是我的朋友，而且我知道他的公司確實捲入很深，於是最終同意盡最大努力試一下。

我總是覺得戰時的繁榮和其他繁榮存在一項最別致的差別，此時，在股票市場的喧鬧之中崛起了一派全新的角色──「愣頭青」銀行家。

戰時繁榮的雨露幾乎無所不霑，其起因和緣由對所有人來說都是一目了然的。與此同時，美國各家大型的銀行和信託公司不遺餘力地給各色各樣的證券發行者和軍火製造商鋪路搭橋，一夜之間把他們造就成為百萬富翁。事態竟然發展到了這樣的地步，某人只需聲明他有位朋友是協約國採購委員會某位成員的朋友，即使還沒有拿到白紙黑字的採購合約，也能得到執行合約所需的全部資金。我常常聽到一些不可思議的故事，某小職員一夜之間變成了大公司總裁，一下子做起了千百萬美元的生意，資金都是從對他堅信不疑的信託公司那裡借來的。採購合約不停地從上家轉手到下家，每轉手一次就形成一筆利潤。

黃金從歐洲洪水般地湧入美國，眾銀行為把黃金留下來，八仙過海、各顯神通。

這種做生意的方式或許會讓思想較傳統的人憂心忡忡，不過，這樣的人似乎並不容易碰上。銀行總裁頭髮花白的老傳統在四平八穩的年代再合適不過，然而，在這奮發的時代，年輕才是最好的本錢。銀行確實都在大賺特賺。

吉姆・巴恩斯和他的合夥人們享有馬歇爾全國銀行（Marshall National Bank）的年輕總裁對他們的友誼和信心，後者決定把三家知名的鍋爐公司合併為一家新公司，向公眾發行新公司的股票。很久以來，公眾見什麼買什麼，包括雕版印刷的股票證書。

他們遇到了一個問題，鍋爐行業很興旺，三家公司都有史以來首次為它們的普通股東派發了紅利。三家公司的大股東都不願意放棄控股權。他們的股票在櫃檯市場的行情很不錯，如果打算減持，想賣多少就可以賣掉多少，因此他們都對現狀頗為滿意。三家公司的總股本都太小了，不足以掀起大行情，這就是吉姆・巴恩斯的公司要插手的地方。他的公司兜售的主意是，三家公司合併後才能達到紐約股票交易所的上市標準，而只要在主板上市，就有辦法讓新股票比舊股票更值錢。這是華爾街玩的一種老把戲——變一變股票的顏色，就能讓它賣到更高的價錢。假定某檔股票在面值附近越來越賣不動。好，分拆股票一股變四股，有時候你可以使新股的賣出價達到三〇或三十五美元，相當於老股票每股一二〇或一四〇美元，這是老股票絕不可能達到的價格。

看起來，巴恩斯和他的合夥人成功地說動了他們的一些朋友，後者持有大批格雷鍋爐公司（Gray Stove Company）的股票，同意按照每四股重組後新公司的股票換一股格雷公司股票的條件進行合併。格雷鍋爐公司是一家大企業。之後，米德蘭鍋爐公司（Midland）和西部鍋爐公司（Western）追隨本行業老大格雷鍋爐公司，同意按照一股換一股的條件加盟。他們兩家的股票在櫃檯市場的報價為二十五到三〇美元，格雷鍋爐公司則更知名一些，也能分紅，股票價格在一二五美元上下。

有些持股人寧願當即賣出變現，那就需要有人買下他們手中的股票；另一方面，也需要為後來的重組改造和發行推廣準備更多的運作資金，因此勢必需要籌集幾百萬美元的資金。於是，巴恩斯拜訪了那位銀行總裁朋友，那位朋友好心地為他的聯盟貸款三百五十萬美元。抵押品則是重組後新公司的十萬股股票。聯盟向銀行總裁保證，呃，他們是這麼告訴我的，股票價格不會低於五〇美元。那可是一樁利潤很豐厚的好交易，標的價值巨大。

這夥發行人的第一個錯誤是行動不及時。市場已經達到了新股發行的飽和點，而他們本當看出這一點。即便如此，本來還是有機會賺到相當不錯的利潤的。可惜，在繁榮期最高潮階段，其他發行人曾經實現了高不可及的巨利，這讓他們眼紅，不切實際地幻想自己也能來一把。

聽到這裡，你可不要匆匆忙忙地誤以為巴恩斯和他的合夥人只是一群笨蛋，或是一群嘴上沒毛的愣小子。這些人都是厲害角色。他們每個人都熟諳華爾街的各種把式，其中有幾位甚至還是特別成功的股票交易者。他們可不只是過高地估計了公眾認購股票的胃口。無論如何，公眾認購潛力只能透過實際交易來確定。他們還犯了另一個代價更大的錯誤，指望牛市行情會比其實際持續的時間更長久。我猜測，其原因在於，在繁榮大潮中，這批人一夜之間取得了如此巨大的成功，以至於根本不曾有過一絲疑慮，堅信自己一定能夠在牛市逆轉之前順利完成整個交易。他們都是名人，在職業交易者中間和經紀行裡有一批跟風者。

這項交易的推廣工作做得棒極了。報紙對這筆交易從不吝嗇版面。原來的三家企業等於全美國的鍋爐工業，三家公司的產品世界聞名。這是一樁愛國性的整合行動，報紙上到處堆砌著「征服世界」之類的溢美之詞。拿下亞洲市場、非洲市場和南美洲市場簡直易如反掌。

新公司的董事們都是財經類報紙讀者耳熟能詳的知名人物。公關工作處理得太好了，而且我們不知其名的那位董事曾許諾的股票價格看起來十拿九穩，於是市場對新股票產生了巨大需求。當新股募集期結束後，他們發現，公眾按照每股五〇美元的公開發行價申購新股的數額，超額了二十五%。

想想看！發行人本來指望的最好結果不過是按照發行價成功賣出新股，之前他們曾花了數星期的時間，費了老大的勁，要把老股票的價格拉升到七十五美元或更高，使它們的平均價達到五〇美元。這個價位意味著，參與重組的老三家公司的股票價格差不多都要上漲一〇〇%才行。這正是危機所在，因為他們並沒有達到預定的價格目標，而為了完成交易，本該達到這個目標才行。這充分說明，每一行生意都有其獨特之處。泛泛的智慧沒有多少實用價值，不可與本行業的專門技能同日而語。出乎意外的超額申購讓發行人大喜過望，他們判斷公眾願意付出任何價格來買進不限數量的股票。不僅如此，實際上他們竟愚蠢到扣減了應向申購人配售的股票數量。即使發行人下定決心當守財奴，起碼也應當講究一點守財奴的技巧啊。

不用說，真正該做的當然是按照申購股數全額配售。這麼一來，相對於原定向公眾發行的股票數量，可以進一步做空二十五%的股數。如果擁有這筆空頭頭寸，那麼在必要的時候，自然就能不花分文本錢地買入，從而支撐股票價格。對他們這一方來說，毫不費力就能處於優勢戰略地位。當我操作股票的時候，總是力求處在這樣的優勢地位。他們本來能夠維持股價，避免股價下挫，由此鼓舞市場對新股價格的信心，對發行新股的聯盟支撐股票的信心。他們本該記住，雖然已經完成向公眾發行新股，但是工作並沒有結束。這些只是他們需要向市場銷售的一部分股票而已。

他們自以為進展非常成功，然而沒過多久，他們在資本運作方面的兩大敗筆便開始顯現嚴重後果。公眾裹足不前，不再買進任何新股票，因為總體市場正在醞釀回落態勢。內部人臨陣畏縮，沒有支撐聯合鍋爐公司的股價。在市場回落時，如果內部人不買進自己的股票，還有誰該買進呢？缺乏內部人支撐的情況一般都被視為相當有效的股價看跌信號。

沒有必要再糾纏於統計資料的細節。聯合鍋爐公司的股價與大盤一道波動，然而，它從來沒有上漲到最初的上市價格之上，最高只比五〇美元高一丁點。為了把股價維持在四〇美元以上，巴恩斯和他的朋友們最終還是不得不入場買進。未能在新股票上市的初期對其給予適當支持，這實在是太遺憾了。當然，當初沒有照單賣出，全數滿足公眾認購的股票數目，才是最糟糕的決定。

不管怎麼說，新股票如期在紐約股票交易所掛牌了，其價格從此保持下跌的勢頭，直至最終名義上維持在三十七美元。股價之所以停在這兒，是因為向銀行貸款抵押的那十萬股股票相當於每股三十五美元。倘若銀行為了保證清償貸款而開始賣出股票，股價到底會崩跌到什麼地步就很難說了。公眾曾經在五〇美元的價位對該股票如飢似渴，現在跌到了三十七美元，反倒漠不關心。即使跌到二十七美元，可能公眾還是不想要它。

隨著時間推移，銀行過度發放信用貸款的問題引起了人們的關注。愣頭青銀行家的時代結束了。銀行業務看來正處在精疲力竭的邊緣，隨時可能故態復萌，回歸保守的常態。無論如何，即使是再親密的朋友，現在也要償還貸款，好像他們從來沒有和銀行總裁並肩玩過高爾夫球一樣。

借出方用不著出言威脅，借入方也開不得口再請求延期。事態發展令雙方都極不自在。舉例來說，和我的朋友巴恩斯做生意的那家銀行，面子上還是客客氣氣，可是骨子裡卻是「看在老天爺的份上，趕緊想法子處置這筆貸款吧，不然我們都吃不了兜著走」！

吃不了兜著走的嚴重程度及其爆發的可能性，大到迫使吉姆．巴恩斯來找我，請求我幫忙賣出那十萬股股票，從中收回足夠的現金來償還銀行的三百五十萬美元貸款。吉姆現在不指望從這筆股票上獲得利潤了。如果聯盟蒙受的僅僅是一點小虧損，他們都會感激不盡的。

看起來似乎這是一項毫無希望的任務。總體市場既不活躍，也不堅挺，雖然偶爾出現上漲行情。偶爾上漲的時候，人人為之一振，借機讓自己相信牛市行情即將恢復。

我給巴恩斯的答覆是，我要把這件事認真考察一下，再讓他知道我需要什麼樣的條件才能接受這項工作。好，我確實做了一番功課。我沒有分析該公司最近一期年報。我的研究集中在瞭解問題處在什麼樣的市場階段。我並不打算透過兜售該公司的盈利或前景來引發市場上漲，而是要在公開市場上賣出那批股票。我所考慮的全部問題，是什麼因素將會幫助我或阻礙我完成任務，什麼因素有這樣的潛力，什麼因素有這樣的可能性。

首先，我發現太多股票集中在太少的人手中，也就是說，他們持有的股票太多了。這令我很不安全，難以安心操作。克利夫頓・P・凱恩公司（Clifton P. Kane Co.），一家經紀行，紐約股票交易所會員，持有七萬股股票。凱恩是巴恩斯的密友，在推動重組的過程中曾發揮影響力。凱恩的經紀公司多年專長於鍋爐類股票的運作。在這樁交易中，他們讓他們的客戶分了一杯羹。前參議員塞繆爾・戈登（Samuel Gordon），在他侄子的公司戈登兄弟公司（Gordon Bros.）擔任特殊合夥人，持有另一筆七萬股的股票。還有著名的約書亞・沃爾夫（Joshua Wolff），持有六萬股。他們三人總共持有二十萬股聯合鍋爐公司的股票，這幾位都是資深的華爾街專業人士。他們可不需要任何人來告訴他們什麼時候應當賣出股票。如果我在操作本項目時設法吸引公眾買進，也就是說如果我促使該股票行情堅挺、活躍，就會看到凱恩、戈登和沃爾夫借機出貨，數量上也不會客氣。想像一下，他們的二十萬股源源不絕地傾瀉到市場上來，那種場面可沒什麼吸引人的。別忘了，牛市行情的高潮部分已經過去，無論施展多麼高超的技巧，我的操作都不能造就壓倒一切的強大需求。吉姆・巴恩斯對這項工作不抱任何幻想，才會把它謙讓給我。他給我的是一個被水泡爛的股票，要我在牛市行情即將咽氣的階段賣出。當然，報紙上尚且找不到談論牛市即將終結的隻言片語，但我清楚這一點，吉姆・巴恩斯清楚這一點，毫無疑問，銀行也清楚這一點。

不管怎麼說，我已經對吉姆做了承諾，於是我派人找凱恩、戈登和沃爾夫。他們的二十萬股是懸在我頭頂上的達摩克利斯之劍[50]。我想，最好把繫劍的那根毛髮換成一條鐵鍊。依我看，最容易的解決辦法是達成某種互惠協定。只要他們被動地幫我一把，在我賣出抵押給銀行的十萬股的時候稍事忍耐不要搭車賣出，那麼我會主動地幫他們一把，盡力打開一個較大的市場，足以讓我們全都可以出貨。照目前的情況，哪怕他們只賣出持股的十分之一，聯合鍋爐公司的股價都免不了向下扯個大口子。他們對這一點太清楚了，因此做夢也不敢試一試。我對他們提出的全部要求只不過要他們對賣出時機有足夠的判斷力，避免不明智的自私行為，選擇明智的無私。損人不利己，無論在華爾街還是在任何其他地方，都是絕對得不償失的。我打算說服他們，搶先出貨或者胡亂出貨就會一拍兩散，誰都賣不完。時間緊急。

我希望我的建議對他們產生吸引力，因為他們都是華爾街老手，對聯合鍋爐公司股票的實際市場需求並無幻想。克利夫頓・凱恩是一家生意紅火的經紀公司的頭頭，該公司在十一個城市開設了營業部，客戶總數成百上千。他的公司過去曾不止一次擔任過集合資產池的管理人。

戈登參議員持有七萬股，他是一位極有錢的大亨。大都市媒體的讀者們對他久聞大名，雖然他曾經受到一位十六歲美甲師的起訴，告他毀約。該美甲師擁有一件價值五千美元的嶄新貂皮大衣，還拿出了被告寫給她的一百三十二封書信。他替他的侄子啟動了經紀商的生意，並在該公司擔任特殊合夥人。他曾參與數十個集合資產池項目。他繼承了米德蘭鍋爐公司的一大批權益，因此得到了聯合鍋爐公司的十萬股股票。他的持股實在太多，才沒有聽信吉姆・巴恩斯強烈看好的明牌，而是一直賣出，直到漸漸賣不動了才不得不作罷，總共變現了三萬股。後來他告訴一位朋友，當初本來還要賣出更多股票的，但是其他大額持股人都是和他私交甚篤的多年老友，求他不要再賣了，出於對他們的體諒他才住手的。除此之外，我已經說過，他也沒有市場可供出貨了。

第三位是約書亞・沃爾夫。他在所有交易者之中可能是最知名的。二十年來，人人都知道他是交易

50 編注：Sword of Damocles，源自古希臘傳說，比喻權勢富貴背後暗藏危機，隨時可能失去。

所場內的豪賭客之一。透過連續報價拉抬股價或打壓股價，在這方面，他鮮有對手。對他來說，一兩萬股只不過相當於其他人眼中的兩三百股而已。在我來到紐約之前，就已經聽聞他豪賭客的名頭。他正和一班嗜賭成性的朋友打得火熱，他們的賭注上不封頂，不論是在賽馬場上，還是在股票市場上。

人們總愛對他說三道四，說他不過是一介賭徒，但他實際上確實有一套，在投機行當上磨練出了高強的本領。與此同時，他是出了名的不屑於高雅，也讓他在無數的趣聞軼事中當上了主角。其中最廣為流傳的一個段子說，有一次約書亞出席一個晚宴，他稱之為時髦人物的聚會，他周圍的其他幾位賓客開始討論文學，女主人一時照顧不周，沒有及時岔開話題。

一位年輕女士坐在約書亞旁邊，除了聽得他不停大嚼食物之外沒有聽到他說話。於是，她轉向他，一心期待聆聽這位了不起的金融家發表宏論，問道：「噢，沃爾夫先生，你對巴爾扎克[51]有什麼看法？」

約書亞禮貌地停止大嚼，咽下口中的食物，回道：「我在櫃檯市場從來沒有交易過這檔股票。」

上面介紹的是聯合鍋爐公司三位最大的個人股東。當他們趕過來與我相見的時候，我告訴他們，如果他們組成一個聯盟，籌集部分資金交給我運作，並且按照稍稍高於當前市場價的位置授予我一份買入股票的期權，我將會全力以赴為該股票打造行情。他們馬上問我多少錢合適。

我回答：「你們拿著股票的時間已經很長了，一點兒辦法都沒有。你們三位總共持有二十萬股，諸位心裡都很清楚，不把該股票的市場打開，你們根本沒有任何機會出貨。首先非得開拓市場不可，市場才能吸納你們需要賣出的股份。要準備足夠的資金，如果非買入不可，那就買入必須買入的股票，這是明智之舉。如果資金不夠，買進的措施半途而廢，那就毫無意義了。我建議你們組成一個聯盟，籌集六百萬美元的現金。然後，給予聯盟一份買入期權，在四〇美元買入你們的二十萬股股票，並把你們的所有股票委託給協力廠商託管。如果一切順利，你們大夥都能把這堆砸在手上的寶貝脫手，聯盟還能掙些錢。」

前面說過，市面上曾經流傳過各種各樣關於我在股票市場成功交易的流言。我猜測，這些傳言幫了忙，因為沒有什麼比成功本身更容易招致新的成功了。不管怎麼說，用不著對這幫人費太多唇舌。他們的確清楚，要是他們各顧各的獨自操作，到底能走多遠。他們認為我的建議是個好主意。當他們告辭的時候，應允立即組成這個聯盟。

他們費不了多大勁就說動了他們的許多朋友加盟。我猜測他們對聯盟獲利前景的描繪比我說的樂觀多了。從我聽說的情況來看，他們三位真心相信，因此他們對別人說的倒也不是昧良心的明牌。無論如何，聯盟在幾天之內便組成了。凱恩、戈登和沃爾夫授予聯盟在四〇美元買入二十萬股的一份期權。我親自照料把相應股票交給協力廠商託管的事宜，因此當我推高市場的時候不會有其中任何一張股票流入市場。我不得不保護自己。我遇到過不止一樁交易，本來前途一片光明，但是由於集合資產池的成員或者小圈子的內部人不守信用相互傾軋，結果一敗塗地。狗咬狗的時候，華爾街上從不講浮文虛禮。當美國鋼鐵與電纜公司（American Steel and Wire Company）股票公開發行的時候，內部人相互攻訐，相互指責

51 編注：Honoré de Balzac（一七九九—一八五〇），法國文豪，被譽為法國現實主義文學成就最高者，著有《人間喜劇》（*Comédie Humaine*）。

對方不守信用，力圖違約出貨。約翰．蓋茨和他的夥伴們一方，與塞利格曼家族（the Saligmans）和他們的銀行同伴組成另一方，曾經達成君子協定。對，我在一家經紀商的營業廳曾經聽到有人吟誦下面這首四行詩，據說是蓋茨的大作。

塔蘭托毒蛛跳上蜈蚣背，
哈哈大笑，得意如食屍鬼：
「我要毒死這個害人精，
我不毒它，就輪到我倒楣！」

提醒一句，我從來沒有暗示我的華爾街朋友之中有任何一位處心積慮地要在股票交易中算計我。但是，作為一般行為準則，害人之心不可有，防人之心不可無。這應該是常識。

在沃爾夫、凱恩和戈登對我表示已經組成了聯盟並同意拿出六百萬美元資金後，我便心無旁騖，專等資金到位。我已經對他們強調，抓緊時間至關緊要。然而，資金一點一點地到帳。我想大約共有四撥或五撥。我不知道其中有什麼原因，但是我不得不給沃爾夫、凱恩和戈登發出緊急求援電話。

那天下午，我得到了幾張大額支票，總共在我名下匯入了大約四百萬美元，並保證剩下的資金在一兩天內付清。事情終於有點眉目，看來聯盟確實打算在牛市行情結束之前有所作為。在最理想的情況下，這也不是一件容易的事，因此，越早著手效果越好。公眾對非活躍股的參與並不特別熱切。不過，有了四百萬美元現金，就可以有很大的運作空間來激起人們對任何股票的興趣。這筆錢足以吸納所有可能賣出的股票。如果照我說的那樣時間緊急，就沒有道理再坐等另外的兩百萬美元了。股票價格早一天上升到五〇美元，對聯盟就多一點好處，這是明擺著的。

第二天早晨開盤的時候，我吃驚地看到聯合鍋爐公司的交易活動異乎尋常地熱絡。我曾經告訴你，該股票已經有若干個月處於被水泡爛的狀態。股價曾經被釘在三十七美元，吉姆．巴恩斯為了守住銀行抵押貸款三十五美元的強制平倉線，施展渾身解數不讓它從這裡再下跌。至於說上漲的方面，要想看到聯合鍋爐公司在行情紙帶上出現哪怕一丁點爬升行情，那簡直是指望直布羅陀巨巖忽然動彈起來，飄過直布羅陀海峽。

好，先生，這天早晨市場對該股票形成了相當大的需求，股價上漲到了三十九美元。在第一個小時的交易活動中，成交總量已經超過了之前半年的合計總量。它成了當天最轟動的市場景觀，並對整個市場產生了利多影響。後來我聽說，這檔股票當日在經紀商的客戶大廳裡成了人們的唯一話題。

我不知道這意味著什麼，不過，看到聯合鍋爐公司振作上行，我沒什麼不好受的。一般說來，無論什麼股票出現了任何不尋常的價格變動，都用不著到處打聽，因為我在場內的朋友——為我做交易的經紀商們，還有場內交易員之中我的朋友們，會及時知會我。他們認為我希望瞭解這些訊息，把他們獲得的任何新聞或傳言打電話告訴我。就在這一天，我聽到的全部消息是，聯合鍋爐公司毫無疑問出現了內部人買進的情況。絕對不是虛假成交。所有交易都是真實的。該股票的買主們通吃了從三十七到三十九美元的所有賣單，有人敦請他們告知買進的理由，或者給一點內幕消息，他們一概斷然拒絕。這麼一來，場內那些心眼活泛、善於觀察的交易員便推斷一定有人正在舉事，而且是一樁大事。如果某檔股票因為內部人買進而上漲，並且內部人不鼓勵圈外人跟風買進，那些從行情紙帶上嗅探蛛絲馬跡的獵犬們便被激起了渾身警覺，四處嚷嚷到底什麼時候公司正式發布公告。

我什麼也沒幹。我觀察著，心中充滿好奇，並不停追蹤著交易情況的演變。但在第二天，不僅買方的交易量進一步擴大，而且其買進方式帶有更強的進攻性。那些打算在高於三十七美元價格賣出的交易指令，曾一直掛在該股場內專家的指令冊上，好幾個月都不能成交，現在毫不費力地被掃蕩一空，而新入市的賣出指令根本不足以阻止股價上漲。於是，股價繼續上漲。它向上穿越了四〇美元。目前，已經觸及四十二美元。

在其觸及這個數字的那一刻，我感覺到，現在開始賣出銀行持有作為抵押品的股票，已有了充分依據。當然，估計隨著我的賣出，股票價格可能下降，不過，只要我賣出全部股票的平均成交價達到三十七美元，我的做法就完全站得住腳。我知道該股票到底價值幾何，根據過去數月該股票行情不活躍的情況，我已經對其銷路形成了一個大致的概念。好，先生，我小心翼翼地喂給他們股票，總共賣出了三萬股。然而，行情上漲並沒有停止！

那天下午，別人對我講述了這場及時雨般的神祕上漲行情的緣由。事情看起來是這樣的，前一天晚上收市後和當天早晨開市前，有人告訴若干場內交易商，說我對聯合鍋爐公司極度看好，打算按照我慣常的做法一口氣不停地把它推高十五或二十個點。呃，這是眾人口中傳說的「我的交易習慣」，其實他們從來沒有研究過我的交易紀錄。這明牌的主要來源便是約書亞·沃爾夫這位大人物。作為內部人，他正是前一天上漲行情的始作俑者，行情是他自己買進引起的。他在場內交易者中的死黨，心甘情願地追隨他的明牌，因為他對這檔股票再知情不過了，而且不可能誤導自家人。

事實上，市場上並沒有當初所擔心的那麼多股票拋盤的壓力。考慮到我已經透過信託把三十萬股股票關進了籠子，你可以體會過去市場的這種擔心並非空穴來風。現在的情況證實，推高該股價格的工作比我預想的容易得多。不管怎麼說，弗勞爾州長是對的。但凡有人指責他的公司操縱他們擅長的幾檔股票時，諸如芝加哥煤氣公司（Chicago Gas）、聯邦鋼鐵公司（Federal Steel）或 B. R. T.，他總是辯解道：「要讓股價上漲，買進是我所知的唯一途徑。」的確，這也是場內交易者的唯一途徑，而股票價格則屢屢回應。

接下來的那一天早餐前，我從早晨的報紙上讀到了「賴瑞．李文斯頓即將大展拳腳做多聯合鍋爐公司」之類的報導。成千上萬的報紙讀者看到了這些內容。不僅如此，毫無疑問，一眾經紀商將用電報把這條消息分發給他們的數百家分支機構和營業部。各路報紙的具體說法各有不同。有一個版本說，我已經組成了一個內部人的集合資產池，打算懲罰那些過度做空的空頭們。另一個版本則暗示該公司近期即將宣布派發紅利。還有一個版本提醒整個世界說，當我看好某檔股票的時候，通常採用的手法大家絕不可掉以輕心。還有一個版本指責該公司為了讓內部人搜集籌碼而故意隱瞞資產。不過，所有的報導都表示了同一個觀點，即該股票的上漲行情充其量只是剛剛開了個頭。

等我趕到辦公室在開市之前查閱我的信件的時候，我意識到整個華爾街已經被買進聯合鍋爐公司的搶手明牌淹沒了。我的電話鈴響個不停，應接電話的辦公室職員聽到的都是同一個問題：是不是聯合鍋爐公司真的要漲了？整個早晨，這個問題總共被詢問了不下一百次——以各式各樣的問法被提出。我不得不說，約書亞．沃爾夫、凱恩、戈登三位，可能還有吉姆．巴恩斯，在這起小小的明牌推廣活動中幹得實在太漂亮了。

我根本沒有料到自己竟然有這麼一支龐大的跟風隊伍。哎喲，當天早晨，買進指令從全國各個角落蜂擁而至，三天前隨便什麼價格都沒人要的股票，現在這些買單幾千股、幾千股地瘋搶。別忘了，實際上，公眾所有的判斷依據都來自報紙給我加封的「成功豪賭客」的名聲。就這一點而言，看來我不得不對那幾位想像力豐富的記者感謝一二。

好，先生，這是上漲行情的第三天，我繼續賣出聯合鍋爐公司；第四天，繼續賣出；第五天，繼續賣出。現在，我終於鬆了一口氣，我已經替吉姆．巴恩斯完成了賣出十萬股股票的任務。馬歇爾全國銀行的三百五十萬美元貸款以這批股票作為抵押品，巴恩斯必須償還貸款，因此不得不賣出套現。如果衡量股票操作案例成功與否的標準，是操作者在實現操作意圖的同時成本越低越好，那麼在我的華爾街職業生涯裡，聯合鍋爐公司當然可以稱得上最成功的案例，在整個操作過程中從未需要我承接哪怕一張股票。我沒有為了以後更容易賣出股票而被迫先期買進。我沒有先把股價拉升到盡可能高的位置，然後才能真正開始賣出。我甚至不需要主要利用市場回落的過程來賣出股票，而是在股價一路上漲的過程中賣出的。這簡直是天堂一般的美好夢境，用不著你動一動手指頭，市場便已經為你準備好了足夠強大的買進力量，特別是在時間緊急的情況下。我曾經聽弗勞爾州長的一個朋友談到，州長操作B.R.T.的集合資產池稱得上是引領行情上漲最了不起的案例之一。該集合資產池總共賣出五萬股股票，並且總體是獲利的。可是，弗勞爾經紀公司經手收取佣金的該股交易量則超過了二十五萬股。W．P．漢密爾頓（W.P.

Hamilton）曾說過，為了派發二十二萬股聯合銅業公司的股票，詹姆斯．基恩在必要的操作過程中不得不至少交易了七十萬股該股票。相當可觀的佣金支出！想想這一點，再考慮到我為巴恩斯賣出這十萬股股票所需支付的交易佣金，僅僅發生在真正賣出這批股票的時候。我得說，這算得上省了一大筆錢。

現在我已經脫手答應為我的朋友巴恩斯賣出的股票，而聯盟當初允諾籌集的資金還沒有完全到帳，再加上意興闌珊，不打算再買進任何已賣出的股票，我寧願走得遠遠的，享受一小段假期。具體情況我記不太清了。不過，我的確清楚地記得，自己再也沒有理會這檔股票，也記得，沒有過多久，該股票價格便開始下跌。一天，整個股票市場都很疲軟，某位大失所望的聯合鍋爐公司多頭企圖趕緊脫手，由於他的賣出，股票價格下跌至買入期權的執行價以下，即四〇美元以下。市場上似乎沒人打算買這檔股票。正如之前對你說過的，我對總體市場並不看好。之前，幸運的是「奇跡」出現，讓我有機會派發十萬股股票，免去了在一週之內把股價拉升二十到三十點的艱鉅任務，正如那些好心的明牌發布者預言的那樣，為此，我特別感激。

現在，該股市場感受不到任何支撐，漸漸形成了有規律的習慣性下跌，並且終於有一天釀成了相當劇烈的下挫，股價觸及三十二美元。那是有史以來的最低價。你一定已經想到了，為了防止銀行在市場上強行平倉充當貸款抵押品的十萬股股票，吉姆．巴恩斯和原先發行股票的聯盟曾把它苦苦支撐在三十七美元。

那天我正在辦公室平靜地研究行情紙帶，有人通報約書亞．沃爾夫求見。我說可以見他。他急匆匆闖進來。他的身材並不高大，但毫無疑問他看起來全身鼓脹——怒氣沖沖的，我一眼就看出來了。他跑到我站在報價機旁邊的位置，嚷道：「嗨？究竟搞什麼名堂？」

「請坐，沃爾夫先生。」我禮貌有加，並且自己先坐下來，好讓他心平氣和地說話。

「不坐！我不要椅子，我要明白這到底是什麼意思！」他扯著嗓門喊。

「什麼是什麼意思？」

「你到底正在對它幹什麼？」

「我對什麼幹什麼？」

「那股票！那檔股票！」

「哪檔股票？」我問道。

但這麼一問反而把他惹得大怒，他吼起來：「聯合鍋爐！你正對它幹什麼？」

「沒幹！絕對是什麼都沒幹。怎麼啦？」我說。

他雙目圓睜瞪著我足有五秒鐘，然後爆發了：「看看股價！你看看！」

他怒不可遏。於是我站起身，查看行情紙帶。

我說：「現在的股價是三十一又四分之一。」

「對！三十一又四分之一，我拿著一大把。」

「我知道你有六萬股。你已經持有很長時間了，你當初買進的時候還叫格雷鍋爐公司——」

但他沒讓我說完。他搶白道：「我又買了很多，其中有些花的是四〇美元的高價！到現在還拿著！」

他對我怒目而視，那麼氣急敗壞，我不得不解釋：「我沒讓你買進呀。」

「你沒什麼？」

「我沒叫你大筆買進它啊。」

「我不是說你叫我買的，但你不是要把它推高的嗎——」

「我為什麼要？」我打斷他。

他看著我，氣得話都說不出來了。好不容易回過神來，他說：「你要拉抬股價，我們已經給錢讓你買進了。」

「是的。但是我一股也沒買。」我告訴他。

這句話捅了馬蜂窩。

「你有超過四百萬美元的現金，但你一股都沒買？你什麼都沒買？」

「一股沒買！」我重申。

到了這份上，他實在氣昏了，語無倫次。最終他掙扎著說出一句話來：「你倒說說你玩的這是什麼把戲？」

他在心裡一定已經用各種最令人不齒的罪名把我罵得狗血淋頭。我確信，從他的眼睛裡，能看到這是很長的一串罪名。這讓我不得不對他說：「你的意思實際上是責問我，沃爾夫，為什麼我沒有在五〇以上買過你在四〇以下買進的那些股票，不是嗎？」

「不，不是。你有一份執行價四〇美元的買入期權，還有四百萬美元的現金用來推高股價。」

「是的，但是我沒碰那些錢，聯盟也沒有因為我的操作而損失一分錢。」

「聽著，李文斯頓——」他開腔。

然而，我沒有讓他繼續說下去。

「你聽著，沃爾夫。你清楚，你、戈登和凱恩總共持有的二十萬股已經鎖定起來，因此即使我推升股價，也不會有太多的流通股票進入市場。之所以我不得不推升股價，是因為兩方面緣由：首先，為該股票打開市場；其次，為我行權價為四〇美元的買入期權創造利潤。雖然你的六萬股已經砸在手裡好幾個月，但是把它們賣到四〇美元的價錢你卻不滿足，或者不滿足於你將從聯盟分享的利潤，於是你決定在四〇美元以下吃進一大批股票，等我用聯盟的錢把股票價格推高之後再出給我，因為你確信我一定會這麼做。這麼一來，你就可以在我買進之前先買進，然後，在我出貨之前先出貨。從各方面來看，我最有可能成為你的出貨對象。照我看，你曾經估計我不得不把價格推高到六〇美元才能達到目的。這個算盤打得實在太如意了，因此，你可能為了一己之私買進了一萬股，同時，為了確保在我不願意接貨的情況下，還有其他人充當替死鬼撐開口袋等你，你給美國、加拿大和墨西哥的每個人都打了招呼、報了明牌，根本不考慮這會給我帶來多大額外的負擔。你所有的朋友都知道按約定我該怎麼做。他們要買進，我也要買進，你老兄左右逢源穩坐釣魚臺。好，你把明牌散給你的親朋好友，你的親朋好友先買好股票，再把明牌散給他們的親朋好友；第三個圈子得到明牌的人依樣畫葫蘆，再傳給第四個圈子；然後可能還有第五個圈子，甚至第六個圈子的肥羊。這麼一來，最終輪到我入市做點什麼的時候，我發現已經有好幾千精明的投機家嚴陣以待了。你這一通盤算對我真是仁至義盡，沃爾夫。甚至我還沒有動念頭想一想是不是需要買進的時候，聯合鍋爐公司竟然已經開始上漲了，當我看到這種情形的時候，你簡直無法想像我是多麼吃驚。另一方面，正因為那些打算在五〇到六〇美元把同樣一批股票再賣給我的朋友踴躍吃進，我才能為承銷股票的聯盟在四〇美元上下順利完成賣出十萬股的任務，你也無法想像當時我心中有多麼感激。我白白放著四百萬美元不動，不用這筆錢來替他們掙錢，真是肥羊到家了，不是嗎？聯盟提供那筆資金的確是用來買股票的，不過，唯有在我認為必要的前提下才買進。好吧，我不認為有必要。」

沃爾夫畢竟在華爾街浸淫多年，終究還是能避免憤怒的情緒影響生意。他聽著我的一番話，漸漸冷靜下來，當我說完後，他的聲音既友好又親密：「看看，賴瑞，老弟，現在我們怎麼辦？」

「只要你們高興，怎麼做都行。」

「哎喲，幫幫忙。要是你像我們這樣子你怎麼處理？」

「如果我像你們這樣子，」我鄭重地說，「你知道我要怎麼做嗎？」

「怎麼做？」

「統統賣掉！」我告訴他。

他盯著我好一會兒，什麼話也沒說，轉身走出了我的辦公室。從此再也沒來過。

不久之後，戈登參議員也登門了。如出一轍，他也是怒氣沖沖，為自己的麻煩而抱怨我。之後，凱恩也加入合唱，一起打鐵似的捶打我。他們忘了，當初他們組成聯盟的時候，他們的股票也無法大批賣出。他們只記得我曾經拿著聯盟幾百萬美元，而該股票曾經在四十四美元處交易活躍，但是我沒有替他們賣出他們的持股，現在，它在三〇，行情像廚餘一般興味索然。照他們想來，我本該統統賣光、獲利豐厚。

當然，過了一段時間他們都冷靜下來。聯盟沒有損失一分錢，而面臨的主要問題依舊：要賣掉他們的股票。一兩天之後，他們又來了，請我幫他們走出困境，其中戈登特別堅持。最終按我的要求，把他們集中起來的股票按照二十五又二分之一的價格計入集合資產池。我的服務收費，是在這價格之上售出所獲利潤的一半。最新成交價大約在三〇美元。

現在我又要幫他們出清股票了。根據當時的總體市場形勢以及聯合鍋爐公司的具體表現，只有一條路可走，那當然就是在市場下跌過程中賣出，而不是企圖首先拉高價格。如果要引發市場上漲，肯定必須大量買入股票。但是在市場下跌過程中，我可以找到那些打算抄底的買主，因為他們始終主張，如果某檔股票從行情最高點下跌了十五到二十點，那麼該股票就比較便宜了，特別是當頂部是最近發生的時候。他們覺得，馬上就該向上反彈了。他們看到聯合鍋爐公司的成交價曾經接近四十四美元的高價位，如果現在低於三〇美元，看來肯定是個好東西。

果然，這一招一如既往地奏效。挖掘廉價機會的投機者買入了足夠大的數量，使我得以出清集合資產池的持股。然而，你以為戈登、沃爾夫或凱恩會有一點感激之情嗎？絲毫沒有。他們仍然對我心懷不滿，至少他們的朋友是這麼告訴我的。他們經常向人們訴說我對待他們的不是。他們不肯原諒我，因為我沒有如他們期望的那樣憑我一人之力把股票價格拉高。

事實上，如果沃爾夫諸公不曾賣力地四處散發那些備受追捧的看漲消息的話，我根本沒有能力賣出銀行持有的十萬股股票。如果按照我慣常的方式來運作，也就是按照符合邏輯的較自然的操作方式，那麼無論市場後來形成什麼價格，我都不得不照單接受。我曾經告訴你，當時我們正在進入下跌行情。在這樣的行情下，可以達成賣出目標的唯一選擇，雖然還不至於是不計後果地大拍賣，但也不可偏重於價格。其他任何方法皆不可行。但是，我覺得他們不相信這些。他們還在生氣，但我沒有。任何人發怒都無濟於事。市場曾經不止一次教我明白一個道理，投機者情緒失控，不啻自絕生路。當然，在木已成舟的情況下，憤怒不會產生什麼嚴重後果。然而，我要告訴你另一個不同尋常的事例。一天，李文斯頓太太去拜訪一位別人向她盛情推薦的裁縫。那位女士手藝不錯，熱情周到，有一副善解人意的好性格。大約在第三次或第四次拜訪時，那位裁縫感覺李文斯頓太太不那麼陌生了，便對她說：「我希望李文斯頓先生很快拉高聯合鍋爐公司的股價。我們拿著一些股票，當初是因為別人告訴我們，說他要推升這檔股票我們才買進的。我們總是耳聞他所有的交易都非常成功。」

我對你說，想到無辜的人們可能因為追隨那樣的明牌而損失錢財，我很難感覺輕鬆。由此或許你可以理解，為什麼我從不給人任何明牌。那位裁縫讓我覺得，要是談起誰該抱怨誰的問題，其實是我要埋怨沃爾夫。

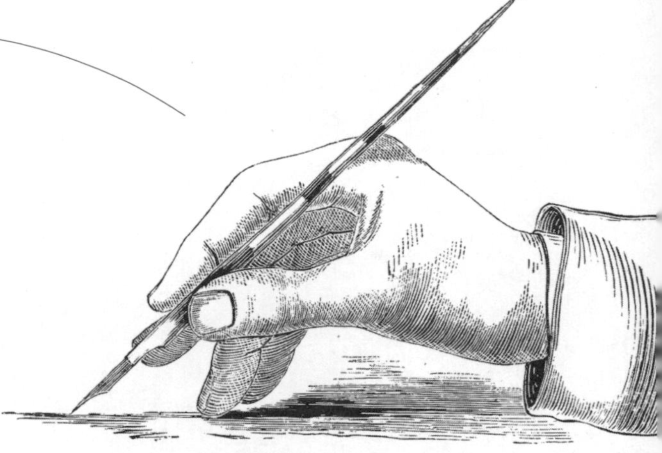

CHAPTER 23

內部人巧借「空頭打壓」暗度陳倉，圈外人偏信「權威解釋」高位套牢

股票投機的行當永遠不會消亡，讓它消亡並不符合大家的心意。無論怎樣強調風險，也不可能阻止投機行為。同樣無奈的是，你不可能讓人們杜絕猜錯的時候，無論當事人多麼精明、多麼有經驗。再精心運籌的計畫也可能中途出意外，因為總會發生未曾預料的事件，甚至是根本不可預料的事件。不測或許來自大自然的一場災變，來自天氣變化，來自你自己的貪婪，來自其他人的自負，來自恐懼，來自不可理喻的一廂情願等。不僅如此，除了上述你也許可以稱之為投機者天敵的因素之外，股票投機者還必須提防他人不老實的商業行為乃至坑蒙拐騙。無論從道德意義上來說，還是從商業意義來說，此類行為都防不勝防。

回首往事，對比二十五年前我初次踏入華爾街時的市場風氣，我必須承認，現在的市場已經發生了許多有益的變化。老式對賭行已經無影無蹤，不過，冒牌「經紀行」依然屢見不鮮。無論男女，但凡抱著快速發財的念頭進入這一行，都可能成為它們魚肉的對象。紐約股票交易所的工作很出色，不僅嚴查那些不折不扣的騙子，還監督其會員嚴格遵守交易所各項規章。許多有益市場健康發展的規章制度和限制條款已經得到了嚴格的實施，當然，還有進一步改進的餘地。華爾街具有根深蒂固的保守主義傾向，而不是道德倫理傾向，某些不正之風之所以成為痼疾，正是年深日久的積弊所致。

如果說從股票投機中獲利從來不是易事，那麼現在正變得一天比一天更難，難上加難。就在不久前，從事交易實務的人實際上對交易所名單上的每一檔股票都耳熟能詳，能夠有很好的實用程度的瞭解。一九〇一年，當 J．P．摩根將美國鋼鐵公司的股票發行上市的時候，只是將其他更小型的聯合體再聯合起來，它們之中大多數公司的經營歷史不超過兩年。當時，紐約股票交易所總共有兩百七十五檔股票正式掛牌，另外還有大約一百檔股票在其「非掛牌部門」交易。後者之中很多並不是非得什麼都清楚不可，因為它們都是小型企業，或者交易不活躍，要麼公開流通股票的比例過小，要麼屬於協力廠商擔保付息的股票，因此缺乏投機吸引力。事實上，絕大多數股票可能一年都成交不了一股。如今，在交易所的正規上市名單上大約有九百種股票，並且在最近一段活躍行情裡，大約有六百種不同的證券參與交易。不僅如此，過去的類股或股票門類比較容易追蹤。不僅它們的數目較少，而且總市值也較低，交易者必須留意的市場訊息沒有現在這樣廣泛。但在今天，你必須交易各種對象，世界上幾乎每一個行業都有代表性的股票。這就需要交易者花費更多時間和精力才能及時瞭解相關的最新訊息，如果你要明智地交易，股票投機就變得困難得多了。

世上成千上萬的人投機性地買進、賣出股票，然而，結果獲利的人只占少數。因為公眾在一定程度上始終在市場「逗留」，所以無論何時，公眾之中總是有人虧損的。投機者的致命敵人包括：無知、貪婪、恐懼和希望。人世間所有的成文法律和交易所的所有規章都不可能根除人類的上述本性。意外事故可以把最精心編制的計畫打個粉碎。同樣，它們也超出了由不動感情的經濟學家們或是由熱血心腸的人道主義者們制定的條條框框所能掌控的範圍。此外，還有另一種導致虧損的淵藪，那便是故意誤導的虛假訊息，它們和直截了當的明牌大相徑庭。它們往往包裹著各式各樣的糖衣和偽裝，令股票交易者防不勝防，因此更隱蔽、更危險。

當然，一般的圈外人要麼憑明牌、要麼憑流言作為交易依據，之中有的口耳相傳，有的印成了鉛字；有的直接明確，有的迂回暗示。常見的明牌已經防不勝防了。舉例來說，一位終生好友誠心幫你發財，把他自己的投資行動傾囊相告，也就是告訴你他買了或賣了什麼股票。他用意純良。如果這樣的明牌出了岔子，你能怎麼辦呢？另一方面，公眾在遭遇職業明牌客或心術不正的明牌客時所得到的保護，大概和他遭遇兜售假金磚和假酒的騙子時所受到的保護差不多。更有甚者，當參與投機的公眾面對典型的華爾街傳言時，根本得不到任何保護，也得不到任何賠償。證券分銷商、市場操縱者、集合資產池和超級大戶採用各種手段，盡可能以最好的價格派發他們多餘的持倉。報紙和新聞收報機上傳播的種種利多名堂則是最具殺傷力的。

隨便哪天打開財經新聞報刊，你都會驚奇地發現，上面竟然印有如此之多的暗示自己帶有半官方性質的說法。其中的權威角色往往都是「某位首要的內部人士」、「一位著名董事」、「一位高級官員」或者「官方人士」，總之，讀者當然會認定該人一定清楚自己在說什麼。這是今天的報刊，我從中隨機挑出一條消息。聽聽這一條：「一位地位顯赫的銀行家表示，現在預期市場下跌為時過早。」

「一位地位顯赫的銀行家」真說過這話嗎？如果他真說了，那麼到底為什麼說這話呢？為什麼他不允許引用他的名字呢？難道他擔心如果人們知道是他便會不相信他的話嗎？

這裡還有另一則關於一家公司的消息：其股票本週以來一直很活躍。據報導，這次說話的是一位「著名董事」。那麼，在這家公司的十幾位董事中，如果真有人說話了，到底是哪一位呢？顯然，只要不透露姓名，即使這些話產生了什麼有害的影響，也不會有任何人承擔責任。

股票交易者除了必須透徹研究各式各樣的投機行為之外，還必須著重考慮華爾街上這個行當的特殊性。除了必須儘量弄清楚怎樣賺錢之外，還必須儘量避免虧錢。知道不該做什麼和掌握該做什麼幾乎同樣重要。因此，最好牢記一條，實際上在所有股票的所有上漲行情中都在一定程度上存在操縱的情形，這類上漲行情往往都是內部人精心策劃的，其目的，並且是唯一的目的，便是盡可能以最好的價格賣出股票。然而，經紀行裡的一般客戶自信地認為，只要我對某檔股票上漲的緣由打破砂鍋問到底，你就騙不了我。自然，市場操縱者會為上漲給出一個經過精心算計的「解釋」，以便有利於派發股票。我堅定不移地認為，如果不允許刊登任何利好性質的匿名言論，將會極大地減輕公眾蒙受的損失。我指的是那些算計公眾促使其買進或持有股票的種種說法。

在以不具名的董事或內部人的權威名義發表的利好文章中，向公眾傳遞的占壓倒性多數的內容都是不可靠的和誤導性的訊息。公眾因為接受這類半官方意味且貌似可信的說法，年復一年損失了無數美元。

舉例來說，某公司的某方面業務線正在經歷一段不景氣的時期。該公司股票不活躍。其報價代表了市場對其真實價值的普遍性的並且很可能是準確的認識。如果該股票在這個位置上價格過於低廉，那麼必定有人心中有數並趁機買入，股價就會上升。如果股價過高，同樣有人心中有數並趁機賣出，股價就會下降。如果該股票各方面波瀾不興，就沒人談它或碰它。

現在該公司那條業務線終於否極泰來，到底誰先知道這一點呢？是內部人員還是公眾？當然不是公眾。下一步會發生什麼情況呢？如果商業環境持續改善，則公司盈利將增長，公司便有能力恢復派發紅利；如果該公司之前沒有終止發放紅利，則有能力增發紅利。換句話說，該股票的價值將上升。

假定商業環境繼續保持改善的勢頭，管理層會把這個好消息公布於眾嗎？公司董事長會告訴持股人嗎？有沒有哪位博愛的董事站出來，為了閱讀報紙金融版面和新聞社新聞快報的那部分公眾的利益，拿出一份簽署大名的聲明？有沒有哪位謙虛的內部人士按照他慣常的匿名風格站出來發表一份不具名的聲明，說明該公司前景一片光明？這回可就沒有了。沒有任何人會吐露半個字，報紙上不會印出任何說法，新聞收報機也不動聲色。

有價值的訊息被人滴水不漏地從公眾面前掩藏起來，與此同時，那些守口如瓶的「首要的內部人士」正忙著入市，凡是他們能夠撈著的便宜股票概不放過。隨著他們自己知根知底卻從不在人前誇耀的買入行動不斷展開，股票價格上漲了。金融報刊的記者明白那些內部人應當知道行情上漲的緣由，開始向他們打聽。不約而同地，匿名的內部人士們聲稱他們沒有任何消息可說。他們不知道當前上漲行情有任何可靠的根據。有時候，他們甚至聲稱，對股票市場朝三暮四的波動或股票投機者不可理喻的行為並不特別在意。

股價上漲行情繼續，令人開心的一天終於來了，知情者已把所有意圖買進的股票或他們所能最大限度地持有的股票都弄到手了。於是，華爾街上立即開始四處流傳各種利多傳言。新聞收報機以「權威的姿態」告訴交易者們，該公司的經營狀況已明確無誤地度過了難關。還是那位不願意透露姓名的董事，他當初曾經表示不知道當前上漲行情有任何可靠的根據，現在據報導他說——當然還是不透露姓名——該公司的股票持有人擁有充分理由對其前景感到極大鼓舞。

利多消息鋪天蓋地，公眾受到強烈誘惑，開始買進該股票。他們的買進有助於進一步推升股價。到了一定時候，不約而同地，匿名的董事們當初的預言變成了現實，該公司恢復發放紅利，或者也有可能進一步提高了紅利率。隨著這一進展的出現，利多因素進一步增多。利多因素不僅變得更多了，而且變得更加熱情高漲了。某位「顯赫的董事」在應答一個要求直截了當說明公司狀況的問題時，告訴全世界，公司狀況的改善不僅保持了原來的勢頭，還在錦上添花。某位「首要的內部人士」在記者軟磨硬泡之後，終於被套出實話，承認公司盈利之佳已經達到驚人的程度。某位與該公司保持密切商務往來的「著名銀行家」被人央求不過，透露該公司銷售額的擴張速度在該行業史無前例。從現在開始，即使一張新訂單都沒有，該公司也得沒日沒夜地開工滿足現有訂單，天知道還得趕工多少個月才能完成。一位「財務委員會的委員」在一份書面聲明中表示，公眾對該股票的上漲行情感到驚訝。他對大家的驚訝感到驚訝，因為唯一令人感到驚訝的是該股票爬升的軌跡實在太克制了。只要分析一下該公司即將公布的年報，誰都能輕易看出該股票的帳面淨值已經遠遠超過市場價格。然而，在上述健談的博愛者之中沒有一位透露自己的尊姓大名。

只要盈利繼續維持在不錯的水準，而那幫內部人也沒有覺察到公司榮景有任何減弱的苗頭，他們便會一直持有當初低價買進的股票。既然沒有什麼因素可能壓低股價，為什麼要賣出呢？然而，就在公司業務轉壞的那一刻，將會發生什麼呢？他們會站出來發表聲明、提出警告或者哪怕只是最模糊的一點暗示嗎？不大可能。趨勢現在已經轉而向下。當初公司業務好轉的時候，他們買進絕不大肆聲張，現在如出一轍，他們悶聲賣出。由於這幫內部人的賣出，股價自然下跌。於是，公眾開始得到很熟悉的「解釋」了。一位「首要的內部人士」堅定斷言一切正常，行情下跌僅僅是空頭賣空的結果，空頭們企圖影響總體市場。在股票價格下降了一段時間之後，有一個「好日子」，股票價格急劇下挫，公眾吵吵嚷嚷，強烈要求瞭解其中「情由」或得到「解釋」。除非有人出來說點什麼，否則公眾將擔心出現最壞的情況。

於是，新聞收報機印出以下字樣：「我們要求該公司一位顯赫的董事解釋該股票的疲軟行情，他的答覆是，他能夠得出的唯一結論是，今日的下跌是由於空頭打壓引起的。公司經營情況沒有改變。公司業務從來沒有像現在這樣好過，除非今後一段時間發生根本未曾預見的意外情形，否則公司將在下次分紅決策會議上提高分紅率。市場上空頭陣營變得很激進，該股的疲軟顯然由於他們發動的襲擊，他們意在逐出意志不堅定的持股人。」新聞收報機說不定還打算給讀者添點料，加油添醋，報告說他們根據「可靠的消息管道」得知，當日下跌過程中絕大多數股票買盤都來自內部人，空頭們將會發現自己把自己賣入了一個陷阱。接下來的一天，市場暫時休整。

公眾不僅因為相信利多的說法買進股票而蒙受損失，而且因為受到勸阻不賣出股票而再次遭受損失。對於那些「首要的內部人」來說，當他們不再願意支撐股價或搜集籌碼的時候，除了勸誘公眾買進他們打算賣出的股票之外，次優的選擇便是防止公眾賣出同一檔股票。當公眾讀到「顯赫的董事」說的話之後，他們相信什麼呢？普通的圈外人能想些什麼呢？當然是這檔股票本不該下跌的，當然是空頭們做空強迫該股價格下跌，只要空頭一住手，內部人就會策動報復性的上漲行情，迫使那些空頭以高價買入平倉。如果股價下跌果真是空頭打壓引起的，那麼公眾相信這樣的解釋也還說得過去，因為的確事態會如此演變。

然而，儘管上述說法信誓旦旦地威脅或承諾將對過度下探的空頭陣營實施強而有力的擠兌行動，但是話題中的股票並沒有上漲，它繼續保持下跌。沒法不跌，內部人傾囊而出的股票實在太多了，市場消受不起。

這個已經被「顯赫的董事」們、「首要的內部人」們賣出的內部人股票現在成了職業交易者們腳下的皮球。它繼續保持下跌，似乎看不到底在哪裡。內部人清楚行業形勢對公司未來盈利產生了不利影響，他們不敢出手支撐股價，一直要等到公司業務好轉的下一個轉捩點出現。屆時，內部人將會買進並且保持沉默。

多年來，我充分經歷了股票市場的洗禮，對股票市場交易也有相當的瞭解，我敢說在我記憶中沒有哪一例空頭襲擊事件曾經導致某檔股票持續下跌。他們口中所稱的「空頭打壓」，往往正是根據對實際市場環境的準確把握而實施的合理賣出。當然，並不能把股票下跌完全歸結於內部人賣出或者內部人不願意買進。每個人都會爭前恐後地賣出，而當每個人都賣出、沒有人買進的時候，持股者就會付出慘重的代價。

公眾應當牢記：導致行情長期持續下跌的真實原因從來都不是空頭打壓。當某檔股票保持下跌的時候，你可以肯定該股票一定有什麼地方不對，要麼是它的市場，要麼是它的公司。如果該股票行情下跌是不合理的，那麼很快它的成交價就會低於其實際價值，這將激發買進行為，從而阻止其繼續下跌。事實上，空頭有可能掙大錢的唯一機會是在某檔股票價格過高的時候做空。在這種情況下，內部人絕不會把真相告白天下，這一點確定無疑，你可以把你最後一分錢都壓上。

當然，最經典的案例數紐哈芬鐵路公司，今天人人都知道，可當時僅有為數極少的幾個人知情。該股票一九〇二年的賣出價為二五五美元，是新英格蘭最主要的鐵路投資。在當地，人們憑著持有該股票的多少來衡量自己在本地社區應得的尊重和地位。如果有人說這家公司正走向破產，不會因為這句話被投入監獄，而是會被送進瘋人院，和其他瘋子關在一起。然而，當摩根先生委派的一位膽大妄為的新總裁梅蘭（Mellen）到任後，該公司兵敗如山倒的厄運便開始了。起初，人們並不清楚新官上任三把火將把公司引上這條路。但是，隨著該公司左一筆、右一筆以虛高價格添置資產，讓聯合鐵路公司馱上越來越重的負擔，少數眼光敏銳的觀察者開始懷疑梅蘭的做法是不明智的。一個貨車系統，他人的買入價為兩百萬美元，轉手賣給紐哈芬鐵路，得到的價碼是一千萬美元。於是，有一兩位口風不嚴的仁兄點評管理層作風魯莽粗疏，這真是大不敬。暗示即便財大氣粗如紐哈芬鐵路也承受不起如此的揮霍，簡直像懷疑直布羅陀巨巖不穩固一般荒謬。

當然，最初看出前方有暗礁的還是內部人。他們對公司的真實狀況越來越警醒，因此他們開始減持自己手上的股票。由於他們賣出，同時也由於他們不支撐市場，新英格蘭這個鑲金邊的鐵路股票開始屈服。一如慣例，人們開始提出疑問，要求得到解釋，於是，一如慣例的解釋很快出籠了。「首要的內部人士」宣稱，在他們所知範圍內沒有任何地方不正常，行情下跌是魯莽的空頭賣出行為所引起的。因此，新英格蘭的「投資者」繼續持有紐約、紐哈芬與哈特福德鐵路公司（New York, New Haven & Hartford）股票。為什麼不呢？難道內部人士沒有表示一切如常，並大聲指責空頭打壓嗎？難道它沒有公布派發紅利的消息並按期發放嗎？

與此同時，當初承諾的擠壓空頭的行動並沒有兌現，反而是股價出現了創紀錄的新低。內部人的賣出動作更急切，更顧不上掩人耳目了。波士頓一班頗具公德心的人士要求該公司如實解釋股價慘跌的真正緣由，卻被扣上了股票掮客和蠱惑人心的帽子。而如此慘跌對原本期望投資有保障並能獲得穩定紅利的每一位新英格蘭投資者，都意味著觸目驚心的慘重損失。

該股這場歷史性的大崩跌從每股二五五美元直接降至每股十二美元，這絕不是空頭襲擊的結果，空頭襲擊也絕不可能造成這等大崩跌。它既不是由空頭操作開的頭，也不是由空頭操作推動的過程，正是內部人一直不斷地賣出，並且他們賣出的價格總是比他們坦承或允許真相公諸於眾的數字還來得高。股價位於二五〇、二〇〇、一五〇、一〇〇、五〇或二十五美元，其實都無關緊要，對於該股票來說，這些價格都太高了，那幫內部人清楚這一點，公眾卻被蒙在鼓裡。如果公眾在忙著買進、賣出，力圖從中賺錢的時候，清醒地意識到自己的不利處境，或許還有幾分獲利的希望。當然，只有極少數與該公司運作密切相關的內部人才能瞭解全部內情。

該股票上演了一齣過去二十年裡最慘烈的大崩潰，它的下跌不是因為空頭打壓。然而，正因為公眾容易為這種形式的解釋所麻痺，損失才進一步加重，雪上加霜，損失巨萬美元之後、再損失巨萬美元。正是這一點阻止了人們賣出，他們本已對該股票的下跌方式感到不滿，如果不是期待在空頭打壓停止之後股價收復失地，很可能已經出清了他們的股票。在過去的歲月裡，我曾經常常聽人責怪基恩。而在他之前，他們習慣於指責查理．沃瑞肖弗（Charley Woerishoffer）或者艾迪生．坎邁克。如今，我成了他們的替罪羊。

我記得英特韋爾石油公司（Intervale Oil）的例子。該股票背後有一個集合資產池，它推高了股價，並且在股價上漲過程中招攬了一些買家。操縱者把股價拉抬到五〇美元。在這個價位，該集合資產池開始賣出，股價快速下挫。接下來一如往常，人們要求得到解釋。為什麼英特韋爾石油這麼疲軟？質疑的人太多了，以至於這個問題的答案成了重要新聞。一家為新聞收報機提供消息的新聞社，打電話採訪了最瞭解英特韋爾石油上漲行情的幾家經紀商，他們應該對行情下跌的內情心知肚明。當該新聞社要把股價下跌的緣由刊發出來告知全國讀者的時候，這些經紀商，這些推動上漲行情的集合資產池成員，是怎麼回答的呢？呵，賴瑞．李文斯頓正在打壓市場！這還不夠。他們還要再加上一句，他們正要動手「擒住」他呢。不過自然了，英特韋爾石油的集合資產池照賣不誤。當時該股價格站在每股十二美元附近，他們可以一直賣到一〇美元或更低，而他們的平均賣出價格依然會超過成本價。

內部人在市場下跌過程中賣出是明智的、恰當的。然而，對於那些付出每股三十五或四〇美元的代價買入股票的圈外人來說，就完全是另一回事了。圈外人讀到了新聞收報機上印出的消息，於是持股不動，等待賴瑞．李文斯頓落入義憤填膺的內部人組成的集合資產池之手，遭到應得的報應。

在牛市行情下，特別是在景氣階段，公眾起初掙錢但後來又往往會輸回去，問題就在於他們在牛市行情裡逗留得太久。這類「空頭打壓」的障眼法進一步誘導他們逗留下去。那些匿名的內部人有意讓公眾相信的所謂解釋，恰恰正是公眾應當保持高度警惕的陷阱。

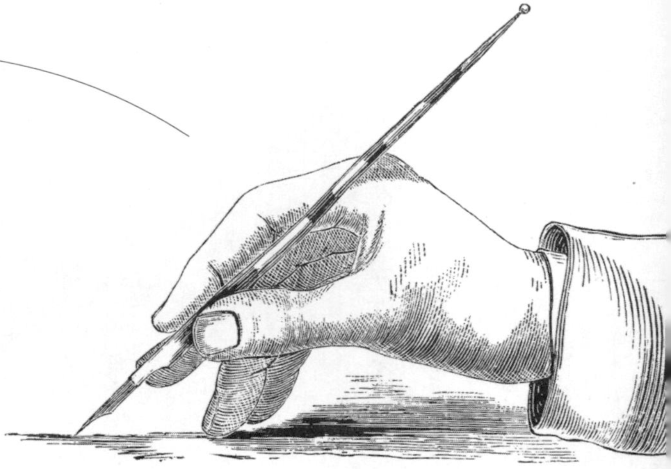

CHAPTER 24

到處陷阱須謹慎，盛宴終散記忠告

公眾總指望有人告訴自己一點什麼，正是這一習氣使得授受明牌的行為無遠弗屆。經紀商應當為他們的客戶提供交易建議，既可以採取編寫市場通訊的方式，也可以是口頭的，這無可厚非。然而，經紀商不應該過分偏執於當前的基本形勢，因為市場演變的軌跡通常比現在的基本形勢領先六到九個月。今日的盈利並不能構成經紀商建議客戶買進股票的充分理由，除非在一定程度上有把握判斷，距今六到九個月之後，公司的商業前景還能繼續維持當前的分紅水準。如果您儘量向遠景展望，便可以相當清楚地看出，商業形勢變化正在醞釀之中，最終會改變現狀，今日認為該股票較便宜的那些依據也將煙消雲散。交易者必須遠遠地展望未來，不過，經紀商關心的是現在獲得佣金，因此，一般的市場通訊不可避免地帶有先天缺陷。經紀商靠公眾的交易佣金謀生，一方面，他們力圖透過市場通訊或口頭言論誘導公眾買入，另一方面，買入的正是他們已經從內部人或市場操縱者手中接到了賣出指令的同一檔股票。

這樣的場面屢見不鮮，內部人跑去找到經紀公司的頭頭，對他說：「我想請你為我的股票開拓市場，幫我賣出五萬股。」

經紀商進一步詢問有關細節。讓我們假定該股票當前的報價為五〇美元。這位內部人告訴他：「我給你五千股的買入期權，執行價四十五美元，然後每向上一個點再來五千股，總共給你五萬股的期權。同時我也給你五萬股的賣出期權，執行價按市價定。」

對經紀商來說，這筆錢很容易掙到手，只要他擁有一大堆跟風者就成。當然了，那位內部人找的也正是這樣的經紀商。在全國各地建有分支機構並透過直連電報互聯互通的經紀公司在這類交易中通常都能找到一大群跟風者。記住，因為這家經紀商擁有賣出期權，所以無論如何都是萬無一失。如果能夠動員他的跟風群體，就能賣出全部頭寸獲得大額利潤，常規的交易佣金還不算在內。

我腦子裡浮現出一位「內部人」的輝煌戰績，他在華爾街很出名。

他一般拜訪大型經紀公司中最大的客戶經理。有時候，他甚至紆尊降貴拜訪這類經紀公司的一名最低級別的合夥人。他常常要做下面這番表白：

「嗨，老兄，過去承蒙你多次關照，現在我要向你表示我的謝意。我打算給你一個機會真正賺點錢。我們正在組建一家新公司，把原來一家公司的資產併進去，併購的價格要超過當前報價一大截。我準備按每股六十五美元讓給你五百股班塔姆商場（Bantam Shops）。該股票現在的報價是七十二美元。」

這位心懷感激的內部人分別對各家大型經紀公司的十幾位客戶經理頭頭做了同樣的表白。既然拿到這位內部人的紅包的都是華爾街人士，當他們拿到這筆已經形成帳面利潤的股票時會做什麼呢？自然是建議他們能夠接觸到的每一個男士和女士都來買這檔股票。那位好心的贈予者清楚這一點。他們將會幫助他開闢市場，這麼一來，這位好心的內部人就能夠把他那堆「寶貨」以高價傾銷給可憐的公眾。

推銷股票的承銷人還有其他一些伎倆，也應被禁止。交易所應當禁止公開發行上市的股票在場外以支付部分本金的方式向公眾發售。公開發行上市的股票在交易所場內的正式報價給它添加了一定程度的官方批准的意味。不僅如此，該股票具備公開市場的官方憑據以及不時發生的價格變化，這都對公眾構成了誘惑。

另一種常見的推銷伎倆是拆分股票來增加股票數量，這純屬銷售策略。這一招讓不動腦子的公眾損失了無數金錢，但是沒人因此被送進監獄，因為這種做法完全合法。其手法常常只是變換一下股票證書的顏色而已。

他們變戲法似的，拿出兩股、四股甚至十股「新」股票更換原來的一股「老」股票。這種做法通常的意圖都是力求使得原有的商品更加容易銷售。原來一磅裝的老包裝價錢為一美元，走得不快。現在改成四分之一磅的新包裝，價錢為二十五美分，甚或二十七、三〇美分。

為什麼公眾不問一問，到底為什麼該股票需要透過拆股來促銷呢？這又是華爾街「慈善家」操縱的一種把戲。明智的交易者絕不輕信自己的對手。這類行為本身便足以構成警告信號，公眾對之卻視而不見，結果年年損失無數的金錢。

如果有人編造和傳播謠言，企圖損害某個人或某個企業的信用或商譽，刻意壓低其證券的價值，誘使公眾賣出，法律必定會對其嚴加懲處。當初制定該法律的意圖，可能主要是懲罰那些在經濟困難時期公開質疑銀行支付能力的人，從而降低擠兌的風險。當然，它也具有保護公眾的功能，讓公眾避免在低於股票真實價值的價格賣出。換句話說，美國法律會懲處傳播此類看跌事項的人。

那麼，為了讓公眾避免在高於股票真實價值的價格買入，公眾受到了怎樣的保護呢？誰來懲處那些散播毫無正當理由的看漲說法的人呢？沒有。更有甚者，由於受匿名的內部人士的蠱惑，公眾在股價過高的時候買入而損失的金錢，遠遠超過在所謂空頭「打壓」期間因受到看跌建議的影響、在低於股票價值的時候賣出而損失的金錢。

如果通過一項法律，懲處散播看漲謊言的人，如同現行法律懲處散播看跌謊言的人一樣，那麼我相信，公眾將會避免無數美元的損失。

當然，證券發行人、市場操縱者以及其他從匿名的樂觀建議中獲益的人士都會對你說，誰聽信傳言和不具名的說法來交易，結果虧損就只能怨自己。或許有人可以照此類推，如果某人愚蠢到淪為吸毒的癮君子，他就喪失了接受保護的資格。

股票交易所應當施以援手。保護公眾免受不公平交易的侵害，是交易所生死攸關的利益所在。如果某人有機會瞭解內情，願意讓公眾接受他對事實的陳述，甚至是他自己的觀點，那就讓他簽署姓名。簽署姓名不一定保證利多事項成真，但是一定會讓「內部人」和「董事」們出言更謹慎。

公眾應當時時牢記股票交易的要領。當某檔股票上漲的時候，並不需要詳述解釋為什麼它會上漲。必須存在連續的買進，才能促使股票保持上漲勢頭。而只要股票保持上漲，並且在這過程中只是不時發生小幅的自然回落，那麼追隨該股票的上漲行情就是一個相當安全的策略。但是，如果某檔股票經歷了長期穩定的上漲行情之後，掉轉方向，開始逐步下降，並且過程中只有偶爾的小幅回升，那麼很顯然，其最小阻力路線已經從上升轉為下降。既然如此，為什麼你還需要任何解釋呢？該股票之所以下跌，或許存在很好的緣由，然而，這些緣由只有很少的幾個人知情，他們要麼把這些緣由悶在自己心裡，要麼反而向公眾表示該股票現在很便宜。這場遊戲本質上便是這樣的玩法，公眾應當清醒地認識到，那一小撮知情者不可能說破真相。

許多打著「內部人士」或官員幌子的所謂陳述根本沒有事實依據。有時候，甚至根本沒有哪位內部人士曾經應人要求發表了言論，不論是匿名的還是具名的。這些故事其實是這位或那位杜撰的，因為他在市場上存在著巨大的個人利益。在證券市場上漲行情的特定階段，內部人大戶們並不反對接受職業交易者操作該股票的幫助。不過，雖然內部人有可能告訴這位大投機家何時適合買進，但是你可以肯定，他絕不會告訴後者何時應當賣出。這麼一來，這位職業交易者也被推到了與公眾相同的境地，不僅如此，他還不得不找到足夠大的市場才能容許他退出。這種時候往往正是你得到最有誤導性的「消息」的時候。當然，有些內部人不論在這場遊戲的哪個階段都不可信任。通常，在大公司當頭頭的人或許會運用內幕消息在市場上操作，但是他們並不公然撒謊。他們只是什麼都不說，因為他們發覺，有些時候，的確沉默是金。

下述內容我已重複了多次，不過即使說得再多也不過分。本著身為股票作手的多年經驗，我確信不疑，沒有人能夠始終如一、持續不斷地打敗股票市場，雖然有些人可能在特定場合下、在某檔股票上獲得利潤。不論交易經驗多麼豐富，發生交易虧損的可能性始終揮之不去，因為投機事業不可能百分之百安全。華爾街的專業人士都清楚，聽憑「內部人」的明牌行事，將比饑荒、瘟疫、穀物歉收、政治動盪或其他常見的意外遭遇更快將你摧垮。無論在華爾街還是在其他任何地方，都不存在通向成功的平坦大道。那麼，為什麼還要給自己增添額外的路障呢？

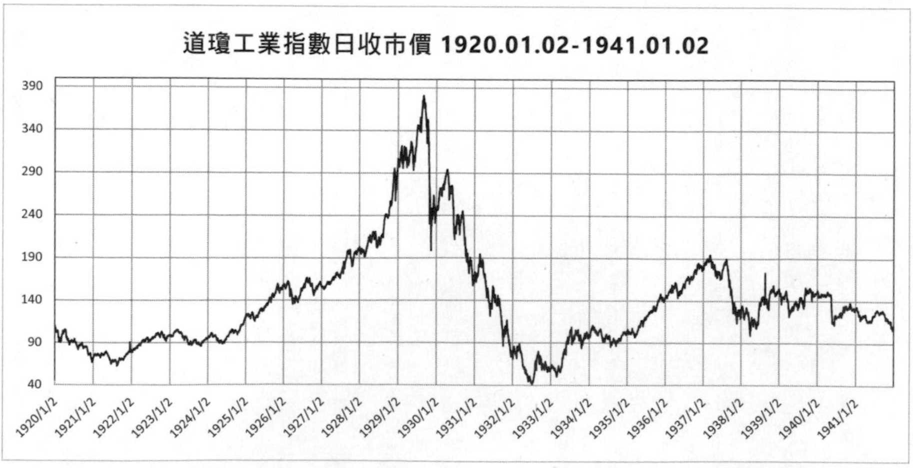

圖 24.1 ● 道瓊工業指數日收市價（1920 年 1 月 2 日—1941 年 1 月 2 日），是從李佛摩接受採訪的時候到他自殺這段時間的道瓊工業指數走勢圖。

附錄一

傑西·李佛摩年表——李佛摩的交易生涯

（丁聖元　整理）

年份	年齡	事件
一八七七年七月	○歲	出生於麻薩諸塞州艾肯頓（Acton）。
一八九一年	十四歲	在佩因·韋伯（Paine Webber）公司波士頓股票經紀營業部當小夥計，把紙帶報價機的最新價格抄寫到報價板上。
	十五歲	首次交易，股票是柏林頓（Burlington），獲利三·一二美元。
	十五歲	在對賭行交易股票和大宗商品，積攢出他的第一筆一千美元。
一八九三年	十六歲	佩因·韋伯公司要求傑西·李佛摩抉擇，要嘛放棄在對賭行的投機交易，要嘛放棄這裡的飯碗。李佛摩放棄了後者。

一八九七年	二十歲	在對賭行交易，積攢出他的第一筆一萬美元。至此為其交易生涯的第一次上升階段。
一八九八年	二十一歲	由於經驗不足、交易過於頻繁等原因，他的財產減少到兩千五百美元，對賭行也已不願接受他的交易申請，於是他帶著兩千五百美元首度轉戰紐約，透過合法的股票經紀商在紐約股票交易所（NYSE）交易。
一八九九年	二十二歲	在紐約股票交易所的交易不成功，李佛摩損失了全部資金。這是其交易生涯的第一次下降階段。他自己總結，原因在於交易所場內的交易指令執行滯後於他習慣的交易方式。向經紀行老闆借了五百美元，他前往聖路易斯的對賭行交易。帶著兩千五百美元返回紐約，償還了五百美元債務，第一次捲土重來，既在紐約股票交易所也在對賭行交易。
	二十二歲	李佛摩本人敘述：「那時我還不到二十三歲，孤身在紐約，口袋裡裝著幾元來得容易的錢，心裡頭懷著頗為自許的信念——我正開始弄明白這臺新報價機。我開始為交易指令在交易所場內的實際執行偏差預留空間，行動更加謹慎。但是，我還是死抱報價機不放，也就是說，我對投機生意的基本原則還是一無所知；而如果對這些基本原則一無所知，我就不可能發現自己的交易方法中的真正漏洞。」

一九〇一年五月九日	二十三歲	當天開始時，李佛摩的財富達到五萬美元。這是他第二次上升階段的頂點。然而，經過狂亂的一天，收市的時候他已經破產。一天之間，他重新進入第二次重返起點的下降階段。「報價機落後實際市場如此之多，斷送了我的交易。我已經習慣於把紙帶報價機當成自己最好的親密夥伴，因為我總是憑它告訴我的來下注。然而，這一次紙帶機欺騙了我。紙帶機列印出來的數字和實際價格天差地別，它毀了我。」
一九〇一年	二十四歲	重返對賭行和冒牌經紀行，為再次回到紐約股票交易所籌集資金。他重新回到幾百美元、幾千美元一筆的交易方式，並始終如一地獲利。冒牌經紀行企圖詐騙李佛摩，他以牙還牙，幾次巧布圈套突襲，在紐約股票交易所操縱交易冷清的股票價格，同時從冒牌經紀行獲取了更多的利潤。
一九〇二年	二十四歲	在冒牌經紀行成功地交易一年之後，他已經積攢了足夠的資金，添置了小汽車，並享受著奢侈的生活方式。帶著「相當厚的一捲鈔票」第三次回到紐約。
一九〇六年春	二十八歲	李佛摩在舊金山大地震之前產生了某種預感，並據此做空股票，獲利二十五萬美元。
一九〇六年夏	二十九歲	聽信艾德·哈定的明牌而進行交易，損失四萬美元。

一九〇七年十月二十四日	三十歲	李佛摩在市場暴跌期間做空，掙得他的第一筆一百萬美元。這是他的第三次上升階段。
一九〇七年下半年	三十歲	李佛摩在十月買了一艘遊艇。當時他在小麥和玉米期貨上分別賣空了一千萬英斗。小麥順利買入平倉，獲利豐厚，但玉米遭到斯特拉頓軋空，如果簡單買入平倉，可能導致價格狂漲，買入成本極高。李佛摩聲東擊西，集中賣空了二十萬英斗燕麥，引人聯想為斯特拉頓的對頭阿莫陣營正在發起攻擊，於是大家紛紛賣出玉米，而李佛摩乘機買入平倉。
一九〇八年	三十／三十一歲	五月乘遊艇到達棕櫚灘後，李佛摩做多七月棉花合約，總共建立了十四萬包的巨額多頭倉位。碰巧星期二紐約《世界報》以「七月棉花被賴瑞·李文斯頓控盤」為大標題發表報導，李佛摩乘機賣出平倉，當日十點開盤，十點十分他已經一包不剩地賣出全部持倉。 正是這件事使他後來遇到了珀西·湯瑪斯，他被具有超凡說服力的大宗商品專家珀西·湯瑪斯漸漸引入盲從狀態，違背自己的交易規則與初衷而買進棉花，結果一敗塗地。在棉花交易發生虧損的情況下，他再度違背自己的交易規則，給已經發生虧損的頭寸加碼，反而賣出了在小麥上獲利的頭寸，結果以破產告終。這是他第三次下降階段，這次難挨的日子相當長。

一九〇九／一〇年	三十一／三十二歲	李佛摩離開紐約，前往芝加哥，因為芝加哥的一家經紀商瞭解他的能力，願意為他提供有限的財務協助以供其交易。 紐約股票交易所一家經紀公司的所有人丹尼爾．威廉森把李佛摩召回紐約。他給了李佛摩兩萬五千美元，讓他重新開始交易。經過三個星期的交易，李佛摩已經獲利一萬兩千美元。威廉森卻干預他的交易，以李佛摩的名義買進、賣出，累積了較大虧損。後來，李佛摩恍然大悟，終於擺脫了這樣的關係。
一九一一—一三年	三十二至三十五歲	市場接連數年行情平淡，根本「無錢可賺」，李佛摩的債務日積月累，遠超過一百萬美元。
一九一四年	三十六歲	李佛摩宣布破產。他後來對此解釋道：「不再受債務的困擾，我的身心現在解放了，可以全部投入到交易中，因此為我增添了幾分交易成功的希望，下一步便是找到一筆新的本金。」
一九一五年二月	三十七歲	向丹尼爾．威廉森求助。威廉森答允李佛摩可交易五百股，這是一筆很小的信用額度。李佛摩在下單前進行了長達六週的行情追蹤，因為他的第一筆交易必須有百分之百的成功把握。他在九十八美元的價位買入伯利恆鋼鐵。由於第一次世界大戰激起的需求，鋼鐵類股票正處於上漲行情。該股價格如其預期，繼續保持上升勢頭，他在一一四或一一五美元進一步買進。第二天，在一四五美元賣出平倉。這次交易達成了他的心願——重新攢出一筆資本。

一九一五年下半年	三十八歲	經過幾個月的成功交易，他的帳戶餘額達到了十四萬多美元。
一九一六年	三十八／三十九歲	李佛摩的交易技術日臻化境，當市場漲勢強勁的時候，他持續做多；當市場逆轉看跌時，他轉而做空。在這一輪行情中，他總共獲利約三百萬美元，第四次東山再起，並在冬季赴棕櫚灘避寒。
一九一七年	四十歲	李佛摩償還了一九一四年破產時的全部債務，雖然他已經沒有償付的義務了。除了清償債務之外，他還獲利一百五十萬美元。他為家庭購買了價值八十萬美元的年金，以確保家庭生活不受交易的影響，即使再次被市場掃地出門，他也能維持家庭收入。他還另外花錢為妻子和兒子安排了信託計畫。
一九二二年	四十四／四十五歲	李佛摩接受愛德溫·勒斐佛的採訪，後者根據多次採訪的紀錄，撰寫了一系列報紙文章。這些文章後來彙編成一本書——《股票作手回憶錄》。現在，人們公認該書為股票交易的經典之作。
一九二三年	四十六歲	李佛摩搬遷到紐約第五大道赫克舍大廈（Heckscher Building）為其量身打造的辦公室。他希望離華爾街的流言蜚語越遠越好，關起門來更好地享受獨自交易的樂趣。《股票作手回憶錄》首次在紐約出版（本書根據 Fraser Publishing 一九八〇年再版的最初版本翻譯）。

一九二五年	四十八歲	在一九二五年的小麥市場上，李佛摩在市場上升過程中買進了五百萬英斗，並在市場頂部轉而做空，賣空了五千萬英斗，此役獲利一千萬美元。
一九二九年	五十二歲	李佛摩的交易生涯達到頂峰，這也是他第四次上升階段的頂峰。他在一九二九年股市大崩盤行情中做空，獲利一億美元左右。
一九三三年	五十六歲	由於李佛摩不知所蹤，家人報警。一天之後，他步履踉蹌地自己回家了。他表示在一間旅館過的夜，醒來時腦子裡一片空白。當看到報紙上說他失蹤了，他才回過神來。據他的醫生判斷，他應該是患上了精神崩潰導致的失憶症。
一九三四年	五十七歲	李佛摩再次破產，損失全部交易資金，具體過程不詳。這是他的第四次下降階段，但他這次最終未能捲土重來。不過，他並未陷入貧困狀態，他的家庭年金收入足以供他度日。他和當時的妻子航行赴歐洲旅行，「希望從自己的一些麻煩中解脫出來」。
一九三九年	六十二歲	李佛摩撰寫《股票作手操盤術》（*How to Trade in Stocks*），意在為學習股票交易的人提供指導。
一九四〇年	六十二歲	《股票作手操盤術》出版。

一九四〇年十一月二十八日	六十三歲	李佛摩用左輪手槍對著自己的頭部開槍，自殺身亡。此前，他長期遭受憂鬱症的折磨。他在遺書中把自己的一生描述為一場「失敗」。

注：本年表主要根據本書和《股票大作手操盤術》（傑西．李佛摩著，丁聖元譯，二〇〇三）編寫。部分資料源自《時代雜誌》（*Time*）。由於李佛摩的年齡與本書提到的一些日期不盡相同，因此本年表中的日期並不完全確定。不過，本年表提煉了上述來源中最具一致性的資訊。本表參照了 Jesse-Livermore 網站（http://jesse-livermore.com/）的有關內容。該網站是探討李佛摩交易經驗的重要資訊來源之一。

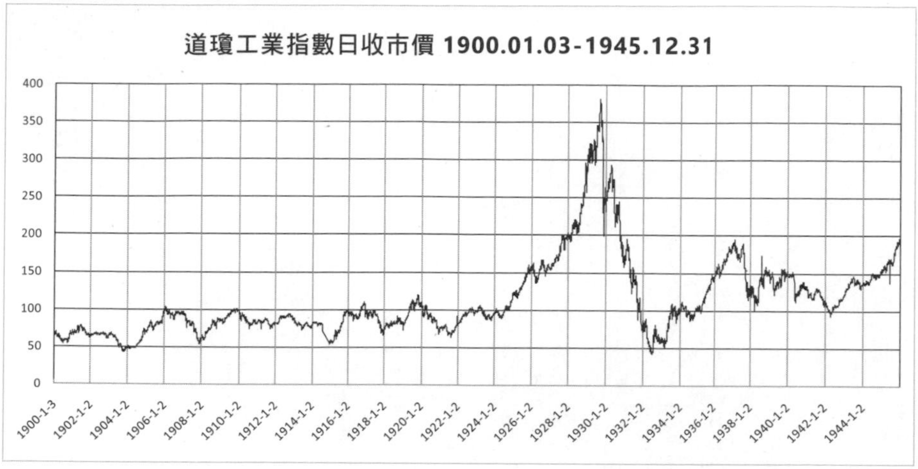

附圖 1.1 ● 李佛摩時代的道瓊工業指數全景圖

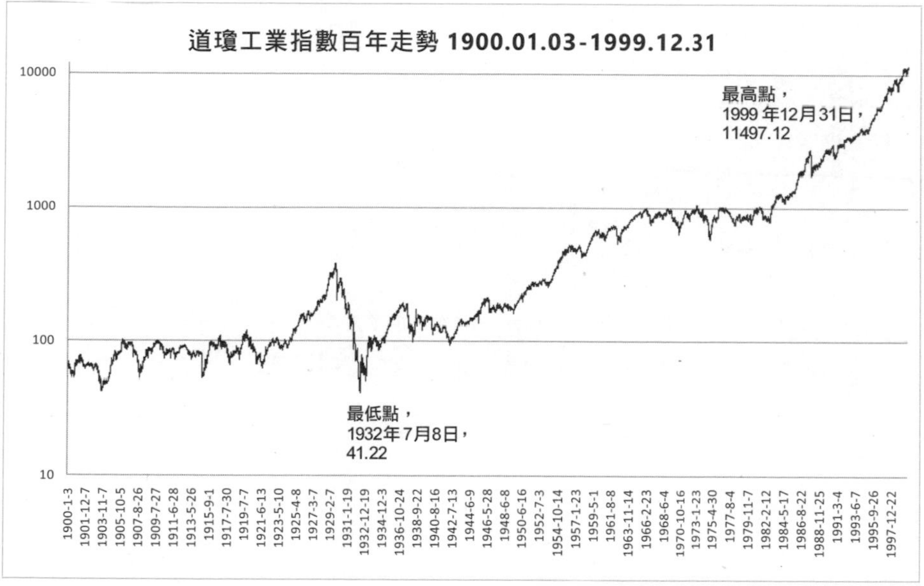

附圖 1.2 ● 道瓊工業指數 20 世紀百年演變軌跡。在李佛摩的時代，市場以大起大落為基本特點，並且在 1929 年之前的超級牛市與之後的大崩潰中達到了高潮。在 20 世紀 40 年代之後的半個世紀裡，雖然市場仍然時常起起落落，但總體上表現為明確的超長期上升趨勢。這對我們有啟發嗎？

附錄二

傑西·李佛摩的股票交易規則

（丁聖元　整理）

- 買進上漲中的股票，賣出下跌中的股票。
- 不要天天交易，只有行情明顯看漲或看跌的時候才交易。交易方向與總體市場保持一致，總體市場上漲，做多；總體市場下跌，做空。
- 交易步調必須與時間價格關鍵點相協調。
- 等市場變化方向證明你的觀點後再交易不遲，要交易則兵貴神速。
- 如果交易有利潤，繼續持有；如果交易有虧損，從速了結。
- 當事態明朗、原來從中獲利的趨勢已經終結時，了結交易。
- 做股票就做領頭羊——走勢最強的那一隻。
- 絕不攤平虧損的頭寸，比如不要在某檔股票已經被套時還繼續買進。
- 絕不追加保證金，乾脆平倉認賠。
- 股價創新高，買進做多；股價創新低，賣出做空。
- 股票下跌就放手，別炒股炒成股東。

- 絕不因股價太高而不可買進，絕不因股價太低而不可賣出。
- 看法千錯萬錯，市場永遠沒錯。
- 獲利最多的交易往往一開頭就有帳面利潤。
- 沒有百發百中的交易規則。

附錄三

試論「市場最小阻力路線」

（丁聖元　整理）

市場透過不停地試探來發現價格

市場最基本的功能是發現價格，而市場之所以能發現價格，正因為其不間斷地嘗試，試探漲、試探跌。「試」、「不停地試」，正是市場最基本的運作方式，也是市場活力和效率的生動體現。換句話說，朝三暮四、翻雲覆雨，不是市場靠不住，而是市場本應有的基本屬性和特徵，離開了這一點，其就不能成為有效市場。

一部靈敏的天平，必須能夠自由地搖擺，才能準確秤量。市場參與者要適應市場上述基本特徵，培養自己的能力，學會從天平的搖擺中準確秤量。要讓心態「歸零」，時常清空自己的成見，純粹依據行情事實來判定市場狀態。假定自己事先知道，荒謬；假定自己看法正確，迷信。

此外，市場不停地試，只是為了更準確地找到正確的路徑，而不是隨機遊走。我們不能把天平自由搖擺的工作方式與天平秤量的準確性混為一談，誤以為天平的度量結果也是隨機的。事實上，趨勢是規律作用下的客觀必然。

倒水試驗

我們拿一瓶水，蹲在地上慢慢倒出。只見水在一個地方集聚，由於表面張力，形成了一個小水團。水團的邊緣四處晃動，尋求突破。

突然，突破！唰，水團破裂，水迅速流淌，留下一條線！

到某個新地點，水再次始集聚，形成小水團，同時水團的邊緣四處晃動。

突然，再突破……

就這樣，一瓶水慢慢倒下，水不停地向前流淌，打頭的地方總是水團、突破、一條線地交替運動，最終留下彎彎曲曲的水跡。

一方面，地面有一定坡度，但不明顯，因此在倒水之前很難判斷水流的具體路徑；另一方面，水流過的路線完全是重力規律的表現，水絕不會向上倒流。借用擬人化的說法，水必然服從重力規律，但是水也不知道該往哪兒走，只好一路走一路試。能走嗎？那就走。不能走嗎？那就集聚。透過集聚、突破、流動的交替，水最終試探出了最合理的路徑——重力規律決定的路徑。

成交價格的動態變化是買賣壓力錶

以某一筆成交為例。以買方來說，一方面每一個買方都希望買價越低越好，因此他必須和賣方鬥智鬥勇，爭取低價成交；另一方面，每一個買方都不是孤立個體，而是同時有許多潛在的買方在相互競爭，在公開拍賣中，哪一位的出價高，哪一位擁有成交權，成交的買方之所以能夠成交，正是因為那個時刻他的報買價高於其他所有買方，因此他還需要和其他潛在的買方鬥智鬥勇，必須壓過他們。雖然每一筆成交的都是一對一的買方和賣方，但是「買方」的背後還有那些沒有成交的潛在買方，成交的買方在那個時刻其實是所有潛在買方的代表，在那個時刻以最高出價競爭「成功」。簡單說來，鬥智鬥勇的過程就是一個動態平衡的過程，買方既要盡可能追求較低的買入價格，又要讓自己的報價高到能夠壓倒其他買方。

賣方同樣道理而方向相反。每一個賣方天生希望賣價越高越好，因此他必須和買方鬥智鬥勇，爭取高價成交；另一方面，每一個賣方的背後同時存在許多潛在的賣方相互競爭，哪一位的出價低，哪一位才有成交權。成交的賣方之所以能夠成交，正因為那個時刻他的報賣價低於其他所有的潛在賣方，因此他也必須同時和其他所有的賣方鬥智鬥勇。

從上述討論可見，本質上並不存在一對一的成交雙方，而是買賣雙方群體的成交，成交的雙方不過是那個時刻買賣雙方群體的代表。

假定原來的成交價為一〇．〇〇元，突然，下一筆成交價格來了！

現在成交價變成一〇．〇三元，上漲了。

從買方群體來看，既然所有買方都希望以低價買入，現在的價格上漲只有唯一合理的解釋——必定是買方群體相互之間的競爭更激烈，不得不付出更高的報買價才能搶得優先成交的機會。

從賣方群體來看，既然所有賣方都希望賣得更高價，現在的價格相當有利，只有唯一合理的解釋，必定是賣方群體相互之間的競爭緩和了，賣方可以好整以暇，報出更高的賣出價也能搶得優先成交的機會。

這就是成交價格最直接的含義。

隨著新的成交價的出現，下一輪報價競爭也隨之開始。從買方群體來看，既然價格上漲的合理解釋是相互競爭更激烈了，那麼下一輪報價便不得不進一步調整，買方報出更高的買入價才有機會成交。從賣方群體來看，既然價格上漲的合理解釋是相互競爭更寬鬆了，那麼下一輪報價不妨進一步緩和，賣方報出更高的賣出價也很有機會成交。

於是，前一個上漲的成交價引發了下一個更高的成交價，一〇．〇三、一〇．〇四、一〇．〇六、一〇．〇七……買方陣營內部的競爭壓力越來越強烈，賣方陣營內部的競爭壓力越來越緩和，前一輪上漲驅使下一輪上漲，價格上升趨勢就此形成。

假定原來的成交價是一〇．〇〇元，現在不是變成了一〇．〇三元，而是變成了九．九七元，下跌了。上述過程變成了反方向的循環過程。

下跌的價格表示買方陣營內部競爭壓力減緩，賣方陣營的內部競爭壓力增強。在下一輪報價中，買方更從容，可以報得更低一點；賣方更慌張，不得不報得更低一點，兩方撮合，都指向了更低的成交價。於是，前一個下跌的成交價引發了下一個更低的成交價，九．九七、九．九六、九．九三、九．九一……買方陣營內部的競爭壓力越來越緩和，賣方陣營內部的競爭壓力越來越強烈，前一輪下跌驅使下一輪下跌，價格下降趨勢就此形成。

綜上所述，成交價格變動是買方和賣方競爭壓力的壓力計，而市場的「雙向公開拍賣機制」實質上構成了市場內部的競爭循環機制，趨勢就是由競爭循環機制驅動的。

買賣雙方一邊壓力減小，則另一邊壓力必然加大，反之亦然。一方面，市場行情受到壓力減小的一邊的拉動；另一方面，同時還受到另一邊不斷加大的壓力的推動。一推一拉，指向同一個方向——買賣雙方力量對比消長的方向。按此方向，行情演變的阻力最小。

李佛摩本人的講解符合趨勢定義

「公眾應當時時牢記股票交易的要領。當某檔股票上漲的時候，並不需要詳細解釋為什麼它會上漲。必須存在連續的買進，才能促使股票保持上漲勢頭。而只要股票保持上漲，並且在這過程中只是不時發生小幅的自然回落，那麼追隨該股票的上漲行情就是一個相當安全的策略。但是，如果某檔股票經歷了長期穩定的上漲行情之後，掉轉方向，開始逐步下降，並且過程中只有偶爾的小幅回升，那麼很顯然，其最小阻力路線已經從上升轉為下降。」

這段話基本上正是上升趨勢和下降趨勢的定義。

上升趨勢的定義是市場行情走出了更高的高點、更高的低點（附圖3.1）。其意義為，市場有能力向上拓展空間；同時，在回落時，能夠保留至少一部分上漲的成果。

下降趨勢的定義是市場行情走出了更低的低點、更低的高點（附圖3.2）。其意義為，市場有能力向下拓展空間，同時，在回升時，能夠至少保留一部分下跌的成果。

橫向趨勢的定義是市場行情走勢既無明顯的新高，也無明顯的新低（附圖3.3）。其意義為，市場沒

上升趨勢定義的示意圖

附圖 3.1 ● 前一對高點和低點構成了比較的基準，後來市場走出了更高的高點和更高的低點，符合上升趨勢的定義

下降趨勢的示意圖

附圖 3.2 ● 前一對高點和低點構成了比較的基準，後來市場走出了更低的高點和更低的低點，符合下降趨勢的定義

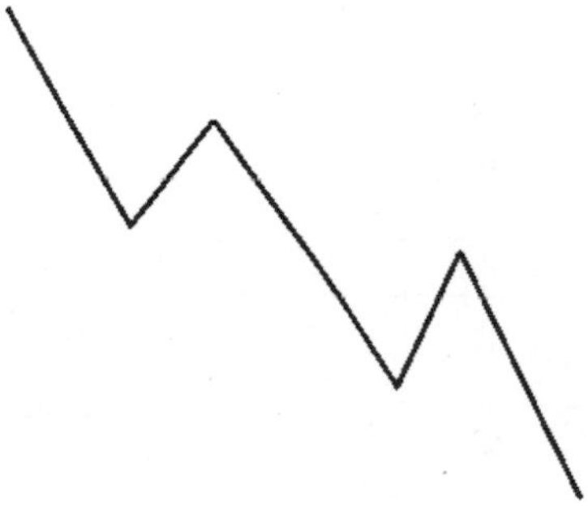

橫向延伸趨勢的示意圖

附圖 3.3 ● 前一對高點和低點構成了比較的基準，後來的高點沒有更高，低點沒有更低，大致都局限在比較基準的範圍之內，符合橫向延伸趨勢的定義

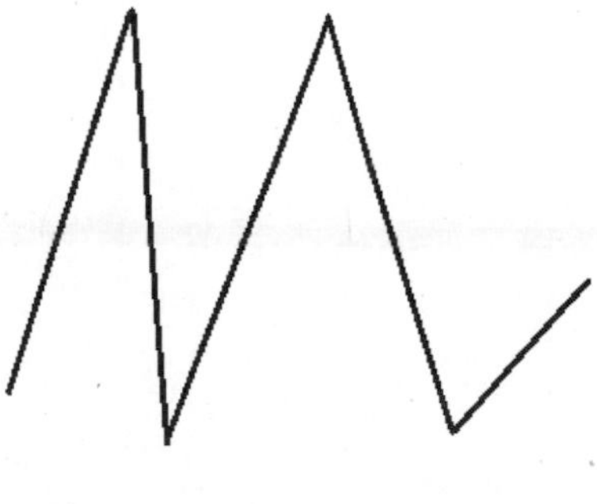

有能力打破現狀，只能在過去已經開拓的價格空間內部重複運行。

所謂更高、更低只是定性的描述。市場是由大多數人參與並為大多數人服務的。為了符合統計學的大數定律，更高、更低所描述的現象應該是眾多市場參與者感覺到明顯可辨的。首先，相差的數額應達到一定水準，比如相差〇.五%以內，人們的感覺或許不那麼明顯，而相差五%以上則十分明顯。其次，當市場處在趨勢狀態時，人們對相對高低的動態變化可能更敏感，而當市場處在非趨勢狀態時，特別是久久處在非趨勢狀態後，人們可能會變得遲鈍、多疑，不大容易實實在在地感覺到行情的高低差異。

因此，對上述趨勢定義圖形需要按照常識來理解，需要我們具備一定的想像力。從圖形本身來說，上升應當是普通人一眼便可以看出的上升，下跌應當是普通人一眼便可以看出的下跌。就視覺效果的觀感（不是想法和觀點！）來說，含糊和爭論越少越好，共識越容易達成越好。

如此理解和應用趨勢定義，您將發現，趨勢定義本身便可以成為強有力的技術分析工具。

最小阻力路線即行情趨勢

市場猶如有一定坡度但坡度不明顯的地面。坡度代表著趨勢的驅動因素，倒水試驗的水流過程相當於市場演變的過程。由此我們得到了關於市場演變的幾點啟示，具體如下。

❶行情演變的基本模式是調整與突破交替進行的模式，或者說密集區（區塊）—快速變化（線條）交替的模式。

❷市場並無預設的方向和目標，整個過程完全是試探而得。事後看，水流軌跡符合重力規律，但事前並不能確切知道水將如何流動——難在當時只能從水的突破來把握其動向，透過市場的不斷試錯來揭曉。不可把「事後可以合理解釋」與「當時知曉並即刻理解」混為一談。

上文中的「重力」方向就是趨勢方向，最小阻力路線便是行情趨勢的方向。

特別企劃

那些年，股市教我的事
扭轉操盤人生的關鍵一刻！

暴漲，總在大家停損後

- JG -

「JG說真的」創辦人

《股票作手回憶錄》是許多中老手心中排行前三名的股市書，啟發我技術分析的研究，也是我認為進市場必讀的經典之作，但李佛摩給我最大的警惕，是最後這位偉大的操盤手過得並不開心。交易必須是為了創造更好的生活，更進一步的說，我們也該選擇讓自己舒服自在的交易，讓自己在股市的每一天都盡可能的舒服獲利，我們該追求的是自然不勉強的交易模型。

在股票市場，有幾個鐵律是大多數人琅琅上口的，例如「大賺小賠」、「遵守紀律」、「順勢交易」等等字眼，這些觀念在這幾年儼然成為了技術分析交易者的十誡，不遵守的就是胡亂交易的新手。

而，所謂的「遵守紀律」，早就是我初進市場學習到的鐵則，對我來說，人生最重要的一次交易，就是因為遵守紀律這件事學到的，那是一次重大且慘烈的交易。

當時是在二〇〇五年底的多頭市場，臺股在一個月內，從低點五五〇〇點左右上漲到了六七〇〇點，漲幅有二〇％，非常可怕，大家可以想像，當時的背景一定是月線季線都向上，KD指標無論是日線還是週線也都是向上交叉。

大漲後，盤勢進入了將近兩個月、上下大約三百點的小震盪，我想大家應該都知道，這時候的順勢操作者一定是繼續做多，這都沒錯，因為趨勢還沒轉向，這是合理的買賣方式，我相信大夥也一定會這樣做。

但這裡有兩個技術分析者會遇到的問題。

首先，隨著盤勢開始進入橫盤震盪，本來用的均線不僅無法繼續上揚，甚至都已經開始走平。而各項指標，也會因為K棒上上下下而呈現多空交戰的態勢，一下向上交叉一下向下，沒有方向。

我的第一個困擾的是，這樣到底是多還空呢？如果說前面都是上漲，就可以無視指標而看多的話，那是不是指標都不需要用了？

面對第一個問題，我判斷自己身處於一個多頭向上的休息震盪區，並且打算在震盪區建部位，跌破震盪區間認錯出場，當然，在「震盪區」做防守，向來是技術分析者強調要遵循的法則，當然要照做。

我當時挑選的股票是2448的晶電，很不幸地在三月底它跟大盤同步下跌，雙雙跌破震盪區，我買在六十三塊附近，停損在五十五塊。

停損後，一個月內一路起漲到最高一四四元，幾乎是快要漲三倍的價格，更讓我印象深刻的是，一堆PTT的股民都跟我停損在同一天，甚至幾乎是同一個價格。

這筆交易，我遵照了所有的技術分析要我做的事情，從多空到選股，從進場買進到賣出，我順勢交易，遵守紀律，跟著全PTT關心這檔股票的股民一起在跌破支撐的時候嚴守停損，然後看著股價在一個月內暴漲了快三倍。

「我遵照了所有技術分析，卻錯失了人生中最大的賺錢機會」，這句話不斷在我心裡出現，我不在意停損出場，但我怎麼也不甘心跟大行情擦身而過的感覺。

這筆交易是我剛進市場不久發生的，停損痛嗎？當然痛，但經過這次交易後我反思，既然都要「停損」，那我一定要學會抓住「大機會」，因為既然都會賠錢，我就要讓賠錢這件事情的意義最大化。

當我專注在暴漲行情的判斷後，我更是發現，幾乎所有的暴漲，都是在違背傳統技術分析後出現的（前提是沒有出現大幅度的經濟衰退），所以這個機會，並不難抓。

巴菲特曾經說過，當你上了牌桌三十分鐘後還不知道誰是肉腳，那輸錢的人就一定是自己。

當我專心在順勢交易時，我不知道自己在什麼地方可以贏過其他人，但當我不理會傳統分析，開始專心分析每個暴漲的起點後，這讓我找到了屬於自己的優勢，成為了牌桌上的贏家。

（2448）晶電歷史股價 2005.07.01-2007.05.31

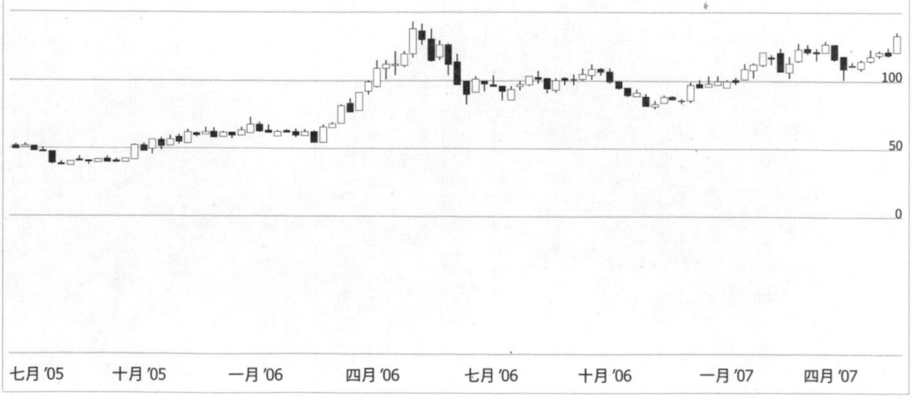

無論在臺股還是美股，每年都有一些大漲五〇%以上的標的，很多人會覺得數量不多所以放棄，但相反的，正是因為數量不多，所以研究起來相對容易。

假設一年漲二〇%的股票有七百檔，而一年漲五〇%的有四十檔，請問研究誰比較簡單呢？有時候不是大家不夠聰明，只不過是研究方向錯了而已。

我期待每個人都能在股票市場中，脫離小打小鬧的日子，專注在掌握幾次大好機會，人生會截然不同。

很多人說，出社會越久，發現股票市場對一般人來說才是最公平的戰場，我非常認同，祝大夥在這裡奪回屬於自己的自由與光陰。

學越多，我賠越多！

- 老余 -

眼見交易顧問創辦人、「老余的金融筆記」版主

本書附錄三，是整本書精華中的精華！譯者用水的流動來解釋李佛摩「市場最小阻力路線」，真是太貼切了！

「水，只會沿著阻力最小的路徑流動！」

「市場，也只會沿著賣方最少的地方移動！」

如果我早點想通這個道理，或許可以少賠好幾百萬……

過去的我，花了好多心思想要搞懂漲跌的原因，以為懂更多可以更早掌握市場跡象，可以賺更多、賺更快，所以一頭鑽入各種技術分析的領域：KD指標黃金交叉死亡交叉、布林通道擠壓與擴張、均線糾結與發散、指標與價格的背離、指標與指標的背離、指標與指標的二次背離、酒田戰法晨星母子吞噬三鴉懸空、M頭W底上升旗型下降旗型……

這些學不夠還試著去研究公司的財報、研究基

本面、想要學如何預判營收好壞，每天也緊盯各大新聞國際局勢，聯準會升息可能造成什麼影響？俄烏戰爭會帶來原物料什麼巨變？

還有籌碼！人家說要觀察大戶籌碼，那外資的買賣超我一定要好好研究！

媽呀！投資果然要很專業才行啊！所以整天只要醒著的時候就是看盤找資料，期待可以「早點」發現各種蛛絲馬跡，比別人搶先一步布局！

但結果勒？那段時間卻是我虧最多的時候。

為什麼？因為我不相信親眼看到的。

二〇〇七年十一月十四日，我花了好多心思研究，看了外資籌碼也看了各種技術分析，認定這個市場一定有上漲的潛力！買進！買進兩口台指期在當天高價附近（如下頁圖）。隔天卻立刻被市場打臉！河流在我面前轉彎！我卻因為「自尊」不想認錯！

我看了這麼多指標，怎麼可能會錯！

外資籌碼這麼明確，怎麼可能會錯！

我花了這麼多時間，怎麼可能會錯！

我被自尊、自傲、自負給蒙蔽了雙眼！如果市場之後要往上走，就不可能下樓梯啊！如果市場要往上走，那就一定要開始上樓梯，才有可能從一樓走到十樓啊！

但當時我像熱鍋上的螞蟻一樣，急著想要找到一個背黑鍋的人。（一定是大環境的關係！一定是的！

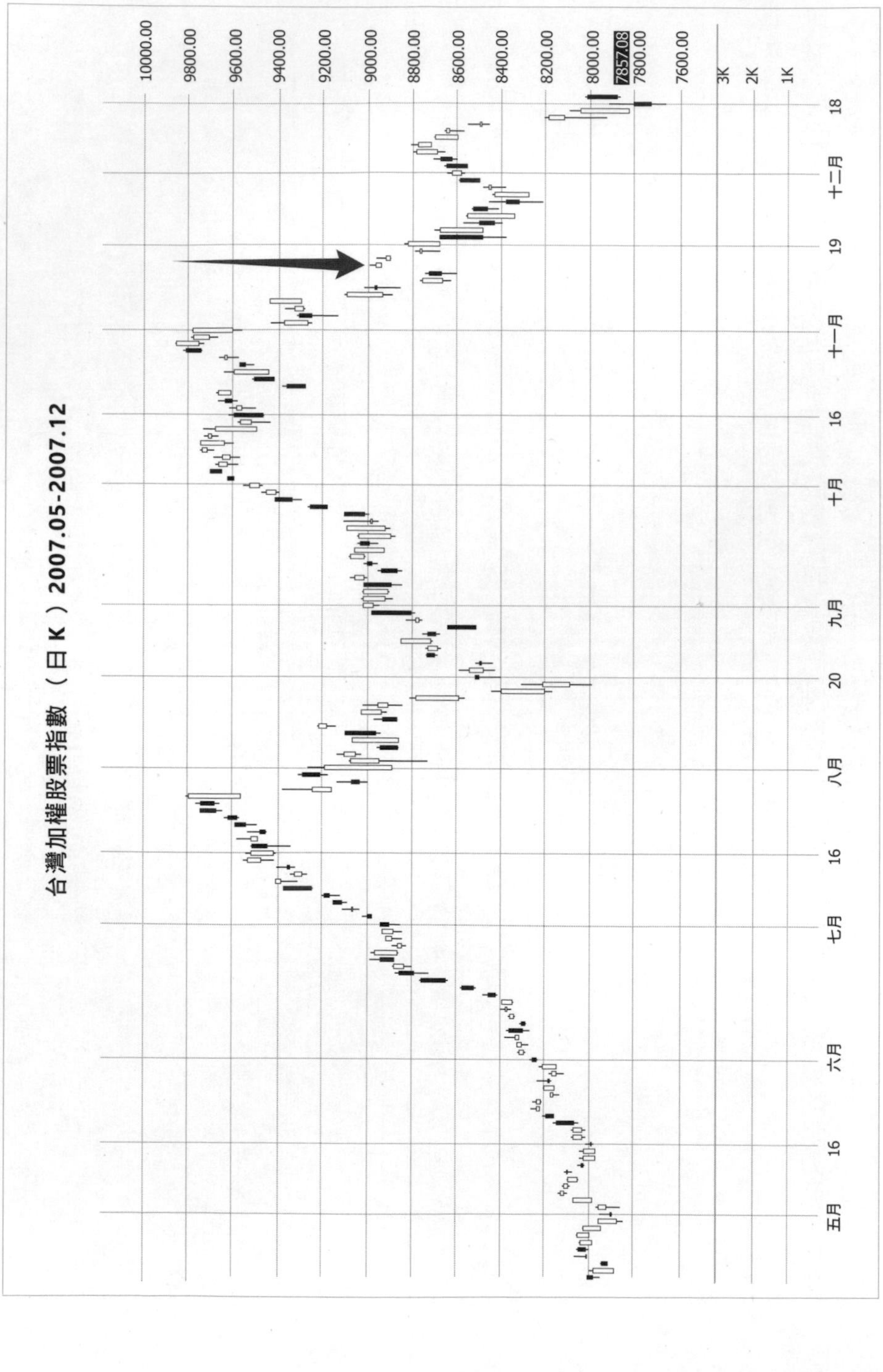
台灣加權股票指數 （日K）2007.05-2007.12
10000.00
9800.00
9600.00
9400.00
9200.00
9000.00
8800.00
8600.00
8400.00
8200.00
8000.00
7857.08
7800.00
7600.00
3K
2K
1K
五月
16
六月
16
七月
16
八月
20
九月
十月
16
十一月
19
十二月
18

我的決策沒問題，是市場的問題！）

人家不是說永不放棄嗎？我一定要把這個精神發揚光大！虧損怎麼辦？凹！別怕！一定會回來的！

大約一週後，我停損在幾乎最低點。不是自己想通，而是被斷頭出場。從最高賠到最低，賠好賠滿。

過去的我，總想要透過各種技術分析，來「窺探」全球各大分析師們的想法，但殊不知答案，就在我眼前！就在價格上！市場上的價格，是全世界分析師的共同結論。不管有幾位分析師用均線，有幾位大戶用KD指標，只要最後按下賣出的人多於買的人，是不是股價自然會跌？因為，按下賣出的總人數，大於買進的。

為什麼賣出？不重要。重要的是這些人賣出了！只要他們賣出的慣性沒有改變，市場就會持續呈現「跌多漲少」的跡象。每一次漲上來，就是會有比較多的賣方把市場賣下去。一直走一直走，走到反轉為止。

那，什麼時候可以買進？

很簡單！用小朋友的眼光來觀察，樓梯什麼時候開始從「跌多漲少變成漲多跌少」？這個反轉的跡象，不需要高深的技術分析。這價格的變化已經是「全世界每個人的共同結論」了！你管他用什麼對吧？嘴巴說的都不重要！身體可是很誠實的！我們可以直接在市場上看出來，市場的阻力發生什麼變化！

就跟水流一樣！

上面的阻力變小就會上漲，下面的阻力變小就會下跌。如此而已。

看一下下圖黑色框框內的部分，只要未來漲上去的股票，前面一定會發生「跌多漲少變成漲多跌少」。我不敢說發生這個跡象一定噴出，但噴出的股票往回頭看，就一定都有這個跡象。那，這不就夠了嗎？

各位，一起用小朋友的眼光來看盤，你會看到全新的世界，然後把時間抽回來留給珍貴的家人吧！

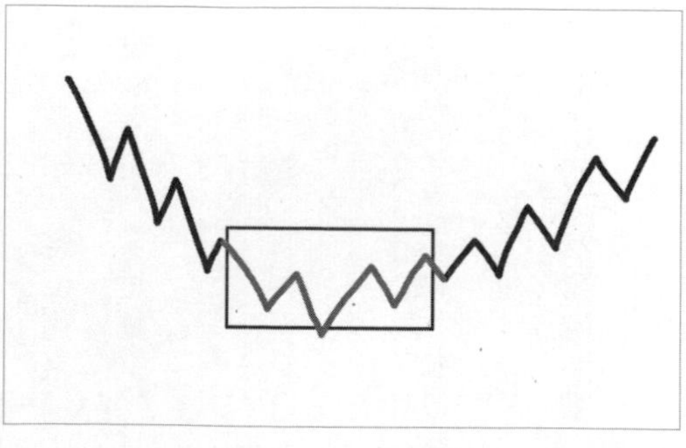

從投資，到投機

- 葛瀚中（Mgk）-

「Mgk 的投機世界 - 炒股、生活、美食」版主

究竟「投資」與「投機」有何不同？這是一個在業界紛擾多年的問題，就我來看，所謂的「投資」指的是：為了分得一間公司未來長期經營的成果而投入的資金，再更深入一點，也可能是為了列席董事席次，進而取得公司實質控制權所投入的資金，典型的當代投資大師如美國股神華倫·巴菲特（Warren Buffett），股神透過縝密的研究與分析，只有在標的物的市場價格低於其內在價值的時候才會買進持有，「只因超跌而出手，不因看漲而搶進，並且從不買進沒有基本面的公司」，這正是「投資」的不二法門；反觀「投機」，投機者們通常不在意標的物的內在價值，他們所關心的僅僅在於價格與趨勢的發展，如果你的交易決策因子裡只有「價量」的存在，那你所做的肯定不是投資而是投機。

打個比方，投機者們有時會在標的物的價格遠遠超越其內在價值時，順著價格的趨勢繼續追價搶進，這麼做絕對不是為了參與公司未來的經營成

果，而僅是因為標的物的價格趨勢正在延續，倘若未來價格的發展出現停滯，即便公司的營運前景與過往別無二樣，他們也會果斷地將資金撤離，並繼續尋找下一個交易機會。

在我的投資歷程裡，一開始我也是價值投資的信徒，我總認為，只要能在市場陷入恐慌時買進價格低於內在價值的好公司並且長期持有，這就是以錢滾錢致富的唯一方法。但隨著一兩年的時間過去，我發現，雖然這兩年間我的投資報酬率皆是正數，但我並沒有真正賺到太多錢，因為我的起始本金也不過就幾十萬而已。於是我思考了一下，如果以巴菲特一九六五年到二〇二一年的複合年化報酬率二〇．一％來看，假設我有和股神一模一樣的投資功力，二十五歲時如果我有五十萬，一路複利到四十歲，在不吃不喝不買房的前提下，我的資產最多也不過就只能膨脹到七百八十萬，這個數字是我要的嗎？不！這個數字並不足以改變我的人生！所以我很清楚的知道：「投資是富人的專屬遊戲；投機才是窮人翻身的終南捷徑。」就如德國股神安德烈．科斯托蘭尼（André Kostolany）所說的：「有錢的人可以投機，錢少的人不可以投機，根本沒錢的人必須投機。」

在這險峻的資本主義社會裡，M型化的社經結構日益顯著，階級固化已成事實，作為一個沒有任何資源與資本的一介草莽，若想翻身，只能投機。

此後，我屏除了既有觀念，我不再只死板地挖掘便宜的好股票，我開始主動尋找價格的趨勢，無論它是漲是跌，我的目標是，只要我能看出價格趨勢，那我就要賺得到錢。相較於投資者只能被動地等待市場陷入恐慌時才進場撿便宜，做為一名投機者，我們能更主動的在下跌中的市場透過放空賺取利潤，畢竟我們交易的不是市場價值，而是市場情緒。

在這本書裡，傑西．李佛摩說過的一句話我很喜歡：「The pockets change, the suckers change, the stocks change, but Wall Street never changes, because human nature never changes.」（華爾街裡的財富來來去去，股票們此起彼落，但華爾街始終沒變，因為人性永遠都不會改變。）

人性的貪婪與恐懼牽動著市場價格的變化，做股票，你可以不懂財務、不懂產業，但若你想立足於市場，「人性」絕對是你必須參透的第一件事。

國家圖書館出版品預行編目（CIP）資料

股票作手回憶錄【獨家圖解股市最小阻力路徑】：一代交易巨擘傑西·李佛摩的警世真傳，投資人必讀的操盤聖經／愛德溫·勒斐佛（Edwin Lefèvre）著；丁聖元譯. -- 初版. -- 新北市：方舟文化出版：遠足文化事業股份有限公司發行，2022.08
面；　公分. --（致富方舟；3）
譯自：Reminiscences of a Stock Operator
ISBN 978-626-7095-63-8（平裝）

1.CST: 股票投資　2.CST: 投資分析

563.53　　111010868

方舟文化官方網站　方舟文化讀者回函

致富方舟 0003

股票作手回憶錄【獨家圖解股市最小阻力路徑】

一代交易巨擘傑西·李佛摩的警世真傳，投資人必讀的操盤聖經

Reminiscences of a Stock Operator

作者　愛德溫·勒斐佛｜**譯者**　丁聖元｜**封面設計**　張巖｜**內頁設計**　黃馨慧｜**主編**　邱昌昊｜**行銷主任**　許文薰｜**總編輯**　林淑雯｜**讀書共和國出版集團　社長**　郭重興｜**發行人兼出版總監**　曾大福｜**業務平臺總經理**　李雪麗｜**業務平臺副總經理**　李復民｜**實體通路協理**　林詩富｜**網路暨海外通路協理**　張鑫峰｜**特販通路協理**　陳綺瑩｜**實體通路經理**　陳志峰｜**實體通路副理**　賴佩瑜｜**印務**　江域平、黃禮賢、李孟儒｜**出版者**　方舟文化／遠足文化事業股份有限公司｜**發行**　遠足文化事業股份有限公司　231新北市新店區民權路108-2號9樓　電話：（02）2218-1417　傳真：（02）8667-1851　劃撥帳號：19504465　戶名：遠足文化事業股份有限公司　客服專線：0800-221-029　E-MAIL：service@bookrep.com.tw｜**網站**　www.bookrep.com.tw｜**印製**　沈氏藝術印刷股份有限公司　電話：（02）2270-8198｜**法律顧問**　華洋法律事務所　蘇文生律師｜**定價**　520元｜**初版一刷**　2022年08月｜**初版二刷**　2022年11月

RICH
ARK
致富方舟

RICH
ARK
致富方舟

RICH
ARK
致富方舟

RICH
ARK
致富方舟